2011 年度教育部人文社会科学研究青年基金项目《清末提法使研究》
(项目批准号: 11YJC770049)

清末提法使研究

史新恒 著

Research on Ti-fashi
in the Late Qing Dynasty

社会科学文献出版社
SOCIAL SCIENCES ACADEMIC PRESS (CHINA)

目　录

表格目录

绪　　论

一　研究缘起与研究意义

"法治"在中国传统的治国理念中，从来只是一种工具的意义，并且在中国漫长的封建社会中，始终没有超越工具的地位。"法治"也并不是中国古代治国理念中唯一奉行的准则，与其并行的还有"礼治"，两种治国方略长期互相交织、互有攻守、互相融合。清中后期又提出了"以孝治国"，尤以乾隆时期更为典型。理念的不同形成了在治国方式上的不同取舍，构成了中国臣民时代特有的治国风貌，并建构了一整套中国特有的法律制度，维持着封建王朝的有序运行。

法治的好坏与国家的强弱，在因果渊源上紧密相连。依常理看来，法治好，则国家繁荣昌盛，法治坏则国家止步不前，甚至倒退，从而积贫积弱。孰因孰果似乎不难断定。正是因为如此，这种因果关系也常常被人反过来观察、思索和使用。自从国家出现直至运行千年之后，在用法律治理国家方面留下了两个极为类似的概念，即"法治"和"法制"。其实二者有着明显的不同，"法治"一词更为宏观，涵盖了依据法律治理国家的所有内容。"法制"主要是指法律和制度。当然，也有学者对其进行不同的解读，认为西方国家在立法、执法、司法等法律适用中以民法为主，主要表现为通过调整人民之间的关系实现国家的治理，手段和方式较为柔和，称为"水治"，所以，西方国家应该用"法治"的概念。中国传统社会在以法治理国家的实践中，却以刑法的适用较多，主要以惩罚的方法来达到威慑的目的，从而减少犯罪，实现国家的治理，被称为"刀制"，所以，中国应该用"法制"的概念。其实这种说法既有其合理成分，又包含了一种戏说与偏狭。它混淆了二者之间的内在关联，犯了逻辑含混的错误。从实质言之，"法制"只是"法治"的一部分，但是其中最重要的一部分，"法制"是"法治"的核心内容与基本表征。所以，一个强盛的国家往往被认为是因为良好的法律制度发挥了重大的作用，是国家强盛的重要原因之一，甚至被法律至上论者认为是根本原因所在。在漫长的中国古代社会中，中国国家的强盛，形成了中国法制优越的天然合理性和正当性，构成了不容讨论与争论的尊贵地位，因之也使中国长期以来对周边国家发挥着重要的法制输出的功能。

晚清以降，西人来华，内忧外患的中华帝国又一次走到了历史的风陵渡口。在经过长期的、多次的斗争和较量之后，有着十足优越感的、以"天朝上国"自居并长期以来在朝贡体系中居于塔尖的清帝国败下阵来，在万般沮丧和无奈中，终于承认了西方的强大和自身的弱小。

痛定思痛之后，清廷首先要做的，也是最关键的事情，就是王朝自救。在经过长期的、费尽心力的洋务运动和长期的体用之争的讨论、争论、辩论之后，清廷最终把追寻原因的目光瞄向了体制，并最终认定是中国旧的国家体制造成了中国的落后与贫弱，西方的体制造就了西方一个个发达的帝国。中国长期以来实行的是闭塞的、与自给自足的小农经济相对接的国家体制，具有静态性和停滞性，没有生机和活力，所以造成了中国长期止步不前，即便有所发展，至多也是缓慢发展。而西方是一种自由的、有竞争的、充满生机活力的体制，所以才有他们发达的文明，也使他们在新一轮的角逐中占据胜利者的地位。

西方国家体制的主要特征是法治，在立法、司法、行政三权分立的框架下维持一种平衡，并有序运转。整个社会是一个契约的社会，法律至上，契约至上，所有国民在法律和契约面前一律平等，不因为身份的不同而有所差异。这一点被清廷的精英在对西方长期的观察和研究中逐渐认知，并成为效法的榜样。在这种背景下，在精英的呐喊和清廷的觉醒中，清廷的宪政改革艰难起步了，并在朝野的互动中逐步前进。

清廷的宪政改革是一次综合的、系统的、全方位的改革。其中法制和官制是非常重要的部分，清廷也非常重视，用力尤多。虽然随着清帝国的灭亡，改革的步伐最终停止，但是决不能说，清廷最后的奋力一搏没有任何意义，相反，清廷最终灭亡之谜给我们留下了充分的思索、回味的空间，留下了值得珍惜的经验、教训和历史启示。

对清廷灭亡之谜感兴趣的学者们，从各个角度进行研究，并给出了各自的解释与历史评说。使这一段历史在过了百年之后成为倍受关注、常论常新的话题。其中法制和官制是学界关注和探讨的热点和焦点之一。

中国地域广大，国情复杂，各省情况不一，构成了帝国的政治地理图。国家政令在各省的推行情况，直接反映着帝国中央在全国范围的影响力，并影响着整个国家的有序运行。那么清廷在宪政改革中，究竟在各省设立了什么样的机构主持了各省的法制改革？这个机构在极为复杂的国际国内环境中临危受命，究竟采取了怎样的措施，力图挽救命悬一线的帝国？全国各省这个机构的长官究竟是怎样的一个群体？该机构与其他机构之间构成了怎样的一种关系？他们的努力与挣扎又发挥了怎样的作用？给我们留下了什么经验、教训和历史启示？把这些问题梳理清楚，并做出准确的回答，对于寻找清帝国灭亡的原因，具有非常重要的意义，甚至需要对清末宪政改革失败的原因重新解释。所以，对这一机构进行研究，具有非常重要的意义。这便引出了本研究试图着力探讨的主体——提法使。

提法使是清末法制改革中在各省设立的新机构。提法使由按察使改制而来，被定位为司法行政机构，主持一省的司法改革，筹设一省范围内的审判厅、检察厅和监狱。设置初期亦管理警察。该机构居于中央和地方的枢纽位置，身跨司法与行政两界，被清廷寄予厚望和众多期许，是一个非常重要的机构。所以对提法使进行系统而卓有成效的研究具有非常重要的意义。

也许是历史的巧合，也许是机缘际会，也许是造化弄人，历史跟中国开了一个不大不小的玩笑，也许是许许多多的其他因素，经过千回百转之后，历史在某种程度上又回到了它的原点，至少是一定意义上的相似。当下的中国再一次走到了需要政治体制改革和法治改革的关键时刻，再一次走到了历史的风陵渡口，再一次遭遇了这个宏大而又严肃，同时也倍具挑战性的时代命题。与100年前相同，不可避免的仍然是一个涉及多方关系、矛盾错出的攻坚战，这场攻坚战的成功与否，对于改革能否突破瓶颈、走向深入，过渡到真正实现民主法制的国家，具有重要的意义。这也许是暗合了100年前在中国历史上已经发生了的清末新政改革和法制改革，也许是没有走完的路终究要走，没有上完的课终究要补。对省级司法机构进行研究，从历史的视角对其产生背景、机构建制与运行，及其间复杂的人脉关系进行考证，观察其历史递嬗，考察其成败得失，对今天中国正在进行的政治体制改革及司法公正、司法独立、司法监督的发展和完善，提供了又一个视角和参数。可以以史为鉴、做到鉴往知来。总结其经验教训，既有历史意义，又有积极的现实意义；既有学术意义，又有政治意义。

二 学术史的回顾与分析

20世纪90年代以来，海内外学术界越来越多的学者开始关注清末新政和宪政，在这方面的研究取得了长足的进展，研究逐步深入。对宪政改革进程中的司法改革问题日渐重视，并且做过一些研究，取得了不少创造性的成果。且部分学者已经开始把眼光下移，开始研究当时在地方设置的机构（当时称为"官制"），拓宽了研究的视域，填补了一些空白。讨论逐步深入，历史事实也日渐清晰，对我们更清楚地了解清末司法改革的进程，具有非常重要的意义。

下文以时间为顺序对近年来学界的相关成果作一梳理和交代。

郑秦著《清代司法审判制度研究》，依据大量的中国第一历史档案馆所藏史料和清代的律例、则例、地方志及留存下来的清代私人记述为主体资料，对清代政治体制与司法的关系、审级管辖制度、皇族和旗人的特权司法、死刑复核程序（秋审）、少数民族的法制、刑名幕吏制度与清代的司法审判、清代的刑事审判、清代的民事审判与调处息讼制度等方面进行了研究，对清末司法改革之前的地方司法状况有所涉及，对省级的督抚衙门和按察使司及非地方政府序列的"专业性质"的机关，如漕运、河道、盐务、税关、仓场等机构的司法运行有所讨论。此外还对属于非国家编制内的临时性机构——发审局有所提及，并认为其非常类似于"省高级审判厅"。这些方面是学界多有忽略的问题。该书作者认为西方法律思想、法律制度的输入从根本上危及了传统的中华法系，但由于旧制度和其代表人物天生的保守性，外国侵略者不希望被侵略者学习自己"先进"的东西，却宁愿支持中国最顽固的保守派等原因，在鸦片战争后的最后70年中，清朝原有的一套司法审判制度仍然在全国范围内使用。该书对清代地方司法管辖的研究，对于厘清本研究涉及的机构渊源有所帮助。同时，该书也为清末设置提法使研究的进一步展开提供了背景基础。[①] 缺陷是过于强调旧制度、旧人物的保守性和西方对中国采取的反学习态度，忽略了中国自身的优势和对改革策略的分析。

郑秦的另一部著作《清代法律制度研究》，集中收录了作者关于清代立法、司法、审判制度以及民事、刑事法律制度的主要论文，在研究方法和资料梳理方面具有较强的系统性，显示了作者深厚的学术功力，读后让人受益匪

---

① 郑秦：《清代司法审判制度研究》，湖南教育出版社，1988。

浅。然而，该书也只是从制度的层面进行研究，对制度本身的运行及其在运行过程中所际遇的各种关系并没有做详实的考察和分析。①

张德美的《晚清法律移植研究》②，其价值在于对法律移植一般理论的探讨，以及对晚清法律实践的再认识。作者运用比较研究的方法，结合近现代欧洲、亚洲、非洲法律移植的史实，探讨了法律移植的原因、对象、方式及其效果。该书作者认为，法律制度是一个不断发展变化的过程，一个不断创新、继承与借用的过程。在法律移植方式上，从人类认识的一般规律和法律构成要素着眼，提出在移植外来法时，可以循序渐进地采用法理移植、司法移植、立法移植三种方式。晚清法律移植是近代工业化以后，社会政治、经济、文化发展的必然要求。晚清朝廷出于强化集权与争取主权的需要，在移植外来法时取舍不同，致使新建立的法律体系呈现出明显的混合法样式。由于法理移植基础的薄弱和司法移植经验的不足，晚清立法中矛盾冲突之处甚多，这些教训值得后世的立法者、法官、法学家深刻反思。同时，对于研究清末各省提法使的施政也具有理论上的指导意义。

程燎原的《清末法政人的世界》③，以"法政人"作为一个独特的学术视角，考察和研究近百年来中国法治演化、变迁中的种种基本问题。其中对各省提法使中的法政人才作了一定的阐述，同时，对法政人对地方审判厅的控制也作了部分探讨。在推动对提法使与地方审判厅的关系研究方面，具有一定的积极意义。

卞修全的《立宪思潮与清末法制改革》④，从立宪思潮与清末法制改革的关系的角度进行研究，作者在阅读了大量的报纸杂志、文集、年谱、档案、史料汇编、清末法规法典（草案）汇编，以及当时人及后人的论著、论文的基础上，对立宪思潮在清末盛行的原因和该思潮兴起、发展、高涨的过程进行了全面、细致、深入的论述，并考察了立宪思潮推动下的清末制宪活动、立宪思潮与清末修律的深化、立宪思潮与清末司法制度改革等方面。对立宪思潮客观历史运动的轨迹进行了考察，并对清末法制改革与立宪思潮之关系进行了梳理，作了学理的分析与言说。该书作者认为，清末立宪思潮的发生有其自身的合理性，也发挥了积极的作用。推动了中国政治制度的近代化，也导致了中国

---

① 郑秦：《清代法律制度研究》，中国政法大学出版社，2000。
② 张德美：《晚清法律移植研究》，清华大学出版社，2003。
③ 程燎原：《清末法政人的世界》，法律出版社，2003。
④ 卞修全：《立宪思潮与清末法制改革》，中国社会科学出版社，2003。

法文化的转型。至于清末立宪思潮与法制改革最终未达预期效果的原因，该书作者认为是由于立宪派的急功近利和清廷的昏聩无能。这个结论具有一定合理性，但太过粗略和笼统，究竟是怎样的急功近利？又是怎样的昏聩无能？未能做出合理详尽的交代。清廷应该怎样做？更没有做出交代。实然和应然均未交代清楚，有一种兴致未尽却已结束的缺憾之感。同时该书称"清廷"为"清政府"也是值得商榷的。清王朝统治时代，王朝的中央是朝廷，"政府"是一个对应于近代化国家而言的概念，清朝还不是近代化国家，所以，从这个意义上说，清朝中央只能被称为"清廷"或"清王朝"，而不能被称为"政府"。该书也没有对其中的代表人物作性格、气质、心理上的分析。书中提到了省级司法机构改革过程中设立了提法使司、高等审判厅和高等检察厅，但其设立的深层次原因及设立过程未作交代，留下了继续探讨的空间。

李启成的《晚清各级审判厅研究》[①]，依据中国第一历史档案馆所藏档案、《大公报》、《京津时报》和清末一些司法机构的报告书、判牍、年报等资料，再现了晚清各级审判厅——同时又是中国最早的地方法院——成立和运作的全过程，从程序和实体两个方面分析了各级审判厅对传统司法审判制度的突破，多角度分析了各级审判厅在运作过程中所面临的困境。作者认为，各级审判厅的设立，由于人力、物力以及整个社会情况的制约，基本只限于省城商埠和近郊地区，但其成果是极其显著的，地方审判厅的改革成就远较大理院为大。主要原因有两点：第一，清末法官考试选拔的法官大都补充到各级地方审判厅，大理院的人事与新式法官基本上没有关系；第二，大理院管辖的案件主要是官犯、国是犯、京控以及会同宗人府审理的重罪案件，主要还是承担旧的刑部的职能。同时也认为晚清各级审判厅的筹设是中国司法审判史上的大事，是司法独立思想在地方的首次实施，将四级三审制落到了实处。其中，法官独立审理案件、对程序的重视、民刑案件分别审理和以专业化考试选拔法官等成果为民国所继承和发展，并对中华人民共和国成立后的司法审判制度间接产生了影响。成为地方审判厅研究的成功范例。然而，此书也有不尽如人意之处，审判厅从表面看来只是一个机构，然而一个机构的产生与运行是一个非常复杂的过程，具体到要不要设立、如何设立，设立之后与各方的权限关系，内部与外部的争夺与调适，人事、财政的具体运行情况等，或因观点本身的差异，或因立场的不同，而表现出非常复杂的面相，体现了历史运动的内在张力。从各级审

---

① 李启成：《晚清各级审判厅研究》，北京大学出版社，2004。

判厅内在的生成过程来看，上述诸方面研究非常必要。真正的历史是一种立体的、同时向前发展，而又矛盾交织的过程。尤其是人物在历史运动过程中的表现及对其复杂心态的揭示与分析，把静态的历史动态化，是一种可触摸的历史，把历史叙事和历史分析相结合，对结构和功能史学有所突破，既处理好小历史与大历史的关系，似更能真实地展示当时的历史场景，也更能把问题和学理阐释得更为客观、详尽和深入。而李著在这些方面有些不足。李著只是从各级审判厅自身的发展演变过程进行考量，视角没有触及与此相关的其他机构、人物及相互关系与互动，使得该研究有些单薄而稍欠丰满。研究使用的资料大多取自各种文本也使得论述有些平面化。

张从容的《部院之争：晚清司法改革的交叉路口》①，对清末司法改革过程中，中央的两个司法机构之间出现的纷争进行了梳理。对利益集团之间概念理解的差异、法规制定的论争、案件交接问题、司法区域划分问题、死罪案件与重案的复核权问题等展开了讨论。作者认为，清末法制改革中出现的"三权分立"是中国式的三权分立，与孟德斯鸠所提的"三权分立"有很大不同。并认为"司法独立"在中国有三种含义，即在宪政层面上主要是司法权与行政权分离；在官制改革层面上主要是指法部和大理院的独立掌理司法，不再由其他部门分割司法权；在司法改革层面上是法部与大理院之间的权限划分。该书作者同时认为，对"三权分立"和"司法独立"的认识是一个渐进的过程，司法制度的移植是不能一蹴而就的，只能分阶段进行，司法改革也受到传统势力的重重阻挠，司法独立的关键是审判独立。透过部院之争，我们能够更清楚地理解，清末司法改革中司法权与行政权的分离在中国实现的复杂与艰难。该研究对法部和大理院之间的权限争夺的考察，能够为提法使的研究提供些许线索。

吴吉远的《清代地方政府的司法职能研究》，通过阅读和爬梳大量的原始档案、家谱、宗谱、地方志、私人著述和出版物，又参考了诸多近人的研究成果，从行政管理的角度探讨了清代地方政府的司法职能，详细考察了清代州县、府和省级政权的司法组织结构和司法职能、司法活动，以及社会各种政治势力对地方政府司法职能的影响而共同形成的司法状况。不但对体制内的运行进行了考察，而且对体制外的幕友、书吏、差役、长随等人员在地方司法中的作用进行了考察。该书对提法使司的前身——按察使司在清代的组成结构和职

---

① 张从容：《部院之争：晚清司法改革的交叉路口》，北京大学出版社，2007。

能进行了考察。作者认为清代地方政府的司法职能，是清代封建专制政体的一部分，是封建专制的工具，不可能超然独立。专制政体下的官僚政治是司法职能有效发挥的重大障碍，在官僚政治下，地方官法学素养不足，官场陋习难以根除，乡绅巨室违法不仁，代书与讼师为个人私利谋，这些都对地方政府的司法职能产生了极大的消极影响。作者最后指出，专制政体下的地方政府司法职能必然失调。①

吴著试图通过对有清一代地方政府的司法职能作系统梳理，进而全面展示清代地方政府的司法风貌，然而，一本著作的长处往往又是它的短处。我们对作者的学术抱负钦佩之余又心有担忧，从纵向来看，涉及的时间段很长，从横向来看，所讨论的机构人员众多，这么丰富的内容通过一本小册子全面展开，似难以深入。历史学的真谛在于解释，通过研究对历史人物、历史事件、历史机构、历史过程、历史现象等方面做出新的解释，才是历史研究的出发点和最终归宿，吴著的结构安排决定了其很难在认识论上有所突破。

博士学位论文有：王素芬的《明暗之间：近代中国的狱制转型研究》，对近代中国监狱体制的变迁进行了梳理②，对监狱理念、监狱官、监狱管理、刑罚执行制度等进行了论述。作者认为近代中国的狱制转型，不全是西方法制理念冲击的结果，而是由多种原因共同导致的结果，其中主要是中国人自身的觉醒和监狱自身发展的必然结果。作者提出中国狱制改良的出路在于克服"人治"，并有赖于科学技术的发展。该文没有对省级的监狱改良作太多观照。付育的《清末政治改革的法律路径——沈家本法律改革思想研究》，对沈家本的法律改革思想及改革实践进行了考察③，作者认为清末政治改革失败的原因主要有三方面：一是经济的困难；二是传统文化的制约；三是晚清政权合法性与统治体制有效性的丧失。邹剑峰的《宁波近代法制变迁研究》，对宁波近代的法制变迁状况进行了梳理④，文中对清末审判、检察制度的沿革有所提及，但没有展开。谢如程的《清末检察制度及其实践》，对中国的检察制度在清末的变迁作了考察⑤，论述了中国检察制度的渊源，检察制度在清末的确立，检察

① 吴吉远：《清代地方政府的司法职能研究》，中国社会科学出版社，1998。
② 王素芬：《明暗之间：近代中国的狱制转型研究》，华东政法学院博士学位论文，2006。
③ 付育：《清末政治改革的法律路径——沈家本法律改革思想研究》，吉林大学博士学位论文，2006。
④ 邹剑峰：《宁波近代法制变迁研究》，华东政法学院博士学位论文，2007。
⑤ 谢如程：《清末检察制度及其实践》，华东政法学院博士学位论文，2007。

机构的职权，检察厅的履职机制与性质、地位等方面，并对清末检察官制度进行了梳理。作者认为清末检察制度的设立与实践虽有积极意义，但其主要目的是为了维护以皇帝为代表的清朝统治集团的利益，虽赋予检察官多种职权，但只是一种表象和虚幻的理想。同时也认为清末检察厅敢于严格执法的精神对于维护法律的尊严有积极意义。作者主要利用的是已出版的资料和各地检察志，以及一些当时的杂志和报纸，如《法政杂志》《东方杂志》《政治官报》《内阁官报》《申报》。该文的部分关注点对本研究有启示意义，但视角有别，同时从史料的利用和对省高等检察厅关注的角度来说，依然有较大的扩展空间。

　　近年的硕士学位论文对清末法制改革方面的选题也有较多关注。冯惠敏的《中国近代的法律教育（1862~1937）》把近代的法政学堂、大学里的法学教育和近代的法政留学作为考察的重点[1]，但全文只有 24 页，仅仅把清末的法政学堂罗列了出来，线条较粗，基本上是框架性的，没有做详细的考证和论析。费秋香的《论清末新政时期的地方官制改革（1901~1911）》重点考察了东三省、直隶和江苏的官制改革[2]，文中对司法官制改革有所论述，但只是作为整个官制改革的一部分整体讨论的。作者认为清末官制改革既是一次失败的改革，也是一次成功的改革，失败的原因在于没有处理好各种矛盾，造成地方对中央的离心力加强。但地方从此开始有了三权分立的倾向。陈雷的《清代狱政制度研究》对清末的监狱改良有所论及[3]，从狱政思想的转化、定颁监狱规则、改建新式监狱、规范监狱管理、狱官选任、监狱统计等方面论述，但亦仅从当时的章程条文出发，限于点到为止。徐黎明的《清末监狱改革研究》从监狱思想的转变、监狱改革的筹备、监狱改革的措施等方面考察[4]，作者认为清末监狱改革采用了资产阶级监狱思想和资产阶级的监狱管理制度，既有值得肯定的一面，又有局限性。刘静的《留日人员与清末法制改革》考察了留日人员在清末法制改革中的实践与在法制改革中的地位[5]，认为留日人员推动了中国法制近代化的进程，但也有一定的局限。王长芬的《"声噪一时"与"改而不良"：清末监狱改良再考察——以京师及江浙为重点》对清末改良监

---

①　冯惠敏：《中国近代的法律教育（1862~1937）》，河北大学硕士学位论文，2000。

②　费秋香：《论清末新政时期的地方官制改革（1901~1911）》，华中师范大学硕士学位论文，2001。

③　陈雷：《清代狱政制度研究》，安徽大学硕士学位论文，2001。

④　徐黎明：《清末监狱改革研究》，山东师范大学硕士学位论文，2002。

⑤　刘静：《留日人员与清末法制改革》，河北大学硕士学位论文，2005。

狱的立法、改良内容、监狱管理人才的培养等方面作了考察①，认为政治腐败、资金难筹、社会急惰、素质低劣是清末监狱改良的制约因素，照搬西方狱制也是改良受阻的原因。潘明的《清末省级行政机构改革研究（1906～1911）》对清末省级行政机构的变更、各方权限关系、新设机构人员的任用等方面进行了考察②，文中对提法使司有所考察，但着墨不多，只是把该机构在全国的设立情况作了介绍，具体运作没有考察，论述了高等审判厅与咨议局的关系，仅从文本作了静态的考察。

其他论文也出现了一些关于地方司法改革的研究。张瑞泉、朱伟东的《清末民初陕西司法改革初探》认为陕甘总督升允对辖区内的司法改革进行抵制，所以成效不大。陕西的现代司法系统在民国时期得到较大发展。③ 俞江的《清末奉天各级审判厅考论》认为清末奉天各级审判厅的创办，陆续解决了官员选任、司法经费、审结新旧案件等方面的困难，制定了各种审判程序和章程，但新设的审判厅未得到行政系统的尊重，在没有财政、教育、人事、经济、议会等配套改革的情况下，清末司法改革的目标将难以实现。④ 张敏的《〈盛京时报〉与清末东三省官制改革》认为《盛京时报》的宣传取向，在一定程度上对东北的官制改革起到了舆论导向作用⑤，司法改革也同样受到了影响。王立民的《论清末审判方式的改革》认为，清末审判方式的失败，没有独立的司法审判机关是其中重要的原因之一。⑥ 春杨的《论清末中国司法体制的转型及其历史启示》认为，司法体制形变易而实变难，司法官员的任免与管理与传统司法体制下毫无差别，司法官员的不独立导致了司法体制的不独立，并认为欲使司法改革成功要做到三点：一是抵制行政干预；二是检察独立；三是实行司法机关垂直领导，深化司法机关内部改革。⑦ 刘伟教授的《清末地方行政体制改革》认为，清末通过地方行政体制改革，初步形成了行政

---

① 王长芬：《"声噪一时"与"改而不良"：清末监狱改良再考察——以京师及江浙为重点》，华东师范大学硕士学位论文，2006。
② 潘明：《清末省级行政机构改革研究（1906～1911）》，首都师范大学硕士学位论文，2007。
③ 张瑞泉、朱伟东：《清末民初陕西司法改革初探》，《唐都学刊》2003 年第 1 期。另注：升允是反对清末地方官制改革的代表人物之一。
④ 俞江：《清末奉天各级审判厅考论》，《华东政法学院学报》2006 年第 1 期。
⑤ 张敏：《〈盛京时报〉与清末东三省官制改革》，《徐州师范大学学报》（哲学社会科学版）2003 年第 2 期。
⑥ 王立民：《论清末审判方式的改革》，《法制与社会发展》1999 年第 4 期。
⑦ 春杨：《论清末中国司法体制的转型及其历史启示》，《政法论丛》2005 年第 2 期。

与立法、行政与司法的分离。① 侯欣一的《清末法制改革中的日本影响——以直隶为中心的考察》认为，清末直隶地区的司法审判体制、狱政与法学教育，均受到了日本很大程度的影响。② 赵晓华的《清末法制改革中的人才准备》认为，清末法律改革中人才培养的方式有三种：①筹办各省法政学堂；②私立学堂合法化及推广；③举办留日法政速成科及考试任用留学生③，但没有展开。柳岳武、赵鉴军的《清末奉天新式审判制度的社会运作及评价》认为，清末奉天各级审判厅的运作确立了近代文明的司法审判精神，提高了办事效率，开始运用近代新式的审判原则，司法审判覆盖面扩大，家族诉讼权力缩小，妇女涉讼和利用审判厅次数增多。并认为有利于中国新的法律制度更新与法律体系建设，是对中华法系的继承与发展。④ 赵云田的《清末新政时期东北边疆的政治改革》对清末新政时期的司法官制改革作了概括性的描述，认为对东北行政体制的演变具有非常重要的意义。⑤ 王先明的《袁世凯与晚清地方司法体制的转型》认为清末时期袁世凯在直隶地区的司法改革中发挥了很大的作用⑥，并认为袁世凯在天津进行的现代地方司法体制的实验具有三个特征：①纳旧入新的渐进性特征；②官绅体制的过渡性特征；③以新代旧的总体性目标。

另外也有论文对清末少数民族地区的司法改革有所关注。乌力吉陶格套的《近代蒙古司法审判制度的演变》认为，随着清末司法改革的推行，蒙古地区的司法审判制度发生了很大变化，蒙古人的司法特权逐渐遭到剥夺，但清朝的司法改革还没有得到完全实施就灭亡了，致使清亡之后蒙古地区的司法审判处于一种无序状态。⑦

台湾方面，涉及此问题的有那思陆著《清代州县衙门制度研究》⑧，主要

---

① 刘伟：《清末地方行政体制改革》，《江汉大学学报》（人文社会科学版）2002 年第 5 期。
② 侯欣一：《清末法制改革中的日本影响——以直隶为中心的考察》，《法制与社会发展》2004 年第 5 期。
③ 赵晓华：《清末法制改革中的人才准备》，《华南师范大学学报》（社会科学版）2004 年第 2 期。
④ 柳岳武、赵鉴军：《清末奉天新式审判制度的社会运作及评价》，《唐都学刊》2005 年第 3 期。
⑤ 赵云田：《清末新政时期东北边疆的政治改革》，《中国边疆史地研究》2002 年第 3 期。
⑥ 王先明：《袁世凯与晚清地方司法体制的转型》，《社会科学研究》2005 年第 3 期。
⑦ 乌力吉陶格套：《近代蒙古司法审判制度的演变》，《中央民族大学学报》（哲学社会科学版）2004 年第 5 期。
⑧ 那思陆：《清代州县衙门制度研究》，台湾文史哲出版社，1982。

对其职能和运行有所关注。王家检著《晚清地方行政现代化的探讨》①，台湾中研院近代史研究所出版的中国现代化的区域研究系列专题，如苏云峰著《中国现代化的区域研究——湖北省》（专刊41）、张玉法著《中国现代化的区域研究——山东省》（专刊43）、李国祁著《中国现代化的区域研究——闽浙台地区》（专刊44）、张朋园著《中国现代化的区域研究——江苏省》（专刊48）等在现代化的视域下对省级司法改革给予了部分关注。

海外西文著作中涉及此问题的有冯客的《近代中国的犯罪、惩罚与监狱》②，论述了晚清以降至民国时期（1912~1949），中国的监狱及其改良的状况，从刑罚学、犯罪学的视角切入，试图对中国近代以来的监狱系统及其运行进行解释，并试图从国家统一的宏大视角进行观察，从监狱、犯罪、惩罚与道德、惩罚与社会之间的关系进行考察，从中国的监狱文化中追寻中国近代监狱改良之路的历史轨迹，思索和追问推动和阻滞近代中国监狱改良的各自渊源，给我们很多启示。作者认为近代中国的监狱虽然得到了一定程度的改良，但依然存在诸多问题，而且由于人类具有拥有权力就会产生腐败的趋向，中国近代的监狱改良没有解决的问题也是全世界的监狱学研究者们至今也没有解决的问题。中国近代监狱改良的过程由于资金短缺加剧了中国监狱改良的艰难。该书从全国的视野对晚清监狱改良运动进行了考察，对把握提法使主持下的各省监狱改良的背景有所帮助。

总体来看，清末司法改革虽为学界关注，但对提法使关注尚少，目前还没有把其作为专门研究对象进行梳理的成果。在这场改革中发挥着上传下达、贯彻执行，具有举足轻重地位的提法使的建制如何？运行状况怎样？目前的研究成果对其认识失之笼统表浅，呈现在我们面前的历史依然面目不清。需要作进一步的探讨。

清末设置提法使是清末新政和宪政的一部分，也是清末官制改革的一部分，涉及诸多方面，矛盾纠葛贯穿始终，甚至不时以冲突的方式出现，构成了改革进程的复杂面相。历史发展的必然性始终存在，同时人为设计的因素也使得改革进程处处暗藏玄机，或然性使得改革的进程扑朔迷离、充满变数。

① 王家检：《晚清地方行政现代化的探讨》，《中国近现代史论集》，第16编，台湾商务印书馆，1986。
② 〔荷〕冯客著，徐有威等译，潘兴明等校《近代中国的犯罪、惩罚与监狱》，凤凰出版传媒集团、江苏人民出版社，2008。参见 Frank Diskette, *Crime, punishment and the prison in modern China*, *1895-1949*（New York：Columbia University Press），2002。

在清末那样一个特殊的历史时期，中央政权开始式微，地方政权尤其省级政权开始做大，出现了中央政府的"软政权化"或者叫"政治疲软化"①，而中央的政策必须通过省的贯彻和执行才能得到实现，省级政权是一个承上启下的枢纽，具体到司法领域亦是如此。清末在地方的司法改革也是以省为单位，所以，各省提法使的设置状况与运行成效，直接关联着整个国家司法改革的进程与成效，对各省提法使进行考察，则更能够透视与理解清末司法改革取得的成效与最终失败的根源。在此过程中设立的司法机构既有从旧机构中脱胎而来——提法使，又有直接借鉴、模仿外国经验而设的高等审判厅、高等检察厅，既涉及新旧体制的转换衔接，又涉及理念、权限、职能的界定与调试。这一系列机构的建制与整合运行都是在清末新政、宪政的大背景下进行的。清末新政、宪政被时人称为"三千年未有之大变局"，其中暗含甚至明示了中与西、传统与现代、新与旧的碰撞与冲突，古老的帝国在这种冲突中挣扎前行。这些丰富内涵全部通过一个"变"字实现了绘声绘色、鲜活生动、淋漓尽致的展现。对清末提法使进行研究就是要在挖掘、比勘史料的基础上弄清楚其设置、执掌、权限划分、人事、财政以及矛盾纠葛，同时要透过这些厘清在此过程中，变与不变、中与西、传统与近代、新与旧演变和发生作用的真实面相。所以对在清末司法改革进程中建立的提法使进行考察具有尤为重要的意义。

总而言之，关于清末新设的总管一省司法改革的提法使，海内外无论史学界还是法学界，到目前为止仍然关注不足，加之研究角度有别，所以依然有较多继续探讨下去，并可扩展和深入的空间。本研究试图在上述研究成果的基础之上，对有关材料进行梳理、比勘，对其客观历史运动过程作一系统的考察，进行科学的描述和言说，并试图在把静态的历史动态化方面做些尝试和努力，以冀引起学界对此问题的关注，从而推动学界对此问题的研究。

三　主要思路与研究方法

（一）主要思路暨问题意识

本书试图在已有研究成果的基础之上，继承前人的优秀方法，吸收新的成功经验，以史学方法为主，借鉴相关学科的理论知识，以充分占有和认真解读

---

① 〔瑞典〕冈纳·缪尔达尔著，顾朝阳、张海红等译《世界贫困的挑战——世界反贫困大纲》，北京经济学院出版社，1991。该书认为，在"软政权化"的社会中，社会普遍的缺乏对法规和政令的敬畏，各级公务人员往往根据自己的需要随意解释政府颁布的法规和法令，并根据自己的需要决定法规和法令的执行与否。

资料为前提，把其放在清末新政、宪政的大背景之下，综合考察清末设置提法使的发端、发展、终结的全过程和运作牵连的各方面，考察其在传统与现代、东方与西方的冲突与交融中的演变。进行史实重建，揭示内在联系，并从理清各种相互关系中确立提法使在清末新政、宪政和中国司法体制变迁中的历史位置，及其在中国社会实现近代转型中的作用。避免以后来和外在观念解释或归纳历史，避免先入为主、结论先行的导向。

（二）研究方法

（1）历史研究的深入在于史料的挖掘和历史环节真相的重建。本书试图对有关史料进行深刻挖掘与梳理，不仅充分利用遗留下来的官方资料，而且试图对当时部分有关任职官员及其他时人遗留下来的文集、年谱、日记、回忆录等私人记述以及有关报纸内容比勘互证，对当时的历史进程进行动态的还原与重建，回归历史的原生态，并进行学理性的分析，从而在有关方面有所突破。

（2）不仅对文本进行梳理和分析，更对其改革进程中出现的错综复杂的财政、人事、人脉关系，其中展现的合作与矛盾纠葛，进行全面而深入的考量，对历史细节进行描述，又不使其碎片化；既对整体有所观照，又不使论述主题分散。在历史学与法学之间进行整合并在研究路径上进行有关探索的尝试。

（3）清末新政虽未成功，但其影响却在中国这个古老的国度生根、发芽，萌发出勃勃生机。自此之后宪政和法治便成了中国人心目中梦寐以求的理想化追求，直至今日，依然如故。参与社会、服务现实不仅是历史学获取生机与活力的需要，也是历史从业者的责任，历史学的生命之源之一便是走出书斋，与正在发生着的、鲜活的社会变革联系在一起。所以，对当下中国正在发生和正在进行的社会变革，历史学者不能保持沉默，不能缺位和失语。本书对于当下中国正在进行、民众呼声日高的法制改革与法治化进程及政治体制改革的进行，对于如何让中国变成更科学、合理、有序的国家，在法治的轨道上高效运行，并在此语境下逐步走向崛起的大国之路，或许能够在找寻已逝的历史记忆的过程中有所感悟、启迪和新的思考。从这个角度理解，本研究亦具有现实意义。

四 创新点及难点

1. 创新点

（1）在清末新政改革和官制改革的话语下把提法使的生成、运行及影响剥离出来，进行综合的、整体的考察，是目前学术界尚未有人做过的事情，这一机构综理全省司法机构运行，并被赋予司法监督职能，清廷对其抱有很高期望。它究竟是怎样的一个设置过程？它是怎样处理由其监督和管理的本省审判厅、检察厅以及监狱的关系的？又是通过怎样的运行进行司法实践和追寻自己的法治理想？它与督抚及法部等中央决策中枢又是怎样的关系？从目前的研究中还不能找寻到一个清楚的答案。对清末提法使进行研究，能够填补目前学界对于清末法制改革研究的不足。同时，对清末新政研究和近代机构史研究也有积极的推动意义。

（2）史料是史学的基石，是史实重建的根本。史料的创新是史学创新的源泉。清末各级政府为了推进司法改革，不仅在司法理念的宣传和司法机构的创建方面做了努力，为了扩大影响和便于研究，几乎各省、中央各部、内阁和其他一些新政机构都办有官报，有的省还办了专门的司法官报，如奉天。同时，有些省还进行了司法统计，如河南、山西，留存下来了《河南全省司法统计表》① 和《山西按察使第二次司法行政统计表》②。直隶的《司法纪实》③、《奉天司法纪实》④、《新疆审判厅筹办处司法报告书》⑤、《江苏司法汇报》⑥对清末四省的司法改革实践有诸多披露。此外还有一些清末提法使的资料，如《陕西等处提法使奏折》⑦、《湖北提法使翰林院侍读马公行状》⑧、《提法公年谱》⑨、《张提法公年谱》⑩，这些资料弥足珍贵，对于清末司法改革的研究，具有非常重要的意义和作用，对于清末司法改革的史实重建和推动研究的进一步深入，亦具有相当的分量。然而，直到目前，学界或鲜有使用，或从未使用。此外，清末的媒体已较为发达，仅报纸就有数百种之多，还有一些杂志也

① 《河南全省司法统计表》，清宣统三年（1911 年），稿本，2 册，中国社会科学院法学所图书馆藏古籍，72。
② 《山西按察使第二次司法行政统计表》，清光绪三十四年（1908 年），稿本，2 册（1 函），中国社会科学院法学所图书馆藏，171。
③ 直隶高等审判厅书记室编《司法纪实》。出版单位和出版年不详，笔者推断为光宣之际。中国国家图书馆藏。
④ 王家俭等编辑，朱延龄等校勘，汪守珍等鉴定《奉天司法纪实》，陪京印书馆，1909。
⑤ 新疆审判厅筹办处编《新疆审判厅筹办处司法报告书》（清），出版单位和出版年不详，中国国家图书馆藏。
⑥ 《江苏司法汇报》，出版单位、出版年不详，中国国家图书馆藏。
⑦ 《陕西等处提法使奏折》，清宣统二年（1910 年），抄本 1 册（1 函），中国社会科学院法学所图书馆藏，172，中国国家图书馆藏。
⑧ 《湖北提法使翰林院侍读马公行状》，出版单位、出版年不详，中国国家图书馆藏。
⑨ 张澍棠编《提法公年谱》，出版者、出版年不详，中国国家图书馆藏。
⑩ 张澍棠撰《张提法公年谱》，海外中文图书，出版者、出版年不详。

记录了当时的历史风貌。史料的留存与研究的现状依然存在落差。本书试图从这些新史料中获得新的发现，从而对史实重建有所突破。

2. 难点

（1）清末虽留传的资料众多，但有关提法使的资料却相对较少也比较零散，同时也难以解读。如何对官方档案、文书、公牍、奏折、奏议，私人著述文集、日记、笔记、回忆录等，以及留存至今的官报和报纸充分挖掘与爬梳，同时又做到有效利用，是本研究面临的一种困难与挑战。

（2）本研究着眼于全国而又涉及各省，中国区域辽阔，各省政治、经济发展不平衡，不仅司法机构的官员出身、求学、阅读的背景不同，各地深埋于民间及人们心灵之中的文化渊源与风土人情也不尽相同，这就使得不仅各省精英阶层存在不同的追求，同时下层民众也可能存在不同的认识与呼声，从而使得各省之间对法制的认识与追求会出现一些差异，而如何既能从整体上彰显提法使群体的施政进程与施政特征，又对各省的具体情况有所观照而不遭抹煞是本研究面临的又一困境。

（3）由于本研究是关于法制改革，所以具有法学专业研究的特征，不可避免地可能用到法学方面的知识与理论，如何实现史学与法学之间的融合与会通是本研究进行中面临的第三个难题。

第一章 议设提法使

第一节 按察使的渊源及流变

本书研究的对象提法使，是由其前身按察使变革而来。那么按察使是在什么背景下产生的？其职能是什么？从设置之初到改为提法使之前的运行情况怎样？是否与当时的整个社会政治环境发生了冲突和碰撞？成为必须首先回答的问题，只有把这一问题搞清楚，才能深刻理解并揭示，按察使必须改为提法使的内在原因。

本书并非研究按察使的专论。通过对现有研究成果的梳理和总结，我们基本上能够对这一机构的设置、沿革及职掌有一个总体的了解，据此我们能够观察出其被改制为提法使的深刻根源。

一 设置渊源及沿革

1364 年，朱元璋即吴王位。吴元年（1367 年），朱元璋"置各道按察使"，设按察使。① 建立明朝之后因袭前制设置按察使。除每省设按察使外，并于诸道设按察使分司。"明初略定地方，皆置行省……按察使之副使、佥事分寻各道"。② 明太祖洪武十五年（1382 年）分司更多。常以二县为一区作为分巡地域，并以所在府、州、县冠其名，称曰某府、某州、某县分司。第一批职官为朱元璋直接任命的王存中等 531 人，以试按察使佥事名义，各按一区，一区为二个县。"凡官吏贤否、军民利病，皆得廉问纠举"。洪武十六年

---

① 贾玉英：《中国古代监察制度发展史》，人民出版社，2004，第 307 页。
② 吕思勉：《中国制度史》，上海世纪出版集团、上海教育出版社，2002，第 554 页。

(1383 年)，罢试金分按制度。洪武二十二年（1389 年），又规定按察使为正三品；副使，正四品；金事无定员，正五品。洪武二十九年（1396 年），除两京不置按察使外，每省各置一司，与布政司同。同时划定全国 41 道，设置分司。分别为：直隶（南京）6 道；浙江 2 道；四川 3 道；山东 3 道；河南 2 道；北平 2 道；陕西 5 道；山西 3 道；江西 3 道；广东 3 道；广西 3 道；福建 2 道；湖广 4 道。洪武三十年（1397 年），置云南按察使。明惠帝建文年间（1399～1402 年），改提刑按察使为肃政按察使。明成祖朱棣即位（1402 年），复用旧名。永乐五年（1407 年），明成祖设置了交趾按察使管理越南刑狱，并增设按察使金事。永乐十二年（1414 年），置贵州按察使。宣宗宣德五年（1430 年）定制，全国除两京外，各省均设提刑按察使司，并以其所在行省冠名，辖区亦以省为单位。形成了按察使、道分司垂直对府州县的监察体制。①

清袭明制，在各省设置按察使，但在不同时期亦有所变迁。清初，17 省及直隶各置按察使一人，新疆不设。②

顺治初年，除直隶外，各省设按察使一人。又以大名巡道兼河南按察使衔；通永、天津两巡道兼山东按察使衔；霸昌、井陉两巡道兼山西按察使衔。顺治三年（1646 年），增设江宁按察使一人。康熙三年（1664 年），增置江北按察使，驻泗州；湖广按察使，驻长沙；甘肃按察使，驻巩昌。康熙六年（1667 年），增置山东、山西、河南按察使各一人；并迁安徽按察使驻安庆。康熙八年（1669 年），增置直隶巡道一人，综理该省刑名，至雍正二年（1724 年），改巡道为直隶按察使。至是，十八省均设有按察使。

光绪十年（1884 年）新疆建省，以新疆镇迪道兼按察使衔。光绪十三年（1887 年）台湾建省，由台湾道兼按察使衔。③

二　品秩、属官与职掌

按察使总体上来说是一种品秩较高的职位。明洪武二十二年（1389 年），正式规定按察使为正三品；副使，正四品；金事无定员，正五品。④ 到清代品

---

① 贾玉英：《中国古代监察制度发展史》，人民出版社，2004，第 25 页。
② 杨鸿年、欧阳鑫：《中国政制史》，安徽教育出版社，1989，第 354 页。
③ 刘子扬：《清代地方官制考》，紫禁城出版社，1988，第 87 页。
④ 贾玉英：《中国古代监察制度发展史》，人民出版社，2004，第 25 页。

秩在不同时期也略有变化，但在大部分时期内为正三品。① 按察使一般为专任，但也有布政使兼任的情况。

按察使之下，设副使、佥事各若干人。各省根据事情的复杂与繁忙程度设置人员，没有固定编制。副使、佥事官品，初年亦升降不定。宣德五年（1430年）定制，副使正四品，佥事正五品。副使、佥事为按察使之佐贰，助理按察使处理司务，也被遣差分道按察，人主一道。

除副使、佥事的设置外，还有另外一些属官，如下表：

表1－1　按察使属官

官　名	员额	品级	备　考
经历司（经历）	1	正七品	掌管发文,移报行按文书,同经历印
经历司（知事）	1	正八品	同上
照磨所（照磨）	1	正九品	同上
照磨所（检校）	1	从九品	同上
司狱司（司狱）	1	从九品	同上

注：该表格来源于杨鸿年、欧阳鑫：《中国政制史》，安徽教育出版社，1989，第340～342页。这种机构设置到清末外官制改革之前基本未变。贾玉英：《中国古代监察制度发展史》，人民出版社，2004，第304页。

按察使最初为监察机构，唐宋尤然。自辽圣宗命分路按察刑狱，按察使始主刑名，并因而得名提刑按察使，简称臬司（此称始见于《元史》）。又因元世祖时以按察使改为廉访司，故后世尊称臬司为"廉访"。② 明清时期保留了按察使的监察和刑名两大职能，亦称按台或臬台。同时对应于都御史称为内台，按察使也称为外台。职责为负责一省各方面事务的监察，或者分项专职巡察，称为"分巡道"。听命于刑部和都察院。③ 明太祖洪武十五年（1382年），王存中等531人以试按察使佥事名义各按一区时，朱氏说："吏治之弊，莫甚于贪墨，而庸鄙者次之。今天下府州官，于斯二者，往往有之。是以弊政日滋，民受其害。故命尔等，按治其地。凡官吏贤否、军民利病，皆得廉问纠举。"④

① 刘子扬：《清代地方官制考》，紫禁城出版社，1988，第87页。
② 刘子扬：《清代地方官制考》，紫禁城出版社，1988，第86页。
③ 王占魁：《权力的拆分与组合》，中国档案出版社，2005，第234～235页。
④ 杨鸿年、欧阳鑫：《中国政制史》，安徽教育出版社，1989，第341页。

副使、佥事职责为分道巡察，负责各道兵备、提学、抚民、巡海、清军、驿传、水利、屯田、招练、监军事宜。① 在明代形成了按察使、道分司垂直对府州县的监察体制。②《大明会典》称按察使为"风宪衙门"。③

具体说来，其职掌为：纠官邪，戢奸暴，平讼狱，雪冤抑，以振扬风范而澄清吏治。此外，朝觐庆吊之礼，与布政司同。

在监察方面，按察使还有一种特殊的职权，就是纠弹御史。御史的职责在于纠弹百官，但御史本身却没有监察的制度设计，御史不法，由按察使纠弹之，对御史有了一种约束机制，对于整个监察制度的完善具有积极的意义。中世以后，此项职权行使很少。明世宗嘉靖十二年（1533 年），张孚敬摄于都察院权势，又奏准重申旧制，并定制御史被弹劾时，不得挟私报复。

明代按察使之设，在理刑与监察方面均发挥了一定的积极作用。如石渠为山东按察使，审核重囚，日有平反。陶厘仲为福建按察使，惩治赃吏。除此之外，按察使也作了一些法规规定以外的事情，如刘纤为云南按察使，因俗为治，宽其禁令，深受少数民族怀念。

按察使治法，在明代有时也会受到种种阻挠，弹劾他人，祸及自己并不鲜见。如锦衣卫等机构与其之间展开的权限争夺。④

到了清代，职掌亦沿袭明制，即刑名与按劾，主要目的亦为振扬风纪，澄清吏治。事大者与布政使会议，以听于部院。同时掌理全省驿传事务。三年大比时，又为监试官。大计时为考察官。秋审时为主稿官。与布政使并称两司，其属官亦与明代同，设经历、知事、照磨、司狱等。⑤

具体职掌大致分为四个方面：①办理阖省刑名案件，勘核词状，管理囚犯；凡重大之案件，则须会议布政使办理，并报于部院；每年秋审，充主稿官。②每三年乡试，充任监试官。③每五年"大计"考察外官，充任考察官。④管理全省之驿传事务。按察使名义上虽然以刑名和驿传为其主要职掌，但实际上凡省内一切政务⑥，仍与布政使共同负责，同时参加督抚、两司、学政共同研究政务之会议。

---

① 《中国历代官制》编委会：《中国历代官制》，齐鲁书社，1993，第 308 页。
② 贾玉英：《中国古代监察制度发展史》，人民出版社，2004，第 25 页。
③ 贾玉英：《中国古代监察制度发展史》，人民出版社，2004，第 25 页。
④ 杨鸿年、欧阳鑫：《中国政制史》，安徽教育出版社，1989，第 340 ~ 342 页。
⑤ 杨鸿年、欧阳鑫：《中国政制史》，安徽教育出版社，1989，第 354 页。
⑥ 李进修：《中国近代政治制度史纲》，求实出版社，1988，第 18 页。

衙署。提刑按察使为按察使之衙署，通称"按察使衙门"。其署内之组织机构与职官的设置情况，各省有所不同。

（1）经历司。按察使经历始设于元，明代因之。清制，按察使内设经历司的有直隶、山东、山西、河南、江苏、江西、福建、浙江、湖北、陕西、四川、广东、广西、云南十四省。

经历司设经历一人，秩正七品，掌出纳文移诸事，为臬司署内之首领官。按清代官制，按察使经历例由鸿胪寺主簿、布政司都事、州判、外府经历、外县县丞、布政司库大使、盐课司大使、批验所大使、运仓大使升任；其例应升外府通判、外县知县、布政司经历及盐运司运判。

初，江西、福建、山西、广东、广西五省经历司各设知事一员，掌勘察刑名，后仅江西仍设，余俱于康熙三十八年（1699年）裁。按察使知事秩正八品，按清代官制，例应由布政司照磨、盐运司知事、按察使照磨、府知事、县主簿、府照磨、同知照磨及通判照磨升任；其例应升外县知县及州判。

（2）照磨所。按察使照磨始设于金代。清初各省臬司均设照磨所，置照磨一人，掌照刷宗卷。经康熙三十八年（1699年）裁减后，仅存安徽、福建、浙江、湖南、甘肃、广东及贵州七省，省各一人。

按察使照磨秩正九品，按清代官制，例由府知事、县主簿、府照磨、同知照磨及通判照磨升任；其例应升任按察使知事、外府经历、外县县丞及布政司照磨。

（3）司狱司。按察使设狱始于明。清制，于直隶、山东、山西、河南、江苏、安徽、江西、福建、浙江、湖北、湖南、陕西、四川、广东、广西、云南、贵州十七省臬司署设司狱司，各置司狱一人，掌管监狱事。

按察使司狱秩从九品，按清代官制，例以吏员除，并由崇文门副使、关大使、长官司吏目、茶引批验所大使、盐茶大使、同知库大使、州库大使、税课司分司大使、州税课司大使、县税课司大使、驿丞、河泊所官及各闸闸官升任。其例应升府知事、县主簿、京外府照磨、同知照磨及通判照磨。

此外，清初福建、山西、陕西设检校各一人，俱于康熙三十八年（1699年）裁。[1]

清代的按察使是一省最高的司法监察机构。按察使在监察其他机构的同时，也被其分支机构分寻道所监察。雍正年间，世宗以道员有监察之责，特准

---

[1] 刘子扬：《清代地方官制考》，紫禁城出版社，1988，第86~89页。

许专折奏事。乾隆年间明确规定，道员奏劾布政使司和按察使者，可以向皇帝上密折。①

需要特别指出的是，有清一代，按察使为一省刑名总汇，是地方最高法司②，也是一个复审机构，复审流罪以上的刑事案件。有关律例对按察使在刑事案件复核的程序作了非常详细的规定。府或道审转之案件均须由按察使再行复审，复审后，申详督抚。由府审转时，按察使为第三审。由道审转时，按察使或为第三审或为第四审。③ 具体为：

（1）寻常徒罪案件，府、直隶州及直隶厅复核后，转有关道或按察使复核，按察使复核后，转督抚复核，督抚复核后即可批结。由按察使按季汇齐，造册详报督抚，督抚出咨报部。

（2）有关人命徒罪案件及军流罪案件，府、直隶州、直隶厅复审后，解人犯往道或按察使复审。按察使复审后，转督抚复审。

（3）死罪案件，府、直隶州、直隶厅复审后，解人犯转道或按察使复审。按察使复审后，转督抚复审。

以上案件按察使复审时，如遇原审定拟不当，可以驳诘，称为司驳，其情形与道府同。虽然按照法律规定，死罪人犯应解审到院（督抚），由督抚亲提人犯审讯，但是在事实上"外省督抚每遇应行审理之案，动辄委员查询"，督抚极少亲提审讯，按察使是重要的被委任机构之一。④ 雍正年间被允许专折奏事。⑤ 顺治十五年（1658 年）十月初六日之后，按察使开始办理秋审事宜⑥，即斩监候、绞监候，秋后处决之案。清代秋审分为中央和各省两阶段进行。按察使主要参与各省秋审。各省秋审又分为两审。以司道为第一审，以督抚司道为第二审。第一审和第二审之审判事务均由按察使（臬司）负责办理。《大清律》第 411 条（有司决囚等第）附例规定："各省每年秋审，臬司核办招册，务须先期定稿，陆续移咨在省司道，会同虚衷商榷，联衔具详，督抚复核定拟，至期，会审司道等官，俱赴督抚衙门办理。"［乾隆三十二年

① 贾玉英：《中国古代监察制度发展史》，人民出版社，2004，第 307 页。
② 陈顾远：《中国法制史》，中国书店，1988，第 187 页。
③ 那思陆：《清代中央司法审判制度》，北京大学出版社，2004，第 108 页。
④ 那思陆：《清代中央司法审判制度》，北京大学出版社，2004，第 110～111 页。
⑤ 那思陆：《清代中央司法审判制度》，北京大学出版社，2004，第 113 页。
⑥ 那思陆：《清代中央司法审判制度》，北京大学出版社，2004，第 143 页。

（1767 年）定例〕各省秋审事宜虽由按察使主持，实则由督抚掌握处理之权。①

三　按察使职掌的异化与晚清时事变迁的内在冲突

按察使的设置与存续，从唐至清绵延近千年，在中国古代历史上发挥了比较重大的作用，是值得叙述与书写的一个机构，在明清两代的功效尤为如此。但是时间的指针走到晚清，时势发生重大变迁。西方国家侵入中国，同时带来了他们的司法制度，即司法独立和审判独立。他们在中国获得了一些经济、政治权益之后，和中国不断发生各方面的联系，冲突不断。西方人喜欢诉诸法律，但他们对中国传统的司法体制并不认同。所以，他们建立了自己的一套司法体制。作为强者，西方国家不断对中国进行各种冲击，清廷作为弱者，不断地做出回应，对司法机构的内在要求自然因时因势而变。西方国家对按察使的不认同，导致按察使在中国存续了近千年之后，终于无法应对新的形势的变化。按察使的职掌与政治环境的变化发生了剧烈的内在冲突，且不可调和，最终不得不退出历史的舞台。但是清廷认为一下子把举国十八个行省的按察使全部撤掉，似乎也不太合理。所以，采取了对按察使改制的办法，既能够应对新的形势，又不至于产生太大的社会震荡。按察使改制为提法使是顺应时代的要求，因时趋变的结果，符合历史发展的潮流，具有积极的历史意义。后来的历史也充分证明，提法使之设推动了清末的法制改革，为中国的法制近代化，及与世界接轨发挥了一定的积极作用。按察使与晚清政局的冲突主要表现在三个方面。

第一，按察使虽为理刑机构，但具有非常浓烈的行政色彩，民刑不分，刑罚也较为严酷，而且程序也不太科学，所以不被西方人认可。在西方国家的影响下，清王朝的高层和社会政治精英也认识到西方的司法制度优越于中国传统的司法制度，并试图通过改革与西方趋同，在获得他们认可的同时，也试图通过这种努力取消列强在中国的领事裁判权等治外法权，并以此挽救岌岌可危的清王朝，逐渐走上富国强兵之路。所以，按察使的存在与晚清以降司法独立的要求相冲突。按察使在建立之初为单纯的监察机构，明清以降，监察与理刑并行不悖。且按察使在明清时期被赋予地方大员的身份，凡省内重大事宜全部参与。按察使身份多样，职掌异化，已经没有足够的精力处理司法事务。

---

① 那思陆：《清代中央司法审判制度》，北京大学出版社，2004，第 144 页。

第二，按察使虽为理刑机构，但除其之外，几乎所有的衙门都具有理刑的职能，按察使理刑断狱的职能受到多方掣肘而趋于弱化，与晚清以后对问刑衙门的独立化要求相冲突。

第三，按察使与衙门内的所有其他人员的教育背景与知识结构也不符合近代以来中国法制改革的要求。按察使和衙门内的其他人员，皆受中国传统的旧学教育，没有受过专门的法学训练。而法学是一门非常复杂的学问，旧学教育的知识结构已不能胜任新的时代要求。

从种种情况看来，按察使走到清末，与新的时代对新的司法体制的要求已经显得很不协调，不再适应已经变化了的新的形势了，其退出历史舞台也是历史发展的必然。

第二节　清末官制改革与各省提法使的设立

清末法制改革是宪政改革的一部分，提法使的设置是官制改革的一部分，二者有机联系，不可分离。所以，必须把提法使的设置放在官制改革的背景下，与其共同考量，方可深化对这一过程的认识和理解，才能够得出较为接近历史真实的结论。反之，以提法使的设置为视角，能够反观、具体化和深化对清末官制改革的认识，二者相符而存、互为视角。

清末官制改革可谓一波三折，提法使的设置更是历经艰难。要不要官制改革？怎样改？要不要设提法使？怎样设？成为争论不休、难以定夺的一个论题。清廷决心已定，百官却屡屡发难；朝野难达一致，舆论推波助澜，构成了当时的基本政治生态。提法使的设置过程不仅是一场法制改革的过程，更是一种官场博弈。正是基于此，清廷在法制改革问题上表现出，既想学习、效法西方走司法独立之路，又想借法制改革之机加强中央集权的矛盾心态。这一心态造成的道路选择和方案设计上的摇摆不定，使本来就已经陷入困境的改革更加曲折和艰难，提法使的设立过程是其集中表现。通过对提法使设立过程的考察，能够深刻揭示清末法制改革的内在困境，并通过这一困境透视改革的最终结局。

一　清廷决心的表达与各方的回应

晚近西人侵华之后，清帝国的一败再败促使国人反思与觉醒，加之当时的精英不断研究和鼓吹西方的政治制度，历经半个多世纪之后，清廷最高决策层最终认识到，必须进行改革才能走上富国强兵之路，并下定了宪政改革的决心。

光绪三十二年（1906 年）五月二十八日，清廷颁布《立宪应如何预备施行准各条举以闻谕》①，向全国征求意见。此举具有里程碑的意义，标志着清末宪政改革的正式开始。光绪三十二年（1906 年）七月十四日，清廷颁布上谕，任命载泽、世续、那桐、荣庆、载振、李俊、铁良、张百熙、戴鸿慈、葛宝华、徐世昌、陆润庠、寿耆、袁世凯共同编纂新官制；端方、张之洞、升允、锡良、周馥、岑春煊选派司道大员来京随同参议，并酌派庆亲王奕劻、孙家鼐、瞿鸿禨总司核定。② 人员安排阵容的豪华程度，暗示了清廷对此尤为重视。光绪三十二年（1906 年）七月二十三日内阁奉上谕：

我朝自开国以来列圣相承谟列昭垂，无不因时损益，著为宪典。现在各国交通，政治法度，皆有彼此相因之势，而我国政令积久相仍，日处阽险，忧思迫切，非广求智识，更定法制，上无以成祖宗缔造之心，下无以慰臣庶治平之望，是以前派大臣分赴诸国考察政治。现载泽等回国陈奏，皆以国势不振，实由于上下相暌，内外隔阂，官不知所以保民，民不知所以卫国。而各国之所以富强者，实由于实行宪法，取决公论，君民一体，呼吸相通，博采众长，明定权限，以及筹划财用，经划政务，无不公之于黎庶，又兼各国相师，变通尽利，政通民和有由来矣。

时处今日，唯有及时详晰甄核，仿行宪政，大权统于朝廷，庶政公诸舆论，以立国家万年有道之基。但目前规制未备，民智未开，若操切从事，涂饰空文，何以对国民而昭大信。故廓清积弊，明定责成，必从官制入手，亟应先将官制分别议定，次第更张，并将各项法律详慎厘定，而又广兴教育，清理财务，整饬武备，普设巡警，使绅民明悉国政，以预备立宪基础。著内外臣工切实振兴，力求成效，俟数年后规模粗具，查看情形，参用各国成法，妥议立宪实行期限，再行宣布天下，视进步之迟速，定期限之远近。著各省将军、督抚晓谕士庶人等发奋为学，各明忠君爱国之义，合群进化之理，勿以私见害公益，勿以小愤败大谋，尊崇秩序，保

---

①《立宪应如何预备施行准各条举以闻谕》，故宫博物院明清档案部编《清末筹备立宪档案史料》，中华书局，1979，第 44 页。

②《派载泽等编纂官制奕劻等总司核定谕》，故宫博物院明清档案部编《清末筹备立宪档案史料》，中华书局，1979，第 385 页。

守平和，以预备立宪国民之资格，有厚望焉。①

这道上谕论证了清末宪政改革的合法性与正当性。以上三个上谕以实际行动表达和宣示了清廷改革的决心，也标志着清末宪政改革的正式启动，走出了犹疑不决的阶段。《立宪应如何预备施行准各条举以闻谕》赋予了举国几乎所有的官员条陈议政的权力，大小官员都可以发表自己的看法。分析该上谕可以看出，清廷把议政的途径分为三种，一是原来就有专折奏事权的，照旧专折奏事；二是原来没有专折奏事权，不能把自己的政见直接上达天听的在京官员，可以呈由都察院代奏；三是各省官员可以由督抚代奏。"惟立宪之道，全在上下同心，内外一气，去私秉公，共图治理。自今以后，应如何切实预备，乃不徒托空言，宜如何逐渐施行，乃能确有成效，亟宜博访周谘，集思广益，凡有实知所以立宪之方，施行之序者，准各条举以闻。除原许专折奏事各员外，其余在京呈由都察院衙门，在外呈由各地方大吏详加甄核，取其切实正大者选录代奏。"②清廷试图通过扩大言路的方式使决策更为正确与科学，表明了清廷改革的诚意。但是，清廷"大权统于朝廷，庶政公诸舆论"的矛盾基调，成为以后法制改革过程中思想混乱的肇始原因，也给后来的争论和曲折埋下了伏笔，造成了后来的司法独立还是集权中央矛盾选择的滥觞。

清廷的上谕很快得到了官员们的回应，按照清廷上谕，各方迅速派员进京参议，如光绪三十二年（1906年）八月初一日，时任太子太保、头品顶戴、署理两广总督、管广东巡抚事、新授云贵总督的岑春煊，派时任广东提学使于式枚进京参议。③而且对于这一问题的讨论迅速在朝野展开，这一措施本意是扩大议政的范围，在更大的范围内展开讨论，使得问题更加明白和清晰，也更有利于推动宪政改革的进一步展开。清廷的本意是想通过扩大言路的方式，寻求更好的改革建议，找到一条最好的道路选择。始料未及的是，征求意见的上谕颁布之后，讨论却走上了另外一条道路。不是讨论怎样的改革道路和改革路

---

① 《宣布预备立宪先行厘定官制谕》，故宫博物院明清档案部编《清末筹备立宪档案史料》，中华书局，1979，第43页。

② 《立宪应如何预备施行准各条举以闻谕》，故宫博物院明清档案部编《清末筹备立宪档案史料》，中华书局，1979，第44页。

③ 《派载泽等编纂官制奕劻等总司核定谕》，故宫博物院明清档案部编《清末筹备立宪档案史料》，中华书局，1979，第403页。

径才是最好的选择，而是对宪政要不要实行，尤其是官制要不要改革，展开了激烈的讨论。在此过程中或观点真正有别，或带有利益的考量等诸多原因，致使各方观点很不一致，很多奏折超出了清廷所要讨论的怎样改的范畴，重新回归到要不要改的讨论。有的官员公然提出新官制不如旧官制，中国不能进行官制改革，只需解决用人问题。光绪三十二年（1906 年）八月十三日，时任日讲起居注官、翰林院侍读学士的周克宽上奏，公开声称，新官制不如旧官制，新官制只是换了新名字，实际职能还是旧官制所承担的职能。并认为，西方官制多仿效中国，中国人不可能超过先人，也就不可能设计更好的官制。同时，周氏还认为，中国的政治不举，不在官制而在用人，只要解决了用人问题，其他的一切随之而解，所以不能进行官制改革。他还认为："执掌如旧，名称取新，辞不雅驯，事同儿戏，徒滋扰乱。"① 客观而言，这种状况在一定程度上致使清廷的高层产生了思想混乱，干扰了他们的思维，也就或多或少地阻滞了官制改革的进行。

在清廷对于改革决心已定的背景下，官员们对要不要改、缓改还是马上改的争论，显然违背了清廷颁布上谕的初衷，也使对于改革的争论复杂化。为了改变这种局面，让讨论重新回到怎样改的话题上来，真正为清廷正在进行的改革提出一些比较好的建议，清廷于光绪三十二年（1906 年）九月二十三日颁布《整顿都察院慎选言官著军机大臣等妥议谕》，力图在御史群体中找到化解舆论导向的突破口。御史本身就是言官，直陈时弊，救时之偏，是其职责所在，御史在言论导向中的作用尤为巨大。清廷试图通过其控制的言官选拔机制，改变人员的任用，把一些反对官制改革的言官清除出去，减少改革的阻力，而多一些合理化的建议。②

清廷的这一谕旨却遭到了编修刘廷琛、御史王步瀛的批评。时任浙江道监察御史的王步瀛于光绪三十二年（1906 年）十月十四日上《御史王步瀛奏请免裁都察院员缺折》，甚至认为科道不但不宜减，反而宜增。③ 光绪三十二年（1906 年）十一月二十七日奕劻等又上奏折，重申原来的看法，并制定了较为

---

① 《翰林院侍读学士周克宽奏更改官制只各易新名实不如旧制折》，故宫博物院明清档案部编《清末筹备立宪档案史料》，中华书局，1979，第 418～421 页。

② 《整顿都察院慎选言官著军机大臣等妥议谕》，故宫博物院明清档案部编《清末筹备立宪档案史料》，中华书局，1979，第 473 页。

③ 《御史王步瀛奏请免裁都察院员缺折》，故宫博物院明清档案部编《清末筹备立宪档案史料》，中华书局，1979，第 473～476 页。

详细的官制方案。① 这实际上是对官制改革意见的最终敲定，同时也试图通过这种方式再次表达坚持改革的态度和决心。但是，这依然遭到了河南道监察御史黄昌年的反对，黄氏在光绪三十二年（1906 年）十二月初十日上奏《御史黄昌年条陈维持政本筹划言路两端折》，反对奕劻等制定的办法。②

清廷本想通过广开言路的方式，获得更多的意见和建议，从而使宪政改革走上一条合理选择的道路，不致使改革走上歧路。然而，历史事实的发展超出了制度设计者的想象。事实并没朝向制度设计者设计的方向发展，而是走向了另外一条道路，重新陷入了要不要改革的讨论。种瓜得豆的现象说明，在清廷式微和其矛盾心态的指引下，中国的法制改革必然经历曲折与艰难。

二　议设提法使的启动

光绪三十二年（1906 年）九月二十日，清廷颁布上谕，刑部改为法部，专任司法，"嗣据法部奏定官制执掌单开，法部掌理全国民事、刑事、监狱及一切司法、行政事务，监督大理院、直省提法使，下及各审判、检察厅"。③提法使之设随着法部的设立作为副产品被提上了议事日程。

在京内官制颁布和施行一年后，光绪三十三年（1907 年）五月二十七日，总司核定官制大臣奕劻、孙家鼐联衔上奏续订各直省官制情形折。在这次制定的改革官制办法中，按察使改为提法使第一次被正式提出，并提出首先在东三省进行试点改革。提法使职能被定为专管司法上之行政，并监督各级审判。原来按察使所兼管的驿传事务从此不再兼管，转由同为新设的劝业道管理。并提出根据各省执法司（在提法使未设立之前，有各种称呼，执法司是其中一种）使之履历，由法部举叙司请简，令其筹办省城商埠各级审判厅，被确定为外省审判、检察的中枢地位。④ 奏折认为设立提法使的原因之一在于，有人担忧各省设立审判厅之后，为保证审判独立而赋予法官独立的审判职能会出现漏洞，法官会枉法以行其私，提法使可以起到一种有效的监督作用。在直省设置提法

① 《军机大臣奕劻等复奏会议都察院官制折》，《清末筹备立宪档案史料》，中华书局，1979，第 476～478 页。
② 《御史黄昌年条陈维持政本筹划言路两端折》，《清末筹备立宪档案史料》，中华书局，1979，第 483～487 页。
③ 《御史徐定超奏司法官制关系宪政始基应加厘正统一折》，故宫博物院明清档案部编《清末筹备立宪档案史料》，中华书局，1979，第 863 页。
④ 《御史徐定超奏司法官制关系宪政始基应加厘正统一折》，故宫博物院明清档案部编《清末筹备立宪档案史料》，中华书局，1979，第 863～864 页。

使，同时也是为了与法部相对应。

选择东三省作为改革试点的原因是，"惟各直省地方，风俗不齐，人民知识之未浚，措手不易，干戈必多，有不仅如各省督抚所虑人才难得、款项难筹者。若必同时并举，其势有所不能。臣等斟酌再三，窃以东三省根本重地，经划宜先，且一切规模，略同草创，或因或革，措置亦较易为功。此次官制办法，拟请从东三省入手，除实与内地情形不同者，应听其量为变通，期于推行尽利，余应令查照此次通则，酌核办理，俾为各省之倡。直隶江苏两省交通较便，风俗已开，亦宜及时举办。其余各省，分年分地逐渐推行，即一省之中，何处宜先，何处宜后，何处宜缓，并由该督抚体察情形，斟酌办理。"

奕劻、孙家鼐不仅提出并论证了设置提法使及在东三省试点的理由，而且还制定了更为详细的，具有可操作性的清单。使其与以往重行政权不同的是，这份清单在督抚权限方面作了一些限制性规定，且使其不再掌有司法权和对司法机构的监督权。清单规定："一省或数省设总督一员，总理该管地方外交军政，统辖该管地方文武官吏，并兼管所驻省份巡抚事，总理该省地方行政事宜。"清单还规定："每省设巡抚一员，总理地方行政，统辖文武官吏。惟于该省外交军政事宜，应商承本管督抚办理，其并无督抚兼辖者，即由该省巡抚自行核办。总督所驻省份，不另置督抚，即以总督兼管该省巡抚事。"通过对督抚权限的限制，使各省督抚的司法权让位于新设的司法机构，反映了清廷试图以此将督抚的司法权剥离出去，从而为清廷的法制改革在各省走向深入开辟道路的深刻意涵。

清单也没有把督抚完全排斥和剥离于司法之外，因为它规定了督抚衙门的幕职中设有"法科"，承督抚之命，掌管有关事务，掌理有关文牍。尽管名称叫作"科"，但并不在国家的编制之内，由督抚自行征辟，且幕职的办事章程也是由督抚自行拟定，是一种"半法律化"或"准法律化"的东西。他们依然游离于体制之外，仍然是督抚的"私人"，体现了清单刻意地把督抚司法权弱化的意图。清单规定，除东三省外，各省均设提法使，然而又规定："各省设提法使一员（秩正三品，即以原设提刑按察使改设）。受本管督抚节制，管理该省司法上之行政事务，监督各审判厅，并调度检察事务（各省于审判制度未经更改以前，应暂仍按察使旧制，惟从前所管驿传事务毋庸兼管）。"①

在这里规定提法使受本管督抚节制也是有其源头的。在制定地方官制之

---

① 《总司核定官制大臣奕劻等奏续订各直省官制情形折附清单》，故宫博物院明清档案部编《清末筹备立宪档案史料》，中华书局，1979，第507页。

前，清廷的上谕已经明确指示，各直省官制的改革要与督抚会商。① 在制定官制前，厘定官制大臣载泽等制定了办法，以电函的方式与各省督抚会商，而所附的官制清单正是与督抚会商的结果。"数月以来，节据各省督抚臣先后到京……类皆各抒所见。"② 官制的制定是与督抚会商的结果，不可避免地会体现督抚的意志。对权力的掌控是人之常情，中国的官员更有权力情结，不想丧失权力自然在情理之中，所以督抚节制提法使并没有实现理想化的司法独立，这是权力争夺的一种结果。中国的司法改革受到太多的政治因素的制约，这种不是基于司法理念，而是建构在权力斗争和政治博弈基础之上的司法官制，在开始运作之前已经预示了其未来走向的基调，这种建制本身，依然没有超出行政的一个职能部门的现实。

此外，清单还规定了提法使要设立自己的属官："各省提法使应设属员，即以原设按察使所属经历、知事、照磨、司狱等官，由法部拟定执掌，酌量改设。按察使未改省份，暂仍旧制。"③

奕、孙二人的奏折很快得到了清廷的回复，就在他们联衔上《总司核定官制大臣奕劻等奏续订各直省官制情形折附清单》的当日，即光绪三十三年（1907 年）五月二十七日，清廷颁布了《各直省官制先由东三省开办俟有成效逐渐推广谕》，批准了奕劻等提的各省按察使改为提法使的方案。该上谕重申了在官制改革过程中，"如实有与各省情形不同者，准由该督抚酌量变通"。同意了东三省首先试办，直隶、江苏两省择地先为试办，俟有成效，逐渐推广。"其余各省，均由督抚体察情形，分年分地请旨办理"，对督抚作了一定程度的妥协，"当此改章伊始……该督抚等务当督饬所属振刷精神，力求实际，毋庸虚文。总期上合政体，俯顺舆情，朝野联为一体，军民得以相安，以为实行宪政之预备"。④

清末新政时期是一个转型期，一切均处于过渡和变动之中，或然性和不确定性是其基本特征。所以给督抚灵活变通的权力，可能也是清廷为了实现改革

---

① 《总司核定官制大臣奕劻等奏续订各直省官制情形折附清单》，故宫博物院明清档案部编《清末筹备立宪档案史料》，中华书局，1979，第 503 页。
② 《总司核定官制大臣奕劻等奏续订各直省官制情形折附清单》，故宫博物院明清档案部编《清末筹备立宪档案史料》，中华书局，1979，第 503 页。
③ 《总司核定官制大臣奕劻等奏续订各直省官制情形折附清单》，故宫博物院明清档案部编《清末筹备立宪档案史料》，中华书局，1979，第 507 页。
④ 《各直省官制先由东三省开办俟有成效逐渐推广谕》，故宫博物院明清档案部编《清末筹备立宪档案史料》，中华书局，1979，第 510～511 页。

的最优化而作的应对。但是绝不能排除另外一种可能，即当时清廷已经开始式微，不足以震慑督抚，给其改革官制自主的权力是出于一种无奈，反映了清廷中央在与督抚的博弈中已经处于下风的弱势地位。这一事实，给司法独立的实现制造了隐患，给以后督抚与提法使的权力争夺埋下了伏笔。从法理上言之，提法使是司法行政机关，自然要实现司法独立，若实现司法独立必不能为督抚所牵制，只能是纵向的对上一级的司法机关负责，作为行政机构的各省督抚，没有干预提法使的权力。

吉林于光绪三十四年（1908年）六月设立提法使。① 宣统元年（1909年）七月，因为陕甘总督升允匿荒不报，酿成灾荒。清廷认为在这个事件中，藩臬两司互相推诿，提出准藩学臬三司专折入奏，或电请军机处代奏。② 宣统二年（1910年）二月，清廷召开会议，认为"各项新律将在该年逐渐奏颁实行，与司法独立有非常重要的关系，提法使一缺本为组织督率之总汇机关，若不急于建设，则责任不专，必至多生阻碍，于司法独立贻误匪浅"。会议最终决定由宪政编查馆会同法部立即筹措改建提法使的计划，在宣统二年（1910年）内一律改建。③ 会议同时认为财政、法律二项对宪政最为重要，在各省清理财政、司法独立已渐露端倪的情况下，藩臬两司责任更加重要。然而外官制的推行却遭遇了困难，所以首先从度支使和提法使开始改制，改定各省藩臬两司办事章程及任用属员规制，按照东三省的新官制施行，作为实行新官制的先声。④ 从此之后，各省纷纷开始了设立提法使的具体工作。在中央枢府议设各省提法使的当月，江苏开始编改提法使官制。⑤ 宣统二年（1910年）三月，王大臣召开会议，认为"非改良官制无以兴办庶政，非直接管理更无以通达隐情"，提出外官制应改为由各部直接管理的方式，即地方行政官、佐治官直接隶属于各厅州，各督抚直接隶属于吏部管理，审判厅官直接隶属于提法使，提法使直接隶属于法部。⑥ 清廷下诏，从宣统二年（1910年）七月二十一日开

① 《东三省总督徐世昌吉林巡抚朱家宝奏请简吉林提法使折》，《政治官报》光绪三十四年六月二十九日，《清末汇编》第68册，第34179页。
② 《政府议准三司专折奏事》，《申报》宣统元年七月初八日，1909年8月23日，（101），802。
③ 《议设各省提法使》，《申报》宣统二年二月十三日，1910年3月23日，（105），354。
④ 《京师近事》，《申报》宣统二年二月十八日，1910年3月28日，（105），435。
⑤ 《苏省奉部实行编改官制》，《大公报》宣统二年二月二十九日，1910年4月8日，第二张，（11），404。
⑥ 《政务处通咨改良外官制办法》，《申报》宣统二年三月二十日，1910年4月29日，（105），947。

始，全国按察使全部改为提法使。① 宣统二年（1910 年）九月，黑龙江巡抚周树模札饬提法使，遵法部咨，按察使改为提法使，从前按察使名目全部取消。②

三　在争论中缓慢前行

尽管各方对官制改革的意见并不一致，由于最高决策层的决心已定，对一些阻碍改革的争议采取断然措施。如对御史徐定超的质疑果断指出，"该御史奏陈各条均系法院编制法及提法使官制以内之事，现在法院编制法及提法使官制业经馆臣先后奏奉钦定颁行"，严令毋庸再议。③ 改革的步伐依然在这种争议中艰难前进。清廷决策层为了推动官制改革，也不断发出命令，要求加快讨论的速度④，在一定程度上也为推动外官改制和提法使的设置发挥了一定的作用。但是，尽管清廷希望这一过程得到加速，实际上却很难做到，因为外官制改革毕竟是一场各方博弈的过程。由于涉及自身利益，所以，从一开始各省官员就力图参与进来，并试图通过自身的努力影响外官制改革。外官制的制定经历了一个由排斥外省的参与，到允许各省参与的过程。⑤ 开始清廷希望把代表地方利益的官员排斥在外官制改革之外，主要是为了避免各督抚意见分歧⑥，致启争执，阻碍官制改革的进程。但令清廷始料未及的是各省总督与巡抚先入为主、先发制人，在宪政馆制定的外官制定稿之前，各自条拟了新外官制，并致电清廷中央，由枢府代奏，交宪政馆知道，各自发表了自己的看法。⑦ 清廷最终采取了

① 《闲评二》，《大公报》宣统二年七月二十六日，1910 年 8 月 30 日，第二张，(12)，667。

② 《行知奏改按察使名目》，《大公报》宣统二年九月二十四日，1910 年 10 月 26 日，第三张，(13)，291。

③ 《宪政编查馆议复御史徐定超奏请厘正司法官制片》，《大清宣统新法令》，上海商务印书馆，1909，第 20 册，第 10～11 页。

④ 《饬速议奏三制述闻》，《大公报》宣统元年十二月初四日，1910 年 1 月 14 日，(11)，52。

⑤ 《外官制仍由各省参议》，《大公报》宣统元年十二月二十日，1910 年 1 月 30 日，第二张，(11)，123。《修订外官制之预备》，《大公报》宣统二年正月十九日，1910 年 2 月 28 日，(11)，215。《修订官制亦守秘密主义》，《大公报》，(14)，145。

⑥ 从清代的制度设计来说，各省督抚是中央官员，是代表中央控驭地方的，但是，随着时间的推移，督抚逐渐开始代表各省利益。

⑦ 《外官制争端之开幕》，《大公报》宣统二年十二月初十日，1911 年 1 月 10 日，(14)，56。《四督参订外官制之由来》，《大公报》宣统二年十二月十五日，1911 年 1 月 15 日，(14)，85。《通寄各省电旨之述闻》，《大公报》宣统二年十二月十六日，1911 年 1 月 16 日，(14)，91。《四督参与外官制之续闻》，《大公报》，(14)，97。《添派李督参与外官制之曲折》，《大公报》，(14)，121。

各督抚保送道府来京会同妥议的办法作为妥协。① 由于提法使的设置涉及多方利益与权限划分，不仅征求各省的意见，中央枢臣也多次召开会议，研究提法使与提学司、交涉司、巡警道、劝业道、度支司、军政司之间的权限划分。② 各省督抚的积极参与，进一步刺激和强化了清廷中央对外官制改革的重视程度。为此，监国摄政王载沣特意交谕枢臣，新外官制比内官制更为重要，"办理稍不完善，辄多窒碍，须将中央与地方应有之责任及权限，详慎核定，悉臻妥洽"，令徐世昌参酌③，进一步把各省督抚的参与权合法化，也是对各省督抚的进一步妥协。但是当郎贝勒等请示外官制草案定稿后，通饬各督抚签注时④，庆亲王奕劻却以避免滋生纷扰为由，仍然力图把参议的督抚控制在奉直江鄂滇五督之内。⑤ 宣统三年（1911 年）闰六月，法制院着手编定新外官制，总理大臣提纲挈领面告院使其立法要点，时人称之为"十一字秘诀"，即"（一）政权；（二）节冗费；（三）重资格；（四）删品秩"。⑥

这场改革虽有争议，但始终没有动摇清廷改革的决心和信念，反对者的质疑与声讨也没有动摇官制改革和设置提法使合法性的根基。设置提法使之事，各省在争议声中缓慢前行、逐步推进，并对已经设立的提法使进行完善。随着时间的推移和改革观念的不断深入，一些督抚开始由全盘反对外官制改革，到开始考虑改革之后的跟进机制，即如何对按察使衙门旧人撤掉之后，做出新的安排，以减少社会震荡和对清廷政权权威性的冲击。使这场改革尽量在平稳有序的状态下逐步推进。宣统三年（1911 年）五月，两广总督张鸣岐根据吏部咨开始处理原来按察使衙门裁缺人员办法，把吏部咨在全省分行查照：

---

① 《拟开议外官制之办法》，《大公报》宣统元年十二月正月初八日，1910 年 2 月 17 日，第二张，（11），168。

② 《各省司制尚需改订》，《大公报》宣统二年十月十四日，1910 年 11 月 15 日，第二张，（13），406。

③ 《监国对于新外官制之慎重》，《大公报》宣统二年十二月十四日，1911 年 1 月 14 日，（14），79。

④ 签注是清代的一种立法程序，具体到清末是指，法律、法规草案定稿后，按照立法程序，朝廷下令宪政编查馆交各中央部院堂官、地方各省督抚、将军都统签注意见，这些意见被称为"签注"。一份完整的签注奏折应该包括对草案发表整体看法的原奏，和所附的对草案总则和分则逐条发表意见的清单，即所谓的"签注原奏"和"签注清单"。高汉成：《签注视野下的大清刑律草案研究》，中国政法大学博士学位论文，2005。本文具体指各省督抚、将军、都统对外官制草案签注意见。

⑤ 《外官制依赖五督》，《大公报》宣统三年二月十一日，1911 年 3 月 11 日，（14），368。

⑥ 《新官制十一字秘诀》，《大公报》宣统三年闰六月廿六日，1911 年 8 月 20 日，（15），665。

为檄行事。宣统三年四月十七日准吏部咨文选司，案呈本部酌拟按察使属官裁缺人员办法一折，于宣统三年三月二十五日具奏，奉旨依议，钦此。相应刷印原奏知照京外各衙门遵照办理可也。计刷印原奏一本等因到本督院，准此。除行东交涉、学、法三司外，合就檄行，为此案，仰该司照依部咨，奉旨。原奏内事理即便钦遵查照办理，并饬经历刊刷例册呈缴备查，毋违。须至案者。五月初一日。

发原奏

奏为酌拟按察使属官裁缺人员办法恭折奏闻，仰祈圣鉴事，查宪政编查馆奏订提法使官制清单第十七条内开，各省俟提法使改设后，原设按察使属官应一律作为裁缺等语。现各省提法使业已改设，所有按察使经历并知事、照磨、司狱等官，现任、候补、候选人员为数众多，自应妥筹位置，以免向隅。臣等公同商酌，拟请按照裁缺人员办法，凡现任人员有升阶者准其以升阶留于原省补用，例应引见之员，令该省给咨送部引见；无升阶者准其于对品中指定一项归入裁缺，即用班内遇有缺出先尽请补；其候补人员系指项者，准其改指一项；系掣项者由各该省咨部，由部掣定一项，均按原到省日期及原有班次与同班人员按班补用；分发人员由本员具呈到部，亦即照此分别办理，候选人员或由各该省咨部或本员在部具呈，亦分别指项、掣项，系劳绩人员与同班人员按奉旨日期，系捐纳人员与同班人员按卯次名次先后挨次选用，如卯次名次相同，即将掣改之员附于各本班次之后，作为重数。惟查按察使经历秩正七品，外官对品者只有知县一项，系正印官不得改用，应以从七品之盐运司经历、州判改用，其恩拔贡、副贡出身之员，以直隶州州判改用，以示区别。如蒙俞允俟命下之日，臣部钦遵知照京外各衙门遵照办理。所有酌拟按察使属官裁缺人员办法恭折具陈伏乞鉴谨奏。①

由于情势的急迫与诸多条件的限制，按察使向提法使的转换与过渡过程，是按照各省先各自设立提法使或把按察使改设为提法使，然后再对其进行官制改革的办法。而且为了社会的稳定，不致被裁人员有一些出乎意料的行为发生，从而减少改革的阻力，还专门为被裁人员的安置问题制定了一套

① 《督院张允吏部咨本部具奏酌拟按察使属官裁缺人员办法一折奉旨依议缘由分行查照文附件一》，《两广官报》，第69~71页。

办法。

徐世昌为奉天提法使衙门的建构进行了自己的设计。徐氏在具奏《东三省公署官制折》中就已陈明，"提法使别为一署，应另拟官制以为司法独立之基础"。[1] 后来，法部、大理院会奏《京内外各级审判厅职掌各折片》，接着又会奏《续订外省官制》，二者均强调各地按察使改为提法使，该司官制以原设之经历、照磨、司狱等官改设。徐世昌认为，奉省法官初设，并没有外省习惯，如果不将该司职掌员缺酌拟试办，各级官厅则无成立之期，且司法关系极重，此次特设提法使专官就是期于独立，在其他各省为改良，在奉省为草创，尤宜参酌中外、折中至当，以重外邦之观听，而树内地之风声。奉省提法使官制的直接设计者是奉天的提法使吴钫。徐世昌命令署提法使吴钫悉心核议该司职掌，则隐规部制而统系必使相连，于各厅职官则悉仿部章，而变通期于尽善。诚以提法使管理一省司法上之行政，而审判之事专归之各级审判厅，以提法使监督之，以期达于司法监督之地位。唯旧制有应暂存者如招解、勘转、上控等件，向来由县递详至院，虽层折太多，尚寓谨慎庶狱之意。现在司法机关未备，各级审判厅未能遍立，而东省官制拟将厅州县并为一级，尚未实行，故此制未能遽废。又秋审为各国法制所无，而实中国刑事中特别大典，应仍隶于刑事以存其旧。其新制有应发起者，如监狱为司法行政大端，日本司法省且设专局与民刑同，今拟另列一科以待推广。[2] 这种设计是徐世昌和奉省官员根据清廷的命令和奉天的实际情况自己变通设计的结果。

奉天制定的提法使衙门官制共 12 条，规定了提法使掌全省司法上之行政事务和监督本省各级审判厅及检察厅的基本职能。实行近代科层制、分科办事，共分为总务、刑事、民事、典狱四科。详细规定了各科的职掌，其中总务科掌全省各级审判厅、检察厅、典狱官的履历、补缺、升降、考试，调派检察官和司法警察，并管理全省司法机关的经费。刑事科主要继承了按察使的复核、承转职能。民事科掌承断析产、婚姻、钱债、房屋、地亩、契约及索取赔偿等涉讼案件和不动产、商业、船舶等登记事件。典狱科主要管理全省监狱和习艺所。且该品位单还规定了各科属员的制度安

---

① 《酌拟奉省提法使衙门及各级审判厅检察厅官制职掌员缺折》，《退耕堂政书》卷十，第 557~558 页。

② 《酌拟奉省提法使衙门及各级审判厅检察厅官制职掌员缺折》，《退耕堂政书》卷十，第 558~559 页。

排和包括提法使在内的提法使衙门所有人员的品秩，提法使是正三品，特简。①

光绪三十三年（1907年）十一月，创设京师各级审判厅以后，提法使衙门官制被奏请交宪政编查馆核议，议定于预备立宪的第三年，即宣统二年（1910年），奏请简放各省提法使（简放各省提法使之事被列为宣统二年预备事项之首②），通行提法使衙门官制。事实上，改革的步伐比议定的时间还快了一些，该官制于光绪三十四年（1908年）具奏，并于当年通行各省。③ 宣统元年（1909年）三月，广东臬司开始拟订改良官制方案。④ 宣统元年（1909年）五月，江苏臬司赵滨彦提出理清提法使权限，尤其是提法使与审判厅之权限。⑤ 宣统元年（1909年）十二月，广西按察使认为其立即改为提法使条件不成熟，采用了总体不改为提法使，在按察使署实行分科办事的办法渐进改革。⑥ 宣统二年（1910年）二月，浙江提法使李传元开始实行分科办事。⑦ 湖北的改革较为积极，不仅湖北按察使积极响应和推动改革，而且得到了湖广总督瑞澂的大力支持，瑞澂认为提法使之设不仅是实现三权分立的前提，而且是划清司法与行政的基础，"不特司法与行政不能混淆，即司法与司法之行政亦应区别，自非先设提法使，总理司法行政枢纽，则法曹分治之机关不备，即审判独立之权限不明"。⑧ 宣统二年（1910年）一月，湖北按察使改名为提法使，开始着手分科办事的改革，湖北按察使马积生成为第一任湖北提法使。⑨根据清廷规定臬司按照提法使官制逐节规定，撤除旧幕考用属官，宣统二年

① 《酌拟奉省提法使衙门及各级审判厅检察厅官制职掌员缺折》，《退耕堂政书》卷十，第557～567页。
② 《湖广总督瑞澂奏遵章改设提法使并分设属官折》，《申报》宣统二年七月初四日，1910年8月8日，(107)，637。
③ 《法部统筹司法行政分期办法》，《申报》宣统元年三月十一日，1909年4月30日，(99)，865。《政治官报》宣统元年三月初五日，35539。
④ 《职官酌减改并问题》，《申报》宣统元年三月十四日，1909年5月3日，(100)，34。
⑤ 《署苏臬司赵廉访呈督抚宪筹办审判厅条议》，《申报》宣统元年五月廿九日，1909年7月16日，(101)，235。
⑥ 《桂省按察使分科治事办法》，《申报》宣统元年十二月二十五日，1910年2月4日，(104)，615。
⑦ 《提法使分科办事之布置》，《申报》宣统二年二月初二日，1910年3月12日，(105)，182。
⑧ 《鄂督瑞澂奏改设提法使并分设属官折》，《大清宣统新法令》，上海商务印书馆，1909，第21册，第36～37页。
⑨ 《提法使署开幕》，《申报》宣统二年正月十六日，1910年2月25日，(104)，864。

（1910 年）四月十五日，开始分科治事。① 宣统二年（1910 年）六月，再次改革，分设属官。② 宣统三年（1911 年）正月，湖北提法使署科员再次做大调动。③ 宣统二年（1910 年）八月，提法使被确认，可为司法官之升阶。④ 同月，法部行文礼部请铸各省提法使印信共二十颗，铸成后颁给各省提法使，将按察使印信缴销。⑤ 宣统二年（1910 年）九月，江苏按察使改为提法使，按察使左孝同成为第一任江苏提法使，左氏再次履新后开始实行分科办事的改革。⑥ 十一月，提法使署科长、科员派定。⑦ 在宣统二年（1910 年）七月二十一日颁布诏书，全国按察使全部改为提法使之后，宪政编查馆奏定核定各省提法使官制清单第十八条，规定提法使办事细则由各省提法使酌定，分报督抚和法部，由法部汇集酌中损益，编定通行划一章程，以昭法守。但是诏书下达后，各省提法使反应迟缓，制定细则并报部的提法使为数不多，法部对此不断催促，在法部的催促下，各省提法使开始回应，浙江提法使在宣统二年（1910年）十一月把制定的章程细则报法部。⑧ 江西提法使于宣统二年（1910 年）十一月十一日分科办事。⑨ 宣统三年（1911 年）六月，湖南提法使袁学昌主持在提法使署改设属官，分科办事。⑩

　　尽管在提法使设官改制的过程中遭遇了一些阻力，如吉林提法使吴焘制定的提法使官制，因督抚认为用款过巨，经费支绌，而被驳回。⑪ 因为经费困难，从奉天开始，各省提法使经历了一个裁员减薪的过程。⑫ 但是从总体看

① 《鄂督瑞澂奏列陈鄂省第四届筹备宪政情形折》，《申报》宣统二年九月廿日，1910 年 10 月 22 日，（108），825。

② 《湖广总督瑞澂奏遵章改设提法使并分设属官折》，《申报》宣统二年七月初四日，1910 年 8 月 8 日，（107），637。

③ 《提法使署科员之大调动》，《申报》，宣统三年正月廿六日，1911 年 2 月 24 日，（110），778。

④ 《提法使为司法官之升阶》，《京师近事》，《申报》宣统二年八月初二日，1910 年 9 月 5 日，（108），67。

⑤ 《京师近事》，《申报》宣统二年八月初七日，1910 年 9 月 10 日，（108），147。

⑥ 《苏臬司实行改设提法使》，《申报》宣统二年九月初二日，1910 年 10 月 4 日，（108），534。

⑦ 《提法署科员奉文委定》，《申报》宣统二年十月初八日，1910 年 11 月 9 日，（109），133。

⑧ 《催报提法使署办事细则》，《申报》宣统二年十一月十三日，1910 年 12 月 14 日，（109），694。

⑨ 《赣臬司分科办事纪要》，《申报》宣统二年十月廿二日，1910 年 11 月 23 日，（109），358。

⑩ 《湖南巡抚杨文鼎奏提法使署改设属官分科治事折》，《申报》宣统三年闰六月初六日，1911 年 7 月 31 日，（113），507。

⑪ 《提法使官制不部合章被驳》，《申报》宣统二年三月初一日，1910 年 4 月 10 日，（105），646。

⑫ 《锡督裁汰员薪纪闻》，《申报》宣统元年四月十五日，1909 年 6 月 2 日，（100），452 ~ 453。

来，全国范围内改设提法使的过程还是取得了一定的进展。按察使改制为提法使已经是大势所趋，顺应了法制改革和宪政改革的潮流。虽然缓慢，但是毕竟迈出了改革的第一步。

提法使的设立是在清廷的高压和强制下逐步设立的，各省督抚的态度也几经转变，对于提法使之究竟应不应设，以及具体怎样设立都在积极参与，这一过程体现了督抚与清廷中央的争夺与博弈。由于督抚的极力争夺，最终打破了由清廷垄断提法使设置方案的设计，由各省督抚保送司道赴京参与意见，自己和清廷中央枢府之间也不断函电往来。宪政编查馆奏定的核定各省提法使官制清单，虽然规定提法使办事细则由各省提法使酌定，却必须分报督抚和法部。这一规定严重打击了各省提法使的积极性。诏书下达后各省提法使反应迟缓的抵制行为，反映了提法使群体对权限划分的不满。但是最终还是顶不住法部的压力，逐渐开始回应，制定章程细则分报法部。这种状况反映了新设的提法使试图在既有的框架下做些努力和争取，但是各省督抚的强势使得这种努力收效甚微。以法部和宪政编查馆为代表的中央枢府对各省督抚的妥协，更使各省提法使没有依靠和支撑，这在一定程度上加剧了提法使的尴尬境地。

四　议设提法使的社会评价

各省设置提法使之后，究竟取得了怎样的成效呢？通过当时社会对其评价的考察可以观察提法使设置的实际效果。民间对按察使直接改为提法使并没有太高的评价，如《大公报》的闲评中说："自七月二十一日起，全国按察使悉变为提法使，一纸诏书司法居然独立矣。然则世之论者断断焉，以司法独立为极难问题，实属小觑政府能力之甚，所可奇者陶大钧早登鬼录，亦得与现任各员同换头衔，殆以司法人才之难得将起之九原而倚以卧治耶，抑以赣省司法黑暗已极，只合使塚中枯骨掌握法权耶？"① 对把已经死去了的陶大钧列入新任提法使之列的行为进行了尖锐的批评。时人对清廷设置提法使的讥讽，表明在按察使改制为提法使的过程中存在很多问题，也没有得到社会的认同。一名署名"金梁"的人批评官制改革没有抓住本原。② 一名署名"亚侠"的人士在谈自己对清末外官制改革的观感时，表示了对提法使与督抚权限划分的担忧，并提出欲从根本上解决，必须对督抚旧制改弦更张。

---

① 《闲评二》，《大公报》宣统二年七月二十六日，1910 年 8 月 30 日，第二张，(12)，667。
② 金梁：《官制议》，《大公报》宣统二年十二月初五日，1911 年 1 月 5 日，(14)，25。

　　自去年缩短国会期限后，即有两大问题因之而起，一曰内阁官制，一曰外省官制。斯二者关于全国政治而为目前至关重要，至不易解决之事也。编制而善，国因以治，编制不善，匪徒无益，人民与国家反以受莫大之害，而乱亡随之。政府诸公所以慎之又慎，而不敢轻于发表者，职是之故。虽然按照筹备清单外省官制本年必须订定，万不能在事迁回，诚以官制不定，一切宪政之进行皆无从着手，而有停顿不前之虞。今新内阁制已颁布施行矣，而外官制迟迟不决者何欤？

　　说者曰，外省官制繁难复杂较之新内阁制相去不可以道里计，非抄袭他人之成法可以毕乃事也。故与其速而草率，毋宁斟酌至善之。为得此言未尝不是，然以余闻之，其中尚有三大疑问最难解决。一、各省督抚与审判权之关系。因各省应设之审判厅尚未完全，原被告之涉讼由初级至地方审判厅皆可控诉，若不服裁判时可在高等审判厅控诉。现在各省尚未遍设高等审判厅，此为审判缺点，然有提法使尚可补救，此缺至重大罪犯如谋杀、故杀等案，遇审判时必须慎重，保护权利，稍有疏忽，人命生死攸关。故凡此项重案，须经督抚与提法使会审后施行，然司法集权系在法部，各省督抚应无此权，是以审判制度与督抚之权限有密切关系，此须研究者一……总而言之，政府之所以见为难者尚沾粘于督抚旧制，故而若欲从根本上解决，非将督抚旧制改弦更张之不可。[①]

　　种种迹象表明，提法使在议设改建的过程中，虽然有所进展，但也有很多问题暴露出来，社会各界反响不一。一些人似乎有一种"督抚法制情结"，或者叫"旧制情结"，总是试图把新的法制改革和督抚权限联系起来，似乎没有督抚的参与，中国的法制将是无法进行下去的。如上文提出了对人命案件应该由督抚与提法使会审，而且提出所有督抚不应该权限一致，政府应该给督抚特权等观念依然存在于当时人们的意识—心理结构里。报纸上反映的认识差异应该只是当时整个社会体认的冰山一角，但是基本上可以以此为视角透视整个社会对议设提法使的认识与态度，反映了提法使在议设过程中的曲折与艰难。

　　提法使与督抚究竟应该是一种怎样的关系？始终是当时一个备受关注却讨论不清的话题。造成这种结果的原因众多，而清廷既想仿效、学习西方，实行

─────────

① 《论改订外省官制之困难》，《大公报》宣统三年四月廿三日，1911 年 5 月 21 日，（15），
　119。

司法独立，又想借改革之机集权中央的矛盾心理，和在这一心理指引下制定的政策、法令和措施，无疑使这一问题更加复杂。提法使与督抚的关系不仅仅是一种学理上的问题，更涉及权限争夺和利益博弈。加之在中国传统的官僚体制的惯性影响下产生的官员的权力情结和官本位情结，使各省督抚不愿放权，这些因素最终导致了提法使试图挣扎却收效甚微的结局。

第二章　甄别与考选——提法使官制规范化的努力

第一节　分科改制

提法使在设立之前清廷对其寄予很大期许，所以，自从提法使被确定筹设之日起，其运行机制的健全与完善也逐步开始。

提法使是提法使司的最高长官，是提法使衙门的掌舵人物和灵魂。虽然清廷试图建立的是一个法制化的社会，但个人的因素在任何一个时代和条件下都是存在的，且会产生很大影响。在改革之初，一切都在创始之中，更是如此。所以，提法使个人素养的提高与选拔高素质的提法使，始终是清廷法制改革的中心工作之一。

光绪三十三年（1907 年）十一月二十四日，法部等衙门会奏酌拟提法使官制，经过宪政编查馆考核通行全国，上升为法律。按察使改制为提法使前夕，即宣统元年（1909 年）十二月，基于各省按察使有很多对法律不是特别精通的状况，为了使其对审判有所了解，法部提出仿照学部提学使出洋考察的先例，规定各省按察使必须到日本考察一次之后才能上任，考察内容为各级裁判制度，半年归国，仍受原职或奏请擢用，并一律改为提法使，使其名实相符。① 清廷一直对各省提法使的筹设，保持了高度关注和极大的热情，并不时参与其中，亲自设计制订计划。宣统二年（1910 年）二月，清廷中央枢府召开会议，认为财政、法律与宪政的关系非常紧要，时值各省清理财政，司法独立已渐具端倪，藩臬两司的责任愈发重要，而外官制一时难以施行，暂将各省

---

① 《提法使出洋考察之预闻》，《大公报》宣统元年十二月十八日，1910 年 1 月 28 日，第二张，（11），113。《申报》宣统元年五月初六日，1909 年 6 月 23 日，（100），765。《提法使也须留学》，《大公报》宣统二年二月初十日，1910 年 3 月 20 日，第二张，（11），314。

藩臬两司办事章程及任用属员规制先行改定，通按东三省度支使、提法使之新制施行，作为实行新官制之先声。① 如宣统二年（1910 年）二月，清廷有高层官员认为应该在江宁（今江苏南京）省城内添设提法使一缺，亲自电商两江总督酌核办理。② 法部尚书廷杰为了表示对提法使的重视，于宣统二年（1910 年）七月，对于是否要上奏清廷新任提法使入京陛见的问题专门提议讨论。③ 同月，内阁亲自出面与礼部交涉，让其转饬铸印局铸造各省提法使印信，奏请颁发，在新印信颁发之前的过渡期内暂时用按察使旧印信。④ 宣统二年（1910 年）八月，法部行文礼部，请铸各省提法使印信共二十颗，铸成后颁给各省提法使，将按察使印信缴销。⑤

宣统三年（1911 年）正月以后，各省提法使逐渐开始启用新印信。⑥ 各省按察使改设为提法使之后，清廷又对其逐个甄别，分为调补及更放两项，剔除不合格的，留下称职的，另选优秀的补充遗留的职位，宣统三年（1911 年）春正式开始。⑦ 同一时期，宪政编查馆采取了派人到各省调查宪政成绩的策略，督促各省宪政的进行，先由财政、教育、司法三项入手，提法使司成为与度支司、提学司并立的三个重点调查机构之一。⑧

清廷认为财政和司法是宪政改革最重要的两个问题，故对其尤为重视，并且认为只有对其进行整顿才能获得较好的成效，因之清廷也不断地对其进行整顿，试图通过这种努力使其日益完善并获得新的生命力。宣统二年（1910 年）三月，清廷将这种理论付诸实践，知照度支部和法部将各省藩臬两司办事章程及各项关于限制之法迅速厘定，通饬各该司切实遵行以重要政。⑨ 人事问题对

---

① 《京师近事》，《申报》宣统二年二月十八日，1910 年 3 月 28 日，(105)，435。

② 《江宁拟添提法使》，《大公报》宣统二年二月二十日，1910 年 3 月 30 日，第二张，(11)，359。

③ 《廷尚书郑重司法官》，《大公报》宣统二年七月二十六日，1910 年 8 月 30 日，第二张，(12)，667。

④ 《郑重提法使之新印信》，《大公报》宣统二年七月二十六日，1910 年 8 月 30 日，第二张，(12)，667。

⑤ 《京师近事》，《申报》宣统二年八月初七日，1910 年 9 月 10 日，(108)，147。

⑥ 《遵换提法使印》，《大公报》，宣统三年正月十六日，1911 年 2 月 14 日，(14)，221。

⑦ 《提法使尚须更动》，《大公报》宣统二年七月二十七日，1910 年 8 月 31 日，(12)，672。《提法使将有大更动》，《大公报》宣统二年九月二十九日，1910 年 10 月 31 日，第二张，(13)，319。

⑧ 《宪政馆拟严定三司考试》，《大公报》宣统二年八月初七日，1910 年 9 月 10 日，第二张，(13)，49。

⑨ 《政府整饬藩臬两司之计划》，《大公报》宣统二年三月初四日，1910 年 4 月 13 日，第二张，(11)，429。

各省臬司的影响，是清廷关注的又一个较为重要的环节，清廷甚至认为，各省藩臬两署积弊甚深的原因是由书吏库役造成的。所以，清廷几乎在与法部厘定各省臬司办事章程和各项限制之法的同一时期，作为整顿臬司的一部分，通饬各省督抚给藩臬两司下达了裁汰署内一切书吏、库役，同时另设科员，实行分科办事的命令。① 从此，西方的科层制被引进各省提法使和按察使之中，并最终影响了提法使的运行成效以及整个司法改革的进程。提法使裁汰书吏、库役，实行分科办事之后，为了能使懂法律、品学兼优的人充实到提法使衙门中来，作为属官的各科科长和科员是通过考试的方式选拔的。关于选拔的详细过程及有关问题，笔者对其有专门的书写，若欲了解有关内容可参阅有关章节。与本部分内容有关，笔者想在此说明的是在考用提法使属官的过程中，对于属官的考试资格与任用，有关部门对其的关注是具体而微的。如宣统二年（1910年）五月，湖广总督瑞澂对关于考用提法使属官，本籍人员是否应该回避的问题专门致电宪政编查馆，并最终采取了暂照官员回避本省旧例的方案。② 宣统二年（1910年）八月，法部各堂宪再次为各省提法使人事问题召开会议，强调各省奉旨简派到任的提法使实行分科办事，所有科长、科员必须遴选法律学毕业，对司法确有心得之人员，不得任用候补州县各班滥竽充数，致令改良审判依然成效难收。③ 宣统二年（1910年）十一月，法部继续采取整顿提法使属官的措施，通饬各提法使，将所有属员之履历、资格详细造报，并查明有无他项兼差及别项营业，一并报告法部。④ 但是在执行的过程中，并不能完全真正做到新机构由新人任职，旧人改头换面的情况也在一定程度上存在着。如直隶提法使齐耀琳在宣统二年（1910年）十二月提出，由旧日的刑幕充当新设的提法使科长、科员，并详请直隶总督查核。⑤

　　按察使改设为提法使后，清廷作了具体的制度设计，并不断发出命令，各省随之做出了各自的反应。从宣统元年（1909年）开始，一些省份在响应清

①《议饬裁撤藩臬两司吏役》，《大公报》宣统二年三月廿一日，1910年4月30日，（11），517。

②《宪政编查馆复署鄂督电》，《大公报》宣统二年四月十三日，1910年5月21日，第二张，（12），117。

③《司法须用法政人员》，《大公报》宣统二年八月十八日，1910年9月21日，第二张，（13），104。

④《法部通查司法属官》，《大公报》宣统二年十一月二十三日，1910年12月24，第二张，（13），632。

⑤《拟改刑幕为科长》，《大公报》宣统二年十二月二十五日，1911年1月25日，（14），149。

廷号召，改设提法使之后，分科办事随之逐渐展开。宣统元年（1909 年）十二月，广西按察使王芝祥认为，广西不具备马上把按察使改设为提法使的条件，但是应该先分科办事作为改设的准备，并制定了详细的方案，"各省提法使应设属员，即以按察使所属经历、知事、照磨、司狱等官，由法部拟定职掌，酌量改设，按察使未改省份暂仍旧制等语。查本省提法使制度尚未改设，现行谳牍、驿传事务旧有职掌非一旦所能清，而审判检察诸举造端宏大、头绪纷繁，自本年起以迄宣统七年，逐年均有应筹办应成立之处，至改良监狱尤须同时并举，组织方得完全。当兹新政相乘，百端待理，应在司署先行分科治事，用资臂助。拟就现时主管范围酌设三科：一曰总务科，办理特别机要文电及不隶各科事宜，其现行谳牍俟高等审判厅成立照章划出，驿传事务俟本省劝业道设立照章划出者亦暂归兼办；一曰审判科，凡筹办审判检察及各级审判检察成立后考核事宜皆属之，其前设审判筹备处即查照奏案裁撤归并办理；一曰监狱科，凡关于监狱之筹办或改良及考核事宜皆属之，按察使司狱一官俟明年省城模范监狱成立即行裁撤。各科员额因事繁简设置遴用，俟部定分科职掌颁到仍即查照遵办以归一律。应需开办经费银五百两，常年经费银一万八千六百余两，请由藩库支领作正开销，拟具分科暂行简章，经费预算表"详送广西巡抚张鸣岐。张氏批曰："按察使为刑名总汇之区，新旧职掌并驾兼营，且须按序程功，以视学□同一繁重，虽提法使名称未改，而司法行政事务日繁，非予分设科员相助为理无以资提挈而促进行，据详前情逐加查核员司尚无冗闲，经费亦皆核实，应准照办"①。

宣统二年（1910 年）二月，时任浙江按察使李传元也开始为按察使改设为提法使从分科办事着手做准备，"计分总务、民刑、典狱三科，各设科长一员，一等科长（原文为长，笔者认为应为'员'字）三员，二等科员十员，书记长三员、书记十二员，差弁一员，警卫十名，号房一名，公役八名，厨役二名，茶使三名。总务科内分筹备、考核、会稽、收发四所；民刑科内分一二三四所，典狱科内编制、稽查二所。提法使公费以及各员役薪水，共计银三万三千一百十两四钱。此外笔墨油烛、茶水、电话等杂费、印刷纸张、夏季凉篷、冬季煤炭、额外预备、房屋修缮等，共计银六千九百两，此谓经常及临时费也。其科长视五品，一等科员视六品，二等科员视七品，书记长视八品，书

---

① 《桂省按察使分科治事办法》，《申报》宣统元年十二月二十五日，1910 年 2 月 4 日，（104），615。

记视九品，科长将来由书记递升，以符司法官之制"。① 并详浙江巡抚曾韫批准。

宣统二年（1910 年）三月，吉林提法使吴焘也制定了提法使官制，但被督抚以所定薪水过高为由驳回。②

湖北按察使在宣统二年（1910 年）四月十五日开始分科办事。分科办事的改革主要涉及五部分内容。（一）设置提法使属官。规定科长、科员试署一年期满，察其能否称职，由提法使（宣统二年六月湖北按察使开始改设提法使）照章详咨补实。因其是将来提法使的属官，具有独立性质，不得兼充其他职务，优给薪水，以期专其心志，实行高薪养廉。科长月薪银元二百元，一等科员一百二十元，二等科员八十元，书记五十元，补实之后根据法部章程作相应更改。（二）与其他机构权力的转移与交接。主要是针对按察使兼管之驿传事务，照奏定劝业道官制转归劝业道管理，于宣统二年六月初一日由臬司移交接管。宣统元年（1909 年）的驿站奏销，仍由臬司造报以清界限。（三）属吏的处置。关于属吏，按察使经历、司狱二员照提法使官制作为裁缺详加甄别，以所官录事及相当之职调用。裁革书役，设立书记。杂役酌留数名，藉备使令，余亦裁汰。（四）按察使署所的裁改。原来按察使署设立的积案、统计、筹办审判厅三种局所，一并裁撤，划归刑民两科办理。发审局为各属解勘翻供及提省审办重要案件而设，在当时各属审判厅尚未遍设的情况下，未便遽裁，改为督审处，仍由提法使督率审理。尚未设立审判厅各州厅县应行发审之案，到宣统五年各府厅州县审判厅一律成立再行裁撤，庶于新旧递嬗两无妨碍。（五）经费。筹设的经费由藩司盐道分认筹拨。宣统二年六月，署按察使施纪云把此方案详湖广总督瑞澂，不但获得了瑞澂的同意与支持，而且瑞澂认为，"预备宪政已历三载，省城商埠审判厅限于本年成立，用以符三权并重之制，兼以固九年筹备之基。不特司法与行政不能混淆，即司法与司法之行政亦应区别，自非先设提法使总理司法行政枢纽，则法曹分治之机关不备，即审判独立之权限不明"。③

---

① 《提法使分科办事之布置》，《申报》宣统二年二月初二日，1910 年 3 月 12 日，（105），182。

② 《提法使官制不部合章被驳》，《申报》宣统二年三月初一日，1910 年 4 月 10 日，（105），646。

③ 《湖广总督瑞澂奏遵章改设提法使并分设属官折》，《申报》宣统二年七月初四日，1910 年 8 月 8 日，（107），637。

在改设提法使之前，江苏按察使左孝同对按察使署各房书吏承办公牍无故拖延的弊病已经开始整顿。对此等事件采取记过处分，对发交各房公牍进行分等，分最要、次要、平常三等，最要者限一日，次要者二日，平常三日，如逾限不办即作误公论，如最要延误一日罚银一两五钱，次要一两、平常五钱，如能早时呈送，酌予记功。宣统二年（1910 年）八月，江苏按察使左孝同接到江苏巡抚程德全所转上谕补授其为江苏提法使。宣统二年（1910 年）九月一日官衙更换提法使名称，筹议派委科长、科员，实行分科办事。① 各科成员为，总务科：科长谢陶，一等科员俞至善，二等科员朱庚旦，书记员王兆熊。典狱科：一等科员胡鸣鹤，二等科员周雨农，书记员夏正彝。刑民科：一等科员夏敬荣，书记员黄蓉繁、高式奇。②

《宪政编查馆咨行考核提法使官制清单》和《法部奏定直省提法使署划一经费章程》通行全国之后，湖南巡抚杨文鼎转饬提法使办理。宣统三年（1911 年）五月，湖南提法使袁学昌认为："法司一官职掌全省司法上行政事务，责任綦重，现当宪政提前筹备，举凡审判之建置、监狱之改良及稽核民刑各案，考察推检各官、计划厅监各款。事当创办，条理极繁，非分科设官无以专责成而资助理。"作为对清廷的呼应提出了提法使分科办事的设想。并根据奏定提法使官制和湖南的具体情况为湖南制定了特定的分科办事方案。主要体现在以下几点：（一）在分科的基础上继续细分，把科层制继续发展。各科以下设股。"总务科分设四股，一曰秘书。掌理机要公文、函电及不属各科各股事务；二曰铨叙；三曰收掌；四曰会计。分掌官制第三条第一、二、三等项事务。刑民科分设四股。其中一曰法典，二曰编制。分掌官制第四条第三项暨调查民刑习惯并未设审判各属词讼月报功过等项事务。四曰审核。掌理官制第四条第四、五、六等项事务。典狱科分设两股，曰监狱、曰习艺。将官制第五条一、二两项事务析为监狱及习艺所两项，分归该两股掌管"。（二）分科设股之后的人员安排，"通计三科十股，每科设科长，一等科员各一员，十股各设二等科员一员，其书记官亦分三科，总务科设一等书记官二员，二等书记官三员，刑民科设一等书记官二员，二等书记官四员；典狱科设一等书记官一员，二等书记官三员，仿照直隶、江苏等省奏案，就历在司署核办刑案，筹办审判之幕友，委员切实甄别，并照章考取合格人员，委令试办一年，查看能否称

---

① 《苏臬司实行改设提法使》，《申报》宣统二年九月初二日，1910 年 10 月 4 日，(108)，534。
② 《提法署科员奉文委定》，《申报》宣统二年十月初八日，1910 年 11 月 9 日，(109)，133。

职，再行奏请试署，成立之初，事务最难，并于定额之外暂设额外科员四员，分派三科，藉资学习，遇有缺额，挨次充补，随后即行裁撤各员"。（三）分科设股之后的薪水。"均照奉颁划一经费简章，科长照数给发，一、二等科员每月各减十元，匀作额外科员津贴，俟将来裁撤，即归复原数，以符定章。书记官分等给薪，仍与部定总数不相出入。"（四）分科设股之后司署勘转的刑事案件问题，"向系幕友两人分办，现审判正在筹备，解勘仍居多数，若概隶刑民一科，益以新增之解释，考察统计等事，深恐顺此失彼，并拟暂时变通。无论新政旧案，但遇关系紧要之事，三科科长得各就专长互相辅助"。（五）司署及长沙府属之督审局与发审局，"参酌广东办法，将司署督审局暂仍贯其长沙府发审局，则于省城审判开庭时裁并督审局办理，将来办理各属审判一律成立，督审局亦即裁撤。其余附设之清讼处、统计处、审判筹备处，所办皆总务、刑民两科之事，应即归并该两科办理"。（六）按察使旧有的稿写生与新设的书记官之处理方案，"就原有写生，择其文行较优，楷法匀净者酌留十五名，作为书记生，每名薪工按月平均十六元，分隶三科，专供缮写，如再不敷，随时另行雇倩，所需薪工于杂支款内开支。各项杂役则量事酌留，俾供使用，其余书役一律裁汰，以除旧染"。（七）按察使旧设之照磨、司狱等官的处理方案，照磨裁汰，其所管的点验各属解司人犯事宜，暂时由提法使从刑民科科员内随时委派办理。省城模范监狱告成之时裁撤司狱。（八）分科经费共分两部分，即常年费和建筑开办费。关于常年费，宣统二年原定预算数目，经常及预备费有闰之年，应需库平银两万六千七百十七两一钱一分五厘。根据奏颁划一简章查照改定，核计每月需用经费银元三千元，全年三万六千元，折合库平银两万四千两，遇闰照加。关于建筑开办费，司署屋宇多已朽败，且不敷三科办公之用，之前提法使袁学昌估计共需建筑开办费银一万五百七十五两一钱六分三厘，因为财政困难，节省经费，就署内西偏隙地兴修公所，并将督审局及原住刑幕写生各房酌量修造，整理核实，估计共需建筑开办费，省平银七千七百五十六两六钱五分，此两项经费均经提法使核算多次，由藩司负责拨款。（九）按察使署原来支出各款的处理方案。督审、发审两局仍照原数归并支额。其余如刑幕、修金、鉴印、收发、各委员薪水、书吏纸工、饭食、清讼、统计审判筹办等处经费均于分科之日一律停支。[①] 并提出了分科办事的具

---

① 《湖南巡抚杨文鼎奏提法使署改设属官分科治事折》，《申报》宣统三年闰六月初六日，1911 年 7 月 31 日，(113)，507。

体时间为宣统三年六月一日。湖南巡抚杨文鼎将袁氏所报之造具建筑开办及经常经费预算表分咨内阁法制院、法部、度支部查照，并将提法使署改设属官、分科治事缘由，会同湖广总督瑞澂联名上奏清廷。

宣统二年（1910 年）十月，江西署提法使张学华在上任之前就开始筹划分科办事事宜。决定于宣统二年（1910 年）十二月十一日正式开始实行分科办事，并从司法公所派人充当科长和科员。“总务科科长徐绍熙，一等科员陈安，二等科员王锡龄、沈祖恒，八品书记甘文彤，九品书记贺元麟、黄大振；刑民科科长陈镇，一等兼二等科员尹继明，二等科员催祥鸠、徐祖贤，八品书记陶寿山，九品书记唐值城；典狱科科长鲁墉，一等兼刑民科二等科员张庆枏，二等科员王臣、黄炳燮，八品书记龙俊光，九品书记康万邦、裘方臣、陶相。”①

为了激励提法使属官实心任事，法部在宣统三年（1911 年）初上奏清廷要对优秀的、努力工作的属官进行奖励，并建立一套固定化的奖励制度，以有章可循、有法可依，同时也让属官们看到有望被提拔和重用的曙光，激起他们的热情，坚定他们的信念。

此次设计的办法主要是针对宣统元年（1909 年）十月，宪政编查馆所奏考核提法使官制折中“提法使属官暂不作为实官而定为实职”，以及考核提法使属官章程中“科长、科员奏补后仍留原官、原衔，每届三年，由提法使查验各该员办事成绩，出具切实考语，详请督抚咨达法部，奏请分别升黜”的规定进行的改革，因为考核提法使官制中没有任何对其优秀，并做出贡献之人给予奖叙的规定，而考核提法使属官章程虽然规定由提法使根据各员办事成绩，详请督抚咨达法部奏请分别升黜，但是并没有任何具体的、详细的细节程序规定，是一种模糊的、框架性的思路而已，而不具有任何可操作性。法部认为这种规定极大地伤害了提法使属官的感情、打击了他们努力工作的热情，使其产生了怠惰情绪，对整个提法使展开积极有效的工作造成了较大的负面影响，乃至阻碍了整个司法改革的进程。针对这种情况，法部决定对其进行改革。法部认为提法使衙门属官分掌各科，责任繁重，“事原创始，端资经营缔造之才，期以将来亦负萧规曹随之责”。改革的具体办法是仿照学部在宣统二年（1910 年）七月奏拟的学务公所人员奖励办法，“其有实心任事、届满三年有职人员，准其按照寻常保举加衔，无职人员参酌定章咨明吏部，给予六七品

① 《赣法司分科办事纪要》，《申报》宣统二年十月廿二日，1910 年 11 月 23 日，(109)，358。

职衔，如供职又至五年之久，不论有无官职一律均照异常劳绩请奖，至三年届满未经按照寻常请奖者，至五年届满时亦准一律按照异常办理"。① 除奉天省因为提法使改设较早另案办理之外，其余的省份均按照上述有关规定，提法使衙门属官奏补之后，届满三年由提法使查验办事成绩，出具切实考语，详请督抚咨达法部，果系始终勤奋、成绩卓著，由法部查照这次奏案给予奖励。法部的奏折很快通行全国贯彻执行。② 这次改革推进了提法使属官任用和奖励的法制化进程，对推动提法使属官积极努力的工作和提法使机构作为一个整体的良性、有序、有效的运行起到了积极作用。

第二节　选才诉求的启动——法部对各省臬司的甄别

在清末的司法改革和官制改革中，对按察使这一机构的处理方案，清廷最初的制度设计是把按察使改制为提法使，而提法使的产生问题，却没有一个详细的规定和说明。但是随着改革的不断深入，各省按察使的弊端逐渐暴露，清廷日益认识到，并不是所有的按察使都能够胜任新的提法使，朝廷内部和社会各界也不断有人对不称职的提法使提出批评。在此背景下，清廷改变了原来由按察使直接改头换面为提法使的做法，而是采取了对其甄别的方案，试图通过甄别实现去劣取优的筛选目的。那么这一动议是怎样形成的？过程和结果如何？按察使不能全部胜任提法使的原因究竟是什么呢？

清廷对各省按察使进行甄别和筛选的直接诱因，是其不能胜任提法使的职务。从根本上来说，可以归结为一句话，即不能完成角色转换，难以完成角色转换的直接原因就是其出身的非专业化。如按察使改任提法使后继续把持审理案件的权力，工作方法简单粗暴，动辄训斥，甚至采用刑讯；处理案件依然是按照旧的方式，懂些旧法律的尚沿用旧的体例，依据旧的法律写批文；更有甚者，有些直改的提法使完全用中国传统的道德、伦理观念处理司法问题。这与清廷改设提法使的原初目的背道而驰、南辕北辙，他们做的正是清廷试图改掉

① 《督院张准法部咨本部具奏酌拟各省提法使衙门属官人员奖励办法一折奉旨依议缘由行东提法使钦遵文附件一》，《两广官报》，第78~80页。《法部奏酌拟各省提法使属官奖励办法折》，《大公报》宣统三年五月初七日，1911年6月3日，第三张，(15)，201。
② 《督院张准法部咨本部具奏酌拟各省提法使衙门属官人员奖励办法一折奉旨依议缘由行东提法使钦遵文附件一》，《两广官报》，第78~80页。《法部奏酌拟各省提法使属官奖励办法折》，《大公报》宣统三年五月初七日，1911年6月3日，第三张，(15)，201。

的。清廷试图实现的目标，他们却什么也不懂，已经不再适应改革的需要。他们占据提法使的位置，非但不能促进司法改革的前进，反而起到一种阻碍作用，这种作用甚至是十分巨大的，所以，引来了朝野上下的一片批评。如江南道监察御史江春霖就曾批评说"有左右丞而出为藩臬"的情况。①

针对此种情况，朝野上下纷纷提出了自己的看法和方案设计。如编修邵章曾条陈官制改革要厘定官等，凡具备请简官之资格者，"无论京外，皆正名曰三品行政官或三品司法官，曰四品行政官或四品司法官"。②邵章并强调任用官员须重视出身，"夫受何种之任用，必限何种之资格，则入官之始无冒滥。"③某给谏特上封奏，曰："现在各省应筹宪政当以财政、教育、法律三项为最属重要。而此三项全恃藩、学、臬三司为统筹机关，较之督抚尤大有关系。惟详查现任各员，非独均无专门资格，且转有种种不合情形，于三政前途殊多妨碍。请即由枢臣会同度支、学、法等部将各省三司大员破除情面，实行甄查，以维宪政而免贻误"。此折后由枢臣核议，④中央决策中枢也认识到了问题的严重性，并试图采取一些措施使形势得到好转。如摄政王载沣认为各省司道大员责任綦重，用非其才，贻误不浅，其政绩品行向例每届三年考查入奏，仍不足以昭慎重，提出了司道大员的政绩，饬各督抚随时考察，每半年入奏一次。⑤

经过一系列的讨论、争论和辩论，清廷最终选择了对各省臬司进行甄别的方式，进行一场筛选。宣统元年（1909 年）十一月，在摄政王载沣和军机大臣的亲自参与下，甄别各省臬司的大幕拉开了。摄政王载沣当面命令军机大臣分寄廷谕于各省督抚，将各该省现在之按察使历任事实电奏具复。这样做的直接原因就是考察各臬司是否深通法律，有无与司法阻碍之处，以便年终实行甄别。⑥接着清廷对外官的任用资格进行了详细而严密的规定，以保障任用的人

① 《御史江春霖奏请除官制十二弊折》，故宫博物院明清档案部编《清末筹备立宪档案史料》，中华书局，1979，第 387 页。
② 《浙江巡抚曾韫代奏在籍编修邵章条陈厘定官等事宜折》，故宫博物院明清档案部编《清末筹备立宪档案史料》，中华书局，1979，第 537 页。
③ 《浙江巡抚曾韫代奏在籍编修邵章条陈厘定官等事宜折》，故宫博物院明清档案部编《清末筹备立宪档案史料》，中华书局，1979，第 541 页。
④ 《某给谏请实行甄查三司》，《大公报》宣统二年四月初三日，1910 年 5 月 11 日。(12)，55。
⑤ 《改订考查司道大员办法》，《申报》宣统元年三月十九日，1909 年 5 月 8 日，(100)，100。
⑥ 《军机分寄廷谕之述闻》，《大公报》，宣统元年十一月二十六日，1910 年 1 月 7 日，(11)，25。

员真正做到人尽其才，用得其所，而不致滥竽充数的现象再次发生。具体办法是在甄别时把所有备选人员分为三个等级，"由正途出身，具有法政知识，且办事精明强干者应列为上等；该员虽非正途出身，然文理通顺应列为中等；该员文理不通而办事又未能得力者应列为下等"。① 判别等第的方法是以积分法计算。宣统元年（1909年）十二月，法部尚书廷杰甚至把法部甄别臬司的政治举措向前一步推进到各省提法使由法部直辖，和法部垂直，提法使由法部直接任免的政治取向。廷氏为此论证道："明年各省地方审判厅依限成立，彼时各项新法律亦将陆续颁布，各省臬司为各省司法上之总机关，倘有不能胜职之员，贻误司法独立，实非浅鲜，拟自明年起仿照学部直辖提学使、度支部直辖布政使新例，各省臬司亦统归法部管理，其升迁调补概由法部开单请简"。② 此后为了选拔提法使做准备，法部不断向各省发出调取各按察使详细履历的公文，为了保证效率还规定了报部的期限。③

但是，由于种种原因，法部甄别臬司的动议虽然达成了一致意见，却被长期搁置了起来，理论和实践始终存在着一定的距离。宣统二年（1910年）正月，清廷在各项新法律逐渐颁布的背景下，认为甄别臬司的时机已经成熟，再次决定将甄别各省臬司之事提上议事日程，④ 重新引起民间的关注、揣测和想象。宣统二年（1910年）二月，在法部尚书廷杰的直接参与下，制定了对各省按察使进行调查的四个方面："（一）现任各省臬司之出身履历；（二）各省审判厅筹办之成绩；（三）关于改良行政种种事宜进行之迟速；（四）各该员有无沾染嗜好、年力衰颓等情。"⑤ 总体来看，这次甄别重视调查对象的学术经历、个人能力、对改革的态度、道德取向、年龄精力等五个方面。

然而，本来稳步进行的甄别臬司活动有望迅速展开，由于时任法部尚书的廷杰患病请假又遭波折，四个月之后的宣统二年（1910年）六月，廷杰才在大家的急切期待中销假回部，重新主持日常工作。甄别臬司的行动在经

---

① 《外官资格拟分三等》，《大公报》宣统元年十二月十六日，1910年1月26日，第二张，（11），103。

② 《申报》宣统元年十二月初四日，1909年1月14日，（104），237。

③ 《法部调取按察使履历》，《大公报》宣统二年正月十四日，1910年2月23日，第二张，（11），197。

④ 《决计甄别各省臬司》，《大公报》宣统二年正月十五日，1910年2月24日，（11），199。

⑤ 《大公报》宣统二年二月十七日，1910年3月27日，（11），348。又见《申报》宣统二年五月十五日，1910年6月21日，（106），834。

历了四个月的沉寂后方才得到再次展开。回任后的廷杰以极大的热情投入到甄别臬司的活动中来，连日赴内廷与各枢臣密议甄别之法，并亲自到吏部调查现任各省臬司详细履历及到任年限，做出了于六七月内将一切办法商定妥协，中秋前后即奏请，十月必须颁布施行的决定。① 廷杰回任后，还提出了先行派员赴各省秘密调查之议，于宣统二年（1910 年）六月初正式出京调查②，并试图会同度支部和学部，对各省藩学臬三司同时展开联合调查，以振兴财政、教育、司法各政。此举得到摄政王载沣的面谕："此次甄别关于各政，甚为重要，务须逐处核实方能得著成效，若仍不能破除情面敷衍了事，是徒多一番纷扰矣"。③ 宣统二年（1910 年）八月，法部再次召开会议，讨论各省甄别提法使之期限，但是这次会议依然没有制定出详细、具体、具有可操作性的方案。④

随着清廷外官改制时间的逐渐临近，各省按察使在清廷中枢对其甄别一再拖延和搁置的情况下，基本上是原班人马各自出任了本省的提法使职位。而法部在时断时续、走走停停的甄别活动中，再次发现其中端倪，得出了"各该员多有未能胜任之处"的结论。并决定于宣统三年（1911 年）春天对新上任的提法使进行再次甄别，分为调补及更放两项，具折入奏，请旨裁夺。⑤ 宣统三年（1911 年）正月，法部对各省提法使的甄别以秘密调查的方式正式开始，主要调查内容为是否胜任和有无嗜好，而调查过程却是由法部密电总督，由总督执行的方式进行。⑥

直至清廷灭亡，其领导和主持的甄别各省按察使以及改制后的提法使的工作终未完成，清廷带着这个遗憾连同自己表演的舞台被辛亥革命的炮火一并摧毁。事隔百年之后，我们把史料上的灰尘拂去，重新走进那段纷繁复杂、扑朔迷离的历史，研读之后静坐沉思，回答上文我们提出的问题，

---

① 《申报》宣统二年六月初四日，1910 年 7 月 10 日，（107），159。
② 《廷尚书核定甄别各臬司办法》，《大公报》宣统二年五月二十七日，1910 年 7 月 3 日，（12），369。
③ 《甄别三司之预闻》，《大公报》宣统二年六月二十一日，1910 年 7 月 27 日，（12），492。
④ 《法部会议之近闻》，《大公报》宣统二年八月初三日，1910 年 9 月 6 日，（13），28。《藩臬两司将实行甄别》，《大公报》宣统二年五月十九日，1910 年 6 月 25 日，（12），320。
⑤ 《提法使将有大更动》，《大公报》宣统二年九月二十九日，1910 年 10 月 31 日，第二张，（13），319。
⑥ 《法部调查某省提法使》，《大公报》宣统三年正月初十日，1911 年 2 月 8 日，第二张，（14），184。

并再次提出新的问题。按察使不能全部胜任提法使的原因究竟是什么？以法部为代表的清廷中央，已经看到了按察使不能胜任提法使及问题的严重性，又为什么在对其甄别的过程中时断时续、走走停停，以致最终未完成呢？

通过上文的讨论，也许第一个问题的答案已经很清晰，这里只需对其作一总体性的总结和概括。朝野各界的批评和法部对其调查的方面其实正是其内在的深层原因。其中最根本的应该在于其学术经历。作为准提法使的那些按察使们，在被任命为按察使的时候，还没有开始法制改革，或者说法制改革还没有那么深入，具体改革的方案还没有提出，按察使改制为提法使的方案更没有出炉。所以，他们被选任为按察使的任用标准还是沿用一以贯之的按察使的标准，他们大多熟悉旧的律例和司法运行制度，并擅长根据旧的律例在改制前的司法运行制度下审理案件，而后写出精彩的批文。而提法使的任用标准与其存在巨大差异，甚至截然相反，提法使之设是为了适应推进宪政改革和法制改革的要求，从某种意义上来说，是推进中国法律和法制西方化、近代化的一种结果。其设置的直接目的和职能是主持本省各级审判厅、检察厅、新式监狱，甚至警察的筹设，并监督和管理这些机构的运行，使司法独立和审判独立的法制理想和理念变成现实，在中国的土地上开花结果。其作用正好是反对和排斥直接审理案件的，提法使与按察使的职能迥异，按察使与提法使的制度理想正好背道而驰。按察使是为了适应按察使正常运行的需要而选拔的官吏，大多皆为旧人，从学术经历上来看大多修习的是旧的律例，熟悉的是旧的法律运行制度，对清廷颁布的新法律和改制后从西方移植来的审判厅、检察厅和西式监狱的运行无从知晓，由其主持这些机构的筹建和管理自然是力不从心，出现差错、遗漏，甚至留下笑柄自然在所难免。由于新法律和西方法律、法理、法制体系的运行具有很高的专业性、技术性的要求，而这些旧的按察使都不具备，所以，由旧的按察使直接转型而来的提法使对新的职务很难胜任，已经不再适应新的时代需要了。

至于法部对各省臬司的甄别走走停停、时断时续，其主要原因在于清廷自身的决策机制和执行机制。作为直接领导甄别臬司的法部，却因为主政的尚书是绍昌还是廷杰而有所不同，甚至观点迥异。更有甚者，因为主政官员身体的状况直接影响政务的继续进行，如宣统二年（1910 年）二月，廷杰生病请假，便把甄别臬司之事搁置起来，直至四个月之后的宣统二年（1910 年）六月，假满回任后方得继续推行。在具体甄别的时间和程序上也举棋不定，让时间在无休止的讨论中付诸东流，致使甄别的具体行动一再被拖延。其次，清廷的式微造成了力量的微弱，已经不再具有对全国政局的绝对话语权，由于长期对财政、军事、人事等权力的下放，造成了督抚做大、外重内轻的局面。清廷在制定政策和发布政令时，必须考虑各省督抚的感受，否则便会遭到他们的抵制。在甄别臬司问题上表现出来的，是派员密查还是由督抚代查的两难选择，足以说明各省督抚与清廷之间博弈的天平向何处倾斜。最终选择了由督抚代为调查，更是反映了清廷中央的妥协与式微。甄别臬司向前推进一步即为任免，博弈双方对提法使任免权的争夺更是毫不放松。各省督抚费尽心机，采取了以静制动、迂回曲折的策略，对清廷的政令不再反对和辩驳，而是采取消极怠工的方法抵制，对法部交代的甄别臬司命令一拖再拖。由于清廷中央和地方两方面的原因，直至清廷灭亡，其设计的甄别臬司的政治选择终未完成。

第三节　人事变革的先声——提法使司办事人员的选拔

一　宣统二年提法使招考署内人员——以直隶为中心的考察

随着清末司法改革的不断深入，不仅对直接负责审判的法官严格选拔，对负责主管一省司法行政的提法使署内办公人员也不断有人提出更高的要求，宣统二年（1910 年）八月，法部各堂宪集议，"以各省提法使业经奉旨简派，拟饬各该使分科办事，所有科长、科员务须遴选法律毕业之人员，于司法确有心得者，不得任用候补州县各班滥竽充数，致令改良审判依然成效难收"。① 在此背景下，各省提法使纷纷招考署内办公人员，包括科长、科员和书记，以提高提法使署的整体业务水平，符合司法的专业化要求。因中国省份众多，从全国范围着眼观察提法使招考署内人员的情况，无论是从资料的搜集，还是整体的把握都存在实际操作上的困难，故笔者试图选择一个省份为切入点，深挖资料，透视历史，以达到管中窥豹的效果。由于直隶省是清末司法改革做得较好的一个省份，从袁世凯任直隶总督的 1900 年代初期便开始改革，是在全国各省中改革时间持续较长，改革力度也较大，效果相对较好的一个省份。而且

---

① 《司法须用法政人员》，《大公报》宣统二年八月十八日，1910 年 9 月 21 日，第二张，（13），104。

直隶不仅自身的改革走在全国各省的前列，同时对其他各省也有示范意义，产生了示范效应，其他省份，尤其是相对较为偏远和落后的地区还不断派人去学习。从这个角度来说，选择直隶作为考察的中心进行研究具有典型意义，对直隶进行研究所得出的结论对其他省份也同样具有解释力。再者，直隶地区当时媒体也已经相对比较发达，尤其是相对能够代表客观声音的《大公报》对这次招考作了持续的关注和报道，史料相对集中，具有进行研究的基本条件。以下将逐步展开对宣统二年（1910 年）直隶提法使招考署内人员的考证和阐释。

（一）考试安排与考试资格

法官考试结束之后，直隶提法使决定对本署内总务、刑民、典狱三科的科长、科员和书记进行招考。招考科长、科员共分两场，第一场时间安排在宣统二年九月二十八日（1910 年 10 月 30 日），第二场安排在宣统二年九月三十日[①]，并对这次招考进行了牌示。考试章程采用了与法部考试法官相同的章程[②]，应考资格界定为四种："（一）在法律学堂三年以上毕业得有文凭者；（二）举人以上出身者；（三）文职七品以上者；（四）旧充刑幕，品端学裕者。"[③]

然而，外界对此次招考并不信任，对招考的公正性深表怀疑。招考消息刚

---

① 《臬署试题再志》，《大公报》宣统二年十月初六日，1910 年 11 月 7 日，第三张，（13），362。

② 因为当时清廷进行的改革力度很大，无论从广度还是从深度来说都是空前的，在短暂的时间内颁布的法律、法规、章程、条文很多，也很杂，而当时的司法人员由于接触西方方法的时间太短，还没有足够的积累，致使法学素养相对较差，法官考试事起仓促，这一积累难以在短时间内完成，如果全面复习，对应考人员来说是一种极大的挑战。同时，此次法官考试的目的主要是考察法官的思维素养和分析能力，对知识积累的考察只是一个方面。为了使这次考试更有针对性和可操作性，清廷决策中枢在《法官考试任用暂行章程》里用了两条对法官考试的大致范围作了规定。"第一次考试科目如左：1. 奏定宪法纲要；2. 现行刑律；3. 现行各项法律及暂行章程；4. 各国民法、商法、刑法及诉讼法。（准由各人自行呈明，就其所学种类考试，但至少须认两种）；5. 国际法。右列各款，以第二至第四为主要科，主要科分数不及格者，余科分数虽多，不得录取……口述科目以主要科为限，笔述除第五条所定各科外，应再令拟论说一篇，以主要科命题。"《中华民国史事纪要》（初稿），民国纪元前三年卷，第 796 页。直隶提法使采用与法官考试相同的命题范围，其真实想法由于资料收集的困难尚难找到直接的文字记载，但不难判断主要应该有两点原因，第一是出于和清廷决策中枢同样的考虑；第二是直隶提法使无力设计出更适合自身招考的范围。

③ 《臬辕牌示招考》，《大公报》宣统二年九月十七日，1910 年 10 月 19 日，第二张，（13），247。

出，外界便传言四起，《大公报》载："据外间风传，臬宪意中早已取定本署幕友为科长，本署委员为科员，且有冒充刑幕者不少，此次招考不过形式上之例行公事而已，其说是耶非耶?"①

（二）考试题目

这次招考分为笔试和口述两种考试方式，但最后的录取是根据笔试成绩，口述是在录取后进行的，从某种程度上来说很可能是走了过场，而且，口述的题目目前尚未发现可考资料，所以笔者主要对这次考试的笔试题目进行分析。考试题目如下：

第一场：

宪法纲要题目：宪法上所定臣民权力义务试分条说明之；

现行刑律题目：（一）斗殴有关服制者，律定罪名各有区别，试详陈之；（二）亲属相盗与凡人如何区别科罪，试分析言之；

现行各项法律章程题目：（一）司法行政监督权之施行及其施行之效力法定范围如何，试详言之；（二）政事结社与政论集会名称即异、性质亦殊，法定之区别如何，试陈其纲要。②

第二场：

民法题目：国籍取得之原因及其效力，试依次条举大要；

商法题目：合名会社社员之权利义务，试分析其主要者条举说明之；

刑法题目：日本重罪轻罪之刑其加减标准各不同，试按例以对；

民事诉讼法题目：诉讼辅佐人与代理人有别，述其相当之资格，有效之范围；

刑事诉讼法题目：私诉附带于公诉之理由，试详言之；

国际法题目：外交官、领事官同为国家代表机关，就其实质上言之，相异之点安在？

主要科论说题目：中律五刑与各国刑名异同论。③

---

① 《臬辕招考之传疑》，《大公报》宣统二年九月三十日，1910年11月1日，第三张，（13），326。

② 《提法使考试纪题》，《大公报》宣统二年十月初四日，1910年11月5日，第二张，（13），348。

③ 《臬署试题再志》，《大公报》宣统二年十月初六日，1910年11月7日，第三张，（13），362。

宣统二年十月初二日张贴草榜，录取结果揭晓，共录取四十八名[1]，并于初三日考试口述。[2]

总体看来，所考题目涵盖了宪法、刑法、民法、商法、民事诉讼法、刑事诉讼法、国际法，既有对中国法的考察，又有对外国法学的关注，现行法律章程题目的第一题还非常有针对性地考察了司法行政监督权问题，从题目本身来看，还是较为合理，比较切合实际的。但是，由于资料的限制，无法找到一些答卷来做个案分析，从现有资料依然可以看出这次招考是在借鉴宣统二年法官考试的基础之上，又针对自身实际而设计的一次考试。这次考试规模相对小了一些，相对来说却增加了可操作性，较为容易把握，是继宣统二年法官考试之后对选拔司法人才所做的又一次有益尝试，对于推进中国的司法改革和人才选拔制度都是一次有积极意义的探索。值得指出的是，当时虽然已经开始重视国民的权利与义务，并被列入考题，但吊诡的是，清廷制定的法律中清帝国的国民仍然以"臣民"称之，并没有采用西方国家和国际通用的"公民"概念，表明了清廷有把帝国改造为西方式现代国家的意图，又有对旧体制的一种留恋，两种情结在国家危亡的关口错乱交织、难以割舍。考试题目的设计反映了过渡时期决策者在抉择面前的复杂心态，也反映了从一个封建性的王朝转变为一个现代国家，绝不可能一蹴而就，需要经历很长的一个过程。

（三）考官组成

清廷的改革是在传统的官僚政治体制基础上的改革，改革初期具有很强的个人色彩，监管机制或形同虚设，或缺位和失语。所以，试官的人选对考试的全局产生很大影响。试官的水平在很大程度上影响着考试本身的公正性。试官的水平较高会造成两种结果：第一，对答题水平鉴别力较高；第二，本身的素养较高就会相对降低营私舞弊的情况发生。反之，试官的水平较低也会出现两种结果：第一，对答题水平的鉴别力较低；第二，试官本身素养低就会增加营私舞弊的系数。

---

[1]　宣统二年十月十二日（1910 年 11 月 13 日）的《大公报》公布了录取名单，分为三等，共计三十名：最优等三名：孙如铜、于传林、柴豫芳；优等五名：郭敦塽、李兼善、周伯申、沈树槐、蒋锡彤；中等二十一名：华国文、王恩沛、许殿栋、陆麟缦、任同堂、李兆书、周翙清、王能济、鲍维新、宋介受、冯廷琛、李鸿文、同书、孟昭娄、刘开礼、邱祖德、任藩、王燮纯、章韩、周镇、郭丰农。《考试司法人员揭晓》，《大公报》宣统二年十月十二日，1910 年 11 月 13 日，第二张，（13），395。剩余十八名尚不可考。

[2]　《臬辕考试续志》，《大公报》宣统二年十月初九日，1910 年 11 月 10 日，第三张，（13），379。

这次考试，提法使齐震岩本人担任主试，清河道谢观察崇基充当监试，候补道胡观察充当襄校，专阅科学试卷，高等审判厅厅丞俞观察纪琦充当襄校，专阅刑事卷。①

从考官的阵容来看，我们没有任何资料能够证明他们受过良好的法学教育，他们本人的法学素养我们依然模糊不清，而且，四个人中有两个担任与法律毫不相干的行政官职，这些都让人难以相信他们能够做出科学、合理、公平、公正的判断，选拔出真正有素养的法学人才，由此看来，有关招考消息的传言之所以能够流传还是有其自身的合理性的。

（四）考后任用

考试结果公布之后，直隶提法使作了相应的人事安排，处理办法分为考前有差事和考前无差事两种情况。考前有差事的仍回原差，不另给薪水；考前无差事的，暂时每月发给二十两，均在提法使署三书房内学习，三个月后再分别派充科长、科员。②

二 宣统二年直隶提法使招考书记

在提法使科长、科员招考结束近三个月时，直隶提法使又组织了一次书记招考。时间安排在宣统二年十二月十五日（1911年1月15日），报名时间截止于考期前二日。这次招考不仅包括提法使署内的书记，还有直隶各级审判厅的书记，由提法使统一组织招考，我们依然从以下几个方面进行考察。

（一）与考资格

与考资格共分四种：（一）中学堂以上毕业得有文凭者；（二）生员以上出身者；（三）文职八品以下者；（四）本司衙门学幕人等。③

十五日考试，十六日报纸上才登出消息，不知当时用什么手段实现令招考消息为大众知悉的，报名时间仅限于考期前二日，报名又只能到臬司的清讼局内，所有这一切都不免令人产生困惑，即在当时传播渠道相对落后的情况下，如何令更多的人知悉臬司有招考的消息而前去报考，这种做法的成效究竟如何？

---

① 《考试司法之试官》，《大公报》宣统二年十月十一日，1910年11月12日，第三张，（13），391。

② 《司法属员录取后之学习》，《大公报》宣统二年十月十四日，1910年11月15日，第二张，（13），406。

③ 《臬宪招考书记》，《大公报》宣统二年十二月十六日，1911年1月16日，（14），93。

有关媒体报道，假冒资格报考的人很多，尤其是冒充第二项考试资格即生员的更多。《大公报》载："风闻冒充外省生员者实繁有徒，又有某学堂学生即未毕业，亦未得有文凭，乃竟冒充生员报考"。① 为了打击假冒行为，直隶提法使也积极采取了一些措施应对，即如果该生员被录取了，提法使会询问该生员原籍、教官、检查学署内名册有无其人②；要求面试口述时，自备亲写履历白折两扣，于口述时当面呈递以凭详查③等措施。不过这些都是典型的事后监督，应该会有一些成效，甚至一些时人推断"纵能幸获，亦难逃严究"。但从理论上来说，事后监督终不如事前监督，事前监督往往更省时省力，或者采取事前监督与事后监督相结合的办法或更为有效，也更为合理，更能打击假冒行为，单纯的事后监督增加了办事的程序，不可避免地加大了行政成本。

（二）考试题目

这次考试分为初试、复试和口述三个步骤。初试于宣统二年十二月十五日（1911 年 1 月 15 日）进行，考点在藩署内的法政学堂。复试于十九日进行，口述于二十一日进行。

初试题目

首题：汉陈平为相，不知钱谷，蜀汉诸葛亮为相，躬校簿书，究竟孰得孰失论？

次题：司法区域应如何分划，试详言之。

复试题目

头题：详报各级审判检察厅开办情形；

二题：严禁私铸银圆、铜圆、纸币告示。④

（三）考试成效

从总体来说，这次考试规模较大，应考者约千人左右⑤，但舞弊行为极为

---

① 《报考书记者注意》，《大公报》宣统二年十二月十七日，1911 年 1 月 17 日，（14），99。
② 《报考书记者注意》，《大公报》宣统二年十二月十七日，1911 年 1 月 17 日，（14），99。
③ 《考试书记口述》，《大公报》宣统二年十二月二十五日，1911 年 1 月 25 日，（14），149。
④ 《考取书记复试题目》，《大公报》宣统二年十二月二十四日，1911 年 1 月 24 日，（14），143。
⑤ 《提法使考试书记》，《大公报》宣统二年十二月二十二日，1911 年 1 月 22 日，第二张，（14），129。

严重,《大公报》载:"闻是日枪冒及传递者不一而足"。① 后来录取一百五十九名。②

　　直隶提法使招考科长、科员和书记等属官,是在清廷倾举国之力在全国范围内组织的法官考试之后进行的,但从某种意义上来说,也是此次法官考试的继续与发展,是一种跟进机制。它试图以一种新的方式打破上千年来因循相沿的旧的人才选拔机制,以一种全新的方式做出自己的努力,并向世人展示法制改革的决心。尽管从一开始就遭遇了众多批评,说其考试之前人员已内定,假冒生员众多,等等。但是,不管怎样说,法制人才的选拔至少从形式上发生了一些变化,尽管这种变化最初影响力很微弱,甚至不为人称道。这一做法不仅打破了传统相沿的按察使衙门的行政化特征,而且改变了从传统上沿袭而来的师爷、幕友、长随等私人化体制,不仅是对人事选拔体制改革的一次努力与尝试,同时也实现了从幕僚体制向近代科层制的转型,符合近代东方国家要求现代化的潮流,也符合法制改革的内在要求。整个社会是一个综合系统,某一方面一旦发生变革,势必引起其他方面的变革,这是不以人的意志为转移的,只要这种变革累积到一定程度就会实现从量变到质变的转化,从而水到渠成。从这个角度来说,直隶这次招考提法使署内的科长、科员和书记还是有一定的积极意义的。

---

① 《提法使考试书记》,《大公报》宣统二年十二月二十二日,1911 年 1 月 22 日,第二张,(14),129。
② 《考取书记复试题目》,《大公报》宣统二年十二月二十四日,1911 年 1 月 24 日,(14),143。

第三章　提法使司法行政权的行使

第一节　筹建各省审判厅

清末司法改革的终极目标是司法独立，而司法独立的核心又是审判独立，从这个意义上来说，审判厅在清末司法改革中的地位可见一斑。作为这么重要的机构被学界关注，自然也在情理之中。然而通过各种信息检索渠道进行调查却发现关于审判厅的研究成果并不多。专著仅有李启成的《晚清各级审判厅研究》①，论文也仅有俞江的《清末奉天各级审判厅考论》，柳岳武、赵鉴军的《清末奉天新式审判制度的社会运作及评价》，李交法的《清末法制改革——诉讼制度与诉讼文化》，王立民的《论清末审判方式的改革》，李志高的《贵州三个地方审判厅和三个地方检察厅》，刘焕峰、郭丽娟的《清末审判厅设置考略》。② 李启成先生的《晚清各级审判厅研究》是关于晚清审判厅研究的开山之作、集大成者，也是其中最有分量的作品。李启成先生考察了筹设各级审判厅的原因、各级审判厅的设立及其运作，对各级审判厅的判决书进行了研究，最后考察了各级审判厅所遭遇的困境。对晚清各级审判厅作了较为全面、深入的考察，得出了较为深刻的见解。俞江的《清末奉天各级审判厅考论》主要以《奉天司法纪实》为资料，考察了清末奉天各级审判厅的沿革、官制

---

① 李启成：《晚清各级审判厅研究》，北京大学出版社，2004。

② 俞江：《清末奉天各级审判厅考论》，《华东政法学院学报》2006 年第 1 期。柳岳武、赵鉴军：《清末奉天新式审判制度的社会运作及评价》，《唐都学刊》，2005 年 5 月。李交法：《清末法制改革》，《郑州大学学报》（哲学社会科学版），2005 年 5 月。王立民：《论清末审判方式的改革》，《法制与社会发展》1999 年第 4 期。李志高：《贵州三个地方审判厅和三个地方检察厅》，《贵州文史丛刊》1994 年第 2 期。刘焕峰、郭丽娟：《清末审判厅设置考略》，《历史档案》2009 年第 2 期。

与经费问题、四级三审制与司法统一、行政与司法的管辖冲突等方面进行了深入、细致的考察，该文资料详实、论述精辟，也是较为成功的一篇作品。柳岳武、赵鉴军对清末奉天各级审判厅的运作进行了考察，并做出了评价。李交法从清末法制改革中诉讼制度与诉讼文化的视角，对审判厅给予了较为宏观的关注。王立民在对清末审判方式改革的考察中对审判厅有所涉及。李志高论述了清末在贵州设立的三个地方审判厅与三个地方检察厅，但较为笼统、粗略。刘焕峰、郭丽娟虽试图对清末审判厅的设置进行考察，但仅停留在对全国各级审判厅的设立情况作了数字统计与分析。而对在那样一个特定的历史时期，在各种因素都较为复杂且充满变数的情况下，审判厅的设置究竟是怎样的一个动态过程却多所忽略。历史是多面相的，也是丰富多彩的。在当时清廷弱化、地方强势、财政拮据、各种观念相互冲突碰撞的历史条件下，要在短时间内在地域广阔、各地情形不一的整个国家内有序、高效地完成各级审判厅的筹设实属不易。要完成这么复杂的任务，必须有效地实现各种力量和资源的整合。弄清楚这一历史过程有助于我们对清末司法改革和整个清末宪政改革认识的深入，并推动学界对这一领域的研究。然而目前的研究现状并不能满足我们这一要求，清末审判厅的设置究竟是怎样的一个过程？各种力量究竟持何意见？以及各种资源到底是怎样实现整合的？这些问题我们并不清楚，现有的研究所作的交代依然模糊不清。虽然并非有意，但在客观上造成了审判厅设置问题的简单化、平面化、脸谱化、静态化，显得有些单薄。历史的真实应该是多面的、动态的、血肉丰满而错综复杂的，在正常情况下都有其发生、发展、高潮和结束。任何一种历史进程都是一种机缘际遇和风云际会。

上述成果对我们了解清末审判厅的有关情况有很大的帮助，其学术贡献亦是不言自明。但视角不同，理解有异，也给我们留下了继续讨论的空间。提法使在各省审判厅的筹设过程中扮演了非常重要的角色，因其身份、地位特殊，故审判厅的成功筹建离不开提法使在法部、宪政编查馆、大理院、各省督抚及各级审判厅之间的来回互动，能否实现与这些机构的成功对接考验着新生的提法使，也直接影响着本省审判厅设置的效果。身跨司法、行政两个系统，位居中央与地方交接之间，左右交接、承上启下，身膺各个环节的枢纽，提法使的地位与作用显而易见，若能实现良好的上传下达、下情上传、上下其手、左右逢源，便能对各级审判厅的筹建发挥积极的推动作用，反之则起到阻碍作用。然而提法使究竟在这一历史进程中是怎样处理这么复杂的关系的，这么错综复杂的过程究竟是怎样通过这一机构实现力量和资源整合的？学界尚未见有关讨论，我们对有关审判厅有一定了解之后依然感到有一种意犹未尽的缺憾。笔者试图通过对有关史料进行系统梳理，把提法使在清末各级审判厅的筹设过程中动态的客观历史运动过程作一考察，使历史回归动态、回归丰满、回归真实、回归历史的原生态。

光绪三十三年（1907年）五月二十七日，清廷颁布《各直省官制先由东三省开办俟有成效逐渐推广谕》，基于这道谕旨，各省按察使改为提法使，分设审判厅，先由东三省开办，"俟著有成效，逐渐推广"。① 从中我们看到清廷在改革之初也试图走一条先搞改革试点，由点到面的路子，是一种"摸着石头过河"在清代的尝试。这种方针和路线设计无疑是有其科学依据的，也是相对合理的。从理论上来讲，这符合经济学的风险规避（Risk Averse）的原则②，能够减少改革的阻力，降低改革成本，改革全局则由清廷中央掌控。同时，值得注意的是，从清廷谕令各省设立审判厅的那一天起，即光绪三十三年（1907年）五月二十七日，审判厅就与提法使紧密联系在一起，并最终对各级审判厅的筹设产生了很大的影响。法部颁布的《提法使官制》用了三条的篇幅规定了提法使在审判厅筹设过程中的职能和应该发挥的作用，"第五十条、各厅之设置，除遵照筹备年限酌量设立外，如因情势改易或其他未便事宜，应须废止或添设，及其管辖区域之宜变更者，即详细体察，妥为改定；第五十一条、各厅工程营缮，应先绘具图式，呈提法使审定，并送付总务科备查；第五十二条、各厅开厅时刻及开厅日期，由该科拟呈提法使酌定，一律遵行"。③ 其中包括了审判厅的设置和情况发生变化或者没有规定清楚的时候，应该废止或添设，甚至具体到工程营缮、开厅日期都应该由提法使核定。

① 故宫博物院明清档案部编《清末筹备立宪档案史料》，中华书局，1979，第510页。
② 风险规避是风险应对的一种方法，是指通过计划的变更来消除风险或风险发生的条件，保护目标免受风险的影响。风险规避并不意味着消除风险，所要规避的是风险可能造成的损失。一是要降低损伤发生的机率，主要是采取事先控制措施；二是要降低损失程度，主要包括事先控制、事后补救两个方面。来源于百度百科。
③ 《清法部奏定提法使办事划一章程》，《各省审判厅判牍——王朝末日的新式审判》，第345~350页。亦见《法部编定提法使办事划一章程》，《大公报》宣统三年四月初五日，1911年5月3日，第二张，（15），15；宣统三年四月初六日，1911年5月4日，第二张，（15），21；宣统三年四月初七日，1911年5月5日，第二张，（15），27；宣统三年四月初八日，1911年5月6日，第二张，（15），31。亦见《申报》宣统三年四月初六日，1911年5月4日，（112），61；宣统三年四月初七日，1911年5月5日，（112），77。

一 艰难破冰——奉天提法使首建审判厅

东三省是满族发源的地方，一直被清廷视为龙兴之地，在清朝贵族的心目中始终处于非常尊贵而重要的地位。同时，东三省建省未久，没有内地省份成熟的机构建制，相应的会减少改革的阻力。基于这两点考虑，清廷制定了在东三省先行试点的政策。

在清廷的上谕颁布之后，东三省便开始正式着手筹建审判厅。实际上，东三省筹建审判厅也并不是同时开始，而是起于奉天。由于吉林和黑龙江两省相对开发较晚，奉天在东三省中居于最重要的位置，这是东三省设立审判厅自奉天始的重要原因之一。东三省的官员们自身认为奉天的地位较为重要，"奉省为陪都重地，尤当从速创办，树厥风声……况奉省交通利便，行一新政不独外人观听所系，亦即国权消长之机，将来法律改良外可以范围列邦，内可以巩固宪政，新设各厅当为嚆矢"①，"东省肇造宏规，尤中外观瞻所系，改良法律、扩张国权此其缘起"。② "我国预备立宪先从司法独立入手，司法独立又以改良审判为先，继而又以东三省先行试办，又以奉天开办审判厅最早，是朝廷之所期望者殷，国民之所指视者严，外人之所观听者众"。③ 同时，在三省之内选一省首先筹建，是清廷试点政策在东北的延续和发展，也有规避风险、减少阻力、降低改革成本的考量。

上谕颁布之后，奉天提法使吴钫在东三省总督徐世昌的督饬之下开始了切实考察和论证。首先是拟定了提法使衙门及各级审判厅官制职掌，并于光绪三十三年（1907 年）八月二十六日分缮清单具奏，为审判厅的筹建奠定了领导基础和可操作性的依据。但是，作为破冰之旅的奉天走上改革的前沿也是异常艰难的，奉天提法使吴钫也发出了这样的感叹："惟奉省地方辽阔，举行伊始，普及维艰"。奉天提法使经过实际的调查研究提出了一套筹设的方案，

---

① 《钦差大臣东三省总督徐奉天巡抚唐奏奉天各级审判厅开办情形折》，王家俭、姜可钦、童益临、崔家骏编辑，朱延龄、汪仁宾、锡箴校勘，汪守珍、许世英、汪世杰鉴定：《奉天司法纪实》，陪京印书馆，1909，第二册。

② 《高等审判检察厅请建筑厅署咨呈提法使转详文》，王家俭、姜可钦、童益临、崔家骏编辑，朱延龄、汪仁宾、锡箴校勘，汪守珍、许世英、汪世杰鉴定：《奉天司法纪实》，陪京印书馆，1909，第二册。

③ 《高等审判检察厅暨承德地方两厅新署落成时许厅丞演说》，王家俭、姜可钦、童益临、崔家骏编辑，朱延龄、汪仁宾、锡箴校勘，汪守珍、许世英、汪世杰鉴定：《奉天司法纪实》，陪京印书馆，1909，第二册，第 246~351 页。

"先于奉天省城设立高等审判厅一庭，于奉天府设立地方审判厅一庭，于承德、兴仁两县地方按巡警区域分设初级审判厅六厅，各厅均附设检察厅，俟办有成效再行逐渐推广。"但由于经费困难和天气原因，这种设计未能得到立即施行，而是采用了借房改设的办法作为过渡。关于职能，吴筱提出："高等掌审理全省上诉案件，惟各属尚未遍设审判厅人民上控者，向无已结、未结之限制，若不划分界限，则阶级错乱，临时必至纷歧，今拟已设审判厅之处自应照章定级，未设审判厅之处，则凡上控各案已经该地方官讯结及应提审者概归高等审理，未经讯结及不应提者，由提法使分别批令该地方官秉公讯断。奉天府所属共十二州县，距离过远，管辖难周，今拟地方审判厅只审理承德、兴仁两首县地面民刑诉讼之不属初级者，一以为将来府不辖县之规划，一以为人民赴诉之便利，初级六厅各按本区域内受理该厅应管之事。自各厅成立之日起，凡属承、兴两县管辖之处，除行营发审系属特别裁判暂仍其旧，其余民事刑事案件悉归审判厅管理，现奉天府承德兴仁两县即不收其诉讼，其未结旧案在两县呈诉者归地方分期接收，在奉天府上控系两县界内者亦归地方接收，不属两县者，概归高等接收，遇有招解勘转等件系审判厅之案即有各该厅径行解司解院，不必由上级审判厅转解。系各州县之案，仍照旧例办理"。①

可见，奉天各级审判厅筹设是在提法使的亲自参与和直接领导下完成的，同时也是其与高等审判厅、高等检察厅共同努力、并肩作战的结果。

光绪三十三年（1907 年）十二月初八日，奉天提法使照会奉天高等审判检察厅，主要内容是回复在此之前高等审判检察厅请提法使转呈督抚的各厅开办的情况，以及呈送章程规则暨公牍程式。奉天督抚批示道，"所拟各节大致尚属周妥，仰即转饬各厅先行试办。如有未尽事宜及窒碍难行之处，仍由该司随时体察情形督同各厅员斟酌损益、改良办理，务期实行无阻，使民称便，方于司法前途有所裨益"。② 实际上提法使又一次被督抚授予办理筹设审判厅之权，同时也可以看出提法使在本省各级审判厅筹设过程中的作用。

光绪三十四年（1908 年）三月初六日，奉天高等审判检察厅接到了奉天

①《钦差大臣东三省总督徐奉天巡抚唐奏奉天各级审判厅开办情形折》，王家俭、姜可钦、童益临、崔家骏编辑，朱延龄、汪仁宾、锡箴校勘，汪守珍、许世英、汪世杰鉴定：《奉天司法纪实》，陪京印书馆，1909，第二册。

②《高等审判检察厅照会地方初级各厅奉督抚批各厅开办情形并呈送章则程式准先行试办文》，王家俭、姜可钦、童益临、崔家骏编辑，朱延龄、汪仁宾、锡箴校勘，汪守珍、许世英、汪世杰鉴定：《奉天司法纪实》，陪京印书馆，1909，第二册，第309～310页。

提法使的照会，该照会转发了奉天督抚关于奉天高等审判检察厅由提法使转详督抚的批文，批准了奉天高等审判厅建筑高等地方审判检察厅署之请，令其先行择地堪估、绘图呈候核夺。①

奉天提法使吴钫在奉天督抚的一再催促下，详细通筹督同高等审判厅厅丞许世英、署高等检察厅检察长汪守珍调查集议，并首先制定了在抚顺设立地方审判检察厅的方案，综合考量了自然地理环境、人口、商业、交通等方面后，最终把千金寨选为抚顺地方审判和检察厅的理想之地。由于时值严冬，不具备施工条件，奉天提法使提出暂时租赁民房开办抚顺地方审判厅，检察厅附属其内，包括对原有审判检察厅的重新分划组合等工作亦皆是在奉天提法使的亲自领导下完成的。"原设有奉天府第二初级审判检察厅，现即划归抚顺，界内即作为抚顺第一初级审判检察厅，暂设一厅，如将来实系事繁，再行酌量加增，所有各厅员缺拟由高等及奉天府地方两厅内拨员派署，以资熟手而节经费，原补之奉天府第二初级审判厅推事方瑛应改补抚顺第一初级审判厅推事，俾副名实"。② 这个方案获得了奉天督抚的批准，并在奉天督抚与奉天提法使分别对有关人员任用之后，于光绪三十四年（1908 年）十二月初一日开办。

奉天各级审判厅的设置大体上是按照行政区划进行的，即在省城设立高等审判厅管辖全省上诉案件，府、直隶厅、直隶州设立地方审判厅，各县设立初级审判厅。这种设置的方法是否合理姑且不论，值得注意的是当时奉天的行政区划也处于不断的变更之中，这种变更就使得原来审判厅的审判管辖不断地被打破，如何恢复到行政区划变更之前的有序与平衡，成为一个新的问题不断地被提出来，或要求对审判管辖做出重新解释，或在审判厅的设置上做出新的调整。提法使在其中发挥了参与方案、协调各方的作用。抚顺地区就遇到了这种问题。

上文已经论述了在提法使与奉天高等审判检察厅的努力下，制定了抚顺地区设置审判厅的方案，并获得了奉天督抚的批准，定于光绪三十四年（1908

---

① 《高等审判检察厅请建筑厅署咨呈提法使转详文》，王家俭、姜可钦、童益临、崔家骏编辑，朱延龄、汪仁宾、锡箴校勘，汪守珍、许世英、汪世杰鉴定：《奉天司法纪实》，陪京印书馆，1909，第二册。

② 《钦差大臣东三省总督兼署奉天巡抚徐奏开办抚顺地方审判检察厅情形折》，王家俭、姜可钦、童益临、崔家骏编辑，朱延龄、汪仁宾、锡箴校勘，汪守珍、许世英、汪世杰鉴定：《奉天司法纪实》，陪京印书馆，1909，第二册。《抚顺开办地方审判检察厅》，《申报》1909 年 2 月 9 日，(98)，414。

年）十二月初一日开办。然而，方案提出之后，抚顺县知县朱孝威提出了自己的看法，"兴仁旧属塔儿峪、四方台两处，前曾各设初级审判，惟权限过狭，若非添设地方审判厅，司法独立机关仍难组织完备"。光绪三十四年六月二十二日，奉天高等审判检察厅接到了提法使的照会，转发了督抚的批饬："值兹筹款维艰似应稍示变通，拟请将该两处初级审判厅酌移一处，于抚顺一面改省城地方审判为承抚两县地方审判，庶几名实相符，权限分明，而民间亦有所遵循"。奉天高等审判检察厅提出了自己的看法并咨呈提法使，认为审判厅的设置作为一个司法问题是严肃的，应该严格按照它的内在要求来办理，根据当时审判厅的司法管辖区域与行政管辖区域一致的惯例，应该随着行政区划的变动而设立相应的审判厅，不应该因为经费紧张而随意变更。① 光绪三十四年（1908 年）七月二十六日，奉天高等审判检察厅再次收到提法使的照会，转发了督抚的批示，同意了该方案，"查该司所议兴仁县改移抚顺，应增设抚顺地方审判厅，将奉天府地方审判厅原设刑民各二厅分出一庭，移于抚顺，其不能划分之典簿、主簿、录事及应设检察厅之检察官均分别添设，并另设推事长、检察长以为该厅监督各情形，名义即属允洽，而司法范围亦可借以逐渐推广，应准如所议办理，划分区域、配置厅位、建立衙署及规划一切庶务，事体颇繁，自不能不遴派妥员先行筹办，即据该司查有法部主事程继元才力强干、物望久孚、堪以委派，应准札委一专责成，所有该员筹办一切事宜，应即随时禀由该司核明，呈候察夺，委札随批发给，仰即遵照缴"。②

原法部主事程继元于光绪三十四年（1908 年）七月二十六日接到提法使照会转发的督抚札委其筹办抚顺地方审判厅事宜之后，于八月初六日赴抚顺、千金寨、塔峪等地方查看，观察到千金寨的繁盛程度已超过抚顺数倍，并提出了自己对于行政、司法机构设置的看法，"窃惟政治上之地理宜分司法、行政两途，行政取其冲要，司法重在繁难"，所以，"抚顺地当孔道，为省城东北之冲，行政官驻此则指挥便利，千金寨户口极繁，又为中日民人杂居之地，往往刁徒勾结、欺压善良，司法官驻此则法律之保护较为周切，故就现在情形而

---

① 《高等审判检察厅议复抚顺地方添设审判厅并请派程主政先行组织一切事宜咨呈提法使转详文》，王家俭、姜可钦、童益临、崔家骏编辑，朱延龄、汪仁宾、锡箴校勘，汪守珍、许世英、汪世杰鉴定：《奉天司法纪实》，陪京印书馆，1909，第二册，第 11～15 页。

② 《高等审判检察厅议复抚顺地方添设审判厅并请派程主政先行组织一切事宜咨呈提法使转详文》，王家俭、姜可钦、童益临、崔家骏编辑，朱延龄、汪仁宾、锡箴校勘，汪守珍、许世英、汪世杰鉴定：《奉天司法纪实》，陪京印书馆，1909，第二册，第 11～15 页。

论,抚顺县宜驻抚顺,审判厅宜驻千金寨"。光绪三十四年(1908年)九月初三日,提法使照会奉天高等审判检察厅转奉督抚批示,一切按程继元的方案办理。①

抚顺地方审判厅厅署的位置确定之后,因为天气变化并没有立即动工兴建,而是在塔峪租赁了一所民房先行开办,作为权宜之计。天气变暖之后,抚顺地方审判检察厅继续为此展开交涉,咨呈高等审判检察厅要求速建厅署,奉天高等审判检察厅继续与提法使交涉,提法使转详督抚请示。宣统元年(1909年)三月二十日,奉天高等审判检察厅接到了奉天提法使的照会,转达了督抚的批示,饬民政司迅速派员前往堪估,并札度支司拨款兴筑。②

继抚顺之后,高等审判厅厅丞许世英、署高等检察厅检察长汪守珍向奉天提法使提出建设高等审判检察厅和承德地方审判检察厅厅署的请求,"高等据全省审判最上之阶地方,受理重要及不服初级之诉讼,省会之区,厅署实未便终于迁就,开办借租之房屋既已狭小,地势又均非适中,原系一时权宜,于事实上殊形窒碍。矧近来民刑案件日有增益,必须添设法庭,扩充房舍,尤应先时预备,请予建筑奉天高等并现时承德地方审判厅检察厅署"。奉天提法使吴钫转详东三省总督兼奉天巡抚徐世昌,徐氏当即批令相择地址,并饬民政司会同派员堪估工程、拟绘图样。

奉天提法使经过调查之后,设计了一套非常详尽的方案,"择定省城小南门内旧通济仓地址,及西首官有隙地一区,约一百六十方丈,足敷建筑厅署之用"。③ 而且,奉天提法使对厅署的总体布置、房间分配和楼下与墙外的群房也作了详细的规划。最后还对工程作了预算。此方案得到了徐世昌的支持,徐氏饬交民政司转由工程局核实复估,"用公家旧存之大木料及铁道所存枕木约可折价银三千五百余两,由省城罪犯习艺所承办,以犯人充作小工,按平民工

① 《高等审判检察厅转行程主政具陈筹办抚顺地方审判厅情形咨呈提法使转详文附批》,王家俭、姜可钦、童益临、崔家骏编辑,朱延龄、汪仁宾、锡箴校勘,汪守珍、许世英、汪世杰鉴定:《奉天司法纪实》,陪京印书馆,1909,第二册,第15~20页。

② 《高等审判检察厅转行抚顺两厅请速建厅署咨呈提法使转详文附批》,王家俭、姜可钦、童益临、崔家骏编辑,朱延龄、汪仁宾、锡箴校勘,汪守珍、许世英、汪世杰鉴定:《奉天司法纪实》,陪京印书馆,1909,第20~22页。

③ 《钦差大臣东三省总督兼署奉天巡抚徐奏报建筑奉天高等并承德地方审判检察厅署折》,王家俭、姜可钦、童益临、崔家骏编辑,朱延龄、汪仁宾、锡箴校勘,汪守珍、许世英、汪世杰鉴定:《奉天司法纪实》,陪京印书馆,1909,第二册,第33~38页。《政治官报》宣统元年三月初五日,35528-35529。

价酌减二成发给，约可省银两千四百余两，用劝业道造砖厂所造之砖，只给运费，又可省银七千四百余两，统核全部工程实共需库平银三万八千余两，除折抵价款外公家应拨给现银两万七千余两"，由度支司如数开拨，于光绪三十四年（1908 年）十月开工。①

奉天提法使在高等审判检察厅和承德地方新署落成典礼的训词中介绍了自身参与、组织筹备审判厅的状况，"当光绪三十三年十二月，本司筹备审判，迫于事势，急求成立，遂赁借宗人府为高等审判厅，购买发审局所租民房为承德地方审判厅，地面狭隘，房舍卑陋，赖各厅僚贰同心进行，规模粗备，然因厅廨之草率，对于诉讼人民有种种之不便，对于外来参观宾客，生无穷之欠缺，迭次禀奉督抚宪发款建筑新厅，经两年之久始观厥成"。② 并对新建的审判厅寄予了诸多期望。高等审判厅厅丞许世英也表达了其与提法使及督抚共同谋建审判厅之事，"鄙人所以于开办之初即禀商督抚与法司谋建审判厅也，溯自光绪三十三年（1907 年）十二月朔日"。③

紧接着设立营口、新民各级审判检察厅的工作开始着手，其过程基本是抚顺的如法炮制，提法使吴钫在奉天督抚的饬令下督同高等审判厅厅丞许世英、署高等检察厅检察长汪守珍办理。经过一番调查研究之后，提法使制定了设置方案，"拟于营口设地方审判一厅、初级审判一厅，新民设地方审判一厅，初级审判一厅，均附设检察厅，按照奏定章程分级管理。该厅府所辖境内民刑诉讼、其分给法官、支给薪公，均照省垣酌量减少。暂行租赁民房略加修葺，法庭则务求整齐，群室则仅取敷用。业已组织就绪，请派员定期开庭。所有以前积案，查照奉天府审判厅成立时办法暂由该厅府自行清理，分期由审判厅提收，以免拥滞，仍以三个月收尽为限"督抚和提法使分别对审判检察厅作了相应的人事任用之后，定于宣统元年三月十五、二十日相

---

① 《钦差大臣东三省总督兼署奉天巡抚徐奏报建筑奉天高等并承德地方审判检察厅署折》，王家俭、姜可钦、童益临、崔家骏编辑，朱延龄、汪仁宾、锡箴校勘，汪守珍、许世英、汪世杰鉴定：《奉天司法纪实》，陪京印书馆，1909，第二册，第 33～38 页。《政治官报》宣统元年三月初五日，35528～35529。

② 《高等审判检察厅暨承德地方两厅新署落成时提法使训词》，王家俭、姜可钦、童益临、崔家骏编辑，朱延龄、汪仁宾、锡箴校勘，汪守珍、许世英、汪世杰鉴定：《奉天司法纪实》，陪京印书馆，1909，第二册，第 343～345 页。

③ 《高等审判检察厅暨承德地方两厅新署落成时许厅丞演说》，王家俭、姜可钦、童益临、崔家骏编辑，朱延龄、汪仁宾、锡箴校勘，汪守珍、许世英、汪世杰鉴定：《奉天司法纪实》，陪京印书馆，1909，第二册，第 246～351 页。

继开庭，新任署理各员仍由提法使随时考核，对于确实能够胜任的奏请法部补授实缺。①

宣统元年（1909 年）七月，东三省总督和奉天巡抚联合批饬提法使与民政司开会讨论辑安县令李廷玉条陈的沿鸭绿江设立审判分庭办法，其理由和办法大致为："辑安地处边疆，濒临鸭江，人民稀少，风俗顽梗。沿江一带所属地界绵长千里，中韩人民杂居一处，时起争端，地方官厅距离甚远，鞭长莫及，愚民无知，动辄酿成交涉。惟有沿江赶紧分设审判厅，专以办理中韩民人刑民诉讼交涉事宜，以辅地方官耳目之不及。且沿江一带伏莽甚多，抢劫之案时有所闻，小民每以控诉无门隐忍不报，为此陈报沿江分设审判厅办法并谓提前开办实于地方裨益匪浅"。② 同月，奉天提法使为了帮助解决营口地方审判厅积案，派熟谙法律、精于听断之员到营口帮审，其薪水等全部由提法使署拨给，不在审判厅经费项下开支。③

奉天提法使在奉天省内筹建各级审判厅的卓有成效的工作，不但推动了奉天省法制改革的进程，而且对其他省份产生了很好的示范效应，在这一效应的影响下，全国范围内筹建审判厅的活动开始全面铺开。

二 全面铺开——各地提法使纷纷筹建本省审判厅

在清末设置审判厅的试点中，除了东三省之外，还选择了直隶和江苏两省择地先行试办。法部又奏请先在京师设立各级审判厅，以为各省表率。京师各级审判厅的设立并开始审理案件始于光绪三十三年（1907 年）十一月。④ 为了整体、全局地反映历史，笔者在此把这一情况作一交代，但因京师没有提法使之设置，故京师审判厅的筹设与本书论述的重点，即提法使在筹建审判厅中的活动，没有太大的关系，所以不对此作深入讨论。

在东三省和京师如火如荼的筹建审判厅的过程中，清廷中央的法制改革中枢，也在为筹设审判厅在全国的展开而紧锣密鼓地积极做着准备。最重要的举

---

① 《钦差大臣东三省总督兼奉天巡抚徐奏设立营口新民各级审判检察厅折》，王家俭、姜可钦、童益临、崔家骏编辑，朱延龄、汪仁宾、锡箴校勘，汪守珍、许世英、汪世杰鉴定：《奉天司法纪实》，陪京印书馆，1909，第 30~33 页。《政治官报》宣统元年三月二十日，第 71 册，35610。

② 《东三省近事》，《申报》宣统元年七月二十日，1909 年 9 月 4 日，（102），47。

③ 《东三省近事》，《申报》宣统元年七月二十一日，1909 年 9 月 5 日，（102），63。

④ 《法部奏统筹司法行政事宜分期办法折》，《大清宣统新法令》第三册，商务印书馆，1912，第 44~46 页。

措就是出台了一系列的章程和法规，以指导和规范各直省审判厅的筹设。一是光绪三十三年（1907年）法部制定的《京师高等以下各级审判厅试办章程》，经宪政编查馆同意在全国通行，法部并在此基础上补订了八条，作为各直省省城商埠筹设各级审判厅的准则之一；二是制定了《拟定各省城商埠各级审判检察厅编制大纲》；三是法部拟定了《各省城商埠各级审判厅筹办事宜》；四是《法院编制法》和其他一些暂行章程的颁布。①

东三省和京师的示范效应和一系列章程的出台，使得在直省筹设审判厅的时机逐渐成熟，再者清廷规定各直省省城商埠各级审判厅必须在宣统二年（1910年）之内完成。法部认为筹设审判厅之事，非改设提法使为之统辖经理，不能逐件完善、布置划一。② 而且清廷把各级审判厅能否按期成立定为考核各直省督抚和提法使等官员政绩的一个重要指标。宣统元年（1909年）清廷下谕旨，筹办各级审判厅责成法部会同各督抚督率提法使切实筹设。③ 把各省提法使捆绑到筹设审判厅的战车上来。在此之后各直省提法使很快进入了状态，走上了积极筹设本省审判厅的道路。筹设审判厅初期，提法使不能做到全国各个省份全部改设，清廷于是又出台政策，"先就埠头设立地方审判，其余各属初级审判暂归地方官、巡警办理，随后再行体察情形陆续推广，仍限于五年内令全省司法一律统一"。④ 在未完成改设提法使的省份是由按察使负起了提法使的责任，或者是按察使与地方官、巡警合作筹办。

我们将通过史料来观察各省提法使在审判厅筹设这一历史进程中的作用。

在广东，宣统元年（1909年）七月，广东按察使魏景桐与司道集议，计划在广东按察使署内设立审判筹备处，由臬司主持。⑤ 宣统二年（1910年）三月，两广总督袁树勋到任后，奏调湖北道员梅光义到广东会同广东臬司筹办。⑥ 后来广东提法使俞钟颖根据广东督抚转达的法部命令，"外省省城商埠

---

① 具体情况可参考李启成《晚清各级审判厅研究》，北京大学出版社，2004，第75~81页。本书在此对其交代是为了清晰说明各省审判厅开始筹设时的环境与条件，其他不再赘述。

② 《京师近事》，《申报》宣统元闰二月廿八日，1909年4月18日，（99），697。

③ 《宪政编查馆会奏遵议变通府厅州县地方审判厅办法折》，《申报》宣统二年五月廿一日，1910年6月27日，（106），943。

④ 《京师近事》，《申报》宣统元年闰二月廿八日，1909年4月18日，（99），697。

⑤ 《粤省筹办各级审判厅之预备》，《申报》宣统元年七月廿九日，1909年9月13日，（102），175。《张袁两督会奏粤省筹办宪政情形》，《申报》宣统元年十月十一日，1909年11月23日，（103），355。

⑥ 《署理两广总督袁树勋奏列陈上年下届筹备宪政成绩并特别困难情形折》，《申报》宣统二年三月廿九日，1910年5月8日，（106），121。

及府、厅、州县、乡镇应设各级审判厅，管辖区域应如何分划之处，饬由该省提法使详细列表，呈请督抚核明，咨部核办"，依据《奏定司法区域分划暂行章程》和广东具体情况制定了广东设置审判厅的大致方案，"广东各商埠距省尚非甚远，高等审判分厅可以不设"。俞钟颖认为该章程并不完全符合广东情况，广东应该根据本省实际作出调整。如章程规定词讼较少的府直隶厅州可以不设地方审判厅，在该府直隶厅州的直辖地面或首县，或在该府直隶厅州的初级审判厅内，设立临近府直隶厅州的地方审判分厅。俞氏提出广东各属的词讼多少虽然各不相同，但绝不能说比较少，所以，应该在每个府直隶厅州设立一个地方审判厅。章程中规定直省各厅州县应设地方审判分厅，词讼比较少的应该与邻近州县共设一分厅，距离府直隶厅州最近的县应该由该府直隶厅州的地方审判厅或分厅管辖，不再另设地方审判分厅。俞氏又提出，广东各属厅州县，虽然词讼多少、辖境大小各不相同，但命盗、械斗案件到处都有，临近的地方审判厅多在百里以外，自顾不暇，更难扩充管辖，应该在每个厅州县各设地方审判分厅一所。俞氏还提出，审判厅的司法区域在确定之后就应该固定下来，不应随着行政区划的改变而改变。同时提出在每个厅州县都应设立一所初级审判厅。

在浙江，宣统元年（1909 年）六月三十日，省城成立审判厅筹办处，按察使为总办，内设法制、筹备两科、分科治事，规划审判厅一切事宜。① 宣统元年（1909 年）十一月设立宪政筹备处，以现任藩学臬运四司，巡警、劝业、督粮、杭关司道参与一切重要事务。② 宣统二年（1910 年）正月，浙江提法使李传元以臬司改为提法使为由，认为应照部章办事，提法使署内原有审判一科，不必另设筹办处，且库款支绌，撙节为要，提出将审判筹办处裁撤。③ 宣统二年（1910 年）十一月，浙江提法使详浙江巡抚："建筑审判厅工程最为繁钜，省城商埠相距又甚辽阔，举凡审度局势，考核工料，在在胥关紧要，非有大员协同办理，诚恐不足以昭慎重"，请浙江巡抚委任大员监督审判厅的筹设，浙江巡抚札饬某傅姓道员会同办理。④ 宣统二年（1910 年）十二月，杭垣

---

① 《浙江巡抚曾韫奏浙江筹办各级审判厅情形折》，故宫博物院明清档案部编《清末筹备立宪档案史料》，中华书局，1979，第 877 页。还有一说为浙江审判厅筹办处设立的时间是宣统元年六月初二日，《浙省奏办审判厅情形》，《申报》宣统元年七月十八日，1909 年 9 月 2 日，（102），18。

② 《大公报》宣统元年十一月二十七日，1910 年 1 月 8 日，第二张，（11），31。

③ 《审判研究所与筹办处之计划》，《申报》宣统二年正月十一日，1910 年 2 月 20 日，（104），778。

④ 《审判厅另委大员督造原因》，《申报》宣统二年十一月初六日，1910 年 12 月 7 日，（109），582。

各级审判厅业已依限成立，开庭日期由提法使筹备。①

在湖北，宣统元年（1909 年）提法使在湖广总督的督饬下开始筹办。② 宣统元年（1909 年）三月，湖北臬司杨文鼎开始筹议审判厅的设置计划，及审判厅的人事任用问题。③ 同月，武昌府受鄂督之命选定了高等、地方、初级审判厅的地址，绘图具详鄂督臬司。④ 宣统元年（1909 年）四月，湖北按察使杨文鼎札委武昌府知府黄以霖为正提调，夏口厅司马冯笃、江夏县县令王士卫为副提调，派往津京查考审判章制之县令杨葆初为坐办。⑤ 宣统元年（1909 年）八月十九日，汉口审判见习所开庭，臬台委派推事、庭长、录事、典簿各员到厅。⑥ 宣统二年（1910 年）四月，提法使在湖广总督的督饬下，按照提法使官制，逐节规定，撤除旧幕、考用属官，奏准自宣统二年（1910 年）四月十五日为始，分科治事，各专责成，为审判厅的筹设打下领导基础。至宣统二年（1910 年）八月，省城高等、地方、初级及汉口商埠初级审判各厅全部竣工。宜昌、沙市两埠地方初级各厅，原定西式图，耗费较多，由提法使详请改为华制建筑。⑦ 然后提法使按照法院编制法妥为筹划，酌分厅数，配置各级检察厅，将应设书记官及承发吏、司法警察、厅丁人等，分别考试派充幕用，定于宣统二年（1910 年）十二月十六日一律开庭。⑧ 湖北提法使马积生不仅设计、筹划并主持审判厅的筹设，而且还特意督同审判筹备处将各厅应用器具什物采办齐全。⑨ 然而，马积生没有等到开庭那一天，便因鄂督认为其于司法要政未能深悉而改任署藩，接替他的是曾长期在日本留学法政，被认为于中外法律政治颇具心得的候补道梅光羲。梅氏到任后做的第一件事便是考核筹办审判厅及

---

① 《杭垣审判厅一律成立》，《申报》宣统二年十二月十八日，1910 年 1 月 18 日，（110），278。

② 《湖广总督陈夔龙奏湖北第一年筹备宪政情形及第二年预备事项折》，故宫博物院明清档案部编《清末筹备立宪档案史料》，中华书局，1979，第 770 页。

③ 《鄂督奏设养成审判所之计划》，《申报》宣统元年三月初四日，1909 年 4 月 23 日，（99），769～770。

④ 《审判厅勘定地址》，《申报》宣统元年三月廿八日，1909 年 5 月 7 日，（100），229。

⑤ 《札委审判厅筹办处人员》，《申报》宣统元年四月十四日，1909 年 6 月 1 日，（100），441。

⑥ 《审判见习所开庭》，《申报》宣统元年八月十三日，1909 年 10 月 6 日，（102），528。

⑦ 《湖广总督瑞澂奏湖北第四届筹办宪政情形折》，故宫博物院明清档案部编《清末筹备立宪档案史料》，中华书局，1979，第 787 页。《鄂督瑞澂奏列陈鄂省第四届筹备宪政情形折》，《申报》宣统二年九月廿日，1910 年 10 月 22 日，（108），825。

⑧ 《湖广总督瑞澂奏湖北第五届筹办宪政情形折》，故宫博物院明清档案部编《清末筹备立宪档案史料》，中华书局，1979，第 818～819 页。

⑨ 《审判厅开幕之预备》，《申报》，（109），54。

各属监狱情形。① 宣统三年（1911 年）二月，湖北各级审判厅全部成立。②

在广西，宣统二年（1910 年）二月，臬司王芝祥与广西巡抚张鸣岐，及奏调京师地方审判厅推事俞澍堂、朱文劭，体察情形，筹议变通，并制订了设置计划，"于宣统二年春间设省城高等以下各厅，秋间设梧州地方初级各厅，其南宁、龙州地方初级各厅，量为展缓，于宣统三年（1911 年）春间、秋间先后设立，以纾财力。乡镇初级审判，其成立当在宣统七年，惟城治乡镇情形、办法各有不同，临桂为附省首县，亟应提前办理，用资模范。且使该县审判概行设备，行政、司法从可分离，一以树各属之风声，一以验施行之利弊。拟于宣统二年（1910 年）秋间，先就该县乡镇设立初级厅一所。"③ 广西臬司在巡抚张鸣岐的督饬下不断策励各员，悉心经理。④

新疆情况特殊，没有专任的提法使设置，新省提法使是由镇迪道兼任，不过在筹设审判厅的过程中，兼职的提法使衙门也发挥了其应有的作用。宣统二年（1910 年）三月于兼臬司衙门设立审判厅筹备处，遴员分科任事，统筹规划。⑤

在四川，开始筹设审判厅之后，按察使还没有相应地改为提法使，没有完成彻底改制的按察使也按照清廷的有关规定开始承担起筹设审判厅的职能。四川臬司和尔贡额与四川总督赵尔巽筹商办法，仿咨议局筹办处之例，于宣统元年四月创设四川审判厅筹办处，先后由两任臬司和尔贡额及江毓昌任总办，江毓昌虚衷延访，博采众长，以组织法庭为己任，在赵尔巽的督同下，用数月时间将重庆及省城商埠设立审判厅事宜通盘筹划，实力图维⑥，并委派人员择地绘图，估工兴修。⑦ 在筹设审判厅的过程中四川按察使改制为提法使。

---

① 《梅光羲权署法司之新猷》，《申报》宣统二年十一月初十日，1910 年 12 月 11 日，(109)，646。

② 《鄂省各级审判厅一律成立》，《申报》宣统三年二月初一日，1911 年 3 月 1 日，(111)，5。

③ 《广西巡抚张鸣岐奏广西第三届筹备宪政情形折》，故宫博物院明清档案部编《清末筹备立宪档案史料》，中华书局，1979，第 776 页。

④ 《桂省各级审判厅提前成立》，《申报》，(107)，999。

⑤ 《开缺新疆巡抚联魁奏新疆第三年第一届筹办宪政情形折》，故宫博物院明清档案部编《清末筹备立宪档案史料》，中华书局，1979，第 780 页。

⑥ 《川督赵尔巽奏筹办省城及重庆商埠各级审判厅情形折》，《申报》宣统元年八月初七日，1909 年 9 月 20 日，(102)，291~292。

⑦ 《四川总督赵尔巽奏四川第四届筹办宪政情形折》，故宫博物院明清档案部编《清末筹备立宪档案史料》，中华书局，1979，第 794~795 页。

在吉林，宣统二年（1910年）二月，吉林巡抚下令，吉林各级审判厅由提法使催办，并把筹备情形作为各司局和各州县的考绩。①

在黑龙江，宣统元年（1909年）七月，提法使在吸取了奉天、吉林两省经验的基础上，就奉天、吉林两省章程酌量缩减，拟定了黑龙江各级审判、检察厅各项试办章程。② 同年，黑龙江提法使在龙江府旧习艺所内附设江省高等地方初级各审判检察厅。宣统元年（1909年）十月，黑龙江提法使将高等审判厅附设提法使署内，地方审判厅设于应裁之黑水厅巡检衙门。③ 宣统二年（1910年）三月，黑龙江提法使秋桐豫认为："各厅自开办以来颇著成效，现在事务日繁，一切办公地方狭小，不免诸多窒碍，况中国司法独立为各国视线所集，尤不可敷衍迁就，贻笑外人"，于是呈请黑龙江巡抚周树模筹拨款项、建修专署，以重要政而壮观瞻。④ 黑龙江提法使秋桐豫司使竭力按照筹备宪政清单，努力把各府厅州县审判厅在宣统二年（1910年）内一律成立，宣统二年（1910年）十二月又接到宪政编查馆电催，务须依限成立，便札饬各属裁撤佐贰各缺，照章筹设审判各厅以符定章，并将成立日期呈复报部。⑤ 宣统三年（1911年）三月，绥化府太守黄家桀电禀黑龙江巡抚周树模，称应须常年经费尚少二万二千余两，且开办费不在其内，表达在绥化设置各级审判厅的困难情形，为了应对这一局面，提法使秋桐豫派委高等审判厅推事崇山前往调查督催办理。⑥ 宣统三年（1911年）四月，黑龙江提法使被委任筹办大理分院。⑦

在甘肃，法部咨行分年筹办各级审判厅事宜到甘肃之后，陕甘总督即转饬臬司照办。就按察使署内设立审判筹办处，并于宣统元年（1909年）十一月

① 《吉林抚帅通饬各属筹备本年各项宪政文》，《大公报》宣统二年二月初八日，1910年3月18日，第二张，（11），304。
② 《审判厅开办之计划》，《申报》宣统元年七月廿八日，1909年9月12日，（102），163。《黑龙江巡抚周树模奏江省筹备宪政第二年期成绩折》，《申报》宣统元年九月廿五日，1909年11月7日，（103），101。
③ 《黑省筹设各级审判厅情形》，《申报》宣统元年十月廿一日，1909年12月3日，（103），514～515。
④ 《呈请修建审判检察各厅》，《大公报》宣统二年三月初十日，1910年4月19日，第二张，（11），460。
⑤ 《催设审判各厅》，《大公报》宣统二年十二月二十四日，1911年1月24日，（14），143。
⑥ 《派员催办审判厅》，《大公报》宣统三年三月二十八日，1911年4月26日，第三张，（14），641。
⑦ 《部咨筹设大理分院》，《大公报》宣统三年四月廿七日，1911年5月25日，第三张，（15），147。

十五日在按察使署内设立审判筹办处，臬司为总办（当时甘肃按察使还没有改设为提法使），与陕甘总督共同设计了甘肃省城审判厅署的建造方案，"省城应设高等审判厅地方审判厅各一所、初级审判厅二所，已于城内关外觅得大小隙地四区，以为修理高等地方两厅署及初级二厅署之基址，一俟派员前往北京、天津调查修建图式，至日即行开工"。①

在江苏，从名义上来说，江苏有两个提法使的设置，一个是和其他省份一样专门负责管理一省司法行政和司法监督的提法使，另一个是淮扬道兼提法使。在清末司法改革中，审判厅的筹设和管理全部是独立的提法使来操作和完成的，所以，本书所论述的皆为专门管理江苏省司法行政和司法监督的提法使，而非淮扬道兼任的提法使。江苏在按察使改设提法使之前，按察使已经筹设审判厅的工作。宣统元年（1909 年）三月，江苏按察使左孝同拟就苏城各路巡警分局兼办初级审判厅事宜，以巡官兼充推事审理民事、刑事轻微案件，并于局内另设检察官与之对立，随时纠正审判各事，又另设地方审判厅，派委推事长等官监督初级审判厅，其余命盗等项案件仍归州县审理，其高等审判厅则暂缓设立，并会商司局筹拨经费、酌议章程。② 宣统元年（1909 年）五月，接替左孝同的江苏署按察使赵滨彦提出设立审判厅筹办处，"现在江苏官制未改，刑名事件仍是按察使之旧式，今即须逐年筹备，设立各级审判厅，其中法规如何构成，建置如何形式，秩序如何编制，以及一切审度情形，筹划经费事务极为繁重，必须特选精通中外法律并熟悉地方情形人员专理其事，庶昭周密，以免治丝而棼之谈，亦即为将来改设提法使之张本，拟请即在臬司衙门设立审判厅筹办处，暂仿自辟幕职之例，遴选勘胜此任者一人主理一切，创设审判厅各事宜并酌派助理及缮写三四员随时酌定，力祛旧日书吏之习，所需开办薪水纸张等项应请宪台批饬藩司或善后局会商，臬司酌量筹拨济用。其余应设各厅经费及员薪公费、兵饷、役食究须若干，容设立筹办处后随时议定再行报明移拨"。③ 同月，两江总督回复，批准按赵氏的办法办理，遇有窒碍疑难之

---

① 《陕甘总督长庚奏设立审判厅筹办处研究所等拟定章程折并单》，《大公报》宣统二年三月十六日，1910 年 4 月 25 日，第二张，（11），494。《陕甘总督长庚奏筹备宪政分别已办接办情形折》，《申报》宣统二年六月十四日，1910 年 7 月 20 日，（107），325。《陕甘总督长庚奏筹办审判人才建筑各级厅署等折》，《申报》宣统二年八月十三日，1910 年 9 月 16 日，（108），249。

② 《苏省筹设审判厅志文》，《申报》宣统元年三月十二日，1909 年 5 月 1 日，（100），3。

③ 《署苏臬司赵廉访呈督抚宪筹办审判厅条议》，《申报》宣统元年五月廿九日，1909 年 7 月 16 日，（101），235。

处仍应择举重要分条罗列，咨商法部以求切实之解决，按察使应详细定拟呈由督抚会核饬办。① 宣统元年六月设计了审判厅的设置计划，"拟在苏城设立高等审判厅一所，地方审判厅一所，均附设检察厅，又在城内外长元吴三首县界内分设初级审判厅各二所，亦皆附设检察厅，俾城内外小民可就近赴诉，似较方便，至高等审判厅与地方审判厅或建设在一处，仿日本东京用宽大层楼之式，下为地方审判厅，上为高等审判厅，似亦一法庭再详考妥定……此外上海镇江各商埠均照章筹设地方审判厅一所并初级审判厅一二所，专理审判事宜，不以巡警人员兼办，惟各须附设检察厅，其检察官似可酌以巡官兼任"。② 宣统元年（1909 年）七月十五日，江苏臬司派员赴日本考察审判厅建筑图式，七月内派出，限八月内回苏。③ 同年从署藩司任上回任的首任江苏提法使为左孝同。左氏上任后继续主持江苏筹设审判厅事宜。④ 宣统元年（1909 年）八月十三日，江苏审判厅筹办处在提法使左孝同的主持下正式开办，左氏派委候补知县胡鸣鹤帮同办理该处文案，并派委附生何仁瀚充当书记官，兼收发事宜，办公场所在臬署之内。⑤ 宣统二年（1910 年）正月，江苏提法使又派员"查勘得苏城内有宝苏局（该局现住苏州总补同知）房屋地址宽大，堪作建设地方审判厅，又北局内有营房一座（现住警兵），堪以建筑初级审判厅，分别饬传匠头估计约需银二十余万，连开办经费约共需银三十万，而苏省库空如洗，前造清理财政册，核计入不敷出，是以司署设立筹办处之时与藩司再三商酌，谨止筹拨，每月银五百两"。后来因为需款太多，江苏省实在拿不出，提法使便请法部拨给银三十万两作筹设审判厅的经费。⑥ 宣统二年（1910 年）九月，提法使左孝同接到法部电饬，江苏省城各级审判厅限宣统二年十月必须成立，由于经费困难，暂时把牙厘局改设为高等地方各厅，借城内各裁缺守备衙署改设初级厅三处，宁省地方厅一所，初级厅二所，亦将裁并局所及充公房屋改

---

① 《苏省筹设审判厅办法》，《申报》宣统元年五月廿六日，1909 年 7 月 13 日，（101），184。
② 《署苏臬司赵廉访呈督抚宪筹办审判厅条议》，《申报》宣统元年六月初二日，1909 年 7 月 18 日，（101），267。
③ 《苏抚署会议厅第二次议决案》，《申报》宣统元年八月十三日，1909 年 9 月 26 日，（102），370。
④ 《江督张人骏奏列陈第四届筹备宪政成绩折》，《申报》宣统二年十一月初六日，1910 年 12 月 7 日，（109），585。
⑤ 《审判厅筹办处派员开办》，《申报》宣统元年八月十六日，1909 年 9 月 29 日，（102），421。
⑥ 《苏省建筑审判厅之筹划》，《申报》宣统二年正月廿四日，1910 年 3 月 5 日，（105），70。

修；至商埠各厅，上海一埠，华洋交涉也并始筹办，镇江一埠购民房修建。①
宣统二年（1910 年）十二月，提法使左孝同禀江苏巡抚，各项俱称粗备。② 宣
统三年（1911 年）五月，江苏提法使左孝同由苏来沪查勘南市新建之审判厅
工程。③ 在上海，江苏提法使会同上海道谘商筹办。④ 因上海商埠应设地方初
级两厅牵涉外交，联合复称种种妨碍，只能就租界外设立。⑤

在直隶，宣统三年（1911 年）闰六月，直隶提法使洪翰香委任省垣候补
知县柴豫芳、高绍辛克赴各府州县堪估建筑审判厅地址，准备宣统四年一律成
立。⑥ 宣统三年（1911 年）八月，直隶提法使划分司法区域，列表详咨，并派
委人员实地履勘。⑦

江西也是筹设审判厅较早的省份之一，宣统元年（1909 年）六月初六日，
《申报》便登载了《赣藩臬遵饬筹设省城浔埠两处各级审判检察厅拟定办法呈
督抚文》，反映出江西开始筹设审判厅至少在宣统元年六月之前，江西筹设审
判厅开始时是在巡抚的札饬下，藩臬两司共同进行的，藩臬两司"奉饬从速

---

① 《两江总督张人骏奏列陈第五届筹备宪政情形折》，《大公报》宣统三年四月廿四日，1911
  年 5 月 22 日，第三张，（15），129。《申报》宣统三年四月十七日，1911 年 5 月 15 日，
  （112），245。《署理湖光总督前苏抚瑞澂前护苏抚陆钟琦苏抚宝棻会奏办理宪政情形列陈
  第二年第三届筹备成绩折》，《申报》宣统二年四月十九日，1910 年 5 月 27 日，（106），
  425。还有一说，"先就牙厘局房屋修葺改建，作为地方审判厅，另择相当房屋修改作为高
  等审判厅，至初级审判厅已饬三首县赶紧勘定房屋办理"，《苏省筹建审判厅情形》，《申
  报》宣统二年九月廿六日，1910 年 10 月 28 日，（108），918。
② 《苏抚奏陈筹办省城审判情形》，《申报》宣统二年十二月十五日，1910 年 1 月 15 日，
  （110），229。
③ 《提法使阅勘审判厅工程》，《申报》宣统三年五月十四日，1911 年 6 月 10 日，（112），
  702。《提法使查勘审判厅》，《申报》宣统三年五月十七日，1911 年 6 月 13 日，（112），
  754。《提法使勘视审判厅续志》，《申报》宣统三年五月十八日，1911 年 6 月 14 日，
  （112），770。《提法使查看审判厅三志》，《申报》宣统三年五月十九日，1911 年 6 月 15
  日，（112），785。
④ 《宪政编查馆大臣奕劻等奏考核京外各衙门第三年第一次筹备宪政情形折》，故宫博物院明
  清档案部编《清末筹备宪政档案史料》，中华书局，1979，第 86～88 页。《江苏巡抚程德全
  前护江苏巡抚陆钟琦会奏筹备宪政情形折》，《申报》宣统二年八月初三日，1910 年 9 月 6
  日，（108），89。
⑤ 《江苏巡抚程德全奏筹备宪政第四届接办情形折》，《申报》宣统二年九月二十五日，1910
  年 10 月 27 日，（108），905。
⑥ 《催促成立审判厅之计划》，《大公报》宣统三年闰六月廿二日，1911 年 8 月 16 日，（15），
  645。
⑦ 《直隶总督陈夔龙奏列陈第六届筹备宪政情形折》，《大公报》宣统三年八月十七日，1911
  年 10 月 8 日，（16），208。

筹办，具征盖虑周详……暂就本省情形，斟酌布置"，设计了江西各级审判厅的筹设方案，"拟于省城内建造高等审判厅一所，地方审判厅一所，所有高等地方检察厅各附设于内，并应附设检验学习所"。具体到厅署建设，因为"江省财政奇窘，筹款维艰，且近来军学两界建构宏多，实无余地可以构造"，所以在旧有公厅官地的基础上酌量改建以节经费，在按察使司狱衙署及旧有司监基础上改建高等审判厅并检察厅，在友教书院旧址改建地方审判厅，并检察厅附设其内。至初级审判厅，藩臬两司认为应该每县各设一厅。又认为"初级为第一审判衙门，刑事、民事之轻微琐细者隶之。夫词讼多起于细微，受理之件最为繁难，而民间诉讼又各依其县籍习为固然，南昌县民尚难迫令赴塑新建，若骤欲强而之他，恐国民知识尚未能输入文明，而已先有窒碍之象矣"。所以江西按察使提出初级审判在署县附近择立厅所，暂以两首县兼充该厅推事，同时筹设初级检察官检察而纠正之，试办一二年之后，民智大开，各级规模亦渐完备，然后专设初级审判官，离州县而独立，以清权限。[1] 该方案江西巡抚上奏清廷。[2] 后来江西按察使改设为提法使之后，所有审判厅开办事宜转归提法使全权负责。[3]

　　湖南审判厅的筹设经历了一个湖南巡抚岑春蓂督同藩臬两司、长沙关道共同研究，到按察使专理，然后按察使改设为提法使继续专门主持筹设审判厅的过程。湖南在宣统元年八月份之前在按察使衙门成立了审判厅筹办处（具体月日已不可考），为筹办总汇，由臬司统帅。主持编定规则，支配期限、任用人员、计算经费、划分区域、建修厅署。[4] 宣统元年八月，按察使周儒臣在参考了直隶、吉林等省审判厅章则的基础上制定了湖南审判厅试办章程。[5] 接着按察使周儒臣勘定长沙协衙门作高等地方两审判检察厅地址，札委首府两县为工程委员。该臬司以筹备宪政限期迫切，亟应即时兴工，特札行首府戚守饬令

①　《赣藩臬遵饬筹设省城浔埠两处各级审判检察厅拟定办法呈督抚文》，《申报》宣统元年六月初六日，1909 年 7 月 22 日，（101），327。

②　《赣抚奏陈筹办审判厅酌拟情形》，《申报》宣统元年六月十八日，1909 年 8 月 3 日，（101），495。

③　《赣省审判厅开幕纪要》，《申报》宣统二年十一月廿九日，1910 年 12 月 30 日，（109），950。

④　《湖南巡抚岑春蓂奏筹办审判厅情形折》，《申报》宣统元年八月廿三日，1909 年 10 月 6 日，（102），532。《湖南巡抚岑春蓂奏筹备宪政第二届办理情形折》，《申报》宣统元年九月十五日，1909 年 10 月 28 日，（102），874。

⑤　《湖南巡抚岑春蓂奏筹办审判厅情形折》，《申报》宣统元年八月廿四日，1909 年 10 月 7 日，（102），545~546。

即日前往估计工程，所有协署左右各民居均令刻期迁徙。① 审判厅筹办处的其余人选由按察使任命或变更。宣统二年（1910 年）八月，因长沙府知府的改任，其提调一职空缺，按察使任命常德府知府接任提调，后因事务繁多，加委候补州殷安毕充当帮办提调。② 提法使或按察使掌握审判厅筹办处的人事任免权，对于在领导集团内部协调，并维持政体的高效有序运转具有较为积极的意义。

河南于宣统元年（1909 年）开始筹备设置审判厅事宜，当时按察使亦未改设为提法使，仍由按察使主持筹设审判厅事宜。宪政编查馆奏定筹备宪政年限清单到达河南之后，河南巡抚吴重熹转行臬司遵办，并在按察使署内设立审判厅筹办处，分科办事。河南按察使制定了筹设审判厅的详细办法后，由巡抚吴重熹上奏清廷。③

在云南，宣统元年（1909 年），云南按察使世增与云贵总督沈秉坤妥商办法，于宣统元年（1909 年）三月十六日，在按察使署内开设审判厅筹办处，由按察使世增总理其事。④

在山西，宣统元年（1909 年）四月初八日，在山西按察使署设审判厅筹办处，内分编查为一科，凡编制、调查等事均隶之。设备为一科，凡当缮预算等事均隶之，遴选娴习法政人员量才分任，派按察使为督□综计。至于厅署的筹建，省垣各厅计划宣统二年（1910 年）成立，本着不求美观而求实用的原则，或改用废署或择购民房。省外厅署因距离清廷的要求还有一段时间，按察使派员调查，预为准备。全部事宜皆由按察使志森全权负责并主持。⑤ 宣统二年（1910 年）九月，山西提法使查照部章完成全省各级审判厅及改良监狱事宜分年预算。⑥

---

① 《建筑审判厅之预备》，《申报》宣统二年九月十九日，1910 年 10 月 21 日，（108），806。
② 《加委审判厅筹办处提调》，《申报》宣统二年八月廿三日，1910 年 9 月 26 日，（108），406。
③ 《河南巡抚吴重熹奏筹办省城各级审判厅情形折》，《申报》宣统元年十二月初八日，1909 年 1 月 18 日，（104），319。
④ 《护理滇督沈秉坤奏筹办各级审判厅折》，《申报》宣统元年六月二十二日，1909 年 8 月 7 日，（101），563。《护理云贵总督沈秉坤奏列陈筹备宪政情形折》，《申报》宣统元年十一月十六日，1909 年 12 月 28 日，（103），959。
⑤ 《晋抚宝棻奏报筹设审判厅折》，《申报》宣统元年六月初一日，1909 年 7 月 17 日，（101），243。
⑥ 《山西巡抚丁宝铨奏列陈晋省第四届筹备宪政情形折》，《申报》宣统二年九月廿二日，1910 年 10 月 14 日，（108），857。

在安徽，宪政编查馆筹备立宪清单到达安徽之后，安徽巡抚札饬安徽按察使办理筹设审判厅之事，安徽按察使饬安庆府知府选择勘定审判厅地址。选定安庆府署东偏地址，并制定了让民房拆迁的办法，建造洋式房屋百间作为高等审判厅。并规定审判厅建立之后，所有一切章程规则，由臬司参酌部章详细拟定，另文呈候抚帅核示遵办。①

贵州尽管偏远，但实际上是筹备审判厅较早的一个省份，宣统元年（1909年）正月，署布政使陈骧、署按察使王玉麟在黔抚庞鸿书的饬令下，已经在按察使署设立审判筹办处，规划一切事宜。②

在陕西，宣统元年（1909年），陕西臬司遵照有关章程将省城各级审判厅先行筹备，并派员前赴晋、汴、津、沪各处详细调查。③

在山东，宣统元年（1909年）五月二十四日，山东全省审判厅筹办处成立，藩、学、臬三司同为总办。且山东巡抚袁树勋上奏清廷，到新官制实行之时，提法使已有专职，无容另设机关，即将该筹办处裁撤，由提法使全权负责全省的筹设审判厅事宜，同时也做到了权力统一，经费节减。④

筹设各级审判厅多由法部和各省督抚协调并分任其责，提法使则秉承法部和督抚的命令而具体实施；已经筹设的各级审判厅要顺利运作，也离不开法部、督抚和提法使的监督和配合，其疑问也需要向他们请示并从此得到解答。⑤ 清末成文法多不完备，上述机构之间的往来关系也尚未形成惯例得以定型，所以提法使与上述机构之间的关系也极为复杂。

综上可以看出，各省提法使司在本省筹设审判厅的问题上是一个核心机构，提法使是核心人物，尽管提法使的施政会受到来自各省督抚在财政、人事等方面的掣肘和压力，但是，他毕竟是一个实际执行者。各省督抚虽会在有些事情上插手，但其行政官的性质和职能的繁杂使其不可能在筹设审判厅的问题上事无巨细地关注，依然是提法使在决策和执行中发挥主要作用。尽管中国幅员辽阔，且发展很不平衡，各省存在很大差异，但是各省提法使毕竟以自己的

---

① 《皖省议设审判厅先声》，《申报》宣统元年三月廿八日，1909年5月7日，（100），229。
② 《黔抚庞鸿书奏筹办各级审判厅并设司法讲习所折》，《申报》宣统二年正月廿六日，1910年3月7日，（105），105。
③ 《陕西巡抚恩寿奏筹备宪政第二届成绩折》，《申报》宣统元年八月廿八日，1909年10月11日，（102），608。
④ 《山东巡抚袁树勋奏山东筹办审判厅并请变通府县审判厅办法及初级审判厅权限折》，故宫博物院明清档案部编《清末筹备立宪档案史料》，中华书局，1979，第873页。
⑤ 汪庆祺编《各省审判厅判牍——王朝末日的新式审判》，北京大学出版社，2007，第10页。

实际行动履行了自身的职能，提法使的努力在中国审判厅建设史上也是有一定意义，而不应该被忽略的。

第二节　推动清末审判改革

近些年来，关于清末审判改革的研究学界已有较多论述，但总体来看，大都是围绕审判改革的文本设计而展开，主要涉及 1906 年颁布的《法院编制法》以及法部"三章程"，人物主要围绕沈家本、伍廷芳等。对于其真正的实施状况，也基本上是从宏观的方面进行考察。事实上当时审判改革的进程是极为复杂的一个过程。中国幅员辽阔、司法人员众多，各地情况存在很大差异，人们的思想认识和对清廷颁布章程的理解也并不一致。在运行过程中，各地非但不能精准地执行章程所传达的信息，反而使改革不断出现偏离。在这种背景下，对改革偏离的纠正就显得十分重要，甚至至为关键。实质上，提法使在各省的地方审判改革中就发挥了这样的一种作用，然而，学界对此却多所忽略。史料的多寡和研究的深入程度也显得不太协调。历史研究的深入在于史料的挖掘和历史真相的重建。笔者试图通过对相关史料的爬梳和整理对历史的这一面相进行重建，从而加深人们对清末审判改革的理解，以冀进一步推进对清末司法改革的研究。

从本质上来说，提法使是一个司法行政机构，并被赋予了司法监督的职能，主要是管理和监督一省范围内的审判厅、检察厅和监狱，是伴随着清廷在全国进行司法官制改革的背景下建立的。为了推进司法改革，清廷在 1906 年改刑部为法部，总管全国的司法行政和司法监督。同时要求各省逐渐把按察使改为提法使以与法部相对应。东三省于 1906 年开始改设试行。① 笔者所讨论的并不包括《申报》及当时其他媒体所报道的租界的英、美等国的提法使，因为从严格意义来说，只是报纸当时把其翻译成提法使的名称，其实这些机构和清朝控制地区所设的提法使并不能完全对应，功能也不一致。

光绪三十三年（1907 年）十二月二十四日，法部等衙门、宪政编查馆大臣和硕庆亲王奕劻、世续、鹿传霖、那桐、戴红慈等会奏，拟定了提法使的官制，并请下旨由宪政编查馆考核，在此奏折中陈明了设置提法使的理由及其与

---

① 提法使在当时也被称为"提法使""法司""提法宪""法宪"，也有时被人沿用旧时对按察使的简称，即"臬司"或"臬宪"。

按察使的不同。奏折认为："维宪政之初基莫要于司法，而司法之统一尤莫重于设官。"所以才在厘定官制的过程中，改按察使为提法使，并另设高等审判以下各厅专理词讼。新设的提法使与原来的按察使有所不同，"名为提刑所改建，实乃法曹之分司，其制虽为各国所无，而其集权中央之旨则一也。"①

遍查《提法使官制》共五章八十五条②，其中关于审判改革并没有作专门规定。然而再查当时的有关文献记载却能够发现这一机构在当时确实发挥了这一职能。笔者将通过对史料的爬梳和挖掘对这一历史进程进行说明和论证。

一 维护四级三审制

审级问题是审判过程中至为重要的一个问题，西方法学界也提出了诸多理论。清末司法改革之后，审级问题理所当然成为一个不可回避的问题，因为审级是审判程序的重要组成部分，审级是否科学直接影响着程序正义能否实现，以及实现的程度如何。③ 实行什么样的审级制度是清廷审判改革的重要组成部分。宣统元年（1909 年）十二月二十八日，清廷正式颁布的《法院编制法》以法典的形式正式确立了四级三审制度为核心的司法权独立行使的制度。④ 其中规定："凡已设立审判厅地方，所有诉讼均归审判厅审理，自大理院以至初级分为四级三审，民事银数在二百两以下，刑事以杖罪为止悉由初级厅起诉，为第一审。如不服该厅之判决者，民事准其于十日内，刑事准其于五日内赴检察厅写状上诉于地方厅，为第二审。如仍不服地方厅之判决者，准其依限上诉于高等厅为三审。其他一切重要案件悉由地方厅起诉为第一审；如不服该厅之判决者，准其依限上诉于高等厅为第二审；如不服高等厅之判决者，准其依限

---

① 《宪政编查馆奏考核提法使官制折》，《清末民初宪政史料辑刊》，第三册，第 49 页，清宪政编查馆编，本刊影印室辑，北京图书馆出版社，2006。又见《大清宣统新法令》，第 10 册，第 47 页。

② 《清法部奏定提法使办事划一章程》，《各省审判厅判牍》，第 345~350 页。亦见《法部编定提法使办事划一章程》，《大公报》宣统三年四月初五日，1911 年 5 月 3 日，第二张，(15)，15；宣统三年四月初六日，1911 年 5 月 4 日，第二张，(15)，21；宣统三年四月初七日，1911 年 5 月 5 日，第二张，(15)，27；宣统三年四月初八日，1911 年 5 月 6 日，第二张，(15)，31；亦见《申报》宣统三年四月初六日，1911 年 5 月 4 日，(112)，61；宣统三年四月初七日，1911 年 5 月 5 日，(112)，77。

③ 西方法理认为，绝对的正义是不存在的，也是不可能实现的。正义的最终实现是通过在审判过程中设定一定的程序，程序实现了正义也就最接近于绝对的正义。

④ 李启成：《晚清各级审判厅研究》，北京大学出版社，2004，第 79~81 页。

上诉于大理院为第三审"。① 由于经费、人才、理论等困难的限制致使审判厅的设置不能在全国范围各个层面全面铺开,而是走了一个从高级到低级、从发达和重要的地区到欠发达和次要的地区的路径。在实行的过程中,四级三审制也不断地遭到践踏和破坏。在这个过程中,提法使对于维护四级三审制,保持审判的有序性和审判厅的有序运行发挥了不可忽视的作用,尤其是对于没有设立地方审判厅和初级审判厅的地方更是如此。

宣统二年(1910 年)十二月,鄂垣及各属商埠审判厅次第成立之后,湖北提法使光羲与湖北制军瑞澂一起牌示晓谕"所有督署提法署向理刑民上诉案件,均自十一起停止收词"。②

宣统三年(1911 年)五月十二日,直隶提法使对天津地方审判厅关于审级问题作了一个札饬,即主要是关于未设审判厅地方③审级问题。先是宣统三年(1911 年)五月初六日法部曾批准了宪政编查馆复吉抚的解释六条,其中对未设审判厅地方的未结之案作了这样的处理规定,"未设审判厅地方未结之案,准经高等审判厅提审作为抗告"。④ 直隶督宪对此不以为然,他认为:"所云抗告者,即未结上控之谓也,惟从前外省提省审办案件不尽出于抗告,有因审理迟延者,有因案情重大者,有因例应回避者,种种不一,今之高等审判厅须论审级,与从前发审局不同,此等未结案件尚属第一审,不在高等厅权限之内",因此,"所有未设审判厅地方遇有此等案件,是否亦归高等厅提审",要求直隶提法使核示遵办。直隶提法使指出:"查未设审判厅地方未结之案,前咨准高等审判厅提审作为抗告,系指未定新章以前已经提审者而言,原属接引新旧权宜办法,现在审判制度逐渐成立,核与从前情形不尽相同,虽未设审判厅地方亦不得将未经审判之案纷纷提审,致紊审级。嗣后府直隶厅州县,未设审判厅以前,无论案情重大与否,应责成该管地方官按律断结,如有不服始准赴高等检察厅呈诉,照章提省审办。倘地方官于未结之案审理迟延,逾违审

① 《高等审判厅呈明督抚重申审判定章并现时各厅办法及困难情形文》,王家俭、姜可钦、童益临、崔家骏编辑,朱延龄、汪仁宾、锡箴校勘,汪守珍、许世英、汪世杰鉴定:《奉天司法纪实》,陪京印书馆,1909,第二册,第 334~341 页。亦见《大公报》,宣统二年正月至二月。又见《申报》,(104),903、919~920;(105),13;(105),29、45、61。
② 《鄂官厅宣布不理词讼》,《申报》宣统二年十二月十九日,1910 年 1 月 19 日,(110),294。
③ 这个"地方"指的应该是州县。
④ 《直隶提法使札饬天津地方审判厅关于审级办法文》,《大公报》宣统三年闰六月十七日,1911 年 8 月 11 日,第三张,(15),615。

限，可由法司行文督催，勒限断结。至律应回避案件，得由司遴派推事或委就近邻封前往审讯，均以地方官断结为第一审，高等审判厅为第二审。"并札饬全省通行。

宣统三年（1911 年）八月，法部针对很多官员对审级依然不明悉，时常导致紊乱的状况，又饬各省提法使颁布司法阶级表，并附以说明。

二　推动诉讼程序改革

提法使对于推动清末审判的诉讼程序改革具有不可磨灭之功。各省审判厅、检察厅的设立大多是在清廷预备立宪时间表的硬性规定下仓促成立的，成立的时机多不成熟，条件亦不完备，加之清廷的准备不足，导致各级审判厅、检察厅在运行中问题迭出。诉讼程序规定的不明确便是其中极为重要的一个方面，这一现实严重地影响了审判厅和检察厅的正常运行。比如当时出现了很多不服审判厅判决要求上诉的案件，甚至有些案件要求上诉至大理院，而这种情况究竟履行怎样的程序并没有明文规定。危机产生变革。各省提法使作为一省的最高司法行政机构，既是一个管理者，又是一个被咨询机构，身处司法改革的第一线，感受也最为深刻。提法使被赋予司法解释的职能也就是要承担起解决问题的责任，如何解决这一问题便历史地落在了各省提法使的身上。

奉天提法使吴钫是诉讼程序改革的先行者和提法使中的优秀代表。奉天提法使认为凡是需要上诉于大理院的案件都应由其承转，专送京师总检察厅。吴钫呈询东三省总督徐世昌对于此事的意见，后来徐氏把吴的意见转咨法部。但吴钫的意见却被法部驳回。奉天提法使吴钫认为："惟查奏准检察厅通则，凡不服审判厅之判决，于上诉期限内声明不服之理由呈请上诉者，检察官厅即申送京师总检察厅。惟京外情形不同，京师审判厅可以直达于大理院，外省民、刑案件向俱由司转详督抚核咨。此次奉省创办审判、检察各厅，统归提法使监督，是本司有管理全省司法上行政之则，检察官介在司法、行政之间，其申送上诉与检察判决专归司法者不同，似应隶入行政部分，遇有应行上诉于大理院之案，仍由提法使承转，专送京师总检察厅较为详慎"。[①] 吴钫又提出送于大理院之案是否可以只送卷宗，不送人证。法部同意了这种方案。奉天提法使

---

① 《前清法部咨各省高等审判检察厅业已成立之处如遇有呈送上诉大理院案应由高等检察厅径送京师总检察厅核办文》，汪庆祺编《各省审判厅判牍——王朝末日的新式审判》，北京大学出版社，2007，第 272 页。

认为："查大理院为全国裁判最高之所，除特别裁判以第一审为终审者仍为事实解决外，其余上诉皆为法律上之解释。盖各厅于开庭审判之际，有检察官之监督，有证人环质，有报馆之记载，有局外之参观，耳目环周，自不致将原、被供词改易失实，且经过地方、高等一再推求，情伪一出事实，已无烦再为解决。惟案情百出不穷，法律又取赅括，往往混言大意，文官解释，难免意见偶歧，其应准上诉之理由亦即在是。但将卷宗申送即可详核案情，参稽律意，立予解释，似毋庸申送人证，徒令往返拖延"。① 法部回应说："查奏定检察厅通则：'凡不服审判厅之判决，于上诉期内声明不服之理由呈请上诉者，检察官应即申送上级检察官'等语。虽专指京师各级检察厅而言，惟原奏业经声明，俟宪政编查馆核议复奏后，再行通咨试办审判省份，一体遵照。定章之初本已统筹及此，《法院编制法》即未颁定施行，而司法分权，各省又多未举办，以致民刑案件有不服高等审判厅判决，应上诉于大理院者，除京师外，各省应如何申解，尚无规定明文。"② 但法部以提法使所管之事已经很多为理由，认为其已经不再适宜承担更多的职责，否定了奉天提法使提出的不服高等审判厅判决应上诉于大理院的案件由其承转的意见，只是让高等检察厅把上诉于大理院的案件上报提法使备案。法部说："惟查提法使一官，本司法之范围，握行政之纲要，举凡考察法官，核办秋审，改良监狱以及未立审判州县地方仍需照旧勘转案件，事体极为繁重；若不服高等审判上诉大理院之案，亦由该司承转。恐案据之调查，即涉烦劳，斯文牍之往来必多延宕，况高等检察厅与高等审判厅同在一区，同办一事，所有已得之证据，适用之法律，必已详记靡遗。则或有上告之案，即由该厅申送，尚不至窒碍难行。但提法使为一省司法行政总汇，应令高等检察厅将上告理由分报备案，俾一事权而资稽考。"③

至于奉天提法使所提上诉大理院之案件只送卷宗，不送人证之意见，法部同意了其意见。法部认为大理院的职能在于司法解释，而非调查取证，所以上

① 《前清法部咨各省高等审判检察厅业已成立之处如遇有呈送上诉大理院案应由高等检察厅径送京师总检察厅核办文》，汪庆祺编《各省审判厅判牍——王朝末日的新式审判》，北京大学出版社，2007，第272页。
② 《前清法部咨各省高等审判检察厅业已成立之处如遇有呈送上诉大理院案应由高等检察厅径送京师总检察厅核办文》，汪庆祺编《各省审判厅判牍——王朝末日的新式审判》，北京大学出版社，2007，第273页。
③ 《前清法部咨各省高等审判检察厅业已成立之处如遇有呈送上诉大理院案应由高等检察厅径送京师总检察厅核办文》，汪庆祺编《各省审判厅判牍——王朝末日的新式审判》，北京大学出版社，2007，第273页。

控到大理院的案件只需送卷宗，不必送人证。①

关于诉讼程序的解释权至民国初年也发生了一些变化，上海地方审判厅和江苏省高等审判厅分别自行宣告诉讼程序，并不请示任何机构要求解释。②

三　力促实行律师制度

古代中国一直都是司法行政合一，司法从来都是行政的附属物，被理解为维护封建专制统治的工具，与之相对应的是两千多年来一直主张"息讼"的观念。中国古代从事案件辩护的人被称为"讼师"或"讼棍"，一直被排斥在司法运行的体制之外，处于被官方打击的边缘化地位。

清末以降，西人侵华，中国战败，清廷被迫与列强签订各种不平等条约，西方列强在华的领事裁判权得以确立，中国司法主权逐步丧失。但同时却有另外一个影响，即西方近代律师制度的引入。关于律师制度在清末的引入已有专门讨论。③但现有研究成果多从清廷中央的决策过程进行考察，各省的反应如何我们并不清楚。而对其进行较为深入的考察从某种意义上来说也十分必要。在1909年颁布试行《各级审判厅试办章程》和宣统元年（1910年）颁布《法院编制法》之后，律师制度在法律上得以确立。但清廷中央机构之间依然存在认识上的差异，且有人对实行律师制度进行阻挠。④各省的情况更为复杂，统一认识和行动也显得更为艰难。各省提法使的态度和行为直接影响着整个审

①《前清法部咨各省高等审判检察厅业已成立之处如遇有呈送上诉大理院案应由高等检察厅径送京师总检察厅核办文》，汪庆祺编《各省审判厅判牍——王朝末日的新式审判》，北京大学出版社，2007，第272~274页。

②《上海地方审判厅宣告诉讼程序示》，汪庆祺编《各省审判厅判牍——王朝末日的审判》，北京大学出版社，2007，第287页。《上海地方审判厅为诉讼人应遵章来厅呈诉不准请托通告》，汪庆祺编《各省审判厅判牍——王朝末日的审判》，北京大学出版社，2007，第288页。《苏省高等审判厅不得临时添请律师示谕》，汪庆祺编《各省审判厅判牍——王朝末日的新式审判》，北京大学出版社，2007，第287~288页。

③赵永利：《近代武汉律师群体研究》，华中师范大学硕士学位论文，2008。

④宣统二年十一月（1910年12月），宪政编查馆咨商法部，以现在各省审判厅业经依次成立，将来公开审判势在必行，所有任人观察及添设辩护士种种规则均须预为核定以便及时颁布，法部尚书廷杰对于此事大不谓然，以刑事审判尽许改良，若公开审判一事，将来流弊必至滋多，决不认可，有云务余在法部一日，即一日不赞成此事，免致为司法独立之累。《大公报》宣统二年十一月二十九日，1910年12月30日，（13），662。宣统三年七月（1911年9月），法部在已经核拟律师注册试办章程的情况下，同时又附加一条声明："中国改良审判甫在始建，规模尚未大备，所有充当律师及到厅观审均应暂缓，俟eff等效昭著后，再按各国通行章程详细核定"。《法部禁制外人之两事》，《大公报》宣统三年七月十五日，1911年9月7日，（16），37。

判改革的进程，也直接影响了律师制度的引入。笔者将对清末各省引入律师制度的过程进行考察，以此洞察和透视提法使在其中发挥的作用。

宣统元年六月（1909 年 7 月），署江苏按察使赵滨彦在其改为提法使之前，便在其《署苏臬司赵廉访呈督抚宪筹办审判厅条议》中表达了审判中采用律师辩护制度的观点。"若口头辩论主义则以两造书面上所书之事，实不能尽所预言而文字之间亦足便裁判官或有误解，且书面每请人代书，其所呈诉往往失其真意，或故为隐约或有意牵扯。若仅凭书面讯问，恐于事实多所窒碍，不如提出两造事由召集公庭，且使各列证据互相辩驳，而裁判官从中审讯问难，均系直接用口头辩论，较易得其真情。现在中国官员问案亦常用此法，即所谓口头辩论是也。惟在外国无异一室彼此面谈，中国则两造跪而听审，即恐难尽其辞耳"。①

江苏改设提法使之后的第一任提法使左孝同也积极推行律师制度，并注重律师人才的培养。《申报》记载了其在宣统三年六月（1911 年 7 月）试验律师的事件。江苏当时培养律师人才的办法是在法政学堂内加添律师课学一门，毕业时派员试验合格者，另给律师毕业文凭，咨送司法衙门考验录用。试验分为笔记试验和口述试验。笔记试验包括大清律例、民法、商法、律师法、行政法、国际公法六门，口述试验包括刑法、民事诉讼法、刑事诉讼法、国际私法四门，试验由提法使派员监场。②

广东提法使俞钟颖也以自己的行动推动律师制度的实行。宣统二年三月（1910 年 4 月），俞氏与广东司法研究馆其他司道及粤督一起遴选法政毕业生数十人开办律师研究班，以资练习，并请法部悉心核议，仿照日本辩护士法，订定律师专法颁行，一面通饬各省审判厅准用律师参与审问。③ 宣统三年二月初三日（1911 年 3 月 3 日）的《申报》又登载了广东《法司对于添设律师之郑重》的消息。④

湖北提法使梅光羲也是对采用律师制度较为积极的一个官员。宣统三年二月（1911 年 3 月），梅光羲看出各级审判厅虽然开庭已久，但赴庭请求裁判的

---

① 《署苏臬司赵廉访呈督抚宪筹办审判厅条议》，《申报》宣统元年六月初二日，1909 年 7 月 18 日，（101），267。
② 《苏法司定期试验律师》，《申报》宣统三年六月十一日，1911 年 7 月 6 日，（113），90。
③ 《粤督奏请养成中国律师》，《申报》宣统二年三月十一日，1910 年 4 月 20 日，（105），802～803。
④ 《法司对于添设律师之郑重》，《申报》宣统三年二月初三日，1911 年 3 月 3 日，（111），38。

人仍然有很多不遵守法律规定的程序，甚至在已判决的案件中，存在大量对审判结果不服不按照法定诉讼期间上诉的，非常随意。也有涉讼人狡诈，经推事施行强制执行权，而人民以为偏袒的，种种误会难以剖解。梅光羲认为必须筹设辩护士学堂预备为诉讼人辩护，不然审判之设殊多不便。并据情禀陈鄂督仿照东京辩护士学堂办理。[①]

奉天提法使吴钫在奉天高等审判厅暨承德地方两厅的落成典礼上的训词中就曾表示："辩护士为保护当事人正当之利益而设，各国皆采用之，今使民刑被告人孑身对鞫，势穷而定谳，虽至廉明之吏犹恐或失，故审判厅成立必有采用辩护士制度之日，宜如何预备也……辩护士不备……仍留新厅之缺憾"。[②] 并认为法部分年筹备事宜尽管已经很多了，但是忽视了对律师制度的筹备是值得商榷的。奉天提法使吴钫认为这些是法部筹备清单中所没有的，却是新建的司法机关应负的责任，并对于新建的审判厅寄予这种期望，"其他类此者尚多，法部清单未经筹及，悉为吾人今日之职责，此期望于各厅者二也"。奉天提法使在奉天省推行律师制度的过程中发挥了下情上传的中介作用。奉天关于实行律师制度的讨论肇端于奉天高等审判厅，奉天高等审判厅认为各国审判制度虽略有不同，但采用律师制度以保障诉讼人的权利，是东西各国的普遍做法。中国省城及商埠各级审判厅已次第成立，也应该及时筹设律师，以满足为民人辩护的需要，补充审检的不足。且宪政编查馆所核准之《法院编制法》第64、66、68条，对律师有关辩护案件及其处分、制服都已作了规定。法部奏定施行筹备事宜清单中也有《律师注册章程》限于年内拟定的规定。奉天高等及省城地方初级各审判、检察厅比其他各省早3年开办，一切法制事事按照馆部的规定实行，已经大致就绪。所以，律师一项应该及时试办，可以对其他省份起到示范作用，而资改良之借镜。奉天高等审判厅先呈请奉天提法使，请其详督抚，通过督抚咨请法部编定律师暂行试办章程，并请法部召集京师法律毕业学员考取律师，分发来奉。奉天提法使对奉天高等审判厅提出的在奉天实行律师制度的建议采取了积极的态度，对于律师制度的早日推行起到了传承和协调的作用。[③]

---

① 《鄂审判厅将设辩护士》，《申报》宣统三年二月十八日，1911年3月18日，(111)，278。
② 《高等审判检察厅暨承德地方两厅新署落成时提法使训词》，《奉天司法纪实》，第二册，第343~345页。
③ 《奉天高等厅咨呈提法使拟请法部编定律师暂行试办各项章程及考取律师分奉任用文》，《各省审判厅判牍》，第260页。该"咨呈"在《各省审判厅判牍》中没有时间显示，但根据各种情况推断应该在光绪三十四年至宣统二年之间。

但是，并不是所有的提法使都对实行律师制度持赞成态度。宣统元年三月二十四日接替左孝同任江苏臬司的赵都转便对律师制度持反对意见。[1] 宣统元年四月（1909 年 5 月），日本警监学校本科毕业生徐金熊、陈荣广、朱尊清等试图筹款在上海创设一所律师专修学校，并制订了简章禀呈江苏巡抚，时任江苏提法使赵都转却批示说："中国此时固宜讲求律学为裁判之基础，律学既能明通，则裁判自迎刃而解。若造就律师尚非其时，盖律师一项在外国尚不能无弊，往往以律师狡辩致案悬莫结者有之。况中国素多讼师，专以教唆包揽为能，诉讼之繁大半由此。如现时果立律师专修学校，则若辈何不可窜入其中为生财窟穴，恐于地方讼事有百害而无一益。应俟社会风俗人心渐趋纯正之后，方可议设律师。是以迭奉明昭预备立宪定章，止令各省饬立法政学堂，并无议立律师专修学校之文，具有深意，该生等所请似可毋庸置疑"。[2]

各省对律师制度的积极推动反过来对清廷中央机构的决策产生了积极的影响，进一步促使中央决策中枢做出积极的回应。宣统三年（1911 年）正月，继廷杰之后新上任的法部尚书绍昌就明确表示赞成实行律师制度，并分咨宪政馆与法律大臣："以现在广东、湖北等省已均有辩护士之造就，京师各省亦均须一律实行，以为新政法律之辅助，应即详定章程，妥筹办法，以期划一而免纷歧"。[3]

当时已经有人看出律师与传统中国司法体制下的"讼棍"的不同，"讼棍"在其潜规则的体制下运行使审判过程混乱和无序，在某种程度上影响了程序正义的实现，也就距离真实的正义渐行渐远。律师是受过正规训练的，按照法定的程序进行辩护，既保证了审判的有序进行，又能够使事实真相在辩论中渐趋明晰。松江府太守戚某的话在一定程度上表达了人们的这种认识，表达了人们对"讼棍"的厌恶和对律师制度的期盼。戚氏对法部议定律师则发表了这样一番感慨："历来争产案件往往有讼棍居为奇货，眈眈虎视，陵赴各衙门呈控，迨两造倦矣，而彼辈欲壑未满，不使财产荡尽不止。斯真能洞察讼棍之状态者矣。夫以先人留遗之心血不为之保存，而以供若辈无端之吮舐，长养

---

① 宣统元年三月二十四日之后左孝同暂署藩司，所遗提法使缺由赵都转接任，后来左氏回任，所以，这里与上文宣统三年左孝同试验律师并不矛盾。

② 《请设律师学校之批斥》，《申报》宣统元年四月初六日，1909 年 5 月 24 日，（100），327 ~ 328。

③ 《绍尚书提倡法律之辩护》，《大公报》宣统三年正月十五日，1911 年 2 月 13 日，（14），213。

其肢体，抑何必忍欤？且官场能悉其毒害而当局者反懵然而不知返，抑和气愚，方今专制未离之时代，若辈于社会上颇占势力，其害非特一县为然，各省皆有此种巨蠹，即据此一□言之，已足见审判之不可不设，而律师资格之不可不规定矣"。①

四　审判厅设置的改革

清末司法改革时，审判厅如何设置，以及审判厅的改革，都要咨呈提法使，获得提法使的批准方可施行，尽管高等审判厅也可以直接上书法部，直接和法部交涉，但大多时候，高等审判厅依然呈请提法使转督宪和法部。笔者将从以下案例进行说明。

审判厅的筹设。奉天高等审判厅厅丞许世英认为中国应该顺应世界潮流，重视幼年保护，应该对幼年犯罪设立特别审判厅，以期使犯罪的少年有所悛改。为此，许氏先呈请奉天提法使允许②，并请其转总督、法部备案。奉天高等审判厅认为："我国刑事制度早落后步，今者改良伊始，尤宜急起直追，一则期犯罪者之减少，一则期领事裁判权之拒回。奉省审判厅开办最早，尤宜先树规模，以为之倡，拟于省城先行试办，于承德地方审判厅特设一庭，名为幼年审判厅，凡遇幼年犯罪案件，由该厅厅长于推事中，择其略通心理学并熟悉社会情形者三人兼理之，不另支薪。俟办有成效，再行扩充。"③

行政各界传人办法的制定。改革之初，事属肇造，各项规章很不完善，审判厅受理民刑诉讼之时虽有传人办法的有关规定，但对担任行政职务人员的传唤办法却没有详细的规定，给审判厅的工作造成了一定的困难。光绪三十二年（1908年）十二月，奉天高等审判厅为此咨呈提法使，请其拟定各厅对行政各界的传人办法。奉天高等审判厅认为对传唤行政任职人员没有明确的规定造成了审判厅办案的困难。或放弃职权，或侵越权限，对司法的整体是不利的。奉天高等审判厅向提法使提出了自己的建议：（一）对任有职务的人员，无论刑事、民事的原告、被告，均以公函或正式文的方式先通知该当事人的长官，请

---

① 《法部议订律师则感言》，《申报》宣统元年二月二十四日，1909年3月15日，（99），203。
② 《奉天高等审判厅厅丞许世英呈请提法使特设幼年审判庭文》，《大公报》，（15），297。
③ 《奉天高等审判厅咨呈提法使拟请先于承德地方审判厅特设一庭名为幼年审判厅请分别转督宪法部备案文》，《各省审判厅判牍》，第251～252页。亦见《奉天高等审判厅厅丞许世英呈请提法使特设幼年审判厅文》，《大公报》宣统三年五月廿三日，1911年6月19日，第三张，（19），297。

其饬令有关涉案人员归案；（二）对于必须马上逮捕的，首先逮捕，再送交该官长长官收留，听候厅内办理；（三）对重大、急迫、不宜决定的案件，迅速请示上级厅核议。

光绪三十四年（1908年）十二月二十八日，奉提法使照会转奉督抚宪批如呈通饬各衙门局所及一切营镇学堂一体遵照。①

审判厅传唤行政任职人员办法的制定是在提法使的参与下促成的。这一办法的出台细化了传人的办法，为审判厅进一步开展工作提供了前提条件，有利于审判厅的运行早日步入正常的轨道，同时对司法改革的整体发展也有推动意义。

奉天幼年审判厅的筹设和传唤行政官员办法制定的过程说明，在清末司法改革中，审判厅的设置和审判厅的改革，是在提法使的领导和影响下进行的，提法使在此过程中发挥了较大的作用。

五　抵制观审制度

"观审制度"或"听审制度"是中国的司法机构在审理有关外国人的案件时，某些外国人可以观审并对案件的审理指手画脚，实质上这是清廷战败以后司法主权丧失的一种结果，是外国列强所享有的治外法权和领事裁判权的一部分。洋员观审在天津尤为严重，与上海的会审制度一起严重侵犯了中国的司法主权，也影响了审判的公正性。

废除领事裁判权和收回治外法权本身就是清廷进行司法改革的目标之一。废除观审制度当然也是其中一部分重要内容。废除观审制度是由奉天高等审判厅和奉天高等检察厅较早提出来的，这一观点得到了奉天提法使的支持，并得到推行。

奉天高等审判检察厅认为："我国外交之失败也，一误于订约者之暗于情事，再误于翻译者之错乱文义，三误于适用条约者之不知解释，四误于继续外交者之依傍前例，不肯独出见解负担责任，徒以暂时通融，冀补救于将来，为交涉之秘诀，凑合而铸成今日之大错也"。② 并认为把外国人排斥在审判厅之

---

① 《高等审判检察厅咨呈提法使拟定各厅对于行政各界传人办法文附批》，王家俭、姜可钦、童益临、崔家骏编辑，朱延龄、汪仁宾、锡箴校勘，汪守珍、许世英、汪世杰鉴定：《奉天司法纪实》，陪京印书馆，1909，第二册，第321～322页。

② 《高等审判检察厅呈明督抚洋员观审办法诸多不合说帖》，王家俭、姜可钦、童益临、崔家骏编辑，朱延龄、汪仁宾、锡箴校勘，汪守珍、许世英、汪世杰鉴定：《奉天司法纪实》，陪京印书馆，1909，第二册，第272页。

外的办法就是，以后所有涉及与外国人交涉的案件均由交涉司或地方行政官与之交涉。奉天高等审检厅提出了这样做的三条理由："甲、昔时条约系对地方官厅而设，今审判厅为新立之机关正可乘机排斥，不许入内，将来或易于更正，若必以此损权失利之物不待要求而先欢迎之，是使司法权不得自由独立也；乙、条约时代之地方官厅今尚存在，则新设之机关拒绝条约彼不能引为口实；丙、司法机关遍设后，果有成效，外人必不甘自贬其事件于复杂机关，俟其要求并入审判厅时再与定遵照中国审判规则之约，则条约之效力消灭矣。"①

光绪三十四年（1908年）十一月，奉天高等审判厅为了阻止教士听审又咨呈提法使，得到了奉天提法使的支持，有效地阻止了法国副领事官员提出的康平县人命案教士听审的不合理要求。奉天提法使照会交涉司说："准贵司咨开奉督抚宪准驻奉法副领事官员照称，康平县人命一案请添传证人并令教士听审等因。查此案两造均系中国人，外人不得干预，况教士以传教向善为务，更不得丝毫干预地方公私事件，所请听审一节应毋庸议"。②

外人观审问题从清廷战败到清廷灭亡一直存在，始终没有得到有效的解决，直到宣统三年（1911年），清廷司法改革的决策中枢还在不断探讨解决的办法。宣统三年（1911年）二月，宪政编查馆谘商法部："各省各级审判厅现均依次成立，原为注重法权起见，惟将来关于外人之诉讼案件势所难免，恐各审判员不谙公法致蹈从前州县官积弊，有损失主权及轻启交涉之处，亟须设法预防。另行妥定审判厅对于华洋交讼及民教相争各案之判断规则，颁发各省遵照办理，以重法权。"③ 宣统三年（1911年）七月，法部重申了中国审判改良甫在建始，观审应该暂缓的观点。④ 但各省提法使以实际行动对观审制度的抵制，在一定程度上减弱了外国列强对中国司法的干预和对中国司法主权的侵犯，各省提法使在这一问题上所做的努力自然也不应抹煞。

① 《高等审判检察厅呈明督抚洋员观审办法诸多不合说帖》，王家俭、姜可钦、童益临、崔家骏编辑，朱延龄、汪仁宾、锡箴校勘，汪守珍、许世英、汪世杰鉴定：《奉天司法纪实》，陪京印书馆，1909，第二册，第287~289页。
② 《高等审判厅咨呈提法使不准教士听审文》，王家俭、姜可钦、童益临、崔家骏编辑，朱延龄、汪仁宾、锡箴校勘，汪守珍、许世英、汪世杰鉴定：《奉天司法纪实》，陪京印书馆，1909，第二册，第271~272页。
③ 《筹议审判厅之对外法权》，《大公报》宣统三年二月初十日，1911年3月10日，第二张，(14)，363。
④ 《法部禁制外人之两事》，《大公报》宣统三年七月十五日，1911年9月7日，(16)，37。

六 提法使与刑讯的废止

传统中国有重刑轻民的法制传统，认为民事案件都是细故，凡是涉讼的都是坏人，所以在中国古代一直采用刑讯的制度。西人侵华之后，中西法文化不断地冲突和碰撞，西方列强以中国司法制度太过残忍为借口，强行在中国实行治外法权，这一现实也迫使清廷进行司法改革。废止刑讯制度，是受西方法影响的结果，也是清廷司法改革的重要内容之一。清廷不断出台各种废止刑讯的政策和规章，并不断采取措施，以推进在地方的施行。作为一省最高司法主管的提法使在此过程中的态度，对刑讯废止的进程产生了重大影响。

中国第一个提出废止刑讯的是严复（1853～1921）。他在1904～1909年出版的孟德斯鸠的《论法的精神》注释本中，把国家富强与刑罚改良紧密结合起来。指责刑讯是"残酷无人理"的做法，赞美教化基础上的现代监狱制度的优越性。① 继之以张之洞（1837～1909）和刘坤一（1830～1902）写于1901年7月19日的《江楚会奏变法三折》之第二折，在所提"恤刑狱"的观念中提出了徒流以下不准刑讯的主张，并引起关注。护理山西巡抚赵尔巽（1844～1927）在其1902年12月14日的奏折中，提出了废止中国传统刑罚的观点。② 后来在清廷中力主废除刑讯的是沈家本。刑讯的废止情况理所当然与各省提法使的执法力度与策略存在极大的关联。在废除刑讯的问题上，各省提法使被赋予新的职权，清廷也对其寄予了很大期待，"查各省城商埠各级厅已于去年成立，各省提法使业经奉旨改补，所有各该省司法行政事宜提法使是其专责，相应请旨重申告诫，嗣后无论已未设厅地方统由该督抚责成提法使认真督察，凡遣流以下人犯，承审各员一律不准再用刑讯，其死罪人犯应行刑讯者应恪遵现行刑律办理。从前一切非刑、私刑名目永远革除，刑具即时销毁。当有奉行不力或阳奉阴违，仍不脱从前问刑习气，断非文明法纪所能宽恕。一经查出或被告发，拟即由该提法使据实申部，将该承审官分别轻重从严参办，提法使瞻徇

---

① 严复：《孟德斯鸠法意按语》，《严复集》，中华书局，1986，第4卷，第954页。转引自〔荷〕冯客《近代中国的犯罪、刑罚与监狱》，凤凰出版传媒集团，江苏人民出版社，2008，第39～40页。
② 〔荷〕冯客：《近代中国的犯罪、刑罚与监狱》，凤凰出版传媒集团、江苏人民出版社，2008，第40～41页。原文为"山西总督"，因为山西在清代没有设总督之职，赵尔巽当时是护理山西巡抚，笔者在引用其研究时在本书中作了订正。

容隐即由督抚随时咨部揭参"。①　所以，法制改革之后，清廷不断地采取自上而下的方式向各省提法使施压，督促其尽力为此事而努力。如宣统元年（1909年）十一月，法部召开会议，讨论饬各省督抚及按察使务将停止刑讯之明谕重行宣布。②　宣统二年（1910年）十一月，法部在其通饬各省提法使的专电中，又把各省刑讯废止情况与提法使的功过联系在一起，如果各省还有刑讯的现象，除了查处有关刑讯的官员外，让提法使负责失察之责，受到参处。③　通过这种方式继续强调废止刑讯的重要与清廷的决心。

尽管清廷一再强调要废止刑讯，但事实上在各地执行时并不顺利，虽然在各地也曾出现了积极执行的情况，但总体来说，一直到清廷灭亡，这一难题都没能够从根本上解决。宣统二年（1910年）十一月，从《申报》一则报道中可见当时情况之一斑，报道说："湖北各州县于奉旨停止刑讯一事均视若具文，无论民刑案件，惟以敲扑为逼供之要素，不重检察证据，汉口虽设地方审判见习所、检察见习所已久，亦难免此积习"。提法使开始时对此采取漠视的态度，"以人民程度不足置之不问"。直到咨议局提出质问案，经湖广总督札提法使通饬各属，凡流徒以下罪名均不准用刑；宣统二年十一月二十六日（1910年12月27日），夏口审判见习所长王木斋遵饬将民刑两庭各种刑具当众销毁。④

刑讯制度在中国历史上绵延流传了上千年，无论官方抑或民间都认为是一种习以为常的现象，具有一种巨大的历史惯性与惰性，如果没有一个强有力的机关来强力推行，并把这种推行措施固定化、常态化、制度化，是很难见成效的。所以提法使的态度对各省刑讯的废止具有很大的影响作用，提法使勉力推行的，效果就好一些，提法使不太重视的省份，就收效甚微。总体来说，尽管各省提法使对废除刑讯态度不同，推行程度各异，但有一点是相同的，就是没有实现推行措施的固定化、常态化、制度化。提法使突击检查的时候就收敛一些，风声一过，一切如初。直至清廷灭亡，这一问题始终没能得到有效解决。

---

① 《法部奏停止刑讯各省多未实行请旨申诫严饬遵守折》，《大公报》宣统三年二月初八日，1911年3月8日，第三张，（14），353。
② 《刑讯果能停止乎》，《大公报》宣统元年十一月二十五日，1910年1月6日，第二张，（11），23。
③ 《刑讯至今尚未停耶》，《大公报》宣统二年十一月初七日，1910年12月8日，第二张，（13），542。
④ 《法庭实行停止刑讯》，《申报》宣统二年十一月廿七日，1910年12月28日，（109），918。

当然这也并不是提法使一方面的问题，在中国官僚政治的体制下，很多司法问题单纯地靠司法部门内部的努力是解决不了的。从根本上来说，这些问题的出现皆是因为清廷的宪政改革没有成功，没有在中国真正的建构起一套西方式的立宪国家的政治体制。在中国宪政改革和法制改革的过程中，中国的官僚政治特征依然没有得到改变，所以，提法使在这种体制下无能为力也在所难免。

第三节　参与并推动法律改良

法律改良是清末法制改革的重要形式与内容，清末法律改良的内容较为广泛，不仅对中国传统上最为重视的刑法，参照西方法律进行重新订定，还涉及了民法、商法、诉讼法、经济法，甚至具体到公司法等各个方面，无论从广度还是深度上来说，都是对传统的法律文本作了一次大幅度的、深层次的变革，给人一种耳目一新的感觉。笔者试图对这一变革中提法使所发挥的作用给予梳理和探讨。基于资料的限制，主要从刑法改良和民事法律调查两个方面来论述提法使在这一过程中的作用。

刑法改良是清末法制改革较为重要的一个环节，学界对此已有一些研究。王浩在对清末诉讼模式的探讨中介绍了《大清民事刑事诉讼法草案》的出台、检察制度的出台和刑事预审制度等①。音正权在对清末民国时期法律家的研究中介绍了晚清刑法改革中颁布的《大清现行刑律》和《大清新刑律》②。邹剑峰在对宁波近代法制变迁的研究中探讨了晚清刑事法律制度的改革对宁波产生的影响③。付育在对清末政治改革的路径研究时探讨了沈家本与晚清刑法领域的变革④。李春雷综合考察了清末民初时期刑事诉讼制度的变革问题⑤。李俊在对晚清审判制度变革的研究中考察了清末禁止刑讯、拖累、重众证定罪措施的出台和《刑事民事诉讼法》的上奏与论争⑥。张从容在对晚清法部与大理院权限争夺的讨论中介绍了"恤刑狱"的改革⑦。欧阳跃峰在考察徐世昌与东北

---

① 王浩：《清末诉讼模式的演进》，中国政法大学博士学位论文，2005。
② 音正权：《刑法变迁中的法律家（1902~1935）》，中国政法大学博士学位论文，2001。
③ 邹剑峰：《宁波近代法制变迁研究》，华东政法学院博士学位论文，2007。
④ 付育：《清末政治改革的法律路径——沈家本法律改革思想研究》，吉林大学博士学位论文，2006。
⑤ 李春雷：《清末民初刑事诉讼制度变革研究》，中国政法大学博士学位论文，2003。
⑥ 李俊：《晚清审判制度变革研究》，中国政法大学博士学位论文，2000。
⑦ 张从容：《晚清司法改革的一个侧面：部院之争》，中国政法大学博士学位论文，2003。

新政的关系时，探讨其废止刑讯的改革①。贾孔会从宏观的角度探讨了清末刑法制度改革的背景、过程、内容和影响②。陈浩考察了沈家本与《大清新刑律》的出台③。宋加兴以清末新刑律的制定为视角考察了沈家本的法律思想④。蔡道通以社会经济状况为分析单元考察了清末刑法改制中法律与社会的互动过程⑤。王瑞考察了清末刑律改革中对日本的学习与仿效⑥。杨智平、黄国耀对清末新政时期刑法变革的历程、变革内容及其体现的现代刑法精神进行了考察⑦。费成康从清末刑律改革的内容和从新旧刑律的比较中对清末的刑律改革作了论述⑧。学者们从不同角度对清末刑法改革各自进行了独到的研究，对于清晰地认识清末的刑法改良具有积极的意义。但是仔细观之却不难发现，现有的研究成果大都是较为宏观的，或者是某个侧面展开研究，而在清末刑法改革的过程中，清廷是不断的征求各省的意见后经过研究方上升为法律的，各省在刑法改良过程中直接负责签署和提修改建议的是提法使。作为一省最高司法行政机构的提法使无论是在刑法文本的改良和制定，抑或是其施行过程中都具有举足轻重的地位，然而以前这一过程却长期未能进入学界的视野。那么在提法使为载体和中心的互动平台之下，对清末刑法改良的历史进行重新考量，似乎本来已经清晰的历史，逐渐开始变得模糊，以提法使为支点和视角进行考察的这一段历史应该如何书写，成为摆在学者们面前的一个新问题。在这个过程中提法使与清廷及督抚之间究竟是怎样的一个互动过程？刑法制定和颁布后在全国通行，必须接受各省的回应。各省占了全国大部分疆域，在各省执行的成效如何，直接影响着整个刑法改良的进程，各省提法使是一省之内负责刑法执行的最高机构，其在这个过程中的表现与作用如何，尤其显得重要。然而，提法使在刑法改良中究竟是怎样的一个运动过程，直到目前依然没有进入学界的视

---

① 欧阳跃峰：《徐世昌与东北新政研究》，安徽师范大学硕士学位论文，2005。

② 贾孔会：《清末刑法制度改革刍议》，《学术论坛》2003 年第 2 期。

③ 陈浩：《百年回眸谁与功——记清末修律大臣沈家本与〈大清新刑律〉》，《书屋》2005 年第 2 期。

④ 宋加兴：《从清末新刑律的制定看沈家本的法律思想》，《浙江学刊》，1984 年 5 月。

⑤ 蔡道通：《法律与社会：清末刑法改制的互动考察——以社会经济状况为分析单元》，《淮阴师范学院学报》2004 年第 4 期。

⑥ 王瑞：《略议清末刑律改革中对日本的学习与仿效》，《山东省农业干部管理学院学报》2003 年第 1 期。

⑦ 杨智平、黄国耀：《论清末"新政"时期的刑法改革》，《哈尔滨学院学报》2006 年第 1 期。

⑧ 费成康：《论清末的刑律改革》，《政治与法律》1983 年第 4 期。

野，在整个清末刑法改革的历史大剧中一直处于缺位和失语的状态，这种情况与整个清末司法改革的研究现状也不太协调，加之资料的存留也给展开进一步研究提供了前提，这一切都使得在现有成果的基础上继续拓展研究的空间显得必要。所以，笔者力图通过对有关资料的梳理呈现提法使在清末刑法改良过程中的本来面目，希冀推进学界对这一领域的研究。

提法使在刑法改良中的作为主要体现在参与刑法的制定和刑法颁布后的施行两个方面。

一 刑法的制定、修改与提法使职能的转换

对新刑律的签注。光绪三十四年（1908年）至宣统二年（1910年）之间，清廷在刑律总则和分则草案制定完成后向全国各省征求意见。各省皆是在督抚的命令之下由提法使或按察使直接负责。这一时期遗留下来的奏折中对此多有显现。① 各省提法使也相应做出了各自的反应。有的经过考订和签注后表示同意，没有提出任何建议，如浙江提法使李传元、江苏提法使左孝同、湖北按察使杨文鼎、河南按察使惠森等；有的则对此表示冷漠而反应迟缓，如江西按察使陆钟琦，山西按察使志森则提出新刑律应该把中国传统的名教纲常吸纳进去。

秋审改革中提法使职能也发生了相应的转换。清末刑律改良中提法使成为亮点的第二个方面是秋审改革。秋审是清朝刑事诉讼制度的一个程序，源于明代的朝审。具体职能是死刑复核。中国古代的司法与纲常名教等儒家传统道德和礼法紧密相连，认为户婚、田土、经济纠纷等民事案件皆为"细故"，这样的小案件里甲长都可以处理，但是一直认为人命关天，这种思想在中国古代的立法中被体现出来，而且历经二千余年相沿不变。为了更为严格具体地体现和

---

① 《浙江巡抚曾韫复奏刑律草案有不合礼教民情之处择要缮单呈览折》，故宫博物院明清档案部编《清末筹备立宪档案史料》，中华书局，1979，第856页。《江苏巡抚陈启泰复奏新定刑律与礼教不合之处应酌加修订折》，故宫博物院明清档案部编《清末筹备立宪档案史料》，中华书局，1979，第857页。《湖光总督陈夔龙复奏新定刑律与政教难符应详加修改折》，故宫博物院明清档案部编《清末筹备立宪档案史料》，中华书局，1979，第861页。《江西巡抚冯汝骙奏刑律草案不合伦常民情各条择要缮单呈览折》，故宫博物院明清档案部编《清末筹备立宪档案史料》，中华书局，1979，第867页。《山西巡宝棻奏刑律草案签注呈览并陈名教纲常应特立防闲折》，故宫博物院明清档案部编《清末筹备立宪档案史料》，中华书局，1979，第868页。《河南巡抚吴重熹奏签注刑律草案缮呈览并陈制律应顾立国本原折单》，故宫博物院明清档案部编《清末筹备立宪档案史料》，中华书局，1979，第870页。

强化这种观念，明代永乐至天顺年间出现了朝审制度。清袭明制，把朝审制度继承下来，并发展出了秋审制度。秋审制度号称一代"秋谳大典"，主要是针对封建专制政体下行政兼理司法的弊端，为了防止因审判人员和其他执法人员的非专业化、非职业化，加之政务繁忙，身心混乱造成的冤假错案而采取的一种死刑复核程序，同时也是一种司法审判制度。在每年秋天由清廷各部、院、寺长官联合会审，专门以死刑监候为审录对象而进行的死刑复核程序（包括斩监候和绞监候），并由最高统治者掌握最终决定权。案件经过审理后分为四类：情实、缓决、可矜和留养承嗣。但从明清两代施行的效果来看，更大程度上是一种剧场国家的政治仪式，其形式意义远远大于实质意义①，宪政编查馆在核复修订法律大臣所奏之变通秋审复核旧制折中表达了对其真实运行状况的不满与切肤之痛，"历来秋朝审复判之时，供勘纷繁，晷刻迫促，在未习律例者固难置一词，即稍明法理者亦难于定断，是以朝审之复核大臣及九卿之驳正者恒不多见，久同虚设，外省督抚、布政司各道之与秋审者更不过随例公坐，其临时改定罪名者亦罕所闻，实与刑名鲜有裨益"。②

由于秋审制度极其繁琐，导致运行成本长期居高不下，耗费了国家大量的财力、物力、人力，同时在实际运行中不能完成平反冤狱、爱惜人命、维持社会正义的制度设计，而且，不断发生在押解中逃跑、复审时来回翻供等情况。这些内在的缺陷注定了这一制度终将走向消亡的历史命运。到了晚清，西人侵华，清廷内忧外患，财力再也无法支撑下去，同时西方法制理念的不断输入对这一制度不断地发生冲击和碰撞，使王朝独尊、天朝上国时代掩盖的缺陷暴露无遗，使其继续存在下去困难重重。清末以降，法制改革开始之后，秋审制度的存废，至少是改革，自然而然的被清廷正式提上议事日程。

宣统二年（1910 年）二月，修订法律大臣沈家本等上奏变通秋审复核旧

---

① 本部分在写作过程中参考了如下成果，在此一并致谢。陈爱平、杨正喜：《试论清朝的秋审制度》，《江汉论坛》2004 年第 7 期。张天禄：《朝审，秋审，热审》，《河北法学》1984 年第 4 期。龙山：《浅析清代秋审制度》，《法制与社会》，2008 年 10 月（上）。孙家红：《视野放宽：对清代秋审和朝审结果的新考察》，《清史研究》2007 年第 3 期。李燕华：《清代秋审制度研究》，山东大学硕士学位论文，2008。张红生：《我国古代死刑复核制度研究》，山东大学硕士学位论文，2007。陈秀敏：《中国古代死刑慎用研究》，吉林大学硕士学位论文，2006。

② 《宪政编查馆奏核覆修订法律大臣奏变通秋审复核旧制折》，《大公报》宣统二年三月廿三日，1910 年 5 月 2 日。第二张，（12），8；又见《申报》宣统二年三月廿六日，1910 年 5 月 5 日，（106），73。

制以巩法权折，提出这一制度不能遽然停止，但是必须做出变通，理由有三，（一）已经具备了实现"严杜构陷之弊"的立法本意更为有利的条件。法院编制法已经颁行，法官经慎选而来，实行四级三审和合议制度，律师制度开始，审判公开，审理的结果是更为公平、公正的。（二）宣统元年（1909年）十二月二十八日，清廷颁布上谕，划分司法权限，实行司法与行政分立，如果不变通，就是典型的行政干预司法，与上谕相悖。（三）秋审制度由行政官兼理无法胜任审判对司法的专业性、职业性的要求，非专业性加上短时间内处理一年的积案不可能实现有效处理的事实。

秋审制度无论是改制前还是改制后都与提法使（或按察使）紧密相连，改制前秋审人犯是由提法使（按察使）与布政司和督抚会审的方式进行，改制后外省人犯由提法使（按察使）专制审勘，缮具招册后咨呈法部核议①，"京外高等地方审判各厅所定死罪案件系监候人犯在京由该部汇案办理，在外由该省提法使照例分别实缓汇案申报法部，照例核办"②。督抚、布政司会审制度结束。

当然，秋审改制之后的招解、勘转已经仅限于未设审判厅地方，已设审判厅地方改制之后秋审之制随之取消。秋审改制，提法使专理秋审之后，继续沿袭距省辽远之府厅州县人犯免其解省旧制，未设审判厅地方秋审人犯，皆由提法使或按察使就原案核办秋审后申报法部会奏，不再专门招解至提法使衙门审勘③。

为了更为清晰地呈现秋审改制前后提法使职能的差异，我们将通过对其删改前后的文本进行对比分析考察。刑律修改一共主要在三个方面进行，分别为犯罪存留养亲、鞫狱停囚待对、断罪不当。原文如下（编号为笔者所加）。

1. 犯罪存留养亲

谨按宣统二年（1910年）三月十六日宪政编查馆奏，议复臣家本等

---

① 《宪政编查馆奏核覆修订法律大臣奏变通秋审复核旧制折》，《大公报》宣统二年三月廿二日，1910年5月1日，第二张，（12），3；又见《申报》宣统二年三月廿四日，1910年5月3日，（106），41。

② 《宪政编查馆奏核覆修订法律大臣奏变通秋审复核旧制折》，《大公报》宣统二年三月廿三日，1910年5月2日。第二张，（12），8；又见《申报》宣统二年三月廿六日，1910年5月5日，（106），73。

③ 《宪政编查馆奏核覆修订法律大臣奏变通秋审复核旧制折》，《大公报》宣统二年三月廿三日，1910年5月2日。第二张，（12），8；又见《申报》宣统二年三月廿六日，1910年5月5日，（106），73。

请变通秋审复核旧制折内称，外省秋审由督抚、布政司会审，京师朝审派复核大臣及会同九卿审录之制均即停止等因，奉旨依议钦此，钦遵在案，以上第一条法部会同各部院句应删，朝审应改为京师秋审，后二条督抚字样应改为按察使或提法使以符定制，谨将修改例文附列于后。[1]

修改

一、凡死罪案件除谋故杀及连毙二命，秋审时应入情实无疑之犯，虽亲老丁单毋庸声请留养外，其余各案核其情节，秋审时应入可矜者。如有祖父母、父母老疾应侍，及孀妇独子，伊母守节二十年者，该省按察使或提法使查取各结声明具奏法部随案核覆声请留养。其余秋审并非应入可矜之案，于定案时止将应侍缘由声明，不必分别应准、不应准字样，统俟秋审时法部核定后，先将此项人犯开单进呈恭候钦定。俟奉有谕旨，法部札行该省按察使或提法使将准留各犯饬令该管州县取具犯属族邻人等甘结，加具印结详报并追取收赎银四十两。如案关人命以一半给死者家属养赡，一半入官，将该犯保释存留养亲。若定案时非例应留养之人，迨至本届秋审或已经秋审一次归入旧事缓决以后，核其祖父母、父母已成老疾或伊母守节年份符合，以及成招时家有次丁，嗣经身故或被杀之人先有父母，后经物故，与留养之例相符者，亦准其随时随案奏请留养，京师秋审案件一体遵行。至留养之后复有不安分守法、别生事端，无论罪行轻重，即照现犯定拟，不准再行声请。一、殴妻致死之案除亲老丁单或孀妇独子应准查办留养外，如父母已故别无兄弟子孙，该省按察使或提法使于定案时将应行承嗣缘由声明法部，俟秋审后与寻常留养人犯一体开单进呈。其或定案时声请留养之犯遇有父母先存后故与承嗣之例相符者，该省按察使或提法使亦于秋审时确查报部，统俟奉有谕旨再行取结办理，惟所追脏银尽数入官。一、凡卑幼殴死本宗、期功尊长，定案时皆按律问拟，概不准声请留养。其有所犯情节实可矜悯，奉旨改为绞监候者，统俟秋审情实二次蒙旨免勾奏明改入缓决之后，由该省按察使或提法使查明该犯应侍缘由，于秋审时报部核办。至殴死本宗缌麻外，姻功缌尊长非有亲老丁单应行留养，均俟法部于秋审时分别准留、不准留开单奏明办理。[2]

---

[1] 《宪政编查馆会奏现行刑律修改各条清单》，《大公报》宣统二年四月廿三日，1910年5月31日，第二张，（12），175。

[2] 《宪政编查馆会奏现行刑律修改各条清单》，《大公报》宣统二年四月廿四日，1910年6月1日，第三张，（12），183。

2. 鞠狱停囚待对

原修改例文

一各省审办无关人命徒罪案件，即照承审一切杂案扣限依次上详，无须解审，俟督抚批结后由该臬司按季汇齐，于每季后二十日内造册详报该督抚。该督抚于二十日内出咨报部，总不得过一个月之限。有关人命徒罪案件仍照审理命案例扣限解审，由督抚专案咨部核覆。如有审办逾限及造报迟延者交部议处。谨按例内咨部核覆局拟改为咨院复判以符定制，谨将修改例文开列于后。①

修改

法部秋审人犯勾到时先期知照步军统领衙门，临时派步军役一员护送，行刑时给事中及法部侍郎一人监视。

一每年秋审勾到后，大学士会同法部将已勾、未勾情节摘叙简明事由奏闻，札行各省按察使或提法使于处决时揭示通衢晓谕。京师秋审人犯由法部榜示。

一秋审情实之犯有经十次未勾者，法部查明奏闻改入缓决，不得擅改可矜。其服制人犯俟两次免勾之后，大学士会同法部堂官将人犯招册复加详勘，其有实在情节可宽者，摘叙实情确加看语，请旨改入缓决。

一秋审官犯法部于每年终汇开清单具奏一次，单内将所犯事由罪名及监察年份并该犯年岁注明。

一每年秋审新事人犯，凡例应情事及实、缓、矜、留未定，应归入秋审册内核办者，备叙案由加具看语以凭核办，并刊刷招册暨旧事情实，未勾人犯招册分送给事中各道存查。至缓决人犯，除新事随本拟缓者由法部缮单具奏外，其旧事人犯亦由法部汇齐摘叙简明节略缮单具奏，毋须备册以省繁冗。

一各省秋审人犯，按察使或提法使定奏情实、缓决、可矜造具秋审后尾限五月内申送法部。法部就原案加具看语，刊刷招册咨送给事中各一册，按勾到日期前五日请旨定夺，俟命下日先后咨行直省，将情实人犯于霜降后、冬至前正法。其咨文到地方限期，云南、贵州、四川、广西、广东、福建限四十日；江西、浙江、湖南、甘肃限二十五日；江苏、安徽、陕西、湖北限十八日；河南限十二日；山东、山西限九日；直隶限四日；奉天限十五日；吉林、黑龙江限一周月。限内迟延不到者该督抚将迟延地

---

① 《宪政编查馆会奏现行刑律修改各条清单》，《大公报》宣统二年五月初三日，1910 年 6 月 9 日，第三张，(12)，231。

方官查明指参①（原文按察使或提法使皆为督抚字样）。

一各省应入秋审人犯，除例应情实及实、缓介在疑似。并矜、留暂虽确定各案，仍照旧一体归入秋审册内核办外，其应入缓决毫无疑义者，于定案具奏时妥拟确实出语随本声明酌入缓决。按察使或提法使每年册送后尾时，将随本奏准拟缓各案令分一册，法部汇齐此项人犯案由罪名，再行缮单复奏一次。②

删除

各省每年秋审核办招册务须先期定稿，陆续移咨在省司道，会同虚衷商榷，联衔具详督抚亲核定拟。至期，会审司道等官俱赴督抚衙门办理。

一秋审人犯解省之时，俱令各州县径行解司，仍报明该管各府审后，亦即由司发护牌分发各州县收禁，仍会同行知各县府。

各省府州秋审人犯应解由臬司转行解院审理，其距省辽远之州府所属秋审人犯均免其解省……准部咨及已经接准部咨各案，逐一亲加研鞫，造册移报院司汇核，不必会同该府。当有鸣冤翻异者即将本犯解省，听候院司复审。如有须行补入之案补勘移报，当该道不实力奉行或有冤抑不为昭雪或任犯混供率行解省，该督抚严参究治。其余距省辽远之府州所属，例内未经赅载者亦照此办理。

谨按以上八条皆从前京师部院会审，在外督抚司道会审及秋审解勘之法均与新章不符，拟请一并删除。③

3. 断罪不当

原修改例文

外省审奏案件遇有不引本律、本例，定拟妄行援照别条减等者，法部、大理院即将本案改正，仍由法部将该督抚、臬司参奏，毋庸再行驳令另拟。

修改

把原文督抚、臬司换成了"承审官"。④

_____

① 《宪政编查馆会奏现行刑律修改各条清单》，《大公报》宣统二年五月初五日，1910年6月11日，第三张，（12），243。

② 《宪政编查馆会奏现行刑律修改各条清单》，《大公报》宣统二年五月初七日，1910年6月13日，第三张，（12），253。

③ 《宪政编查馆会奏现行刑律修改各条清单》，《大公报》宣统二年五月初八日，1910年6月14日，第二张，（12），257。

④ 《宪政编查馆会奏现行刑律修改各条清单》，《大公报》宣统二年五月初十日，1910年6月16日，第三张，（12），271。

阅读全文我们会发现修改以后的刑律具有这样一种特征，即在各省由督抚、臬司、布政司会审共同履行的程序或原来督抚履行的程序换成了提法使，无论是对情实、缓决，还是可矜、留养承嗣，尤其是在有关留养承嗣的案件中之存留养亲事宜对提法使的职能界定尤为清晰，对缓决案件中的招解、勘转也用力尤多，从而使秋审开始走向专业化和职业化，同时也反映了清廷对提法使在秋审改制中的作用寄予了很大期望。①

在清末的刑法改良中，除了秋审改制中提法使的职能转换外，在死罪施行的改革中也赋予其较高职权以促进死罪施行的改革。宣统二年（1910 年）二月，法部上奏酌拟死罪施行详细办法折，经过宪政编查馆的核议得到批准，其中对提法使和提法使在其中的职责作了详细规定与说明：

> 拟请嗣后凡大理院所定死罪案件无论系复判、现审，其定罪具奏时均拟请旨饬下法部查照施行，一面由该院将供勘稿件咨送法部备查，至京外高等地方审判厅所定死罪案件，判决确定后，在京由各该检察长，在外由各该检察长呈由提法使。②

> 至京外高等地方审判各厅所定死罪案件业奉特旨准其毋庸复核解勘，自应遵行确定判决之制，拟请嗣后京外高等地方审判各厅所定死罪案件判决确定后在京由各该检察长逐起将全案供勘缮册呈报法部，在外由各该检

---

① 存留养亲是中国古代的一种缓刑制度，源于北魏时期，主要是针对死罪人犯还有年龄在七十以上的父母或祖父母尚在，没有成人子孙，也没有其他亲人的情况下，经过申请和有关办案官员的上奏等程序，最终获得皇帝批准减刑。该制度的出现与存在是建立在中国古代"孝"的观念的基础上的，具有曲法纵情的特征，反映了中国古代法律儒家化、道德化、伦理化的内在特质与思想倾向。参阅陈朝勇《北魏留养制度初探》，《池州学院学报》2009 年第 2 期。王小丰：《存留养亲及其价值分析》，《广西政法干部管理学院学报》2004 年第 3 期。吴昊：《存留养亲制度对我国刑罚制度建设之借鉴》，《法制与社会》，2009 年 7 月（下）。张纪寒：《存留养亲制探源》，《中南大学学报》（社会科学版）2003 年第 4 期。刘希烈：《论存留养亲制度在中国封建社会存在的合理性》，《当代法学》2005 年第 3 期。李艳君：《论清代的"存留养亲"制度》，《中北大学学报》（社会科学版）2006 年第 4 期。吴建璠：《清代的犯罪存留养亲》，《法学研究》2001 年第 5 期。赵文健：《中国古代法制建设中的情与法——以清代犯罪存留养亲为例》，《信阳农业高等专科学校学报》2007 年第 3 期。吴昊：《存留养亲制度流变探析》，西南政法大学硕士学位论文，2005。沙金：《存留养亲制度研究》，吉林大学硕士学位论文，2007。夏静：《我国古代存留养亲制度研究》，南京师范大学硕士学位论文，2008。王淑霞：《我国古代的存留养亲制度》，山东大学硕士学位论文，2008。

② 《宪政编查馆奏核议法部奏酌拟死罪施行详细办法折》，《申报》宣统二年三月初十日，1910 年 4 月 19 日，（105），797。

察长或监督检察官逐起将全案供勘缮呈提法使申报法部，例应专奏者改为专申，例应会奏者改为汇申。其申报到部后系监候人犯，在京由该部汇案办理，在外由该省提法使照例分别实缓汇案申报法部，照例核办。系立决人犯应请旨行刑者，由该部具奏，折内只叙原判所定罪名，分别应斩应绞，毋庸录供供勘，奉旨后札行各该检察厅遵依奉行，如此分别办理，即附死囚奏报之旧制，亦合审判独立之精神，洵足便执行而杜纷扰，此折中原拟以求允当者一也。①

在死罪施行中，提法使职能变化最明显的特征是由解勘转向复核。秋审改革前，按察使虽然也有复核的职能，但是它的这一职能是通过与布政使及督抚的会审实现的，而在这个过程中，由于督抚位高权重，复核的最终结果受到督抚态度的影响更为明显，按察使在某种意义上来说只是一种陪衬。而其主要职能只是一个负责招解和勘转的机构。秋审改制后，废除了按察使与布政使及督抚会审的制度，由新改设的提法使负全责。招解和勘转降为第二位的职能。这种改革扩大了提法使的权限，也使复核职能更加专业化，是具有积极意义的。但是，死刑复核中涉及的存留养亲案件仍然是以中国传统的礼法、名教等道德标准作依据的，反映了中国传统上"礼"的观念对"法"的深刻影响，也反映了清末法制向近代转型的过程中依然对传统法文化有所保留。

综上可以看出，提法使在推动刑法改良的同时，自身的职能也随着刑法的变革发生了一些变化，这是一种双向互动的过程。在这个过程中，刑法得到改良和完善，提法使也逐步摆脱了旧的按察使职能与痕迹，逐渐演变为一个近代化的法制机构，从而实现了互惠双赢。

刑法改良不仅仅是文本的修订与删改，更重要的是执行。各省提法使是钦命的执行者②，所以各省的执行情况与各省提法使休戚相关。那么事实真相究竟如何呢？

不可否认，提法使对刑法改良后的推行，和在司法实践中的运用、执行，是发挥了一定的效力的。

---

① 《宪政编查馆奏核议法部奏酌拟死罪施行详细办法折》，《申报》宣统二年三月十一日，1910 年 4 月 20 日，（105），813。

② 《颁发各省新刑律》，《大公报》宣统二年十月初八日，1910 年 11 月 9 日，（13），371。

宣统二年（1910 年）三月，新刑律改定刚刚完成，江苏提法使左孝同便具详督抚准外办人犯仿新刑律办理。文曰："近来州县每遇杂案人犯，非宽纵不办，即希图省事，滥请监禁，寥寥数语，一禀了事。即不查案录供，确细具详，亦不援引何例，应科何罪，酌定监禁年限直全凭己意为之。决不按诸法理，不特非慎重刑章之道，且恐在有如奉贤县之率行监禁，外结人犯设或疏脱，未免办理为难。应请通饬各属，嗣后审办人犯总须确叙案情，讯录供词，按照律例拟办。即使纵权外办，亦须略仿前奉法律馆所拟刑律草案，按其罪名轻重，再照有期徒刑之分别年限具详请示，至无期徒刑即永远监禁之意，非所犯已近死罪不得遽议。庶使各牧令稍知遵守法律，是否有当详祈示遵"。① 很快获得了批准。

宣统三年（1911 年）三月，奉天提法使吴钫咨呈东三省总督锡良，提出按照旧例判决的监候待质人犯根据各自案情改为按照现行刑律办理。原文为："宣统二年（1910 年）五月二十九日大理院奏，从前审拟监禁待质人犯按照现行刑律分别罪案办理一折内称，此次修订刑律，以待质本非古法，将人命等案旧例所定待质十年、五年及三二年者一概删除，强盗案件则仍令待质三年例，意既与从前不同，斯办法自应以新例为断，请将从前待质未满年限各犯改依新律核办等语，当经奉旨允准在案。查高等审判厅自开办以来，按照旧例待质案件尚有六起，内无强盗案件，拟援案即依新律将已拟罪名者分别收所习艺，未拟罪名者取具的保释放，以免久羁囹圄，用示体恤"。② 经过锡良咨呈法部转奏清廷获得批准。

监狱改良是刑法改良的重要部分，因为在刑法改革者的眼中，监狱是刑法的执行机关，刑法改良最终要通过监狱改良方能实现，没有监狱改良的刑法改良只是一纸空文，沙中建塔。各省提法使在这个环节中也发挥了一定的积极作用。如宣统二年（1910 年）七月，陕西提法使锡桐在刑律改良后对推进立决人犯的行刑方式改革做出了贡献。当时世界的死刑行刑的潮流是奉行秘密主义，而中国传统上一直是杀鸡骇猴、杀一儆百的理念，秉承的是一种强烈的国家剧场色彩、政治仪式性质的公开行刑，恰好与西方兴起的人道主义精神相悖。经过锡桐与护理陕西巡抚及法部之间的交涉，在模范监狱内秘密行刑获得

① 《苏臬详准外办人犯仿新刑律办理》，《申报》宣统二年三月初五日，1910 年 4 月 14 日，（105），709。
② 《法部奏旧例监候待质人犯拟请分别案情遵照现行刑律酌核办理折》，《大公报》宣统三年三月二十三日，1911 年 4 月 21 日，第三张，（14），611

批准。这一事件加速了中国行刑方式的改革和与西方的接轨，也在客观上推进了中国的监狱改良。①

二　提法使与新刑、民法的改良

提法使与督抚的矛盾从提法使议设之始便存在并贯穿始终，在诸多方面都有反映。在清末法律改良中，也不例外，且较为突出。清末法律改良在具体执行的过程中出了一些问题。主要的症结依然缠绕在提法使与督抚的权限之分上面。由于中国采用的是制定法，也叫成文法，是通过列举的办法对应该做或不应该做、应该由谁做等作出规定，虽然这种方法是在实践的基础上，依据有关法理制定而成，但是这种法律不可能把所有情况都设计进去，更不可能预见将来发生的情况，具有天然的滞后性，而这种弊端是经过实践的检验才能暴露出来。清末修订的刑法也是如此。

宣统三年（1911 年）六月，湖广总督瑞澂因为招解和是否无论轻重罪均毋庸禀详督抚二事咨询宪政编查馆和法部。瑞澂认为宣统二年（1910 年）咨覆奉天巡抚时所说"未设审判厅地方寻常招解到省之案不论翻供与否，均归高等厅勘转报司"与奏定死罪施行办法互相冲突。瑞氏多次电咨宪政馆与法部要求解释，均石沉大海。后来，宪政馆和法部颁行《变通解勘事宜折》中有"未设审判厅地方解勘案件改隶道府、直隶州复审"的规定，此问题得以解决。瑞澂提出原奏中说的"复审无异详司核办"一语意思不明晰。原奏中有"凡经由高等审判厅审理之案均毋庸督抚奏咨"的规定，与《宪政馆咨覆东督解释法令折》中规定的未设审判厅地方道府直隶州复审案件首先上报到提法使，再由提法使径达部院相矛盾。他还说根据司法独立的精神，理应无论轻罪重罪皆由提法使直接报法部。如何定谳督抚无权过问，以后各种案件都不必再禀详督抚，包括命盗、开参等司法行政事项皆在其内。② 瑞澂明知命盗、开参等事项离不开督抚的协调，故意表示各种案件皆不必禀详督抚是一种以退为进的策略，瑞氏以此策略与清廷周旋，其背后的动机是继续维持其既有的司法权。

宪政馆的回复文字不多，似乎表达的意思清晰，但是文字背后之意却耐人

① 《法部收复护陕抚电》，《大公报》宣统三年七月十三日，1911 年 9 月 5 日，第三张，（16），29。

② 《宪政编查馆收复各省督抚电》，《大公报》宣统三年六月初四日，1911 年 6 月 29 日，第三张，（15），357。

寻味，大致意思一共四层，一是馆部屡次奏章都是为了划清司法行政权限，维护司法独立。二是缉命盗重案事关司法警察仍属行政范围，府厅州县官应负缉捕之责，逐案仍需详报督抚，所有承缉处分无论已未设审判厅地方均照旧由督抚办理。三是未设审判厅地方各官承审判处分则由法司报由法部核办。四是关于大理院复判如系经过审判厅审理的案件不再需要大理院复判，道府直隶州复审案件仍然应该由大理院复判。①

细读鄂督与宪政馆的往来函电，表面是双方从理论上讨论司法问题，但字里行间却暗藏玄机。两广总督瑞澂以维护司法独立之名，名义上提出省内一切案件不论大小皆由提法使及其所管理的审判机构负责，所有案件皆可以不再禀报督抚，实质上隐藏着的意思是通过把缉捕任务丢掉，向清廷施加压力，借此之机向清廷展示没有督抚的参与在地方上办事将会陷入一种什么样的处境，显示其自身的重要，主动放权的背后是对权力的继续争夺与竭力挣扎。宪政馆也是打着划分权限、司法独立的招牌试图论证自身的行为和所奏及颁布的一切奏折在此意义上具有天然的合法性。而其自身掌控力的有限，却对其进行的司法改革提出了严峻的挑战。当督抚主动提出放弃司法权力时，宪政馆却以命盗重案事关司法警察仍属行政范围为由让督抚继续担负其责，这似乎与司法独立的精神相背离，这种解释也显得十分牵强。事实证明清廷中央的改革不可能在空中楼阁中进行，作为各省的地方也绝不是可以随意剪裁的花木，清廷中央每一次政策和法规的出台都要注重地方的反映。湖广总督瑞澂与宪政编查馆之间关于法律问题的讨论实质上反映了宪政馆与各省督抚之间的一场权力博弈。令人感到不幸和悲哀的是，名义上具有极其崇高地位的提法使，在这场博弈中只是一个被人拿来讨论和争夺控制权的对象，至多也就是个配角，他在这场历史剧目中的出演总是被人裹挟着，始终不能表达独立的话语。

各省督抚不断札饬提法使或臬司采取积极措施。如宣统元年（1909年）七月，浙江巡抚曾韫札饬臬司李传元饬杭州府将刑具一律缴销，并指示臬司秘密查访，对滥用刑讯的官吏严厉参处②。江苏提法使也不断地饬地

---

① 《宪政编查馆收复各省督抚电》，《大公报》宣统三年六月初四日，1911 年 6 月 29 日，第三张，（15），357。

② 《咨议局呈揭官吏刑讯之违章》，《大公报》宣统二年五月二十一日，1910 年 6 月 27 日，第三张，（12），335。《通饬各县销毁刑具之计划》，《申报》宣统元年七月廿六日，1909 年 9 月 10 日，（102），133。

方官遵行①。

　　尽管清廷不断对各省提法使施加压力，各省督抚也不停地向提法使发出饬令，敦促其严厉查处依然还在实施刑讯的官员，但是效果又是怎样的呢？在民间又产生了怎样的影响呢？

　　首先，从当时的媒体来看，媒体对法部饬令各省按察使和提法使积极推进废止刑讯的报道采用"刑讯果能停止乎？"之类的疑问语气，表达了对其施行效果的极端不信任②。

　　其次，各地官员或遵从按察使或提法使的命令，或提法使本身不够尽力，使得效果并不是太好。如江苏提法使李传元饬杭州府缴销一切刑讯器具之后，后者对其采取了阳奉阴违的态度，咨议局议员顾清廉依然看到勤县署内枷号未曾革除，接着发生南浔通判方倅滥用刑讯致死人命之案，各厅州县因寻常钱债细故，或为显官士绅所片送，辄加答责者时有所闻③。上元县令因为对王竹楼及蔡天太号东等使用刑讯，引起当地商会的联合反对④。江苏臬司委任的办案人员刘明府滥用刑讯的报道不断出现⑤。

　　对此状况，法部在通饬各省提法使的电文中也不得不发出"京师审判厅尚能遵行，惟各直省州县犹复视为具文，日久生玩，动辄借口非取供无以定谳，非刑讯无以取供"⑥，"停止刑讯一事本部已不啻三令五申，乃近闻各省州县于审讯案件时仍有专恃刑求者，殊与朝廷以改良审判之宗旨不合！"的慨叹⑦。直至宣统三年（1911年），清廷即将灭亡前夕，法部仍然不停地向清廷上奏折⑧，试图让这种局面有所改变，同时也让清廷能够继续延续下去。然而大势已去，大厦将倾之时的努力显得极为微弱和苍白无力，最终难挽救清廷走

①《刑讯商人之非法》，《大公报》宣统二年八月二十二日，1910年9月25日，第三张，(13)，126。
②《刑讯果能停止乎》，《大公报》宣统元年十一月二十五日，1910年1月6日，第二张，(11)，23。
③《咨议局呈揭官吏刑讯之违章》，《大公报》宣统二年五月二十一日，1910年6月27日，第三张，(12)，33。
④《刑讯商人之非法》，《大公报》宣统二年八月二十二日，1910年9月25日，第三张，(13)，126。
⑤《臬委讯案汇志》，《申报》宣统元年九月十九日，1909年11月1日，(103)，10。
⑥《法部奏停止刑讯各省多未实行请旨申诫严饬遵守折》，《大公报》宣统三年二月初八日，1911年3月8日，第三张，(14)，353。
⑦《刑讯至今尚未停耶》，《大公报》宣统二年十一月初七日，1910年12月8日，第二张，(13)，542。
⑧《法部奏停止刑讯各省多未实行请旨申诫严饬遵守折》，《大公报》宣统三年二月初八日，1911年3月8日，第三张，(14)，353。

向灭亡的命运。

提法使对民法改革的作用主要体现在清末全国范围内组织发起的民事法律调查，清廷认为"民事习惯视商事尤为复杂，非派员分省调查无以悉俗尚，而资考证"，决定由法律馆派员赴全国各地作实地调查，制定了《调查民事习惯章程十条》，规定各省提法使有责任协助完成该项调查，"本馆于光绪三十四年（1908年）奏定调查章程声明调查员应于调查之件，如有力所不及者，得随时商请咨议官协助办理等语，各省提法使、按察使业经本馆奏派为咨议官，调查员应即与商同妥办；调查民事必得该省绅士襄办方得其详，调查员应与面加讨论，至应如何约集各处绅士会晤，临时与调查局或提法使、按察使酌量办理；会晤时将本馆问题发交研究，询以有无异义，有疑而质问者应即为之解释，并示以调查之方法，答复之期限，至该府厅州县绅士无人在省，又不易约集者，应商由调查局或臬司将问题发交该府厅州县地方官转饬绅士研究，按限答复；各处答复必须时日，调查员势难坐候，应拟定限期，商由调查局或提法使、按察使随时催收，汇齐咨送本馆"。①

在清末民事习惯调查中，提法使既是领导者，又是咨议官。在召集各地绅士、协调调查员和绅士之间的关系，共同研究、群策群力、催收调查报告和问卷方面发挥了积极的作用，有力地推动了民事习惯的调查，对清末民法的早日出台起到了一定的推动作用。

第四节　推进监狱改良

一　监狱改良职能的由来

管理监狱是按察使的重要职能之一，按察使改设为提法使后，这一职能保留了下来，但是从意图上来看，二者对监狱管理的职能已有本质不同，按察使是采用旧式的方法管理旧式的监狱。改设之后的提法使被赋予了三大职能，其中之一就是推动旧式监狱向新式监狱的改良。在中国最早的提法使官制——奉天提法使官制中设有专门的典狱科，"掌全省监狱事件。凡考察监狱、改良及

---

① 《法律馆派员调查民事习惯》，《申报》宣统二年二月廿三日，1910年4月2日，（105），517。《法律馆通行调查民事习惯章程文附章程》，《大清宣统新法令》，上海商务印书馆，岁次乙酉孟秋，第16册，第32~33页。

狱中赏罚制度、核算囚粮、报销、调查罪犯名册、稽查押犯月报及监犯病故报告等项皆隶之";"掌全省习艺所事件。凡考察工作良否及所中管理赏罚制度,稽核罪犯做工成绩,调查罪犯名册,稽查做工年限,释放及病故报告等项皆隶之"。① 比之稍晚,即光绪三十三年(1907 年)出台的《宪政馆核订各省提法使官制清单》对提法使与监狱的关系表述为"监督",总体上来看是把奉天提法使官制向全国推行,设置专门的典狱科,"一掌改良监狱、推广习艺所等项事宜,二掌稽核罪犯工作成绩,及编纂监狱统计等项事宜"②;宣统元年(1909 年)九月十九日,法部专门为筹办模范监狱事宜札各省提法使司。法部认为"监狱一端实与新律有隐相维系之故,狱制一日不改,则新律万不适用,而修订法律为无效。而况泰西自十七世纪以来,早已经荷兰倡议改良监狱,英之约翰·华尔,德民继之,遂以牖起今日万国监狱之协议。我国长此不变,势必贻人口实,而商改会审为无效"。③ 宣统二年(1909 年)颁布的《提法使官制》把上述两个文件进一步法制化,在制度设计上也更为细化,用了十六条的篇幅规定提法使典狱科的职能。

该官制规定提法使衙门的典狱科对旧有和新设的监狱都要承担起改良的责任。《监狱法》颁布之前,由典狱科拟定暂行规则,经提法使核准后施行。对监狱和习艺所的建造、推广、调查、赏罚、预算、稽核等,皆在提法使的领导下,由提法使衙门典狱科具体负责。审判厅附设之看守所和未设审判厅各属之候审所、待质所,亦由典狱科稽查,并由提法使派员巡视。对于拖延不审、长期不能结案的案件,提法使负责札催。监狱、习艺所、看守所、待质所等机关人员的选拔和任用,由提法使衙门制定规则,在提法使的领导下进行。提法使组织人员编纂监狱统计。各部院通行通饬狱务事宜,由提法使贯彻执行。④

---

① 《酌拟奉省提法使衙门及各级审判厅检察厅官制职掌员缺折》,《退耕堂政书》卷十,第 562~566 页。
② 《宪政馆核订各省提法使官制清单》,《申报》宣统元年十月廿四日,1909 年 12 月 6 日,(103),562。
③ 《法部咨筹办模范监狱将预算成立之期报部札提法使分行文》,《大清宣统新法令》,上海商务印书馆,岁次乙酉孟秋,第 9 册,第 38~39 页。
④ 《清法部奏定提法使办事划一章程》,《各省审判厅判牍》,第 345~350 页。亦见《法部编定提法使办事划一章程》,《大公报》宣统三年四月初五日,1911 年 5 月 3 日,第二张,(15),15;宣统三年四月初六日,1911 年 5 月 4 日,第二张,(15),21;宣统三年四月初七日,1911 年 5 月 5 日,第二张,(15),27;宣统三年四月初八日,1911 年 5 月 6 日,第二张,(15),31;亦见《申报》宣统三年四月初六日,1911 年 5 月 4 日,(112),61;宣统三年四月初七日,1911 年 5 月 5 日,(112),77。

从该官制中可以看出，清廷决策部门通过授权的方式，令提法使担负起对监狱管理和改良的责任，似乎对新生的提法使充满期待。但是，该官制亦反映了提法使官制的不成熟和过渡、试验的性质。清廷的本意依然是把提法使作为一个执行机构，是中央政策的执行者，绝非各省法制体制和运行的决策者。监狱法和司法机关人事选拔等方面的法律颁布之后，提法使的任务就变为在清廷中央制定的法律、法规的框架下开展自己的工作。提法使在设立之初被赋予较多的自由裁量权，是清廷迫于法律、法规不健全，条件尚不成熟的无奈。那么，在这一背景下，提法使在清末监狱改良中究竟发挥了怎样的作用呢？

在整个清末时期，提法使始终没有走出过渡和试验的阶段。所以，其具体的施政行为也鲜明地体现了这两个特征。因为法律、法规不健全，提法使被赋予较大的自由裁量权，所以试图有所作为的提法使会审时度势、主动出击。因为清廷制度设计的初衷是把提法使打造成一个执行机构，所以，从一开始，执行中央命令的职能就表现得比较明显。但是，由于督抚的强势和督抚与清廷及提法使的博弈中不断显现的优势地位，迫使提法使执行本省督抚的命令，成为其工作的重要部分，所以，提法使对监狱改良所做的工作，既有主动为之，又有被动受命而为。主动为之表现在各省提法使为了本省监狱的改良事业积极主动的制定策略并付诸实践，被动而为主要是执行法部和本省督抚的命令而做的改良工作，这两方面都对监狱的改良起到了一定的推动作用。

在提法使管理监狱的过程中，各省具体条件的不同和提法使个人素养与气质的不同，产生了管理模式的巨大差异，所以各省提法使的狱政管理方法和模式也多有出入。但是，总体来说，各省提法使对监狱的管理和改良还是比较重视的。如安徽提法使说："当此司法改良之时，狱政至关紧要，断不容因仍故习，致司法前途有碍进行。"[1] 并规定有关监狱管理机构把监狱改良情形详细上报提法使，允许有关监狱管理机关拟定监狱改良办法上报提法使，如果较为合理可行，便由提法使通饬全省施行。为了推进监狱改良，各省提法使除了发挥自身的主观能动性之外，还注意听取下属监狱管理机构的意见和建议。如安徽提法使不断地与颍州府进行互动，并采纳其"四宜六忌"的建议和具体清

---

[1] 《安徽提法使批颍州府长守详拟监狱办法十三条呈请核示文》，《各省审判厅判牍》，第282页。

折十三条①。

　　清廷从一开始就把监狱改良作为法制改革的重要部分，宣统元年（1909年）九月初一日，法部在其奏陈第二年第一届筹办成绩折内奏准，"各省建筑模范监狱统限宣统三年以前一律告竣，府厅州县旧有监狱，以各省新筑之监狱为模范，于单开，推广各府厅州县审判厅年限，期内一并改筑，行令查照办理，并绘图贴说，将预算之期报部"，并咨行各省全国通行。②

　　宣统二年（1910年）二月，法部开会讨论改良监狱事宜，把其作为法制改革的入手办法，制定了由各省督抚臬司领导改良的方案，期限为三个月，逾期法部派员到各处详细调查，若有敷衍情形，不仅该处的监狱官要受到处罚，该省督抚和臬司也要受因领导不力而担负连带责任，受到参处。③

　　宣统二年（1910年）十一月，法部将搜集到的关于改良审判和改良监狱的各家学说配上案例，编印成书，通行各省提法使转发各省司法衙门，供其详细研究。④

---

①　四宜六忌：宜洁以资卫生；宜整以便瞭望；宜分以绝引诱；宜坚以防破越。忌秽，疾病传染，死亡必多；忌嚣，人声噪杂，易滋事端；忌暗，深夜昏黑，艰于巡察；忌近市，囚犯之地四围，必须隔绝，勿使恶习染人；忌引火之物，冬炉夜烛当置监门之外；忌与潴水池沿相接，夏秋霖雨，墙壁易于倾倒。清折十三条：一、监狱房屋宜洁爽，不宜过低，各州县或照旧式改良，或就地筹款添设，惟在体察情形办理。二、狱犯室内多以木板铺地寝卧其上，以故感受湿气患病者多，以后宜改置木床，高约一尺五寸，铺床夏用芦席，冬用粗牛毛毡，庶凉暖适宜，不受湿症，每日清晨饬禁卒将各室内外打扫，务期洁净。三、浴室置木盆四五具，热天三四日一浴，冷天半月、二十日一浴，各犯分期轮浴以免拥挤，禁卒亦易于照料。四、病室宜分木床数具，令病犯各寝一床以免传染。五、住室、浴室、养病室三处，宜酌量房间大小，开关窗牖外，安设铁栅以防疏。六、狱犯获病，禁卒报知有狱、管狱各官，当即拨居病室，延医调治，小心照料，毋任瘐毙，病愈既归原屋。七、狱犯口粮宜足数发给，禁卒不得克扣，倪坐此弊，照例严惩。八、狱犯暖衣，各州县向至极冷时始行发给，讵知受病已成，半多痢症，殊堪悯恻，以后宜立冬前发给暖衣，俾沾实惠。九、所用禁卒，宜改选强壮、勤慎、不染嗜好者，看守狱犯，扫除室地，洗涤刑具，照料病室，均其责任，不得怠惰。十、夏日备设绿豆汤，冬日备姜汤，俾可随时取饮以御酷热、严寒。十一、狱内更夫宜彻夜巡守，不可贪睡，倘若仍前玩忽，一经查出，立即斥退。十二、厕所宜造数小间，每隔用木板，每晨饬禁卒，将宿粪打扫运出，勿令积聚，致生疠气，并宜将厕坑添换沙土，以解恶臭。十三、狱门外安设小木房一座，可添巡兵二三名，日夜轮守，以昭慎重。《安徽提法使批颍州府长守详拟监狱办法十三条呈请核示文》，《各省审判厅判牍》，第282页。

②　《东三省总督锡良奉天巡抚程德全奏通筹全省狱政请变通成法折》，《申报》宣统二年二月初二日，1910年3月12日，(105)，189。

③　《议定改良裁判监狱之限期》，《大公报》宣统二年二月二十四日，1910年4月3日，第二张，(11)，379。

④　《京师近事》，《申报》宣统二年十一月廿一日，1910年12月22日，(109)，818。

因为清末新政本身就是一场效法西方的改革，所以监狱改良自然也是以西方的监狱管理为导向，而且清廷在与西方接触的过程中逐渐由单纯的学习其实务，走向关注其学术。中国为了推进本国的监狱管理，提高理论水平，在宣统二年（1910年）派许世英参加了在美国举行的监狱会，于该年十一月回国。回国之后法部尚书廷杰饬将该报告刊印成书，颁发各省提法使转发各级审判厅详细研究，以资取法。① 中央既有此意图，而提法使是中央在各省法制改革的执行者，所以，改良监狱的职能与责任便历史地落到了各省提法使的身上。

二 各省提法使改良监狱的努力与成效

在中央对改良监狱的鼓吹与命令之下，地方也开始做出反应，一些省份逐渐开始进行监狱改良。

清理讼狱是监狱改良的一部分内容，只是层次较浅的改良。宣统元年（1909年）三月，江西臬司按照恩诏条款核明造册，将罪止杖笞和无关罪名的人省释以清庶狱。②

云南也是进行监狱改良较早的省份，在沈秉坤任云南按察使时已经会同布政使妥筹的款，在时任云贵总督锡良的授意下，在云南按察使、云南府知府、昆明县三监的旧址上，参考西方的监狱设计，建筑新式监狱。光绪三十四年（1908年），沈秉坤升任护理云贵总督，世增接任云南按察使，继续监督修造。③ 云南的监狱改良除了在建筑新式监狱以外，同时还在人事和狱务规则方面进行改良。人事方面的措施为，新建的三个监狱的管理人员废除由监狱所属的行政机构长官兼任的制度，即废除按察使、云南府知府、昆明县知县分别担任自己所辖的监狱的管理官员，提出审判厅成立时，由新设的提法使专任管狱官员。在监狱管理规则方面，由按察使世增督同典狱官员，参考各国的成法，博采众长，主要针对管理、卫生、教育三个方面拟定了章程一百四十九条，由护理云贵总督沈秉坤核准试办。宣统元年（1909年）八月，护理云贵总督沈秉坤根据云南按察使世增会同署布政使叶而恺的详请上

---

① 《法部刊布考察报告》，《大公报》宣统二年十一月二十六日，1910年12月27日，第二张，（13），644。

② 《赣抚奏报清理讼狱办法》，《申报》宣统元年三月十八日，1909年5月7日，（100），89。

③ 《护滇督沈秉坤奏模范监狱竣工拟章开办折》，《申报》宣统元年八月十八日，1909年10月1日，（102），461。

奏清廷请求开办。①

宣统元年（1909 年）九月，广西按察使在广西巡抚的督同下，与布政司一起悉心筹划，在省城设立模范监狱一所，并将按察使司狱、桂林府司狱、临桂县典史三缺裁撤，同时在机构设置和人事安排上进行改良。②

奉天是全面展开监狱改良最早的地方，法部的奏折咨行到督抚衙门之后，奉天督抚饬提法使吴钫查照办理，吴氏本着狱政良否是判断法制是否公平正义的标准深入调查研究，提出了改良监狱的方案并着手实施：（一）规定建筑监狱的地域。吴氏对奉天所属新设治的州县以习艺所代替监狱的做法提出批评，提出在府厅城治先筑监狱，旧有习艺所并入监狱，既可以节省经费，又使狱制整齐。（二）扩充看守所范围，实行分监而治。具体办法是轻重罪分监、已未决分监。各州县各设看守所，收押刑期在一年以内和违警罪人犯，建筑从俭，习艺随意，不必隶于审判厅。审判厅附设之看守所全部裁撤。（三）详细规定管狱官吏的办法。对于管狱官吏的设置办法，光绪三十二年（1908 年）七月，法部在其议复改良监狱折内已经有所论述，"狱务人员与司法人才同一重要，官卑不足弹压、禄薄无以养廉。省城监狱置正典狱官秩从五、副官秩从六"。宣统元年（1909 年），王大臣又厘定了官制草案，于各州县置典狱员，法部奏定各审判厅看守所设五品以下所官，吴钫认为法部慎狱分职、不厌求详。但是奉天已经有了新的情况，这些情况是法部始料未及，更没有做出详细规定的。省城罪犯习艺所监押的轻罪人犯已经达到 500 人以上，成为奉天第二大监狱。各府厅监狱已达到 300 人以上，各州县的看守所也已经在 100 人以上，不能不设官治理。吴氏建议"添设省监副官、狱官一员，秩从六品，令驻罪犯习艺所中，经理该所事务。设各府厅监狱管狱官各一，秩正七品，均作为奏补之缺，设各州县看守所所官各一，秩正八品，作为咨补之缺，各监狱暨看守所成立之年，所有管狱之经历、司狱、吏目、典史等官，应另案一并奏裁，以一职掌，即以裁缺之廉俸津贴移作新设各缺之用"。（四）筹划经费。奉天共拟筹设八个监狱，四个看守所，所需经费每年十万金以上，由提法使核计。（五）造就狱官。奉天提法使在法政学堂内添设狱务一科，慎选学员，派员教授。

吴钫将此方案呈请督抚奏咨立案，东三省总督锡良、奉天巡抚程德全复核

① 《护滇督沈秉坤奏模范监狱竣工拟章开办折》，《申报》宣统元年八月十九日，1909 年 10 月 2 日，（102），477。
② 《桂抚奏报改良监狱情形》，《申报》宣统元年十月初二日，1909 年 11 月 14 日，（103），213～214。

后，在咨法部的同时，又上奏宣统帝，宣统二年（1910年）正月十八日得到批准。①

山西在宣统元年由臬司志森和巡抚宝棻共同筹划，开始择地建筑模范监狱，后来根据法部奏复御史麦秩严改良监狱一折，扩建罪犯习艺所，丁宝铨接任山西巡抚后，督同署臬司陈际唐详加讨论，催办工程，其间改良监狱所需费用也是由臬司核算，宣统元年（1909年）十二月粗具规模。②

浙江提法使李传元非常重视监狱人才的培养，认为各处审判厅成立之后，改良监狱业将需要大量人才，主张事先储才，首先创办了习艺所筹办处，然后在习艺所筹办处附设教练处，课程、学期、管理与监狱学堂基本一致。宣统二年（1910年）三月，又提出将教练处改为监狱专科的方案，培养的毕业生派赴各府州县充当典狱官，与会办王曾俊多次协商后达成一致意见，联衔具详浙江巡抚，获得批准。③

宣统二年（1910年）八月，吉林提法使吴焘根据吉林财政困难的情况，提出监狱改良的变通方案，把各属旧有的习艺所、看守所、待质所均改名为分监，均曰某州县分监以示区别，建筑可以不必像模范监狱一样规模宏大，实行已未决分监，需要赴省的州县仍照旧招解至省城模范监狱寄押。④

湖北在光绪年间已经开始做改良监狱的工作，当时湖北还没有完成从按察使到提法使的改设工作。光绪三十四年（1908年）十二月，湖北按察使杨文鼎对湖北模范监狱管理章程在内容上作了较大修改，努力推进改革。总体看来分为两个方面，一是监狱的设置，二是监狱管理的人事安排。在监狱设置上重新设计，分为内外两个监房，内监专收牢犯、死罪、待决及限年监禁各犯，外监又分为东西两监，收管因事羁押之犯。另外设立专门的女监和病监。女监收管犯罪的妇女，病监收管生病的犯人。监狱管理的人事安排为各监的监督权属于臬司，责成江夏县兼管狱内各事，另设委员分科办理，计正副典狱官各一员、文牍一员、守卫科长一员，工业科长一员，庶务科长一员，书记八人，医士二人，教诲师三人，守卫军目四人，副目四人，守卫军五十二人，女监守卫

① 《东三省总督锡良奉天巡抚程德全奏通筹全省狱政请变通成法折》，《申报》宣统二年二月初二日，1910年3月12日，（105），189。
② 《山西巡抚丁宝铨奏筹办省城模范监狱情形折》，《申报》宣统二年正月十二日，1910年2月21日，（104），799。
③ 《浙臬注重监狱专科》，《申报》宣统二年三月初八日，1910年4月17日，（105），758。
④ 《东三省通信》，《申报》宣统二年八月廿八日，1910年10月1日，（108），485。

二人，工业师八名，巡勇十名①。宣统二年（1910 年）九月，根据清廷制定的新刑律，湖北提法使马积生在湖广总督瑞澂的授意下开始筹备女子监狱养成所，招选一些比较聪明的女子入所学习，毕业以后派到各个女子监狱养成所管教女犯。②

同一时期，为了培养监狱管理人才，湖北还创办了监狱传习所，但是后来由于经营不善，由湖北绅士邓汉勋接办。邓氏担心自己资望不足，难以取得人们的信任，禀请提法使委员经管该所款项并给予委札颁发钤记，试图走一条半官半商的道路，遭到了提法使马积生的反对。马氏批曰："该绅现即接办监狱传习所所长职务，原聘教员薪夫征收学员学膳费用，以及一切出入款项均应自行经理，无庸窘家借款代筹，如该学员等果能潜心向学，毕业时成绩优美，本司自必照章给奖，该绅应即认真督率，何难见信于人，固不在委札钤记之徒张声势也"。③

后来因为马积生对法学不太熟悉，改任布政使。宣统二年（1910 年）十一月，曾在日本留学法政、对中外法学颇有心得的候补道梅光羲接任湖北提法使。梅氏上任后第一件事就是考核筹办审判厅及各属监狱，提出夏口厅、东湖县、江夏县的监狱重新建筑，汉阳、宜昌、荆州三府城内各建新监一所，每个监狱投资一万金，规定在宣统三年六月之前必须竣工。④宣统三年（1911 年）五月，湖北提法使马积生通饬审检各厅开释押犯。⑤

江西的模范监狱是模仿湖北设计建造的，建成之后由江西臬司委派新式的管理人员，宣统元年（1909 年）九月一日开办，开办后将南新两县监犯移至该狱，然后将两县监狱拆卸改良重造。⑥

江苏也是监狱改良较早的一个省份，光绪三十一年（1905 年）就在南京设立了江南模范监狱。江苏在提法使的主持下也采取了一些改良监狱的措施。宣统元年（1909 年）四月，江苏臬司受两江总督端方之命在全省范围内清理

① 《模范监狱改订规则》，《申报》光绪三十四年十二月十三日，1909 年 1 月 4 日，（98），43。
② 《筹办女子监狱养成所》，《申报》宣统二年九月十六日，1910 年 10 月 18 日，（108），758。
③ 《监狱传习所所长之责任》，《申报》宣统二年九月廿四日，1910 年 10 月 26 日，（108），886。
④ 《梅光羲权署法司之新猷》，《申报》宣统二年十一月初十日，1910 年 12 月 11 日，（109），646。
⑤ 《马法司通饬审检各厅开释押犯》，《申报》宣统三年五月廿八日，1911 年 6 月 24 日，（112），936。
⑥ 《模范监狱定期开办》，《申报》宣统元年九月廿四日，1909 年 11 月 6 日，（103），86。

积案。① 臬司赵滨彦接到饬令之后，提出若各县均由省里派人清理，则人手不够，应该根据案牍的繁简采取不同的方法，饬令各府州县制定出可以自行处理和必须派员帮审的方案，上报提法使，并制定出监狱压缩的改良方案同时上报提法使。② 宣统元年（1909 年）九月，因为奉贤县监狱脱逃要犯马生堂查缉未获，江苏臬司批饬松江府立提管狱官奉贤县典史徐承乾和禁卒人等亲讯有无贿纵情弊。③ 宣统元年（1909 年）八月，基于江苏原有的由提法使派人每年两次派人稽查监狱制度已经成为空文的事实，江苏提法使接受了在全省派遣监狱巡阅官的建议，由提法使遴派熟谙监狱学之员，不拘职官学生或每道属一员，或每府属一员，每月一次，周历调查，将监押情况按月详细报告，以杜吏役之蒙蔽，而促改良之进行，监狱巡阅官调查时的职务权限由提法使明定章程，江苏提法使试图以设专官巡阅监狱的方式查处吏役蒙蔽等弊端，促进监狱改良的进行。④ 从此之后提法使派人巡阅监狱制度固定下来。为了督促和推进各地的监狱改良，宣统二年（1910 年）二月，江苏提法使左孝同听取了留日东京高等学堂毕业生王琨的建议，并赞同其拟定的改良监狱规则，经江苏巡抚批准后，提法使左孝同命人将刊印成本在全省颁发，作为江苏省各州厅县改良监狱的依据，并遴选熟谙监狱之生员分赴各属调查。派委候补知县钟苏赴江宁府属，知县冯咏芝赴淮安府属，知县余德广赴扬州府属，知县陈学鉴赴徐州府属，正任靖江县冯璋赴苏州府属，候补同知王秉璋赴松江府属，知县倪文范赴常州府属，知县许庆春赴镇江府属，知县曹炳文赴太仓州属，候补府照磨姚佐廷赴海州属，知县曾渤赴通州海关属分别调查改良监狱办法。⑤ 王秉璋到松江府后与上海县令共同查勘监狱，并提出扩建方案，要求将犯人及管理人员的名册造报。⑥ 冯璋到常熟后会同常熟县令查勘，指出其没有工场、浴堂、病室，女监与外间未能隔断，厕所在二重围墙以外，至各犯进出无常，不足以昭慎重等不足之处；建议在恰当处添病室一间，厕所一间，天井中间，搭工场一个，用四直柱添搭一大间，上盖洋铅以避风雨，教诲室暂设萧王堂内，

① 《札饬矜恤庶狱办法》，《申报》宣统元年四月初四日，1909 年 5 月 22 日，（100），299。
② 《苏省清理讼狱情形》，《申报》宣统元年五月十六日，1909 年 7 月 3 日，（101），36。
③ 《批饬提讯管狱官》，《申报》宣统元年九月三十日，1909 年 11 月 12 日，（103），182。
④ 《苏抚采用留学生改良监狱之计划》，《申报》宣统元年八月十六日，1909 年 9 月 29 日，（102），421。
⑤ 《开办审判厅之预备》，《申报》宣统二年二月初十日，1910 年 3 月 20 日，（105），309 ~ 310。
⑥ 《监狱改良之预备》，《申报》宣统二年二月廿三日，1910 年 4 月 2 日，（105），522。

女监与外间隔断等。管监家丁和牢头一律裁革，招募人员到省城看守教习所学习，毕业送回充当看守和看守长，建筑工场，让监犯学习工艺，设立教诲师进行感化教育。① 在江苏各县监狱改良之后，提法使又派人检察。宣统三年（1911 年）二月，上海县监狱翻造竣工，江苏提法使左孝同札委松江府太守验收工程，并详细备案。②

左孝同不仅在监狱建筑方面作了努力，而且还派遣新式的监狱学堂毕业生充当新式的监狱管理人员。光绪三十四年（1908 年）十二月初五日，江南监狱传习所正式成立。后来因为前去就读的人逐渐增多，于宣统年间改为江南监狱学堂，该学堂毕业人员经过堂长的选拔可以推荐给提法使，由提法使向全省新设监狱委派。③

宣统元年（1909 年）九月，江苏臬司提出了设立监狱官吏养成所的计划，附设于省城罪犯习艺所内，师资和管理人员由罪犯习艺所人员兼任，精简人员，名额为60，条件为25～40 岁，身家清白、不染嗜好、文理通顺或已习法政者均为合格。分官绅两班，学期为一年半，毕业后分发各监狱，授典狱、书记、看守长、教诲师等职。获得了江苏巡抚的批准。④

宣统三年（1911 年）五月，江苏提法使左孝同亲自到上海县查看新建监狱。⑤

各省提法使不仅分发本省培养的监狱人才，京师法律学堂附设监狱学专修科的很大一部分毕业生也是由其分发。为了培养专门的监狱人才，法部在改良监狱折内奏请在京师法律学堂内附设了监狱学专修科，设立时既已说明，毕业后专备京外各属管理监狱之用。光绪三十四年五月开学，宣统二年五月毕业，试验不及格的除外，最优等五名，优等十四名，中等二十四名，下等二十六名，修订法律大臣发给其文凭。清廷命令法部负责这些毕业生的任用，一部分被分发到京师有关监狱衙门，剩下的人员法部拟定了办法十一条交给各省提法

① 《常熟改良监狱之计划》，《申报》宣统二年四月十二日，1910 年 5 月 20 日，（106），310。
② 《改良监狱之手续》，《申报》宣统三年月二初三日，1911 年 3 月 3 日，（111），42。
③ 《咨调监狱学员到苏》，《申报》宣统二年三月十五日，1910 年 4 月 24 日，（105），870。《监狱学堂毕业生之锋芒》，《申报》宣统二年四月初二日，1910 年 5 月 10 日，（106），155。
④ 《院司对于改良监狱之政见》，《申报》宣统元年九月初九日，1909 年 10 月 22 日，（102），772。
⑤ 《提法使查勘审判厅》，《申报》宣统三年五月十七日，1911 年 6 月 13 日，（112），754。

使、按察使酌量委任，办理监狱看守事宜。①

宣统二年（1910 年）七月，法部尚书廷杰饬各省臬司筹款建修女犯习艺所，一切规章先行厘定，报部核定然后施行。②

为了推进司法改革和清理讼狱，法部于宣统二年（1910 年）七月二十日召开会议，讨论审判厅积压诉讼案件之事，并把清理讼狱的效果与提法使的责任捆绑在一起，通行各省提法使转饬各级审判厅嗣后凡遇有诉讼案件不得任意积压，应随时提讯定案以清讼累，如果接到法部行文之后仍有积压情事，法部调查司员报告后，首先将该提法使参处。③

管理监狱是提法使的重要职能之一，虽然改制前的按察使也有管理监狱的职能，但是这二者之间早已不可同日而语。按察使管理的是旧式的监狱，实行的是旧式的管理方式。提法使对管理监狱的目的正是为了剔除旧式监狱的积弊，实现人性化的管理。清廷对此非常重视，所以在提法使官制中专门设立了典狱科，制定了专门的监狱管理条款。各省提法使在本省监狱改良中的努力，客观而言，在一定程度上改善了监狱的条件，无论是饮食，还是医疗、住宿、卫生等方面。与此同样重要的是，在此过程中，中国从单纯对西方监狱进行模仿，到与西方加强监狱管理和监狱学方面的交流，为增进中西之间的了解，加强中国与世界在监狱管理问题上的接轨与合作开辟了道路，也进一步加速了中国监狱管理近代化的进程。

同样需要注意的是，各省提法使在推进监狱改良的过程中，也遭遇了一些曲折与艰难。如安徽提法使上任后，对改良监狱事宜三令五申，但是曲高和寡，应者寥寥，反映了提法使发出的命令并不一定都能够得到良好的响应和执行。对此种现象的出现，关系各方也做出了各自不同的解读，颍州府认为是因为经费困难所致，亦有人认为是有关机构和人员故意因循敷衍。总而言之，最后的结果是提法使的命令不能在全省范围内得到很好的贯彻执行，甚至连基本的响应也没有，这多少也反映了提法使的地位和所扮演角色的尴尬。但是这种情况至少说明，提法使对监狱改良作了一定的努力。这些努力也作为一种重要的力量，对清末监狱的改良发挥了一定的积极作用，加速了中国监狱在管理、经费、人事、医疗卫生等方面现代化的进程。

---

① 《监狱专修科毕业员委用办法》，《申报》宣统二年九月廿八日，1910 年 10 月 30 日，（108），947。

② 《京师近事》，《申报》宣统二年七月初九日，1910 年 8 月 13 日，（107），711。

③ 《审判厅亦积压讼案耶》，《申报》宣统二年七月廿九日，1910 年 9 月 2 日，（108），18。

第五节　提法使与司法人事改革

一　培养司法人才

司法人才问题是清末司法改革中较为棘手的一个问题，也是自始至终一直被清廷重视的问题，从宪政改革之初，就有很多人提出要培养大量的司法人才的观点。光绪三十三年（1907 年），宪政编查馆在考核提法使官制时曾说："欲谋审判之进步，亟宜陶育人才，否则，滥竽充数者有之，□缘幸进者有之，沿习即久，瓢败不可闻问"。①

在清末司法改革中，各省提法使被授权担负培养司法人才的职能，负有培养司法人才的责任。提法使是各省贯彻清廷培养司法人才政令的执行者。他们大都对这一职能和责任较为重视，采取了许多措施，比如办法律学堂、法政学堂、司法养成所、审判养成所、检验传习所等。为了培养监狱管理人才，在法律或法政学堂内附设专门的监狱专修科。通过这些措施培养了包括法官、检察官、警察、律师、检验吏、书记、庭丁、所丁等各级各类的司法人才，为清末司法改革的顺利进行和迅速展开奠定了人才基础。这种培养司法人才的方式一直影响到后来的民国，这一时期培养的许多人才在民国初年的舞台上不断登场。

直隶提法使在署内设立了法律学堂讲习科，校址在保定，这些学堂从生员的选拔到毕业都要经过专门的考试。宣统二年（1910 年）八月，直隶提法使署法律学堂学生毕业之前进行考试，考试时间一共四天，我们把考试相关科目列表如下：

表 3 - 1　宣统二年八月直隶提法使署法律学堂讲习科毕业考试科目

初七日	宪法纲要	外国刑法			
初八日	结社集会律	外国刑诉法			
初九日	禁烟条例	外国民诉法	国籍条例	国籍法	外国民法
初十日	大清商律	外国商法	大清违警律	法院编制法	大清律例

注：根据《法律学堂考试毕业》，《大公报》宣统二年八月十一日，1910 年 9 月 14 日，第二张，(13)，69 整理。

---

① 《宪政馆考核提法使官制》，《申报》宣统元年十月廿三日，1909 年 12 月 5 日，(103)，546～547。

从某种程度上来说，学堂的主要管理者对学堂的运行及培养人才的效果具有很大的影响作用，学堂管理者的办学理念是新还是旧，开放抑或保守，严谨或者自由，严格或者松散等直接影响培养人才的成效，并影响学生本人后来处理问题的风格，所以，要弄清提法使的办学成效，就有必要对这些学堂的主要负责人的任用情况作一考察。

我们首先来考察直隶。在清末司法改革时，直隶有两所培养司法人才的学堂，一所是提法使署内的法律学堂，另一所是藩署内的法政学堂。我们主要是考察提法使与培养司法人才的关系，所以，关注的重心是提法使署内的法律学堂，因为藩署内的法政学堂与其有一定关联，所以在此提起。直隶提法使署法律学堂监督的全部用人情况，从现在掌握的资料，已无法考证，我们只好从可以找到的资料中考察其运行状况。两个学堂的监督有时会彼此调换或兼理，而监督的人事任命并不由提法使负责，而是由直隶总督来任免。如宣统三年（1911年）二月，直隶总督委任藩署内直隶法政学堂监督李范之兼理提法使署内直隶法律学堂监督。关于李范之的资料也暂时无法考证，只知道他原来做太守，而太守是行政官职。①

宣统二年（1910年）间，因为经费困难，直隶藩司凌福鹏开始与直隶提法使齐耀琳商议，把这两个学堂合并到北洋法政学堂②。宣统三年（1911年）四月，直隶法律学堂并入直隶法政学堂，直隶提法使齐耀琳在法律学堂原址设立司法养成所。③ 宣统三年（1911年）三月初七日，法部具奏酌拟法官养成所暨附设监狱专修科各项章程一折，"通行各省办理"④，并要求在宣统三年（1911年）五月以前一律开学："查宣统四年，各省府、厅、州、县各级厅应同时成立，需用推检计达万人，此后乡镇设厅，须员尤伙，若不早为筹备，深恐贻误。于临时自应查照前案章程，迅速筹备。于本年五月以前，一律开学，庶三学期后毕业，不误明年冬间考试法官之期……即就监狱看守所等官，亦堪合用"。⑤ 在这种背景下直隶提法使法养成所改名为法官养成所暨附设监狱专

---

① 《札委兼理学堂监督》，《大公报》宣统三年二月十一日，1911年3月11日，（14），371。

② 《归并学堂之计划》，《大公报》宣统二年八月二十三日，1910年9月26日，第二张，（13），130。

③ 《拟设司法养成所》，《大公报》宣统三年四月十一日，1911年5月9日，第三张，（15），53。

④ 《法部奏酌拟核私立临时法官养成所暨附设监狱专修科章程折并单》，《大公报》宣统三年六月初六日，1911年7月1日，第三张，（15），369；《申报》宣统三年五月廿八日，1911年6月24日，（112），939。

⑤ 《广东提法使详请免办临时法官养成所暨附设监狱专修科呈督院文》，汪庆祺编《各省审判厅判牍——王朝末日的审判》，北京大学出版社，2007，第265～266页。

修科，并在同月招考学员，由直隶提法使齐耀琳亲自负责。考试资格共四点，即"（一）中学堂以上毕业生（呈验文凭）；（二）外官候补、候选人员，不论品级，惟以实官为限，开具履历，候选人员呈验部照；（三）生员以上出身者（取具同乡官印结）；（四）旧充及现充刑幕者（取具同乡官印结）其年龄以二十五岁以上者为合格"。① 其考试科目共三门："（一）国文；（二）中国历史地理；（三）算数"。② 四月二十三日，提法使齐耀琳亲自对投考人员进行考试，题目如下："国文：法行则知恩论。历史：（一）周瑜赤壁之战，谢安淝水之战，虞允文采石之战，试详言其制胜之所在；（二）齐桓九合诸侯，何者为衣裳之会？何者为兵车之会？试各举其地名以对。地理：（一）直隶舆图广袤若千里，与何省毗连，试详言之；（二）中国沿海省份共有几省，试详言之"。③ 这次招考共录取学员九十六名。④

宣统三年（1911 年）五月二十日，直隶提法使续招临时法官养成所学员，由提法使饬委保定府暨法政学堂监督会同代考，这次共录取 121 名。⑤

---

① 《枭辕招考之述闻》，《大公报》宣统三年四月十九日，1911 年 5 月 17 日，第三张，（15），99。
② 《枭辕招考之述闻》，《大公报》宣统三年四月十九日，1911 年 5 月 17 日，第三张，（15），99。
③ 《法官养成所考试纪题》，《大公报》宣统三年四月廿九日，1911 年 5 月 27 日，第三张，（15），159。
④ 《提法使招考揭晓》，《大公报》宣统三年五月初四日，1911 年 5 月 31 日，第三张，（15），183。
⑤ 《提法使榜示》《大公报》宣统三年五月廿四日，1911 年 6 月 20 日，第三张，（15），303。录取名单如下：张德新、谢瑜、孟昭庚、范洵、许协寅、李俊祥、侯树德、郭霖、孙德裕、李冠军、侯纪堂、李延江、王承基、赵鸿勋、张春惠、黄登宇、李清和、王宗尧、许荣启、张荣豫、王锡侯、任增祥、李俊诘、黄正朝、唐思达、龚乃侃、蔡蔚、贺全信、杨钧、胡连汇、郭晋翰、李元璇、庞仙峰、蔡毓春、李润田、彭应奎、李振缨、杨怀瑾、刘庚南、马建功、马子乾、石如泰、王鸿凯、王树本、边守伦、王名杰、陈隽颢、韩缃瑞、杨堤、蕴志、赵国宝、宋祖郊、刘吟钫、赵寿昌、雷明皋、李思益、李玉书、胡景明、张桐、张宗干、李桐荫、范傅、马廷栋、王兰芬、邓树云、张传坤、谷桂林、任宪、宋祖廉、张光哲、周在田、张国麟、刘承汉、田毓青、刘树、温培荣、侯梦庚、傅纯青、许凌汉、韩凤荃、刘荫峰、徐福荣、张左弧、何镜荣、侯锡暇、祈际云、马学古、杨中俊、傅汝良、李属官、叶嗣彭、崔龙藩、刘述祖、宋锡钧、董文耀、蒋廉正、许凌云、周凤鸣、王士清、游贵馨、章保恒、刘朝福、刘朝阳、吴致和、闵文通、杨省三、顾恩傅、杨春旗、孙宗海、邵国华、杨作梅、贾小衡、周经华、周鸿庆、孙逢源、夏鹏图、赵锦、杜荫相、叶志奇、韩燮焱、萧广成。《直隶总督陈夔龙奏列陈第六届筹备宪政情形折》中也有这次直隶提法使办理临时法官养成所的情况，但是该奏折中说此次招考员生共 223 名，《大公报》宣统三年八月十七日，1911 年 10 月 8 日，（16），208。

课程的设置在某种程度上反映对人才培养的取向，我们将通过对法官养成所课程的考察来深化对其理解。

表 3-2 法官养成所课程设置

	上　午	下　午	
	6:00~8:00	4:00~6:00	6:00~8:00
星期一	商　法	商　法	民　法
星期二	行政法	法学通论	宪法大纲
星期三	行政法	宪法大纲	新刑律
星期四	商　法	现行刑律	新刑律
星期五	新刑律	法学通论	民　法
星期六	民　法	现行刑律	宪法大纲

注：根据《法官养成所之课程》，《大公报》宣统三年五月十三日，1911 年 6 月 9 日，第三张，(15)，237 整理。

法部通饬各省之后，得到了较为广泛的积极回应，"各省陆续筹设报部"，甚至出现了很多请求准予设立私立法官养成所暨附设监狱专修科的情况，"而京外闻风兴起，呈报私立请予立案者不一而足"。法部对这种请求给予了积极支持，"窃惟此项养成所之设原所以储备考试法官人才，储备愈多人才愈出，将来考试法官之际，庶易于严去取而拔真才，惟是地广费多，仅恃公家筹办，官力仍虞不逮，臣等窃本斯意，凡遇呈请临时法官养成所暨附设监狱专修科者，查其确遵部章，经费充足，无不准予立案"。但也提出了办学条件与应考资格，"而仍以京师、省会及交通便利繁盛商埠之地为限，至应考资格凡与中学堂同等之毕业学员及曾经学习法政、警察、监狱，年半及以上毕业者亦准其入所肄业，较之原章略为变通，而搜集似更宏阔"。并提出应由法部严加考核，以防流弊①。

在各省创办私立法官养成所暨附设监狱专修科的过程中，提法使以条文的

---

① 《法部奏酌拟考核私立临时法官养成所暨附设监狱专修科章程折并单》，《大公报》宣统三年六月初六日，1911 年 7 月 1 日，第三张，(15)，369；《申报》宣统三年五月廿八日，1911 年 6 月 24 日，(112)，939。

形式被赋予较为重要的职能与职责①。

直隶提法使除了正式办学之外，为了扩大司法人才的培养规模，还和提学司一起招收法政学堂校外自修班，为了招够充足的学员与提法使共同举行补考，要求"凡在津通同以下无差各员饬即前来投考"②。

直隶提法使除负责本省法律、法政等司法类学堂的招考以外，还负责京师法律学堂的招考。宣统二年（1910 年）十二月，直隶提法使齐耀琳亲自招考京师法律学堂学生，考点设在直隶提法使署法律学堂③。

黑龙江是较早开始培养司法人才的省份，黑龙江提法使从宣统元年（1909 年）开始创办司法传习所，精聘教员，认真督饬研究④。宣统二年（1910 年）十月，黑龙江提法使承黑龙江巡抚周树模之命，设立法律学堂，与民政、提学两司共同筹办，以期养成行政、司法、自治人才。并拟定了简章，共三十一条⑤。该学堂主要负责人设学堂总办和学堂监督两种。学堂总办由提法、提学

---

① 第二条、开办之先，京师呈候法部批准，各省呈候提法使批准，仍应报部立案备查。前项呈中并应详列左载各款，一遵照奏定章程；二、创办人姓名，三、处所；四、简章；五、经费；六、开办年月日；七、招生额数；八、学费数目；第三条、招生时得各生取具印结图片或切结，俟录取后呈送法部或提法使查核；第四条、开办之后应将左列各款分别呈报法部或提法使查核，但各省仍由提法使报部：一、职员履历清册；二、教员履历清册（教员资格须在法政、法律学堂毕业者）；三、学员履历清册（学员资格须照奏定章程）；四、学员班数，每班额数；五、每班课程终点表（每学期呈报一次）；第五条、本章程第二条、第四条各款有变动时应随时呈明法部或提法使核定，其学员有故退学或请假逾一月者得随时呈报法部或提法使除名；

第六条、每学期考卷、讲义、课本应呈送法部或提法使，查核其品行、分数、学员请假日期并应详细列表，分别呈报，考试毕业前十日应呈请法部或提法使派员监考；第七条、法部、提法得令将招生时录取各卷呈候派员复核，遇有滥行录取数逾卷之半者，即将考卷撤销；第八条、法部提法得随时派员分赴私立临时法官养成所暨附设监狱专修科，按照本章程第二条、第四条及第五条所载详加考核，有不合者，考核得指令更正，其与本章程第四条第二款、第三款、第五款有二款以上不合者，由法部、提法使限期饬令更正，逾期不更正者即将其原案撤销；第九条、法部、提法使于私立临时法官养成所暨附设监狱专修科学期考试应否派员监考，得由法部、提法使酌量办理；第十条、本章程于奏准后应由法部通行京外一体奉行。《法部奏酌拟考核私立临时法官养成所暨附设监狱专修科章程折并单》，《大公报》宣统三年六月初六日，1911 年 7 月 1 日，第三张，（15），369；《申报》宣统三年五月廿八日，1911 年 6 月 24 日，（112），939。

② 《补考学员》，《大公报》宣统三年七月初六日，1911 年 8 月 29 日，（15），720。

③ 《招考法律学堂学生》，《大公报》宣统二年十二月十七日，1911 年 1 月 17 日，（14）99。

④ 《黑龙江巡抚周树模奏江省筹备宪政第二年期成绩折》，《申报》宣统元年九月廿五日，1909 年 11 月 7 日，（103），101。

⑤ 《设立法政学堂之先声》，《大公报》宣统二年十月二十九日，1910 年 11 月 30 日，第二张，（13），493；（12），581。

两司兼任，学堂监督的人选并不由提法使任命，而是由黑龙江巡抚周树模札委黑龙江高等检察厅检察长赵严威兼充。① 黑龙江巡抚周树模以行政权强行介入法政学堂监督人选的任命，反映了各省督抚在改革过程中不愿放弃司法权力，试图继续掌控司法行政权的思想和行为。

提法使不仅创办培养司法人才的机构，而且，部分省份的提法使还给学员安排实地练习的机会。奉天法律讲习所一共两学期毕业，提法使安排学员第二学期到各审判厅实地练习，提法使令"所派各员每日除授课时期外，务须分赴各该厅悉心研究、切实体验"，但由于条件限制，提法使并不能给每个学员提供实地练习的机会，只有部分学员才有机会被遴派。②

各省提法使对培养司法人才的意见也不尽一致，同一省份在不同提法使的任期内做法甚至大不相同。有的提法使为之不遗余力、大力推动，如上述各省提法使。亦有提法使有自己的理解。宣统三年（1911 年）三月，法部要求各省创办法官养成所暨附设监狱专修科一事表现尤为突出。

法部的意见到达各省之后，各省提法使做出了不同回应，有些省份积极响应，马上着手。亦有提法使持不同意见，广东提法使便是一例。广东提法使俞钟颖认为不必各省都办，至少广东省是不需要办的。俞氏认为：广东"不必办，不能办，且不办犹愈于办者"。③ 并详细说明了自己的理由，论证了自己的观点。俞氏认为办学宗旨是任用，广东已经培养的司法人才还有很多没被任用，再招新生培养是不合时宜的。俞氏还认为：虽然按照有关规章新招生员免住宿费，学费按月征收，即使公家给部分津贴，数量也有限，好像财政可以承受。但是学堂却很有限。如果新建学堂，从时间上来说，建成时法官考试已经结束，也就失去了为此临时培养的意义。俞氏又提出：法律是专门的学问，法官是专业的人才。对只有很少学问的人通过考试国文、历史、地理和算数等选

---

① 《郑重法政学堂监督》，《大公报》宣统二年七月十七日，1910 年 8 月 21 日，第三张，(12)，624。

② 《提法使照会高等审判检察厅派送法律讲习所学员分赴各厅实地练习文》，王家俭、姜可钦、童益临、崔家骏编辑，朱延龄、汪仁宾、锡篪校勘，汪守珍、许世英、汪世杰鉴定：《奉天司法纪实》，陪京印书馆，1909，第二册，第 41～42 页。这次提法使给高等审判检察厅的照会记载了这次派员实地练习的情况，共 10 人：李仙根、孟庆荣、范尚桢、杨寅恭等四员派赴高等审判厅实地练习；赵鹏第、雷雯溥、兰增芳、周之鄂、邹庆荣、陈冠群等六员派赴地方审判厅实地练习。

③ 《广东提法使详请免办临时法官养成所暨附设监狱专修科呈督院文》，汪庆祺编《各省审判厅判牍——王朝末日的审判》，北京大学出版社，2007，第 265～266 页。

拔入学，在一年半的时间内学习十六门课，很难取得良好的效果。最后俞氏总结说，各省情形不同，不应该无原则地采用同一标准，而应各省具体情况变通办理。

但是在魏景桐任广东臬司时期，却积极创办司法人才培养机构。主张大力培养司法人才。宣统元年（1909年），广东臬司魏景桐与两广总督张人骏商议，并会同各司道筹议，"于该署内特设广东审判筹备处，以冀提纲挈领、权限分明，并调法政毕业人员入省城谳局帮审，实地练习，又于法政学堂内附设法政研究所，就同通以下需次者拣调入所，讲求审判、检察之制度，及中西法律学说，仍令其入局参观审判，俾受切磋之益"。①

宣统三年（1911年）闰六月，苏州也出现了不准增设法官养成所的声音。②

提法使不仅通过创办学堂、养成所、研究所等机构的方式培养司法机构的储备人才，而且还管理已经成为学习推事、推事、检察官、典簿、主簿、检验吏、庭丁、所丁等人员业务素质的培养，从现有资料看来，审判厅和检察厅要不要继续对本部门工作人员进行培训，以及怎样培训都要经过提法使的同意。如奉天高等审判厅拟定了学习推事修习日录规则就咨呈提法使，请求其同意，并请其转呈法部备案。文曰：

> 为咨呈事。查法官考试任用施行细则第四十三条："学习人员于学习期间应作修习日录，按月呈各该厅长官标阅，于应第二次考试时，一并呈验。"又第四十四条："学习人员之品行及办事成绩，每届年终，由该厅长官造册加考，在外送由提法使汇报法部"等语。是学习人员品行之高下，性情之厚薄与其学识之深浅，奉职之勤惰，为长官者皆宜察之、养之，以冀蔚成纯粹之法官，俾人民得以享法律之护之幸福。所谓察之者，非专使耳目之聪明，又非考诸一时一事而即得之也。欲审知其德，问以行；欲审知其才，问以言。言行既得，然后试之以事。所谓察之者，盖事考核持之以久也。所谓养之者，非必优给俸禄，又非必终于学校而始成之者也。人之品类，中才为多，一经陶冶，断无不成用之

---

① 《张袁两督会奏粤省筹办宪政情形》，《申报》宣统元年十月十一日，1909年11月23日，（103），355。

② 《不准增设法官养成所》，《大公报》宣统三年闰六月十八日，1911年8月12日，（113），699～700。

者，苟能于其所言、所行，悉其耳目心力，至诚恻怛真意而行之，则佐属用命，日求进德，凡木之材可蔚为栋梁，沙石之品可濯为金石。所谓养之者，盖推诚相与、激劝有术也。然察之、养之之道俱在长官，而法官之应之者，势不可无具。具者何，修习日录，其最要也。考法定修习日录一条，其修习应有之范围，与其记载之体裁，均无明文，若不为之补定，势必无所遵循，本厅现拟定各级学习推事修习规则十条详规则类，以便一般法官得所依据而免纷歧。理合咨呈鉴核并请转申法部备案。须至咨呈者。①

奉天高等审判厅认为："治事以得人为要，用人以养材为要，而养材之要又不外学问二字。虽学问之理浩无涯涘，要在极深研究，则不难日有进益，况法官为人民生命财产寄托之官，责任甚重，而法学之主要科目允繁，更（可）【何】可不随时考究，以期沟通新旧而见诸实施"。② 所以，为了提高本厅推事、检察官、委员、典簿、主簿、录事以及练习人员和书记等司法工作人员的素养，"以激发其精神，坚定其心志，而捐除一切外扰"，在其倡导和努力争取下先后设立了审检讲演会和律学课。③

奉天高等审判厅又认为："人生天地之间，无论贫富官民，均须请求学问"。对于吏役来说，更应该遵守法令、不作弊、不懒惰。该厅任用人员虽然经过考试派用的，但是因为庭丁、厅丁、号房、茶役等人是从民间直接雇用的，大都不识字，影响办事效率。为了提高这些人员的素质，在高等审判厅争取下设立了浅学会，教授这些人浅近国文和一些章程、法规。④

无论是设立审检讲演会，还是设立律学课和浅学会，奉天高等审判厅都经

① 《奉天高等审判厅咨呈提法使本厅拟定各级学习推事修习日录规则请鉴核文》，汪庆祺编《各省审判厅判牍——王朝末日的审判》，北京大学出版社，2007，第260页。《法官考试任用暂行章程施行细则》，《大公报》宣统二年四月十一日，1910年5月19日，第二张，（12），105。又见《法部奏酌拟法官考试任用施行细则折》，《申报》宣统二年四月十四日，1910年5月22日，（106），345。
② 《奉天高等审判厅咨呈提法使拟设员司律学课请转呈文》，《各省审判厅判牍》，第258～259页。
③ 《奉天高等审判厅咨呈提法使拟设员司律学课请转呈文》，《各省审判厅判牍》，第258～259页。
④ 《奉天高等审判厅咨呈提法使拟设浅学会教授吏警丁役等请转呈文》，《各省审判厅判牍》，第259页。

过了咨呈提法使的程序，表明提法使不仅具有培养司法人才的职能，同时在设立一些机构对已经是司法人员的人进一步的培训和提高中也发挥着领导、监督和引导的职能。

从"审检讲演会"的简章中可以看出，不仅该会的创立要受到提法使的监管，而且该会会员毕业证书的授予也是由提法使来完成，甚至提法使可以对获得优等证书的给予升转。

> 第三条：本会成立后，咨呈提法使，转呈督抚宪咨部立案；
> 第二十一条：本会会员毕业后，由两厅长官会同提法使就考列之等第，分别授与证书；
> 第二十二条：凡领有本会优等证书者，由本厅咨呈提法使可以相当升转之缺，尽先升转。①

培养检验吏也是提法使培养司法人才的内容之一。培养检验吏的设想始于吉林提法使吴焘。光绪三十四年（1908 年）九月，吴氏正式提出这一建议并以正式公文的方式向吉林巡抚和东三省总督打报告。吴焘认为"刑事案内之检验于司法部中最为重要，例载各州县分别繁简额设仵作作数名，各给《洗冤录》一部，选明白刑书代为讲解，由该管府州随时提考，立法本极周详，惟是仵作一项，旧例视为贱役，稍知自爱者每不屑为冲繁之区，求其娴谙文理者已属绝无仅有，至简僻州县寻常斗殴事件报验伤痕，尚恐未能了然，遇有开验重案，瞠目束手、拖累益深，殊非慎重民命之道，刻吉省审判、检察各厅以次成立，拟于高等审判厅内附设检验学习所一区，调各属识字仵作，并招考本省二十岁以上聪颖子弟若干名入所肄习"。在学习科目上提出除学习《洗冤录》外，还要学习生理、剖解等科目，"择其普通浅近关系检验者派员逐日讲解，并陈列骨殖模型标本，以资目验。定期一年，毕业发给文凭。分派各州县承充仵作，改名为检验吏，优给工食，并比照刑书一体给予出身以资鼓励"。②

在吴焘的建议下，东三省总督徐世昌于宣统元年（1909 年）二月将此

---

① 《奉天省审检讲演会简章》，《各省审判厅判牍》，第 320 页。
② 《法部会奏议复东督奏吉省拟设检验学习所改仵作作为检验吏给予出身折》，《大清宣统新法令》，上海商务印书馆，岁次乙酉孟秋，第二册，第 42～43 页。

建议作为进一步改革的提案上奏清廷。后于同月经法部会同吏部具奏获得批准。① 徐世昌这样陈述了仵作改为检验吏的理由："臣等窃惟检验一门为刑事诉讼最初之关键，近世文物发达，事变日新，生人致命之方既非一道官吏检验之学，别有专科良以检验，不实则审判难持其平。各国司法刑事部所以于此特加慎重也。中国勘验刑伤，旧用仵作，职沦贱役，平日所挟为衣钵者，不外《洗冤录》一书，即使技艺精良，在今日毒药种类复杂之时代，已未必所遭悉备。矧此辈操术率系徒党流传，私相沿袭，求其通晓文义者，盖百无一人，遇有相验案件，仅恃该仵作等之当场喝报，其不至于枉滥也几何"。并提出了创办检验学习所的建议。创办检验学习所在实践上已经有了一些经验积累，"前督臣曾于上年督饬在前奉天府地方检察厅内附设刑仵讲习所，造就吏役十二名，分配各厅任使，以应急需"。但是仅仅一个奉天府地方检察厅附设之仵作讲习所已经不能满足形势的需要了。"惟前此办法单简，人数无多，转瞬全省地方初级各厅次第增设，非预谋养成多数检验吏，实不足以重民命而慎刑狱"。在徐世昌和提法使的多此商议之后，决定按照法部的章程设立监狱学习所一处，"以高等检察长监督其事，额定学生一百名，延聘专员教授，以一年半为毕业之期，毕业后照章给予出身，分厅任使"。提法使预算了开办经费："计预算开办经费需银一千两，常年经费需银一万三千六百余两"。②

法部会同吏部具奏后把徐世昌的奏折抄录，札饬奉天提法使遵办，奉天提法使于宣统元年（1909 年）闰二月二十八日照会奉天高等检察厅，令其拟定检验学习所章程和开办经费。③

从《检验学习所章程》中我们可以看出提法使与检验学习所的密切关系，即从检验学习所的开学日期，到管理办法、开办经费、常年经费、开始科目、学习年限、考试事宜、毕业文凭、奖励，毕业生的任用和义务、应否持续办学、未尽事宜、工作人员职务细则等，全部由提法使制定或复核。说明检验学习所的倡导者和制度设计者，试图让提法使在学习所运行过程中发挥较大的作

---

① 《法部会奏议复东督奏吉省拟设检验学习所改仵作为检验吏给予出身折》，《大清宣统新法令》，上海商务印书馆，岁次乙酉孟秋，第二册，第 44 页。

② 《钦差大臣东三省总督锡奉天巡抚程奏筹设检验学习所请将经费作正开销折》，王家俭、姜可钦、童益临、崔家骏编辑，朱延龄、汪仁宾、锡箴校勘，汪守珍、许世英、汪世杰鉴定：《奉天司法纪实》，陪京印书馆，1909，第一册。

③ 《高等检察厅拟定检验学习所章程及开办经费咨呈提法使转详文》，王家俭、姜可钦、童益临、崔家骏编辑，朱延龄、汪仁宾、锡箴校勘，汪守珍、许世英、汪世杰鉴定：《奉天司法纪实》，陪京印书馆，1909，第一册、第一编。

用。但是，吊诡的是，所有这些方面都需要提法使呈请或并请督抚批准，然后才能施行。[①] 暗含了督抚在此过程中发挥着决策的作用，而提法使只是一个执行者，而且是受制于行政机构的执行者。反映了提法使在培养司法人才的历史进程中没有超出督抚的一个办事机构的范围。

在奉天开办检验学习所之后，法部咨行各省"饬令设立审判厅省份，应于上级厅内附设检验吏学习所，其未设审判厅者即在法政学堂设立"。宣统元年（1909 年）十月，江苏提法使左孝同在审判厅筹办处附设司法研究所内附设检验吏学习所，亦附属于筹办处，"以联一气，延订教习，专受检验之学识、技能，务期练习明通以备审判厅检验之用，此项学生毕业考取最优等、优等、中等者得派委检验吏，优给工食，尽五年义务，遵照吏部奏准章程，送部考试，分别录用，人格既重，旧时仵作不得冒滥报考"，第一班招四十人，第一班毕业招第二班。[②]

培养司法警察人才也被列入了提法使职能的范畴。湖北提法使较早就开始重视司法人才的培养，如《鄂督奏报第一届宪政成绩》中就反映了湖北提法使在宣统元年（1909 年）已经开始采取措施培养审判人才。[③] 宣统二年（1910 年）六月，马氏为了适应湖北省各级审判厅的成立，提出了设立司法警察教练所的想法。"武汉各级审判厅须与今秋成立，亟应组织司法警察以为辅助机关，当与诸署科员等计划拟设一教练所，招致文理通顺，身体强壮之士人六十名研究法警一切权限章程，三个月卒业分派各厅执行勤务，其地方警察之巡士有愿充法警者亦准入所研究"。[④]

宣统元年（1909 年）四月，云贵两省提法使所附设之审判厅筹办处"将原设司法讲习科酌量推广添招学员，以宏造就。惟滇省官吏尚未识法权之关系，法官之尊严，学识并茂之员每不乐入学讲习，计先后考取入学者约一百二十余员，及经两次学期试验取录，仍仅百名，而考列中等以上者不及四十人。不得已乃饬法政学堂讲习科曾经毕业之官吏分领司法科讲义，俾资研究，拟俟

①　《奉天省检验学习所章程》，王家俭、姜可钦、童益临、崔家骏编辑，朱延龄、汪仁宾、锡箴校勘，汪守珍、许世英、汪世杰鉴定；《奉天司法纪实》，陪京印书馆，1909，第一册，第一编。

②　《开办检验吏学习所之计划》，《申报》宣统元年十月十二日，1909 年 11 月 24 日，(103)，374。

③　《鄂督奏报第一届宪政成绩》，《申报》宣统元年三月初六日，1909 年 4 月 25 日，(99)，795。

④　《鄂桌组织司法警察》，《申报》宣统二年六月十四日，1910 年 7 月 20 日，(107)，322。

设厅有日，再为分别选用，至各级厅署"。①

宣统二年（1910年），湖南提法使周镜如在"法政学堂附设司法研究所，选取员绅入所肄习，学额暂以一百二十人为限。其入堂资格分为三班，以曾在法政官校毕业，取列最优等，及在谳局长于听断，结案较多者为甲班，其在法校毕业，名次较后，悬未入谳局各项候补人员情愿入所研究者为乙班，本省举贡生员及曾习刑幕，愿就司法一途者为附班。除甲班人员查明资格相符，毋庸考试外，其余两班均须先行考试，以定去取。现就在臬署内设立审判厅筹办处，并拟就招考章程出示晓谕"。②

各省提法使不仅负责培养司法人才，同时还管理所办的各级各类教育机构的毕业生的分发事宜。以京师法律学堂附设监狱学专修科为例，该专修科"自光绪三十四年（1908年）五月开学，至宣统二年（1910年）五月毕业，除试验不及格外，取列最优等五名，优等十四名，中等二十四名，下等二十六名，均经修订法律大臣给予毕业文凭"。分发走向共两种，在京就职的由法部分发，到省外就职的由各省提法使、按察使分发。法部拟定了办法："将该员生等分发京外各有狱衙门量才委用，并行知各衙门暨各省提法使一体遵照"。监狱专修科毕业于委用章程规定了到各省任职的人员由各省提法使委用。"已分省候补之考列中等，及未分省之考列最优等暨优等各员均准呈明，愿就京职官者札委各厅当差，俟考验得力再行奏留，原归外用者由本部咨行各省督抚转饬提法使分别以原官办理监狱看守事宜"。③

至宣统元年（1909年）四月，山西按察使已经培养第一期审判传习所人员毕业，并陆续招考讲习。④

宣统元年（1909年），湖北提法使也开始着手"设立养成审判所，专为讲习司法之地"。招考资格为本省候补府厅州县佐贰人员，规模为80人一班，先招两班，学习期限为二年，经过考验准予毕业，给文凭，遵照部章分别委用，计划"宣统七年外府州县审判一律成立之时，此项毕业员已可得数百人，当

---

① 《护理云贵总督沈秉坤奏列陈筹备宪政情形折》，《申报》宣统元年十一月十六日，1909年12月28日，（103），959。
② 《湘省筹设审判厅之计划》，《申报》，宣统二年二月廿五日，1910年4月4日，（105），550。
③ 《监狱专修科毕业员委用办法》，《申报》宣统二年九月廿八日，1910年10月30日，（108），947。
④ 《晋抚宝棻奏报筹设审判厅折》，《申报》宣统元年六月初一日，1909年7月17日，（101），243。

不致有缺乏之患"。师资是从省城法政学堂延聘教员，订立课程，监督管理人员全部兼职，"一切考验稽查事宜均归臬司经理，管理等事则归法政学堂监督邵章兼任以清权限，至法政学堂内原有各班，如愿改习亦准一律附考，藉广造就"。①

在法官考试之后，分发到各省的人员由提法使派赴各级审判厅学习。如宣统三年（1911年）三月，江苏提法使左孝同将分发到江苏省的法官分别札委："正七推检候补官郑思曾、王炎武、薛雪均派赴苏省地方审判厅学习，叶玉森派赴第一初级审判厅学习，陈传均、郑春魁均派赴苏省地方检察厅学习，程鉴派赴第一初级检察厅学习"。②

宣统元年（1909年）正月，贵州署按察使王玉麟在按察使署内设立审判筹办处，附设司法讲习所。③

江西臬司于宣统二年（1910年）下半年举办讲习所，养就人才以备任使。讲习所附设在法政学堂之内，添设大讲堂一座，又教员庶务室数间，专就本省候补府厅州县佐贰杂职中择其文理通顺者，招足一百名于十月初一日上课，学成即行委用。④

甘肃臬司也设立了审判研究所，后来又附入巡警兵、检验吏分别课习，每学期末由臬司亲自考试。⑤

浙江按察使在该司所属审判厅筹办处招了两班学生。⑥

浙江提法使不仅创办审判研究所，而且还为该所学员的前途而争取，"审判研究所学员自奉部颁考试章程列于向隅地位，群情恐慌，选举代表向抚臬处请示方针，曾志本报兹悉。曾中丞自得各学员请求后，当即电部力争，略谓浙省创立审判研究所计分甲乙两班，甲班系法政讲习科毕业生考入，合之三年资格相去不远，即乙班学生平日课程亦格外严密，未始不可就司法人才。查部章

---

① 《鄂督奏设养成审判所之计划》，《申报》宣统元年三月初四日，1909年4月23日，（99），769～770。

② 《派委法官分赴各厅学习》，《申报》宣统三年三月初三日，1911年4月1日，（111），502。

③ 《黔抚庞鸿书奏筹办各级审判厅并设司法讲习所折》，《申报》宣统二年正月廿六日，1910年3月7日，（105），105。

④ 《开办审判厅之预备》，《申报》宣统二年二月初九日，1910年3月19日，（105），294。

⑤ 《陕甘总督长庚奏筹备审判人才建筑各级厅署等折》，《申报》宣统二年八月十三日，1910年9月16日，（108），249。

⑥ 《审判研究生请与考法官》，《申报》宣统二年四月十二日，1910年5月20日，（106），309。

举贡及七品以上之文官皆能与考，以上两项资格未必皆谙法律，凡置专门法律人才于不用，似非大部立法之初意云云。迄今尚未奉复。外间因此遂纷纷谣言，谓该所将有解散之虞。日前李廉访因亲至该所谕慰各生，以抚院既有力争之电，且看部复如何，或能挽回最好，否则将来典簿、主簿必能位置诸生，切勿遽萌退志也"。①

浙江提法使李传元注重监狱人才的培养。李氏认为："全省各级审判厅成立后，改良监狱管理在在须人，若不先事储才，势必无所罗致"。迭与会办王曾俊观察筹商，于宣统二年（1910 年）八月汇衔具详抚院请示，将浙江省习艺所筹办处附设之教练处改为监狱专科，备毕业后派赴各府州县充当典狱官之用。同月获得批准。②

宣统元年（1909 年）五月，署江苏按察使赵滨彦在其呈给督抚的筹办审判厅条议中，第一条讨论的就是设立司法研究所。设立司法研究所是针对各级审判厅成立在即，审判人才比较缺乏，而前任按察使左孝同所设"法学研究所"培养内容过于宽泛，只能发挥基础性的作用，不能应对新形势的需要。为了改变"法学研究所"之弊，培养能够直接胜任审判工作的人才，对法律和裁判办法进行精深的研究，特设司法研究所。这是设立司法研究所的直接目的和宗旨。所招生员分为三类：（一）在法政学堂已毕业名次较高之正佐人员及素在谳局讲求法律、长于听断人员统列为甲班；（二）曾在法政学堂毕业名次较后之正佐人员及素未在谳局之正佐各员列为乙班，其中才能出众者准升入甲班；（三）本地廪增附贡各生列为附班。③

同月获得批复："设司法研究所以储审判之人才，设审判筹办处以握建制之关键，均系目前切要之务，自应如详议办，所需经费应候抚部院核明就近饬拨"。④

但是，江苏按察使所办的司法研究所并不能尽如人意，所招学员由江苏巡抚亲自考试，但如期入学的很少。江苏提法使认为这种情况的出现主要是因为当时人大都急着马上得到职务，而且还有很多候补的时间太长了，不愿意再做

---

① 《维持审判研究所之恳切》，《申报》宣统二年四月初九日，1910 年 5 月 17 日，（106），262。
② 《浙臬注重监狱专科》，《申报》宣统二年三月初八日，1910 年 4 月 17 日，（105），758。
③ 《署苏臬司赵廉访呈督抚宪筹办审判厅条议》，《申报》宣统元年五月廿九日，1909 年 7 月 16 日，（101），235。
④ 《苏省筹设审判厅办法》，《申报》宣统元年五月廿六日，1909 年 7 月 13 日，（101），184。

学员。于是提法使详督抚要求变通办理："研究所分为甲乙两班，不论在宁在苏人员，每班各取五十名。调查法政学堂，考取最优等、优等、毕业各员，及曾在谳局充当局员，考试列为甲班，两学期毕业；再取中等毕业各员，暨正佐人员并本省廪增附监考试，列为乙班，三学期毕业；每学期以四月为度。将来按照官阶派充推事、检事之任，分赴一府三县实地练习两月，量才酌用"，谕饬正佐人员可赴审判厅筹办处报名，至本省廪增附监可由本省绅衿或殷实商铺到所报名作保，听候示期考试。①

宣统元年（1909 年）十月，江苏提法使左孝同认为苏州府属谳局内附设法学研究所"规模甚小，不堪合宜"，于是找到民房一所，专设司法研究所，直接隶属于提法使署筹办处，由提法使监督，进一步扩大了办学规模。② 学员分为甲乙两班，在法政学堂毕业最优等、优等、中等学员为甲班，曾在法学研究所之员为乙班。左氏对学员的毕业去向也作了相应安排。在法政学堂毕业中等以下的学员和抚院录取的人员，及提法使调查招考录取的候补正佐人员，加上本省廪贡增附生等即曾习法政人员，毕业后按照有关章程规定，给予五六七品官阶，能够胜任推事和检察官的，先派入首府三县，实地练习审讯案件两个月，再量才委派省城及各商埠各级审判厅试署。其余给予八九品官阶，安排典簿、主簿、所官等。曾习名法的为录事、书记和承发吏。③

变通办理之后，果然效果好了一些。至宣统元年（1909 年）十一月，一个月的时间内报考司法研究所的已有二百多人，加上法政毕业生及苏州府谳局人员，法律研究所人员已经够招生名额了。提法使决定停止报名。报考检验吏学习所的也有一百二十余人，也已经符合招生计划，也停止了招生。提法使为了防止廪增附贡各生中有假冒行为采取了一些措施，一札行各儒学查明具复，二另行汇集示期考试外，三规定在宣统元年（1909 年）十一月初六日起至十五日，报名各员邀同殷实绅商来辕投呈履历，亲填志愿、保证各书，如捐有职官及曾在各学毕业者，务须呈明在何处所习，从师何人，且须有监生出身方为合格。报考检验吏的人员也在这一时间区间内邀同殷实绅商来辕亲填志愿、保证书，并须声明身家清白，不食洋烟方为合格。④

---

① 《司法研究所变通办理》，《申报》宣统元年十月十二日，1909 年 11 月 24 日，（103），374。
② 《委员开办司法研究所》，《申报》宣统元年十月十三日，1909 年 11 月 25 日，（103），390。
③ 《司法研究所变通详情》，《申报》宣统元年十月廿三日，1909 年 12 月 5 日，（103），550。
④ 《招考司法人员及检验吏办法》，《申报》宣统元年十一月初八日，1909 年 12 月 20 日，（103），808。

左孝同还规定司法研究所和检验吏学习所均可以报名旁听，且旁听人员可以免考。①

司法研究所的教习分别聘定法政优等举人章世炎、日本法政毕业生张象成专授法律刑幕，程李延专授大清律例，月送薪金各百元。②

司法研究所的课程由提法使鉴定后施行。分别为：

甲班课程：一、大清律例贯通全部，分类择要讲解；二、法学通论（不专主外国译本，亦将中外法意贯通通另编）；三、各国审判厅编制法（裁判所构成法仍酌讲）；四、刑事诉讼法；五、民事诉讼法；六、国际私法；七、国际商法；八、国际公法；九、办案体裁及引用律文方法；十、实地练习拟案拟判拟批（以上讲授）；十一、刑律草案，本省签注；十二、办案要略；十三、约章篆要并近年新约章；十四、光绪新法令（有关审判及刑律者至宣统新法令，可随时查阅）；十五、折狱便览（以上自阅仍按日札记，以便试问）；

乙班课程讲授十钟甲班同，增十一、监狱细则；十二、公牍格式及装叙方法（以上均讲授），自阅五种与甲班同，各学员每学期试验由教员在已讲已阅之中令学员作答，核其答案以定分数，如果乙班学员程度较优准升入甲班，甲班学员程度较逊，亦应降入乙班。③

苏州的司法研究所学员毕业后，于宣统二年（1910 年）十月底停办，详定并入法政学堂肄业，宣统三年（1911 年）二月法政学堂监督移商提法使核办。④

江苏提法使还注重培养律师人才，在法政学堂内加添律师课学一门，毕业时派员试验合格者，另给律师毕业文凭，咨送司法衙门考验录用。法政学堂别科官绅班毕业考试结束后，江苏提法使又组织了律师试验，该堂监督朱侍郎咨请提法使派员莅堂监堂试验，以昭郑重。在宣统三年（1911 年）六月初九日笔记试验、大清律例、民法、商法、律师法、行政法、国际公法六门，初十日口述试验，刑法、民事诉讼法、刑事诉讼法、国际私法四门，左孝同派委胡鸣鹤监场。⑤

---

① 《定期考试学习司法人员》，《申报》宣统元年十一月二十一日，1909 年 1 月 2 日，(104)，24。
② 《司法研究所聘定教员》，《申报》宣统二年正月十六日，1910 年 2 月 25 日，(104)，864。
③ 《司法研究所酌定课程》，《申报》宣统元年十一月十四日，1909 年 12 月 26 日，(103)，916。
④ 《司法研究所并入法政学堂》，《申报》宣统三年二月初九日，1911 年 3 月 9 日，(111)，134。
⑤ 《苏法司定期试验律师》，《申报》宣统三年六月十一日，1911 年 7 月 6 日，(113)，90。

　　江苏提法使还重视培养监狱官吏。宣统元年（1909 年）九月，江苏提法使提出设立监狱官吏养成所，附于省城罪犯习艺所内，"派职事员役，择其不可少者酌派，其中均由所中各员兼任。其学生以六十名为定额，凡年在二十五岁以上，四十岁以下，身家清白、不染嗜好、文理通顺或已习法政者均为合格，分官绅两班考选。一年半举行实验给凭，将来分发各属，授以典狱、书记、看守长、教诲师等职，详奉抚院批云……该司采取章程亟应详加规定……余悉如详办理"。①

　　各省提法使在培养司法人才的过程中，措施不完全相同，所办司法人才机构的名称各异，办学质量也参差不齐。江苏咨议局对江苏提法使所办的司法研究所提出的质问案反映了咨议局对该所办学质量的疑问，从一个侧面也反映了各省提法使所办司法人才培养机构办学质量存在诸多问题。② 对于学期，江苏

① 《院司对于改良监狱之政见》，《申报》宣统元年九月初九日，1909 年 10 月 22 日，（102），772。
② 江苏咨议局开会事件　议决案　《呈请批答司法研究所质问案》为呈请批答事。查局章第二十六条载有咨议局于本省行政事件及会议厅议决事件，如有疑问，得呈请督抚批答等语。本月十六日会议议决司法研究所质问案一件，理合呈请督部堂、抚部院迅予答复，谨将宣统二年（1910 年）三月十七日第二届临时会议议决司法研究所质问案一件，缮具清折，恭呈钧鉴。查筹办审判厅以养成司法人才为最要关键，今桌局所设之司法研究，虽专为省城商埠之审判厅本年急于成立而设，然该所肄业官员之多不下百十人，影响所及，关系非浅，其不宜苟简可知，谨将所以怀疑问条列如下：
　　一、学期。司法研究所章程，甲班期以八个月卒业，乙班亦止一年，虽开办之日已届省城商埠审判厅成立之年，事前不及预储，迫切任人，不得不尔，然敷衍草率恐无以收得人之效。查丙午年前署桌朱在省城开办法政讲习所以一年毕业，而抚部院以其年限短促，恐无以收培植人才之效，国令此项卒业候补人员仍照新章考试，重入法政学堂肄业，用意何等郑重，今之研究所徒以期迫之故，数月研究、任官终身，办法毋乃太简，此对于学期之不能无疑者一也；
　　二、学科。该所学科中有讲日本民刑诉讼各法，无论该诉讼法与其主法相辅而行，即未讲该国之民法、刑法，学理上已无所依据，且所讲仅仅日本之诉讼法，而即审判厅成立亦不能实用学理实务，盖两失之，其它如宪法、民法、商法、刑法，均未列入课目，刑律草案，止令自修，此对于课目不能无疑者二也；
　　三、学员。该所教员三人，一二月间更换倩代，尽非其旧，种种传说腾笑众口，而谳局人员均定为八个月毕业，予以旁听名义亦可一体任用，虽其中不少精明强干之员，然武健之风寝成习惯，五刑三木视为利器，旧社会所推为能吏未必适于新社会，此对于教习学员之不能无疑者三也。
　　总之司法独立为立宪国之要政，人才不易得，则养成之法易精，养成不合法，则堕落之识可畏，审判厅按照馆章亟应分年设置，试问以何等人才当此文明审判现之重任，始基不慎，贻害无穷，此本局所以怀疑莫释也，应请批答，俾释尤疑。《呈请批答司法研究所质问案》，《申报》宣统二年三月廿六日，1910 年 5 月 5 日，（106），77。《江督札复苏州司法研究所质问案》："查此案应札行苏桌司逐条查明具复，俟复到再行核明批答，除咨明苏抚部院并札行苏桌司遵照外，为此札复咨议局查照"。《江督札复苏州司法研究所质问案》，《申报》宣统二年四月初一日，1910 年 5 月 9 日，（106），141。

咨议局认为，甲班八个月毕业，乙班一年毕业，时间太短，难以达到培养人才的效果。针对科目设置，只讲日本民刑诉讼法，不讲其民法、刑法，没有学理根据，且宪法、商法等均未列入科目，刑律草案只是让自修，也不能适应实践中对学科的要求。对招收谳局人员为学员，学期只有八个月，且旁听人员和正式招收人员同样任用表示怀疑，因为谳局出身的人习惯了刑讯，有可能把这一做法带到新设的审判厅中来。咨议局的监督在一定程度上促进了办学质量的提高，但由于造成这种结果的原因复杂，尤其是提法使受到督抚的钳制等原因，使得咨议局单纯地追问提法使不可能从根本上改变这种状况。

二　主持法官考试

宣统元年（1909 年）十二月二十八日，宪政编查馆在其所奏核定法院编制法一折中提出了"嗣后属于全国司法之行政事务，如任用法官各项，统由法部总理主持"，强调了法部在任用法官时必须严格遵守颁布的有关考试的规定①，清末法官的人事体制由此步入了凡进必考的程序。宣统二年（1910 年）清廷举行的法官考试可谓具有里程碑的意义，它标志着中国专门的司法审判人才开始出现，标志着中国的法官在西方大陆法系的影响下迈出了走向专业化的第一步。由于中国国土面积较大，有些省份距离京师路途遥远，当时交通尚不便利等条件限制，无法让全国各个省份的考生全部在京师考试，清廷采取了大部分省份赴京考试，部分省份派员往考的办法。宣统二年（1910 年）三月法部奏定的《法官考试任用暂行章程施行细则》第三条规定了派员往考的省份，即四川、广西、云南、贵州、甘肃、新疆六省，其中甘肃、新疆二省会考于甘肃。京师的法官考试有法部统一负责，京外六省的法官考试，提法使发挥了较大的作用。

先从文本进行考察。光绪三十二年（1906 年），在奉天省拟定的提法使官制里面已经做出这样的规定，第四条第一项："掌关于考绩事项。凡本司与全省各级审判厅、检察厅、典狱官吏之履历，请补、升降、考试、司书生、调派检察官、司法警察等项皆隶之"。②法部奏定的《提法使官制》第二章《总务

---

① 《法部奏法官任用须经考试折》，《大清宣统新法令》，上海商务印书馆，1909，第 16 册，第 11～12 页。

② 《酌拟奉省提法使衙门及各级审判厅检察厅官制职掌员缺折》，《退耕堂政书》卷十，第 566～567 页。

科》第二十九条规定："司法官吏考试事宜,由该科会同刑民、典狱两科办理"①,宣统元年(1909年)十二月二十八日颁布的《法官考试任用暂行章程》和宣统二年(1910年)三月法部奏定的《法官考试任用暂行章程施行细则》中,也都对提法使在法官考试中所应发挥的作用作了相应的规定。《法官考试任用暂行章程》规定:"距京较远交通未便省份由法部将通习法律人员开单奏请简派,前往各省会同提法使考试。"② 直省高等审判检察厅推事检察官如果没有符合法院编制法第118条所规定资格,但是又需要补缺的人员,由提法使呈请法部按照该章程第11条办理。③

《法官考试任用暂行章程施行细则》中直接与提法使相关的条款就有15条,内容涉及试场安排、监试官派委、内场管理、核算分数、拆封填榜、收掌、弥封、场内供给、杂务、监场官遴派、报考、受职、学习、经费等十四个方面。这些方面均由提法使主持,但是规定提法使必须详明督抚。④

文本只能说明制度设计者的一种理想,而这种理想能否转化为现实还要看具体的实践。尤其是当时的法规、法令、章程等文本性文件大都是由中央决策中枢制定的,决策中枢制定的政策是对地方运行的一种规范。由于种种原因,地方的运行和中央的决策从来都不完全一致,或理解的偏差,或利益的差异,往往致使地方对中央政策执行过程中有所变异,展示出鲜明的地方性表征。我们只有从法官考试的运行实践中考察提法使的行为,才能使得我们的研究更加接近历史的真相,才能更清晰的认识提法使在宣统二年(1910年)法官考试中所发挥的作用。

在法官考试开始之前,各省提法使做了大量的准备工作,特别是对报考进

---

① 《清法部奏定提法使办事划一章程》,汪庆祺编《各省审判厅判牍——王朝末日的新式审判》,北京大学出版社,2007,第345~350页。亦见《法部编定提法使办事划一章程》,《大公报》宣统三年四月初五日,1911年5月3日,第二张,(15),15;宣统三年四月初六日,1911年5月4日,第二张,(15),21;宣统三年四月初七日,1911年5月5日,第二张,(15),27;宣统三年四月初八日,1911年5月6日,第二张,(15),31。亦见《申报》宣统三年四月初六日,1911年5月4日,(112),61;宣统三年四月初七日,1911年5月5日,(112),77。

② 《大公报》宣统二年二月初四日,1910年3月14日,第二张,(11),285。

③ 《大公报》宣统二年二月初五日,1910年3月15日,第二张,(11),289。

④ 《法官考试任用暂行章程施行细则》,《大公报》宣统二年四月初八日、初九日、十一日,1910年5月16日、17日、19日,第二张,(12),89、93、105;又见《法部奏酌拟法官考试任用施行细则折》,《申报》宣统二年四月十二日、十三日、十四日,1910年5月20日、21日、22日,(106),313、329、345。

行有效的组织，如果没有各省提法使的组织，在地域如此广阔的中国，能够有序地进行全国规模的考试是不可想象的。各省提法使在组织和动员考试方面分别作了自己的努力。如江苏提法使左孝同在宣统二年六月（1910 年 8 月）牌示："照得法部考试法官于本年八月初旬举行，当经查照馆部法章摘录大要出示谕饬投报，并限七月初五以前到司在案。兹届六月下旬，期限已迫，合亟示谕，为此示仰官幕人等一体知悉。如有合于资格有志应试者，立即备具履历三套，填写三代，随文粘呈四寸照片，并另具甘结三套，声明确无有干禁烟条款及褫夺公权、处三年以上之徒刑暨破产未尝债务情事，依限呈司，以便转请咨送。毕业生及候选人员均应随带凭照呈验，刑幕一项应由就幕地方衙门至出具文结，声明确系品端学裕，呈送到司，听候本司切实考验，汇案详咨均无延误"。① 湖北提法使在组织报考方面也较为努力，有关媒体对此也有所观察和报道："湖北此次考送京师法官，各项员生之合乎资格者业经报名，由提法使马廉访亲自考试，取定四十六人。其刑幕亦经考验，指日即备文咨送往京。昨闻廉访以安陆府保送之刑幕汪见田、咸宁县申送之李允南、钟祥县申送之姚夔一、安陆县申送之李藩、监利县申送之蔡德钧、夏口厅江夏县续行申送之周航、陈为荣等于考试时或由路远错误，或因有事耽延，均未预考，现值法官需才之际，未便弃置无用，爰准其补考，以便送京投职"。② 直隶提法使齐震岩为了选拔刑幕送考法官，专门在宣统二年组织了两次刑幕考试。第一次在宣统二年六月二十日（1910 年 7 月 24 日），共录取五十名③，第二次于宣统二年七月十五日（1910 年 8 月 19 日），投考者六十余名，并剔除了滥冒人员④。净化了考生队伍，也在客观上减少了考试的运作成本。

关于考试资格，清廷在宣统元年（1909 年）十二月二十八日颁布的《法院编制法》和《法官考试任用暂行章程》中已有明确的规定。《法院编制法》

---

① 《苏臬谕催报考法官》，《申报》宣统二年六月廿九日，1910 年 8 月 4 日，（107），568。

② 《刑幕投考法官之特别优待》，《申报》宣统二年八月初四日，1910 年 9 月 7 日，（108），102。

③ 这五十名分别是：鲍得锂、孙梦兰、潘思江、许乙清、葛炳华、陈之良、张斐、秦治沛、阮家壅、杨华甫、吴镐、章文斌、陈树藩、陈经、陈彬、王镐京、陶震、陶坤源、施宝谟、顾翰丞、竺鹭、卢文杰、甫世昌、潘寿彭、潘思灏、张鹏霄、陈钟颖、洪钧、范宗镐、冯际文、马春苑、孙祖尧、鲍俊、章成、沈振绪、冯廷珍、戴绍达、马家骧、徐福来、孙家麒、钟家鼎、章墉、赵洪勋、洪奠河、陆善木、楼启东、余洪钧、顾继皋、陈乃文、赵晋藩。《大公报》宣统二年七月初十日，1910 年 8 月 14 日，第二张，（12），586。

④ "闻冒充刑幕者已有三分之一，又某署某学堂之毕业生亦复不少"。《大公报》宣统二年七月二十一日，1910 年 8 月 25 日，第二张，（12），642。

第一百零七条规定："凡在法政、法律学堂三年以上领有毕业文凭者，得应第一次考试。"①《法官考试任用暂行章程》第四条规定："凡得应第一次考试者，除法院编制法第一百零七条第一项所定资格人员外，所有左列各项人员，准其暂行一体与试：1. 举人及副优拔贡以上出身者。2. 文职七品以上者。3. 旧充刑幕，确系品端学裕者。"② 这些规定出台之后引起各界广泛争议，各省并不认为这些规定符合他们本省的实际情况，相反却给他们选拔符合标准的人员参加法官考试带来了更大的困难。如云贵总督李经羲认为："惟是边荒僻远，求才甚难，滇省原设司法讲习科，本系储备审检人才之用，嗣准法部咨到法官考试任用章程，则非在法律学堂三年毕业者不得与考，讲习科毕业各员遂为考格所限，遴才愈艰"。③ 由于种种情况，这些规定在各省实际执行的过程中也得到了很大的变通。如直隶提法使齐震岩奉督宪札饬："此次考试法官推广资格，凡留学外国法政速成毕业，在本省充当法政教员三年以上，以及在本省法政两年以上毕业，领有优等文凭者，均与第一次考试以广搜罗"。④ 与法部规章相比，各省提法使在具体执行时放宽了资格限制，扩大了备选人群。与各省自办的司法人才培训机构相比，法政学堂和法律学堂是较为正规和正式的学历教育，其他应考资格也是清代较为正规的仕进人员。这种规定体现了清廷对法官选拔的重视和严肃态度，但是这种标准在当时来说是非常严格的，各省符合应考资格的人员很少，使各省提法使无法组织报考。所以，各省提法使纷纷降低应考资格加以应对，准许各省自办的司法研究所等机构培养的人员报考。当时各省为了培养司法人才，很多省份的提法使（有的还是按察使）在署内办司法研究所或审判研究所，这些研究所的学员对此次法官考试寄予很大期望，很想参加这次考试，但这类人并不在清廷制定的有关资格规定之列，给他们心理上造成很大打击，有的研究所出现了恐慌现象，舆论也开始谣言四起，浙江即如此。为了消除审判研究所的恐慌，不致中途解散，当时还是浙江按察使的李传元亲至该所谕慰各生⑤，同时也为该司所办审判研究所的学员据理力争：

---

① 汪庆祺编《各省审判厅判牍——王朝末日的新式审判》，北京大学出版社，2007。

② 《大公报》宣统二年二月初四日，1910 年 3 月 14 日，第二张，(11)，285。

③ 《云贵总督李经羲奏云南第四届筹办宪政情形折》，故宫博物院明清档案部编《清末筹备立宪档案史料》，中华书局，1979，第 803~804 页。

④ 《大公报》宣统二年七月三十日，1910 年 9 月 3 日，第二张，(13)，13。

⑤ 《维持审判研究所之恳切》，《申报》宣统二年四月初九日，1910 年 5 月 17 日，(106)，262。

"臣查该所学员为本年省城商埠各级审判厅成立时任用而设，又其所学课程洵其完全，似未便令其向隅不与考试。且此项人员即由法部主试，但使严加甄别，既无滥冒之虑，仍操用舍之权，合无仰恳恩施俯念审判厅需才孔亟，准将以上预备人才一体考试实与司法前途大有裨益。"① 这种观点得到了浙江巡抚增韫的支持，增氏于宣统二年（1910 年）四月为此事具折入奏。各省提法使按照自己的理解扩大了参考人员的范围，给更多的人创造了参加考试的机会，但同时在客观上也相对增加了选拔过程运行的成本。

有些省份的提法使对即将参加法官考试的人员给予一定的资助。如直隶提法使齐震岩在宣统二年八月十五日（1909 年 9 月 18 日）发给参考法官咨文二百十二角，其中"内有直隶法律学堂咨文四十七角，刑幕咨文五十角，候补各员咨文一百十四角，南乐县拔贡王朝宗咨文一角"。②

法部在第一次法官考试期间已经安排过一次补考，主要是针对没有按期报考和册送，或在法部规定的正式考试的试期内犯病而影响考试的人。法部给这两部分人安排了一次补考的机会，时间安排在宣统二年（1910 年）的九月初十日和九月十一日。考试结束之后，法部依然感到有专业素养的法官人才的缺乏，所以继续实行补考的办法来扩大选拔人才的范围。宣统三年闰六月初三日（1911 年 7 月 29 日），法部通行各省提法使将全省司法人员切实调查，其间如有应行补考者，迅即查取履历列表报部以备试期考试。③

三 负责法官任免

在清末司法改革中，各省提法使在本省法官的任免方面具有一定的权力，承担了部分任免法官的职能。但前后发生了一些变化。总体来说提法使与法官任免的关系存在两个时期，分界线是宣统二年（1910 年）的法官考试，即法官考试之前是第一个时期，法官考试之后是第二个时期。在这两个时期内，提法使对本省法官的任免表现出了不同的形式。

关于提法使对法官的任免权，在这一时期制定的法律、法规中有较多的规定，也是一个提出较早的问题。光绪三十二年（1906 年），在奉天省拟定的提法使官制第四条第一项已经有所规定："掌关于考绩事项。凡本司与全省各级

---

① 《审判研究生请与考法官》，《申报》宣统二年四月十二日，1910 年 5 月 20 日，（106），309。
② 《大公报》宣统二年八月十六日，1910 年 9 月 19 日，第二张，（13），94。
③ 《法部调查补考法官》，《大公报》宣统三年闰六月初四日，1911 年 7 月 29 日，（15），535。

审判厅、检察厅、典狱官吏之履历，请补、升降、考试、司书生、调派检察官、司法警察等项皆隶之"。① 光绪三十三年（1907 年）由法部奏定，经宪政编查馆核定的《宪政馆核订各省提法使官制清单》第三条作了这样的规定："第三条总务科职掌如左：一掌本司及各级审判厅、检察厅、监狱各员之补署、升降、褒奖、处分等项事宜；二掌收发文件、编纂账册，及刑民典狱两科以外各项统计事宜；三掌经费出入，办理本司及各级审判厅、检察厅预算，并一切杂项事宜"。② 提法使的总务科掌管包括提法使自身及本省审判厅、检察厅、监狱在内的所有司法人员的补署、升降、褒奖、处分，自然包括了对法官的任免权。法官考试之前，由于考试之后符合标准的人员还没最终出笼，而且也没有对任用录取人员的相关要求和规定，提法使在行使对法官的任免权时具有相对较大的自由裁量权，各省提法使可以根据自己考核和认定人才的标准做出判断，行使任免权力，尤其是最早改设提法使的东北和直隶等地区。东北改设提法使是在宣统三十二年（1906 年），是随着法部的改革而一起改革的，与法部等中央中枢机构的改革同步，一切都处于初创之中，各种规章都不完善，具有鲜明的试验性与过渡性的特征。东北地区的各级审判厅和检察厅成立较早，远早于法官考试的时间，当时任用考试录取人员的政策和规章也都没出台，东三省又是所谓的"龙兴之地"，是清廷比较重视，关注也较多的一个地区。清廷试图通过在东三省作先期试点，逐步向全国推广，竭力让东三省的改革对全国其他地区实现一种示范效应。所以，以东三省为中心对法官考试之前提法使在法官任免中的作用进行考察具有典型意义。奉天在东三省的改革中又是始终走在前列，奉天提法使吴钫也是一个比较有思想、法学素养颇深的人，是一个学者型的官员。所以，我们先从对奉天的考察开始入手。

光绪三十三年（1907 年）十二月初一日，奉天省城各级审判厅、检察厅开办，按照有关章程规定和权限划分，各厅厅丞推事长、检察长均经督抚宪先后派员试署，推事检察官以下各缺遴选试署的责任由提法使来完成。经过奉天提法使的认真选拔，作了如下人事任免："查有奉派高等审判厅随同办事法部主事程继元堪以兼理高等审判厅刑科庭长，仍随同办事法部主事谢桐森等五员堪以分派高等地方两庭试署推事，分别派充各庭庭长陶令祖尧等十三员，堪以

---

① 《酌拟奉省提法使衙门及各级审判厅检察厅官制职掌员缺折》，《退耕堂政书》卷十，第 566 ~ 567 页。

② 《宪政馆核订各省提法使官制清单》，《申报》宣统元年十月廿四日，1909 年 12 月 6 日，（103），562。

分派高等地方初级各厅试办推事，朱警官成勋等二员堪以分派高等地方两厅试署检察官，林课长卜琳等六员堪以分派初级各厅兼办检察官，童府、经益临等七员堪以分派高等地方两厅试署典簿，以下各缺县丞衔夏日清等六员堪以派充高等地方各厅录事，所余员缺一时人数不敷分派，宁缺毋滥，以昭慎重，仍每厅酌派委员分别办事，行走学习，以资臂助，俟数月后察其实在得力者再行酌量择优呈请试署"。①

光绪三十四年（1908 年），抚顺地方审判、检察厅成立。抚顺地方审判、检察厅的人事安排是由提法使挑选、考察，提出任用清单，呈报督抚核准后施行的程序进行的。光绪三十四年（1908 年）十一月初四日，东北总督和奉天巡抚在对提法使的批复中赋予了提法使对抚顺审判、检察厅的人事任免权："据呈已悉。所有抚顺各厅派委人员应由该司酌量派拨"。②奉天提法使认为抚顺地方审判、检察厅的有关人员应该提前任命，为开办之后马上投入正常运行做充分的准备，"应行派往该厅各员司亟应先期派定，俾便前往视事"。经过认真考察和筛选，奉天提法使做出了如下人事任免："所有抚顺地方审判厅推事长一缺，应即以筹办抚顺地方审判厅法部主事程继元署理，其高等审判厅随同办事一差应请开去，一专责成。抚顺地方检察厅检察长一缺，应以奉天府地方检察厅检察官萧晋荣试署……推事检察官以下各员即由高等两厅及奉天府地方两厅暨前派随同筹办各员内另行开单呈明拨派，俾资熟手"。光绪三十四年十二月初二日，东北总督和奉天巡抚在批复中认可了奉天提法使的人事任免："呈及清单均悉。查抚顺地方审判检察厅开办在迩，所有应行调往该厅各员自应先期派定，以专责成，既据该司拟请将推事长一缺即以筹办抚顺地方审判厅法部主事程继元署理，检察长一缺以奉天府地方检察厅检察官萧晋荣试署，应即照准。其单开民刑各科庭长及庭长以下各员均准如所呈分别调派饬允"。③这次人事任免抚顺地方审判厅的推事长和地方检察厅的检察长也是由奉天提法

① 《提法使照会高等审判检察厅分别派署各厅员缺文》，王家俭、姜可钦、童益临、崔家骏编辑，朱延龄、汪仁宾、锡箴校勘，汪守珍、许世英、汪世杰鉴定：《奉天司法纪实》，陪京印书馆，1909，第二册，第 39~41 页。
② 《提法使照会高等审判检察厅拨派抚顺地方审判检察厅人员办法文附批》，王家俭、姜可钦、童益临、崔家骏编辑，朱延龄、汪仁宾、锡箴校勘，汪守珍、许世英、汪世杰鉴定：《奉天司法纪实》，陪京印书馆，1909，第二册，第 59~61 页。
③ 《提法使照会高等审判检察厅拨派抚顺地方审判检察厅人员办法文附批》，王家俭、姜可钦、童益临、崔家骏编辑，朱延龄、汪仁宾、锡箴校勘，汪守珍、许世英、汪世杰鉴定：《奉天司法纪实》，陪京印书馆，1909，第二册，第 59~61 页。

使提名的人选，似乎超乎了常规，也超出了一些规定。

宣统元年（1909 年）三月，奉天提法使又以同样的程序完成了新民和营口的地方、初级审判及检察厅的人事任免。新民各厅人事任免如下："查有高等审判厅推事陶祖尧堪以署理新民地方审判厅推事长，并兼理刑庭庭长，高等检察厅检察官、民政部六品警官赵毓衡堪以调署新民地方检察厅检察长兼检察官，其推事以下各员由本司在省城各厅当差及练习员内分别拣派，以资熟手"①；营口各厅的人事任免如下："查有高等审判厅推事陶祖尧，堪以署理新民地方审判厅推事长，并兼理刑庭庭长，高等检察厅检察官、民政部六品警官赵毓衡，堪以调署新民地方检察厅检察长兼检察官。其推事以下各员由本司在省城各厅当差及练习员内分别拣派，以资熟手"。② 这次人事任免也包括了新民和营口的地方审判厅的推事长、地方检察厅检察长。

宣统元年（1909 年），湖北提法使杨文鼎在湖广总督的督饬下也开始了对湖北各级审判厅人员的选拔和任用。③

提法使对于法官的人事选拔颇为费心，"惟各厅同时开办须员较多，而司法一官与民人关系最切，用人一节不得不格外审慎。本署司数月以来延见属僚、博咨舆论，随时悉心考察，果系熟谙法律或实有经验者，无论京职外职、实缺、署事、候补、候选、教员、学生必默为存记，留备任使，并传派各员先期研究，于广益集思之内，寓考言询事之方。兹于各员内逐加遴选"，"此次设立各级审判厅为司法分立之始，即为预备立宪之基，关系极重，责任非轻，本署司谨当于贵厅丞、检察长各按监督权限督饬所属各厅员失慎失公，认真经理，以冀仰副朝廷慎重司法，暨督抚宪勤求治理之至意"。④

提法使任用的人员均是署理，即暂时代理之意，含有过渡的意思。因之，署理之员最终必须转为实缺才能使各厅的人事安排稳定下来，安心工作。同

① 《提法使照会高等审判检察厅开办新民地方初级审判检察厅派委员缺文附批》，王家俭、姜可钦、童益临、崔家骏编辑，朱延龄、汪仁宾、锡箴校勘，汪守珍、许世英、汪世杰鉴定：《奉天司法纪实》，陪京印书馆，1909，第二册，第 62 ~ 65 页。

② 《提法使照会高等审判检察厅开办新民地方初级审判检察厅派委员缺文附批》，王家俭、姜可钦、童益临、崔家骏编辑，朱延龄、汪仁宾、锡箴校勘，汪守珍、许世英、汪世杰鉴定：《奉天司法纪实》，陪京印书馆，1909，第二册，第 62 ~ 65 页。

③ 《鄂督奏设养成审判所之计划》，《申报》宣统元年三月初四日，1909 年 4 月 23 日，(99)，769 ~ 770。

④ 《提法使照会高等审判检察厅分别派署各厅员缺文》，王家俭、姜可钦、童益临、崔家骏编辑，朱延龄、汪仁宾、锡箴校勘，汪守珍、许世英、汪世杰鉴定：《奉天司法纪实》，陪京印书馆，1909，第二册，第 39 ~ 41 页。

时，尽管提法使选拔人才颇为费心，按照一定的办法和步骤进行选拔并委任的，但毕竟事属仓促，选拔的人才不一定就全部能够胜任，至少是从理论上来讲存在着这种可能。那么，在被任用的人员从署理转为实缺的过程中，提法使又发挥了怎样的作用呢？我们仍然以奉天为例进行探讨。

光绪三十四年（1908 年）九月，东三省总督和奉天巡抚咨行法部请予奏补实缺。在奉天司法官员从署理到补实的过程中，提法使似乎是一个既决策又承上启下，为高等审判检察厅和督抚之间协调、斡旋的角色。宣统元年（1909年）四月，奉天审判检察厅对署理补实提出了自己的思考，他们认为："窃惟司法官员位处人民直接，责成綦重、职务尤繁，故任用倍宜审慎，非详加考核，明定章程不足以昭妥善而规久远。查京师大理院及各级审判检察厅员缺，经法部奏署时均声明俟试验三个月后即行补实，诚以用人之道即经鉴别于先，自应激劝于后，若意为进退、无所准绳，则实心任事者即未免阻其进取之心，而不自振作者亦且长侥幸苟且之习，此中得失关系非轻"。接着奉天高等审判检察厅提出了自己的补实办法，"本厅斟酌再三，拟请嗣后参照部院成规变通办法试验期限量予延长，派署之时先行咨部，俟扣足六个月后，察其勤慎尽职始终一致即予咨部奏请补实，俾之奋勉。如系不能胜任之员，亦即分别开除署缺，不稍宽假，庶于鼓舞人才之中，仍寓综合名实之意"。① 奉天高等审判检察厅通过咨呈提法使，然后再由提法使转详督抚的方式最终确定署理补实的方案。在此过程中提法使并不能彻底做主，还要主动请示督抚，表明督抚在这件事情的决策中具有较大的分量。从本质上来讲，这说明当时法官任用方面还存在体制性的缺陷。尽管当时这种缺陷还不明显，那是因为改革之初，有些事情还没有充分暴露。督抚终归是一省最高行政长官，司法官员的任免是司法自身体制范围内的事，最终确定权掌握在督抚之中，从本质上来说依然是司法行政不分，在不独立的体制下进行的法官任免在司法改革之路上不会走得太远。从长远看来，这种体制不可能完成选拔合格法官和其他司法人才的历史使命。

宣统元年（1909 年）十二月，法部在其《法部奏豫拟宣统二年应行筹备事宜折》中就把编定法官考试、任用、官奉各项章程作为其在宣统二年应行筹备事宜之一，并且认为法官考试、任用均可包括在宪政编查馆制定的司法官

---

① 《高等审判检察厅拟请将各厅派署员缺扣足六个月分别请补咨部立案咨呈提法使转详文附批》，王家俭、姜可钦、童益临、崔家骏编辑，朱延龄、汪仁宾、锡箴校勘，汪守珍、许世英、汪世杰鉴定：《奉天司法纪实》，陪京印书馆，1909，第二册，第71~73 页。

登用章程里面。宪政编查馆在《考核提法使衙门官制折内》提出："司法人员与普通行政官吏不同，应由臣馆另定司法官登用章程请旨遵行"。① 在法官考试进行之前，清廷就已经出台了一些法律、法规对法官如何任用作了诸多规定，而且部分法规着重强调要任用经过法官考试被录取的人员。清法部奏定的《提法使官制》第二章《总务科》第二十八条规定："提法使署及各级审判厅、检察厅、监狱各员之补署、升降、褒奖、处分等项事宜，应按照各项法令办理，并随时分别注册"。② 宣统元年（1909 年）十二月二十八日颁布的《法院编制法》第十二章《推事及检察官之任用》第一百十四条规定："地方以下审判厅、检察厅遇有缺出，在京由法部，在外由提法使申请法部于前条限制以内以候补推事、候补检察官署理"。③ 与其同一天颁布的《法官考试任用暂行章程》第十三条规定了直省高等审判检察厅推事检察官如现无合法院编制法第一百十八条之资格人员应补者，由提法使呈请法部按照该章程第十一条办理。④ 宣统二年三月法部奏定的《法官考试任用暂行章程施行细则》的第九章《受职》第三十九条、第四十条和第十章《学习》部分的第四十二条都对提法使对法官的任免权作了规定，分别为第三十九条："考试录取人员，直省开办之初得由提法使择其成绩最优者暂行委署仍分报法部并督抚衙门备案"；第四十条："直省筹办审判处得力人员经第一次考试合格者，开办之初亦得照前条办理"；第四十二条："学习人员之职务依编制法第一百十条之规定，但直省开办伊始，需才甚亟时，得于学习期内照本则第三十九条第四十条办理"。⑤

---

① 《法部豫拟宣统二年应行筹备事宜折》，《大公报》，宣统二年正月十七日，1910 年 2 月 26 日，第二张，(11)，209。

② 《清法部奏定提法使办事划一章程》，汪庆祺编《各省审判厅判牍——王朝末日的新式审判》，北京大学出版社，2007，第 345 ~ 350 页。亦见《法部编定提法使办事划一章程》，《大公报》宣统三年四月初五日，1911 年 5 月 3 日，第二张，(15)，15；宣统三年四月初六日，1911 年 5 月 4 日，第二张，(15)，21；宣统三年四月初七日，1911 年 5 月 5 日，第二张，(15)，27；宣统三年四月初八日，1911 年 5 月 6 日，第二张，(15)，31。亦见《申报》宣统三年四月初六日，1911 年 5 月 4 日，(112)，61；宣统三年四月初七日，1911 年 5 月 5 日，(112) 77。

③ 《法院编制法》，《大公报》宣统二年正月二十六日，1910 年 3 月 7 日，第二张，(11)，251。

④ 《法官考试任用暂行章程》，《大公报》宣统二年二月初五日，1910 年 3 月 15 日，第二张，(11)，289。

⑤ 《法官考试任用暂行章程施行细则》，《大公报》宣统二年四月十一日，1910 年 5 月 19 日，第二张，(12)，105。又见《法部奏酌拟法官考试任用施行细则折》，《申报》宣统二年四月十四日，1910 年 5 月 22 日，(106)，345。

法部还在审判厅审判筹备事宜第三项中规定了："推事、检察官各员由督抚督同提法使认真遴选品秩相当之员，或专门法政毕业者，或旧系法曹出身者，或曾任正印各官者，或曾历充刑幕者，或指调部员，俱咨部先行派委署"。①

法官考试之后，从理论上来说，各省提法使必须遵守这些规定。从这个意义上来说，这些规定可能会对提法使对法官的任免产生产生两种影响，一是让各省提法使有章可循、有法可依，方便了提法使的操作，从而让这项工作更为有效，在客观上推进了司法改革的进程。二是这些规定将成为各省提法使施政的掣肘，对提法使更为具体的根据本省实际情况进行施政是一种阻碍。实际情况究竟是什么样的呢？我们将通过对史料的爬梳和解读来还原历史的真相，重构这一段历史，并审视提法使在这段历史的客观运动过程中所发挥的作用。

光绪三十三年（1907 年）十二月，法部在《会奏核议奉省各级审判检察厅官制折》内已经声明："将来法官请简、请补事宜应由开办审判厅各省随时开单咨达臣部以便奏明请旨依法升降"。② 宣统元年（1909 年）十二月，法部在其《法部奏豫拟宣统二年应行筹备事宜折》再次重申这一观点。③ 考试结束之前，法部在《拟定各省城商埠各级审判厅筹办事宜》中又明确提出："内外审判检察各厅属于本部直辖，所有一切官员请简、奏补、委用之权均应归宿本部，以与各行政官区别，京师既已实行，各省自应一律照办"。④ 已经非常明确提出了对全国各级司法官的人事权要求，只不过由于受当时条件限制，不得不"惟创办之始，法官考试任用章程未实行以前宜略予变通"。⑤ 考试结束之后，法部试图扩大自身在各省司法系统内部的影响，为此目的不断对各省提法使的施政进行干预，对法官的任免权是其关注重心之一。

① 汪庆祺编《各省审判厅判牍——王朝末日的审判》，北京大学出版社，2007，第267页。
② 《法部奏请简授高等审判厅厅丞折》，王家俭、姜可钦、童益临、崔家骏编辑，朱延龄、汪仁宾、锡箴校勘，汪守珍、许世英、汪世杰鉴定：《奉天司法纪实》，陪京印书馆，1909，第二册，第43~46页。
③ 《法部奏豫拟宣统二年应行筹备事宜折》，《大公报》宣统二年正月十三日，1910年2月22日，第三张，（11），194。
④ 《拟定各省城商埠各级审判厅筹办事宜》王家俭、姜可钦、童益临、崔家骏编辑，朱延龄、汪仁宾、锡箴校勘，汪守珍、许世英、汪世杰鉴定：《奉天司法纪实》，陪京印书馆，1909，第13~14页。
⑤ 《拟定各省城商埠各级审判厅筹办事宜》王家俭、姜可钦、童益临、崔家骏编辑，朱延龄、汪仁宾、锡箴校勘，汪守珍、许世英、汪世杰鉴定：《奉天司法纪实》，陪京印书馆，1909，第13~14页。

宣统二年（1910 年）七月，法部专门向清廷上奏法官分发章程，在法官分发过程中，提法使的职责用了两条的篇幅作了规定："第八条：派考省份录取人员，除就近分发该省外，其有援照第三条至第七条呈请分发者，应由提法使查照各条所定，分别考核，详由督抚咨部办理；合于第二条乙丙两项资格在服官省份，援照第三条至第七条呈请分发者，应由该省提法使查照前项办理；第九条：分发人员除京师各厅及在外省就近分发外，均由法部发给凭照，其前条呈请分发他省者，应俟法部核准后将凭照发由各该省提法使转给该员，自领导凭照之日起，统照第十条所定凭限到省后，缴由该省提法使详由督抚咨部核销"。① 宣统二年（1910 年）十月，法部以慎用法官为名，通饬各省提法使："嗣后各省法官更派时，均须以考试合格之人员分别补用，其庭长以上各缺如遇补用时，应将拟补之员开列履历资格先行报部，俟核准后再行札饬到任，以昭慎重"。② 宣统二年（1910 年）十一月，法部又打着改良审判要政的旗号，通饬各省提法使在任用各级审判厅厅丞、庭长时必须申报法部，由法部酌量派员前往试充，各省不得直接派员致多不合。③ 宣统二年（1910 年）十二月，法部复以法官考试已经考毕为理由，分电各省提法使"嗣后凡审判衙门均须遴选此项人员充任，毋得滥用候补州县等官致多流弊"。④

宣统三年（1911 年）三月，江苏提法使左孝同将分发到江苏的法官派赴各审判厅学习，具体派赴情况是："正七推检候补官郑思曾、王炎武、薛雪均派赴苏省地方审判厅学习，叶玉森派赴第一初级审判厅学习，陈传均、郑春魁均派赴苏省地方检察厅学习，程鉴派赴第一初级检察厅学习"。⑤

法官考试结束之后，录取的法官数量有限，全国总共录取 300 多人⑥，由

---

① 《法部奏酌拟法官分发章程折并单》，《大清宣统新法令》，上海商务印书馆，1909，第 23 册，第 12 ~ 14 页。文中所说第二条乙丙两项是指"乙：照法院编制法第一百七条免第一次考试人员；丙：照法院编制法第一百十二条免第二次考试人员"。《大清宣统新法令》，第 23 册，第 13 页。

② 《法部集权之一斑》，《大公报》宣统二年十月二十九日，1910 年 11 月 30 日，第二张，(13)，493。

③ 《法部慎用审判员》，《大公报》，宣统二年十一月十四日，1910 年 12 月 15 日，第二张，(13)，579。

④ 《审判人员须用法官》，《大公报》宣统二年十二月十九日，1911 年 1 月 19 日，(14)，111。

⑤ 《派委法官分赴各厅学习》，《申报》宣统三年三月初三日，1911 年 4 月 1 日，(111)，502。

⑥ 还有一种说法称，京外考取法官就有 800 余人。《宪政编查馆奏遵限考核京外各衙门第三年第二届筹备宪政成绩折》，《大公报》宣统三年六月初一日，1911 年 6 月 26 日，第三张，(15)，339。

于各机构权限不清，观点不一，步骤不能协调一致，法官最后也不能迅速地分发到各省，出现了很多始料未及的情况，如河南省送考人员无一录取，分发人员也迟迟不能到达。湖北分发到省的人员也并不能完全满足湖北的用人要求。广东的情况也大同小异，基本上都存在类似问题。这些情况笔者在《提法使与法官考试》部分已有论述，在此不再赘述。这些情况的存在都给提法使对各省法官的任用问题造成极大的挑战。

法官考试之后提法使失去了法官任免权力，但对本省各级审判厅、检察厅、监狱的其他人员还有任免权。《法院编制法》第一百四十二条规定本省各级审判厅的翻译官由提法使任免，"京师及商埠地方审判厅以上审判衙门得特置翻译官由法部及提法使酌量委用"。① 第一百四十九条规定："承发吏由法部及提法使派充，并得委任地方审判厅厅丞或庭长派充之"。②《法院编制法讲义》指出："承发吏是通过法部任用考试承发吏章程所规定的考试合格者，可以由法部及提法使任命，也可以授权地方审判厅厅丞委任，但需缴纳相当之保证金"。③ 宣统三年（1911 年）六月，法部再次强调了提法使在任用书记中的作用，"法部咨行各督抚内称，各级审判厅任用书记官须查法院编制法第百十五条章程办理，惟仍须提法使分别注册咨行本部立案以备检察"。④

审判、检察厅的录事任免也是提法使的职责范围。光绪三十四年（1908 年）十一月十四日，奉天提法使在委任了奉天各级审判检察厅的推事、检察官之后，又接受了奉天高等审判厅厅丞许世英和奉天高等检察厅检察长汪守珍请其添派录事的呈请。奉天提法使为添派录事的合法性作了进一步说明，并亲自拟定了委用名单并个人履历，"本司查法部奏准各级审判检察厅官制清单内载：直省高等地方录事系从九品委用之缺，惟员缺数目均未限定，良以各厅事务繁简不同，不妨临时酌量。奉天省城各厅上年十二月开办之初，共派署录事六员，内计高等审判厅二员，检察厅一员，地方审判厅二员，检察厅一员。高

---

① 《大公报》宣统二年二月初二日，1910 年 3 月 12 日，第二张，（11），275。《法院编制法》第 142 条。亦见《各省审判厅判牍》第 4 页。

② 《法院编制法》，《大公报》宣统二年二月初二日，1910 年 3 月 12 日，第二张，（11），275。

③ 《法院编制法讲义》，商务印书馆，1911，第 71～72 页。转引自汪庆祺编《各省审判厅判牍——王朝末日的审判》，北京大学出版社，2007，第 5 页。

④ 《法官慎重各审判厅之书记》，《大公报》宣统三年六月初一日，1911 年 6 月 26 日，第二张，（15），337。

等范围及于全省，现在该厅事务日繁，应准酌添录事二员，俾免贻误，并即于该审判检察厅厅员内遴员派委，以资熟手。复查该录事夏日清等到厅以来将及一年，均属当差勤慎，所有试署奉天省高等及奉天府地方各厅录事夏日清等五员，及酌添高等录事崔家骏、童益乾二员自应一律呈请补实，以资策励二转责成，为此开列清单，填注切实考语，并造具履历清册呈请宪台鉴核，俯赐批准，将该员等补授录事实缺并咨明法部备案，实为公便。再试署奉天府地方审判厅录事王思楷一员现在丁忧，应俟服阕后再行请补合并声明，须至呈者"。①东三省总督和奉天巡抚同意了这个人事任免。②

各省审判检察厅的庭丁、所丁的任免也要经过提法使。宣统元年（1909年）六月，奉天高等审判检察厅关于各厅招雇庭丁及增用庭丁所丁办法咨呈提法使，并请求提法使转详督抚。高等审判、检察厅认为司法巡警退还警局之后，原来由巡警办理的一些事现在无人办理，必须通过增加庭丁、所丁的办法才能弥补这一缺失，使问题得到解决，"查本厅及承德地方初级各厅所用之司法巡警业经奏准一律退还，现定于六月初一日实行。其从前司法巡警之取保、传人、逮捕、搜查等事既归警局，自有巡警办理。惟当日司法巡警在厅内所司之接收各处解送犯证及在待质室看视，民刑庭诉讼人与引人入写状收案各室并指挥人证之出入，暨对于外所司之赴看守所提送人犯、传送公文等事，今即退还担负无人。势不能不照大理院奏章，改取略识文字，身体强壮者充当庭丁以资驱使而专责成"。并提出了增加用人的方案，"惟各厅之诉讼日繁，则庭丁之职务日益，而奉天当此百度维新，用款浩大之时，又不能不力求撙节，以期款不虚糜。事亦易举，现与承德地方初级各厅本斯意旨切实会商，高等拟雇佣六名、地方八名，第一初级四名，第二第三初级各三名，共二十四名，此次即在退还司法巡警内选用一则以资熟手，一则以免赋闲……今司法巡警全裁，而每庭至少亦须二人，旧有之庭丁万不敷用，现拟高等添二名，承德地方添六

---

① 补授奉天省高等审判检察厅暨奉天府地方两厅录事员缺开列衔名出具考语如下：拟请补授高等审判厅录事三员：县丞职衔，夏日清，办事稳练；府经历职衔，汪仁宾，办事勤明；州同职衔，崔家骏，熟悉例案。拟请补授高等检察厅录事二员：从九品衔，程凯，办事勤慎：县丞职衔，童益乾，办事精细。拟请补授奉天府地方审判厅录事一员：从九品职员，吴鸿元，办事勤敏。拟补授奉天府地方检察厅录事一员：日本明治大学经纬学堂警务科毕业生陈玮章，办事勤恳。

② 《提法使呈请督抚补授高等地方审判检察厅录事文附批》，王家俭、姜可钦、童益临、崔家骏编辑，朱延龄、汪仁宾、锡箴校勘，汪守珍、许世英、汪世杰鉴定：《奉天司法纪实》，陪京印书馆，1909，第二册，第56～59页。

名，第一初级添二名，共十名。又初级三厅各拟添所丁二名"。① 宣统元年六月初十日，提法使照会高等审判检察厅，转达了督抚宪的批示，完成了这次庭丁、所丁的增添。

宣统元年（1909 年）十月，黑龙江各级审判厅成立，各级审判推事以及检察各官由提法使选择委充。②

宣统二年（1910 年）十一月，浙江高等审判厅开庭，"所有检察、推事、典簿、主簿、承发吏、书记生等均经提法使分别传考录取札委"。③

宣统二年（1910 年）十二月，安徽提法使"札派汪君硕太守仁缚为芜湖地方审判厅推事长，方旦初直刺永昺为检察长……司法曹筱楬大令亦委充地方审判推事"。④

提法使不仅承担着任用法官的职责，而且还可以对其申请罢免。宣统元年（1909 年）十二月二十八日颁布的《法院编制法》第十二章《推事及检察官之任用》的第一百九条规定："学习推事应受该管地方审判厅厅丞或庭长之监督，学习检察官应受该管检察长之监督，其品行、性格分别由该监督官届时出具切实考语，京师径呈法部，各省送由提法使申报法部核定鉴别之，其劣者得随时罢免"。⑤

除了正式的人事任免之外，在审判厅和检察厅的运行中还会发生突然的事件导致有关人员不能正常按时到厅工作（在法学上也叫作"不可抗力"之事），在这种情况下，提法使有权委任有关人员代理。《吉林各级审判检察厅办事规则》第七章代理第一百一十四条作了这样的规定："凡厅丞、推事长及检察长，有不得已之事故不能莅厅时，得委任第一庭推事之长及检察官代行。如假期须日甚久者，由提法使委员代理"。⑥

清廷中枢机构制定的法官任免办法基本上是把法官与检察官合一的，即检

① 《高等审判检察厅拟各厅招雇庭丁及增用庭丁所丁办法咨呈提法使转详文》，王家俭、姜可钦、童益临、崔家骏编辑，朱延龄、汪仁宾、锡箴校勘，汪守珍、许世英、汪世杰鉴定：《奉天司法纪实》，陪京印书馆，1909，第二册，第 332~334 页。
② 《黑省筹设各级审判厅情形》，《申报》宣统元年十月廿一日，1909 年 12 月 3 日，（103），514~515。
③ 《高等审判厅定期开幕》，《申报》宣统二年十一月廿三日，1910 年 12 月 24 日，（109），854。
④ 《芜埠审判厅将次成立》，《申报》宣统二年十二月初四日，1910 年 1 月 4 日，（110），54。
⑤ 《大公报》宣统二年正月二十五日，1910 年 3 月 6 日，第二张，（11），246。
⑥ 赵润山主编《长春市志·检察志》，第 205~210 页。

察官的任用办法就是任用法官的办法。但也有的省份在制定的办法中以专列条款的方式对检察官的任用单列说明。如光绪三十四年（1908 年），吉林行省提法使在其制定的《吉林行省各级审判厅试办章程》中用了两条来规定检察官的任用问题，即第四章《各级检察厅通则》的第九十七条和第九十九条，第九十七条规定："检察官统属于提法使"，即提法使掌握着检察官的任免权。第九十九条规定："各级检察厅职官缺额，如官制或有不足，均由提法使酌委行走员，由检察长官分配班次，轮流值宿收受诉讼状。于本厅检察官因病或其它事故不能办公时，亦可委任代理"。①

很多章程、通则、规则等法令性条文都规定了提法使任免法官的职权，而且，也确实有很多事例可以证明提法使行使了这项职权。但是从总体上看，究竟是什么样的境况，我们需要有一个较为客观、公允、合理的评析。

法部在审判厅审判筹备事宜第三项中规定了："推事、检察官各员由督抚督同提法使认真遴选品秩相当之员，或专门法政毕业者，或旧系法曹出身者，或曾任正印各官者，或曾历充刑幕者，或指调部员，俱咨部先行派委署"②，这在实际上授予了提法使对本省审判厅、检察厅人员的任免权，但又规定遴选人员要由督抚督同，又限制了提法使的权力，使其受到制约。且本省高等审判的厅丞和高等检察厅的检察长的人事任免和提法使没有什么关系，这两个角色的产生一般情况下有两种方式，一种是督抚的保举，另一种是法部的具奏。法部在其《拟定各省城商埠各级审判厅筹办事宜》中已经明确说明："高等审判厅厅丞、高等检察厅检察长由本部择员豫保，临时请简。各督抚亦得就近遴选或指调部员先行咨部派署不得径行请简"。③ 如奉天省城各级审判厅和检察厅开办之后，"所有各该厅厅丞推事长、检察长均经督抚宪先后派员试署"。④ 宣统二年（1910 年）河南高等审判厅厅丞、高等检察厅检察长二缺就是由法部上奏，清廷颁布上谕的方式著怡龄、李瀚章试署，地方审判厅厅长兼刑事庭

---

① 赵润山主编《长春市志·检察志》，第 210～212 页。

② 汪庆祺编《各省审判厅判牍——王朝末日的审判》，北京大学出版社，2007，第 267 页。

③ 《拟定各省城商埠各级审判厅筹办事宜》，王家俭、姜可钦、童益临、崔家骏编辑，朱延龄、汪仁宾、锡箓校勘，汪守珍、许世英、汪世杰鉴定：《奉天司法纪实》，陪京印书馆，1909，第 13～14 页。

④ 《提法使照会高等审判检察厅分别派署各厅员缺文》，王家俭、姜可钦、童益临、崔家骏编辑，朱延龄、汪仁宾、锡箓校勘，汪守珍、许世英、汪世杰鉴定：《奉天司法纪实》，陪京印书馆，1909，第二册，第 39～41 页。该文献并没有提供确切的时间，但根据有关史料推断，奉天省城各级审判检察厅成立的时间应该在光绪三十二年至光绪三十四年之间。

长，是由河南巡抚电调法部推事连廷璋派充的，推事、检察官及其他职位方由提法使派委①，《拟定各省城商埠各级审判厅筹办事宜》也明确提出了这种观点："推事、检察官各员由督抚督同按察使或提法使认真遴选品秩相当之员或专门法政毕业者，或旧系法曹出身者，或曾任正印各官者，或曾历充刑幕者，抑或指调部员，俱咨部先行派署"。② 更有甚者，有的督抚还会对这两个职务直接任免，保举的程序也不再走了。如宣统二年（1910 年）八月，黑龙江提法使秋桐豫要解除自己高等审判厅厅丞的兼职，便呈请黑龙江巡抚批准，黑龙江巡抚周树模在批准提法使秋桐豫的请求后直接作了相应的人事安排，"遗缺以高等检察长赵太守严威升署，递遗检察长一差以财政局会办周太守亮采接充"。③ 这在实际上已经违背了《拟定各省城商埠各级审判厅筹办事宜》中督抚不得对高等审判厅厅丞和高等检察厅检察长径行请简的规定，更何况这是直接任命。但不管怎样说这两个职务的产生都是由督抚和法部两家控制着。提法使所控制的人事任免只是本省除了这两个职务以外的其他人员。提法使可以任免的人员除了上文所述的推事和检察官以外，还有典簿、主簿、所官、录事各员及刑幕人等。④ 其他人员的产生，法部规定的是"督抚督同提法使"进行，实际情况是提法使负责具体的人事选择，然后上报督抚，获得其同意，再由督抚上奏。具体到河南来说，因为具体情况的困难，即河南省送往京师参加考试法官的人员多未被录取，而法部录取的人员又没有分发到省，造成了事实上的人才缺乏，而不得不违背《法院编制法》中"凡推事、检察官者，未经照章考试，无论何项实缺人员不得奏请补署"的规定⑤，大多采用旧人或旧式人员，即候补知县、候补知州等，这种人事安排在客观上不利于新式的审判厅按照新的要求操作，给旧的方式死灰复燃制造了可能，更不用说让他们用新的法制理念促进地方法制观念的更新和新式判决标准、审判方式的推行。然而开庭

---

① 《河南提法使详抚院派署各级审判厅推检各官文》，汪庆祺编《各省审判厅判牍——王朝末日的审判》，北京大学出版社，2007，第 267～268 页。

② 《拟定各省城商埠各级审判厅筹办事宜》，王家俭、姜可钦、童益临、崔家骏编辑，朱延龄、汪仁宾、锡箴校勘，汪守珍、许世英、汪世杰鉴定：《奉天司法纪实》，陪京书馆，1909，第 13～14 页。

③ 《司法人员之调转》，《大公报》宣统二年八月初七日，1910 年 9 月 10 日，第三张，（13），51。

④ 《拟定各省城商埠各级审判厅筹办事宜》，王家俭、姜可钦、童益临、崔家骏编辑，朱延龄、汪仁宾、锡箴校勘，汪守珍、许世英、汪世杰鉴定：《奉天司法纪实》，陪京书馆，1909，第 13～14 页。

⑤ 汪庆祺编《各省审判厅判牍——王朝末日的审判》，陪京书馆，1909，第 267 页。

在即，人员尚无，却也反映了提法使的一种无奈。

光绪三十三年（1907 年），由法部奏定，经宪政编查馆核定的《宪政馆核订各省提法使官制清单》第十三条也规定："提法使于各级审判官、检察官补缺后，如须更调应详由督抚咨报法部照章核办，不得任意更调"。①

提法使选拔人员的工作效果是怎样的呢？从有关资料看来，似乎不太乐观，当时人有很多对这些法官表示了深深的担忧和强烈的批评。以致作为全国最高司法机构，也是法官的最高管理机构的法部不得不通行各省督抚，对全国法官进行告诫。从法部的告诫文章中能够看出当时的状况："现在各省省城商埠审检各厅陆续成立，所有法官均系照章考试任用分发，以后迭经通咨报部在案，本部所以断断催报者，良以兹事体大，关系宪政前途甚巨，该法官等经验无多，骤膺重任，即恐上官不用致等闲曹，又虑法官不才莫孚舆论，不得不凭各省册报藉为考核之资，乃者各省甫告开庭，纷纷被人指摘，或以爰书未晓、腾之报章，或以私德多惭、形诸公牍，席未暖而上官特请罢免，案未结而外间播为笑谈，甚至同官时致交攻，议局电询纠举种种事实缕指难胜，其中岂乏贤能，而征诸见闻，毁多于誉，轻朝廷而羞当世，实为该法官等耻之"。②

四　执行法官惩戒

官员因其身份与地位特殊而享有特权是一种普遍的现象，所以，无论哪个国家抑或哪个时代，对官员犯法如何制裁都是一个非常重要而又十分棘手的问题。中国漫长几千年的封建社会，从本质来说是一种身份的社会，与西方近代以后形成的契约社会有着本质的不同，官僚政治是中国政治的一种根本样态。③ 所以，在中国处理这样的问题就更加需要百倍的审慎。在中国几千年的封建法制传统中既有"王子犯法与庶民同罪"的说法，更有"刑不上大夫"

---

① 《宪政馆核订各省提法使官制清单》，《申报》宣统元年十月廿四日，1909 年 12 月 6 日，（103），562。

② 《法部通行告诫法官文》，《大公报》宣统三年五月廿四日，1911 年 6 月 20 日，第三张，（15），303。

③ 英国政治学权威拉斯基（Prof. Laski）给官僚政治作了这样的概括说明："官僚政治一语，通常是用在政府权力全把握在官僚手中，官僚有权侵夺普通公民自由的那种政治制度上。那种政治制度的性质，惯把行政当做例行公事处理，谈不到机动，遇事拖延不决，不重经验。在极端场合，官僚且会变成世袭阶级，把一切政治措施，作为自己图谋利益的勾当。"引自塞利格曼（Prof. Seligan）主编《社会科学大辞典》第三卷，第 70 页。转引自王亚南《中国官僚政治研究》，中国社会科学出版社，1981，第 1 页。

的规定，具体的执行情况在各朝各代，甚至具体到每个案件中情形都互有差异。

到了晚清，为了实现国富兵强，收回治外法权，清廷进行宪政改革，法制改革是其中重要一部分。在这场改革中，由于受到西方法制思想的影响，和"求强"的梦想，清廷对官员犯法的制裁问题还是较为重视的。身处清廷中央权力中枢的奕劻认为"刑律为国之常宪，无论官民有犯，皆有同等制裁，此东西立宪各国之所同，即吾国亦有此不刊之例"。① 并试图对当时官员犯法案件的审理与制裁中存在的问题做出改变。"现行刑法规定的官吏犯法各条，有的属于纯粹刑事审判范围，有的则属于行政审判或惩戒审判范围。同一触犯现行刑律，断罪之事归法曹，处分按照惯例是归吏议，讯办的办法不一样，制裁的方法也不一样。基于此，奕劻等在逐年筹备事宜清单中奏进《行政审判院法》，并于宣统三年（1911 年）颁布，文官、法官惩戒章程也于宣统三年（1911 年）颁布施行，行政审判、惩戒审判与刑事审判划清权限"。②

在清末司法改革中，法官惩戒问题从对所有的官员惩戒中独立出来，作为一个专门的事务，是提出较早却解决较晚的一个问题。在司法改革之初，法官惩戒问题是作为维护司法独立提出来的，法部有"查司法独立为立宪国唯一之主义。该部原奏，除按照筹备原单开列外，如改良监狱，编订法官惩戒暨进级各章程，编订登记章程，筹办京师外城地方审判检察厅各节，均属司法要件"之说③，其目的在于把法官的所有事务全部从行政的体制下脱离出来，形成司法自己的一套系统，法官惩戒问题是整个司法系统的重要组成部分。光绪三十二年（1908 年）八月二十一日，御史赵炳麟就在其奏折中提出："西国政治家恒曰：……违法不惩，良法无用，故必严行法官之责任"。④ 这在实际上就是对法官犯法要给以惩戒的初步构想。为了对法官惩戒问题有条理、有章法

---

① 《宪政编查馆大臣奕劻等奏官吏犯法应视情事不同分由审判厅或行政衙门受理以清行政司法权限片》，故宫博物院明清档案部编《清末筹备立宪档案史料》，中华书局，1979，第 905 页。

② 《宪政编查馆大臣奕劻等奏官吏犯法应视情事不同分由审判厅或行政衙门受理以清行政司法权限片》，故宫博物院明清档案部编《清末筹备立宪档案史料》，中华书局，1979，第 905 页。

③ 《宪政编查馆会奏复核各衙门九年筹备未尽事宜折》，《附复核各衙门九年筹备未尽事宜清单》，故宫博物院编《清末筹备立宪档案史料》，中华书局，1979，第 75~76 页。

④ 《御史赵炳麟奏立宪有大臣陵君郡县专横之弊并拟预备立宪六事折》，故宫博物院明清档案部编《清末筹备立宪档案史料》，中华书局，1979，第 126 页。

地逐步展开，法部在《法部统筹司法行政分期办法》对此也作了设计，并制定了时间表。第一年即光绪三十四年（1908 年），编定法官惩戒章程；第二年即宣统元年，奏请京师实行法官惩戒章程；第三年即宣统二年，奏请直省实行法官惩戒章程。① 在宣统元年（1909 年）十二月的《法部奏豫拟宣统二年应行筹备事宜折》所附的《法官惩戒章程等应俟会商妥协分别具奏片》中又重申了这种观点。②

关于提法使对法官的惩戒之权，奉天提法使吴钫在奉天高等审判检察厅和承德地方两厅落成典礼的训词中也提到："多数人员之内难必其精勤一致也，必实为申儆之，薄物小故之争难必其曲折悉当也，必详加询考之"。③ 实质上表达了提法使对法官犯错之后的儆告和对处理不当时的质讯，从某种意义上来说也是惩戒的一种，也是为了避免法官犯更大的错误而采取的一种事前干涉行为。宣统元年（1909 年）十二月二十八日颁布的《法院编制法》第一百五十八条、第一百五十九条和第一百六十条又明确规定了提法使对法官惩戒的职责与职权，第一百五十八条规定："各省提法使监督本省各级审判厅及检察厅"，第一百五十九条对监督权之施行作了规定："一有废弛职务及侵越者应加儆告使之勤慎；一有行止不检者应加儆告使之悛改"；第一百六十条规定了对审判、检察厅人员的惩戒问题："审判衙门及检察厅各员如有前条情节经该监督官屡戒不悛或情节较重者应即照惩戒法办理"，第一百六十一条对提法使等监督机关作了纪律约束："前数条列举之司法行政职务及监督权不得有瞻徇请托情事"。④ 然而，由于中枢机构对此事态度的差异影响了这一合理化进程。吏部认为法官惩戒章程与吏部所奏增删承审事件处分则例相同，吏部奏称会同法部办理。宪政编查馆认为应该让法部会同吏部同办，以免两歧。但是"吏部清单内称承审事件处分则例一项宣统四年始行删订，距臣部实行惩戒章程前后尚隔两年之久"，如果继续和吏部同一步骤会商制定章程，无疑会使法官惩戒章程的出台晚两年。即便这样法部依然坚持"即应会商该部同办臣部所定章

---

① 《法部统筹司法行政分期办法》，《申报》宣统元年三月十一日，1909 年 4 月 30 日，（99），865。

② 《法部奏豫拟宣统二年应行筹备事宜折》附《法官惩戒章程等应俟会商妥协分别具奏片》，《大公报》宣统二年正月十七日，1910 年 2 月 26 日，第二张，（11），209。

③ 《高等审判检察厅暨承德地方两厅新署落成时提法使训词》，王家俭、姜可钦、童益临、崔家骏编辑，朱延龄、汪仁宾、锡箴校勘，汪守珍、许世英、汪世杰鉴定：《奉天司法纪实》，陪都印书馆，1909，第二册，第 343～345 页。

④ 《法院编制法》，《大公报》宣统二年二月三日，1910 年 3 月 13 日，第二张，（11），280。

程，自未便先请实行"。① 作为司法改革的主要负责机构与权力机构，法部的妥协进一步延缓了法官惩戒章程的出台。宪政馆又认为："惟法官亦属文官，惩戒章程本包于任用章程之内，该部所订惩戒进级各章程，应令作为暂行办法，俟臣馆与会议政务处议定文官各章程颁布施行时，悉归文官各章程办理"。② 各方的争论不休影响了法官惩戒办法的最终出台，致使法官惩戒章程的制定和颁布较晚，但随着法官这一职业群体的出现，不会因为法官惩戒章程没有颁布就没有违规现象，相反，资料证明法官违规案件不断出现。在法官惩戒章程颁布之前，没有一个合法的统一的标准作为依据。而法部制定并颁布的提法使官制第二十八条规定："提法使署及各级审判厅、检察厅、监狱各员之补署、升降、褒奖、处分等项事宜，应按照各项法令办理，并随时分别注册"。③

这样审判厅和检察厅把需要惩戒法官的案件交给提法使处理就成为理所应当的事。所以，提法使又充当着法官惩戒者的角色。更由于没有专门的检察官惩戒章程（检察官惩戒办法包含在法官惩戒章程之内，其处理办法是和对法官的惩戒办法相类似的），有检察官违规犯法需要惩戒的，也是由提法使来处理。第二十八条规定的"按照各项法令办理"在当时是一种非常模糊的规定，因为当时至少在法官惩戒方面的法令是很不完善的，没有专门的法官惩戒章程，其他的规定支离破碎且互相冲突。延用旧的似乎又于法的时效性相背离，这种规定即把提法使置于一种两难境地，同时又赋予其有相对较大的自由裁量的空间。我们将通过以下的案例来考察提法使在法官惩戒中的作用。

第一个案例是贵阳地方审判厅审理并判决的案件，我们将对案件的基本情况和贵阳地方审判厅的判词进行分析。

---

① 《法部奏豫拟宣统二年应行筹备事宜折》附《法官惩戒章程等应俟会商妥协分别具奏片》，《大公报》宣统二年正月十七日，1910 年 2 月 26 日，第二张，（11），209。

② 《宪政编查馆会奏复核各衙门九年筹备未尽事宜折》，《附复核各衙门九年筹备未尽事宜清单》，故宫博物院编《清末筹备立宪档案史料》，中华书局，1979，第 75～76 页。

③ 《清法部奏定提法使办事划一章程》，《各省审判厅判牍》，第 345～350 页。亦见《法部编定提法使办事划一章程》，《大公报》宣统三年四月初五日，1911 年 5 月 3 日，第二张，（15），15；宣统三年四月初六日，1911 年 5 月 4 日，第二张，（15），21；宣统三年四月初七日，1911 年 5 月 5 日，第二张，（15），27；宣统三年四月初八日，1911 年 5 月 6 日，第二张，（15），31。亦见《申报》宣统三年四月初六日，1911 年 5 月 4 日，（112），61；宣统三年四月初七日，1911 年 5 月 5 日，（112），77。

诬轻为重及不应为　　　　　贵阳地方审判厅案

缘龚余氏即窦余氏，籍隶贵筑县。其女窦二妹早年凭媒字与刘吉芝，书有红庚为据。嗣许咨议局议员丁注为妻，得受财礼银二十两，尚未成婚，致被告发。经第二初级审判厅讯明，分别处罚，并追财礼银入官。于宣统三年二月初二日判决，移交检察厅执行。龚余氏随注保人向培清、左兴发具限认缴在案。讵龚余氏屡限不缴，本年三月十六日，检察官饬巡警金元杰往催，并告知午后因事须赴友人张正本家，如龚余氏仍不缴银，即将其就近唤至张正本处，以凭免追。逾时该巡警即将龚余氏带至张宅，适李检察官以先在彼，即向其免追，勒限本月内措缴，当令退出。乃龚余氏延至四月中旬，又抗不呈缴。李检察官即饬将原保向培清等传案押追，龚余氏不服，遽称李检察官将其传至张宅，有意说取伊女二妹为妾，该氏不允，遂勒追财礼等情，赴地方检察厅呈控起诉到厅。并据李检察官呈递亲供前来，随集一干，片准检察厅派员莅视，讯悉前情。并据巡警金元杰、民人张正本供称，三月十六日，李检察官向龚余氏勒缴银两是实，并无勒逼要娶其女为妾情事。质之龚余氏，亦称李检察官并未向该氏说要娶伊女为妾情事，实系一时情急妄控。反复究诘，矢口不移，核与李检察官呈递亲供相符，应即判决。

（援据法律某条及理由:）查先行律载：州县官娶为事人女为妻妾，处十等罚。又，诬轻为重未论决，十等罚以下减一等。又，不应为而为，事理轻者，处四等罚各等语。此案龚余氏因李检察官勒追财礼银两，屡限未缴，提保押追，辄藉以传至张宅，捏砌有意说娶伊女为妾等词上诉，实属诬轻为重。惟法官惩戒章程尚未颁布，该氏如所控得实，李检察官自应比照州县官娶为事人女为妻妾，处十等罚，未成婚，量减一等，拟处九等罚。今审明系属虚控，自应按律问拟。龚余氏合依诬轻为重未论决，十等罚以下减一等律，于李检察官被诬应得九等罚罪上减一等，拟处八等罚。据供无力完缴，照例收所罚工四十日，限满释放。原得丁注财礼银两，仍照追入官。初级检察官李质追缴龚余氏财礼银两，本系应办之事，虽讯无说娶其女窦二妹为妾情事，惟不应将诉讼人传至私宅，应照不应为轻律，拟处四等罚。但现在法官惩戒章程尚未颁布，应由地方检察厅呈请（高等检察厅咨）司核办。巡警金元杰承检察官命令办，应与讯无不合之张正本均免置议。此判。①

---

① 汪庆祺编《各省审判厅判牍——王朝末日的审判》，北京大学出版社，2007，第214~216页。

从判词中可以看出，在法官惩戒章程出台之前，贵阳地方审判厅是通过对已有的律例进行比照援引的办法进行判决的，即假如有证据证明龚余氏所起诉之李检察官要娶其女窦二妹为真实情况，便"比照州县官娶为事人女为妻妾，处十等罚，未成婚，量减一等，拟处九等罚"。且对于初级检察官李质追缴龚余氏财礼银两之事，虽然并无其娶窦二妹为妾之事，但他不应将诉讼人传至私宅，所以比照了不应为轻律，判处四等罚。到这儿似乎该案应该结束了，但该案并没有到此结束，而是因为法官惩戒章程尚未颁布，贵阳地方审判厅提出，"应由地方检察厅呈请（高等检察厅咨）司核办"。由提法使掌握着对法官惩戒的最后一关。

审判厅如果有违法乱纪的事情发生，其他官员有时也会采取对付行政官的办法即参劾的办法，从可以找到的资料来看，遇到这种情况，往往提法使是这种案件的处理者。宣统元年天津审判厅被参，即由直隶提法使"饬委候补知县周宾辰会同该署州朱佑保按照原参各节调查并前次危词恐吓"。[①]

后来，在光绪三十三年（1907年）法部制定的《高等以下各级审判厅试办章程》和宣统元年（1909年）十月二十八日公布的《法院编制法》中都提出了对法官惩戒的想法，但皆不具体。清廷也充分意识到了出台相关法律的必要，枢府也在不断地思考和讨论，媒体亦对此作了一些关注。《大公报》载："闻枢府以现在京外各审判厅已逐渐成立，此事于推行新律及将来收回领事裁判权均有密切之关系，深恐办事不善，流弊滋多，拟由政务处会同法部预定审判员之受贿枉法、积压拖累、滥用私刑三种科罚预为严防"。[②] 后来颁布的《惩戒法》对检察官的惩戒作了一些规定，对检察官非因过失妄为起诉致他人无故受害者，有行止不检者应加警告，经各监督官屡戒不悛或情节较重者，均按照《惩戒法》办理。

清廷迟迟不能出台法官惩戒办法，而司法实践的迅速展开却急需有关规定以资参考，现时提出了这一需要。有的省份提法使便开始自行制定有关的法规，以约束法官的行为，也利于自己的管理。宣统二年（1910年）二月，吉林省提法使制定了《吉林各级审判检察厅功过章程》，规定命（杀人）盗（盗窃）各案从报案之日起除去往返程期，命案5日，盗案3日即行通报，逾期10日给检察

---

① 《直隶总督陈夔龙奏查明天津审判厅被参各款据实复陈折》，《大公报》宣统元年十二月二十日，1910年1月30日，第三张，（11），125。
② 《议定审判员之罚则》，《大公报》宣统元年十一月二十八日，1910年1月9日，（11），33。

长记过一次；一月不报记大过一次，移改报案日期及程途里数者记大过一次；相验命案于报案后迟延 2 日不派员往验者给厅长官记过一次，在途身耽延者每一日给检察官记大过一次；各厅人员有侵越权限者，给侵越者记大过一次和有放弃职务者查出放弃之人员记大过一次，其情节较重者按照处分则例随案办理；各厅月报若上月之案列于下月挪移者查出给厅长官记大过一次；各厅月报隐漏民刑案件每起给该厅长官记大过一次；各厅月报隐漏监押人犯查出每一名给该厅长官记大过一次。记过一次罚一个月公费津贴的三十分之一，记大过一次罚一个月公费津贴的三分之一，均于该员下月领款内扣存，备作该地方检察厅相验临时费用之补助。各厅检察官 3 个月无过记功一次，有过时准其抵消；6 个月无过记大功一次，有大过时准其抵消；1 年无过由提法使详请酌加津贴并存记擢用。由于吉林省检察厅成立不久清朝即灭亡，未见惩戒奖励之记载。①

提法使不仅掌管对法官和司法人员的惩戒，还掌管着对行政官惩戒的职能。为了整顿吏治，打击腐败行为，有人不断提出中国应实行行政裁判制度。中央枢臣以鹿相国为代表，仅《大公报》一家媒体就在宣统元年（1909 年）一月和宣统二年（1910 年）十二月报道了鹿氏两次提议实行行政裁判制度。鹿氏认为："现当改良裁判整顿吏治之时此项制度万不能缓，且资政院转瞬开院，即准有弹劾行政大臣之权，何得无裁判行政大臣之法"②，"近来各省参案日多，在具奏者未必全无实据，乃已经查办往往运动请托，含混了结，似此贿赂公行，非实行行政裁判不足以杜流弊。现值新法律告成，此项制度尤属万不可缓"。③ 光绪三十四年（1908 年），吉林行省提法使制定的《吉林行省各级审判检察厅试办章程》中《吉林各级审判检察厅办事规则》第三章《受理诉讼》之第七十二条规定："行政诉讼悉归提法使受理"。第九十三条规定："人民因私讼与官吏兴讼，或人民兴讼牵涉官吏者，无论阶级尊卑，现任非现任，均照普通诉讼办理。但判决时官吏应加处分者，须咨呈提法使转呈督抚惩办"。④ 虽然这一规定不是专门针对法官做的规定，但法官自然也在官吏之列，从这个角度理解，这也是一种对法官惩戒必须经由提法使的规定。

① 吉林省地方志编纂委员会编纂《吉林省志》卷十二《司法公安志·检察》，吉林人民出版社，2003，第 56 页。
② 《鹿相注意行政裁判》，《大公报》宣统元年正月初十日，1910 年 2 月 19 日，(11)，176。
③ 《鹿相对于行政裁判之建议》，《大公报》宣统二年十二月二十六日，1910 年 2 月 5 日，(11)，151。
④ 赵润山主编《长春市志·检察志》，第 205～210 页。

后来，法部为了整顿审判、检察各厅，维护司法独立，电致各省督抚会同提法使随时稽核，"法部堂宪近议各省审判、检察各厅关系司法独立甚重，惟日久不无流弊，亟宜认真整顿。昨特电致各省督抚会同提法使随时稽察。嗣后各该厅如有纳贿违法等事，但经咨议局纠举，即行委员查办，毋得瞻顾循隐，致为宪政前途阻碍"。① 这在实际上是以这种方式把提法使对法官惩戒权正式合法化了。

宣统三年（1911 年）闰六月，法部又做出了自己也直接处理法官惩戒的决定，"通行各省督抚，饬令该省咨议局随时考察，如该法官等有违法受贿，任性滥刑种种情弊，准由该局揭其实据严行纠举，并将纠举之一切理由径咨本部以凭查办"。② 这在实际上造成了同一部门的两级机构同时承担同一职能，而具体什么情况由提法使处理，什么情况由法部处理却未见相关规定出台。从各种资料和上文的"饬令该省咨议局随时考察，如该法官等有违法受贿，任性滥刑种种情弊，准由该局揭其实据严行纠举，并将纠举之一切理由径咨本部以凭查办"来分析，基本可以得出并无相关规定的结论。这种制度设计在震慑和打击法官违法犯罪的同时，在运行中也存在权限不清的制度缺陷，为提法使与法部之间的矛盾产生埋下了伏笔，也给从根本上祛除法官的违法乱纪行为制造了阴影。

每个个人都有自己的施政风格，主政者的不同会使同样的事情在各自的处理上造成很大的差异。中国幅员辽阔，在清末司法改革时行政区划是二十二个省份，各省至少有一个提法使，全国至少就有二十二个提法使或按察使（有些省份有兼职的，如江苏除了专职的提法使左孝同之外，还有淮阴道兼提法使，甘肃和新疆也是兼职，但只有一个职位，甘肃是兰州道兼提法使，新疆是镇迪道兼提法使）。二十二个提法使出身、阅历、受教育程度各自不同，法学素养和性格也互有差异，所以，也出现了各自观念与施政风格的不同。我们无法对这么多提法使逐一考察和论证，只能从总体上对其施政作一描述和言说。

总体看来，各省提法使大多认为对违法犯罪的法官是应该惩戒的，而且也以实际行动履行了自己的职责，让违法者得到了应有的惩罚，使法官队伍得到净化，也为司法改革的进一步推进奠定了基础。但也有人对此持不同态度。广

---

① 《部饬认真稽核司法》，《大公报》宣统三年六月三十日，1911 年 7 月 25 日，第二张，（15），511。
② 《咨议局将为法官之监督》，《大公报》宣统三年闰六月初十日，1911 年 8 月 4 日，（15），569。

西按察使王芝祥就公开挑战光绪三十三年（1907 年）十一月法部具奏的"京师各级审判厅业经成立，审判官果有贪赃枉法及请托情事，故出入人罪者自应照例论罪，其上级复控事件有改易下级之处断者"。认为法官审理案件如有错判不应追究责任，说："平反冤狱不同，应请免其置议"，又提出："寻常因公错误之事并恳暂与宽免六个月公罪处分以示体恤，一俟详定法官惩戒章程再行奏明办理"。王氏还认为："现在桂林省城各级审判厅业已成立，起诉于初级之案照章层递上诉得至高等为止，起诉于地方之案照章层递上诉得至大理院为止，其间上级改易下级之判决，乃审判制度所当然，且当开办之处，寻常因公错误之事恐亦不免，拟请援照前奏法部成案办理，嗣后各商埠审判厅次第成立亦一律照办"。王氏把其这种观点详广西巡抚魏景桐，得到了魏的认同，并由魏在宣统二年（1910 年）八月具折上奏。① 而法部制定的提法使官制第六十三条明确规定："各级审判厅所定刑事案件判决确定后，如查有引律错误或事实上极端错误者，得呈由提法使核定，行令该管检察厅分别提起非常上告或再审"②，王芝祥此种做法显然是与这条规定相悖的，没有尽到作为按察使的责任（当时广西按察使还没改设为提法使）。

法部后又通电各省提法使，饬详查各省司法人员有无兼充行政差务之举，迅即电核，以备核办，并闻法部刻又厘定限制兼差之严章，俟各省查覆后当即奏明颁布。③

---

① 《桂抚请免审判厅错误处分》，《申报》宣统二年八月廿三日，1910 年 9 月 26 日，（108），402。

② 《清法部奏定提法使办事划一章程》，《各省审判厅判牍》，第 345～350 页。亦见《法部编定提法使办事划一章程》，《大公报》宣统三年四月初五日，1911 年 5 月 3 日，第二张，（15），15；宣统三年四月初六日，1911 年 5 月 4 日，第二张，（15），21；宣统三年四月初七日，1911 年 5 月 5 日，第二张，（15），27；宣统三年四月初八日，1911 年 5 月 6 日，第二张，（15），31。亦见《申报》宣统三年四月初六日，1911 年 5 月 4 日，（112），61；宣统三年四月初七日，1911 年 5 月 5 日，（112）77。

③ 《法部再查司法人员之兼差》，《大公报》宣统三年五月廿四日，1911 年 6 月 20 日，第二张，（15），301。

第四章　提法使与司法审判

第一节　提法使的复核、承转职能

　　按察使改设为提法使，虽然主要目的在于趋新，而非守旧，但是，事实上新设的提法使依然保留了按察使的一些职能，如复核、承转职能基本上被保留下来了。并且有专门的条文规定了其在执行过程中的细节。

　　早在光绪三十二年（1906 年），在中国拟定的最早的提法使官制，即奉天提法使官制中就规定了提法使的这些职能。其第五条作了如下规定："刑事科职掌如下（原文为如左）：一、掌复核全省死罪各犯奏咨案件及死罪人犯招解、勘转事宜；二、掌复核全省军流以下各犯内结外结案件，及军流人犯招解、勘转事宜；三、掌办理秋审事件并恩赦条款，查办减等留养事宜"。① 光绪三十三年（1907 年）的《宪政馆核订各省提法使官制清单》第四条刑民科的职掌，第五、六两项规定："五、掌办理秋审、恩赦、减等及留养事宜；六、掌死罪案件备缮供勘，及军流以下人犯汇案申报事宜"。② 第十一条明确规定："提法使有死罪案件应备缮供勘，详由督抚奏交大理院复判、法部核定，汇案具奏，其军流以下人犯应汇案，详由督抚咨报法部存案"。③ 奉天提法使官制的作用仅限于一省，《宪政编查馆核订各省提法使官制清单》也只是建议的性质，而后来颁布的在全国范围内具有法律意义的提法使官制不但把上述规定真正地法

---

① 《酌拟奉省提法使衙门及各级审判厅检察厅官制职掌员缺折》，《退耕堂政书》卷十，第 566 ~ 567 页。
② 《宪政馆核订各省提法使官制清单》，《申报》宣统元年十月廿四日，1909 年 12 月 6 日，(103)，562。
③ 《宪政馆核订各省提法使官制清单》，《申报》宣统元年十月廿四日，1909 年 12 月 6 日，(103)，562。

律化，而且在程序上也作了更为明确的表述。规定了上述类型的案件在判决之后必须呈报提法使，再由提法使申报法部核办。由于各省条件不同，设立审判厅的进度也有所不同。在提法使官制中也作了分别规定以使权限明晰。为了更清楚地表达在已设和未设审判厅地区提法使作用的差异，笔者也将对其分别论述。

在已设审判厅地方必须把判决情况呈报提法使的有："凡秋审、恩赦、减等及留养事宜，均遵现行法令办理，分别报部核办"；"高等、地方检察各厅呈报审判厅判决死罪案件到司，应即备缮全案供勘，申报法部分别核办"；"高等、地方检察各厅呈报审判厅判决遣流案件到司，应备缮全案供勘，分别按月汇报法部存案"；"高等、地方检察各厅呈报审判厅判决徒罪案件到司，应摘叙简明案由，分别按季汇报法部存案"；"各初级检察厅呈报审判厅判决刑事案件到司，分别于年终汇报法部存案"；"各级审判厅所定刑事案件判决确定后，如查有引律错误或事实上极端错误者，得呈由提法使核定，行令该管检察厅分别提起非常上告或再审"。①　概括起来就是秋审、恩赦、减等、留养案件和死罪案件、遣流案件、徒罪案件、刑事案件在判决后必须呈报提法使，再由提法使申报法部，或核办，或存案。并且规定，引律错误或案件的实际情况极端错误的，必须呈报提法使，由提法使核定，由提法使令该管检察厅提起非常上告或再审。

很多案例都证明了提法使在实际上发挥了这样的职能。如杭州咨议局书记盗窃咨议局公款案，沈荔孙被判处绞监候，杭州地方审判厅缮呈提法使申部具奏，请旨施行。②　杭州地方审判厅判决的一起十七人合伙行劫的案件中，涉及斩立决、发遣、绞监候、秋审、流三千里等刑罚，即涉及死刑、流刑和秋审，根据提法使官制第五十八、五十九、六十条的规定。杭州地方审判厅把此案缮呈提法使申部具奏。③　奉天高等审判厅在审理刘明先杀死王勋一家八命案后，

---

① 《清法部奏定提法使办事划一章程》，汪庆祺编《各省审判厅判牍——王朝末日的新式审判》，北京大学出版社，2007，第345~350页。亦见《法部编定提法使办事划一章程》，《大公报》宣统三年四月初五日，1911年5月3日，第二张，(15)，15；宣统三年四月初六日，1911年5月4日，第二张，(15)，21；宣统三年四月初七日，1911年5月5日，第二张，(15)，27；宣统三年四月初八日，1911年5月6日，第二张，(15)，31。亦见《申报》宣统三年四月初六日，1911年5月4日，(112)，61；宣统三年四月初七日，1911年5月5日，(112)77。
② 杭州地方审判厅案《书记因贫盗窃公款》，汪庆祺编《各省审判厅判牍——王朝末日的新式审判》，北京大学出版社，2007，第158~159页。
③ 杭州地方审判厅案《合伙十七人行劫》，汪庆祺编《各省审判厅判牍——王朝末日的新式审判》，北京大学出版社，2007，第159~161页。

咨呈提法使。① 金月仙捏称无夫自行改嫁案，涉及徒刑和流刑，由杭州地方审判厅缮呈提法使申部存案。② 光绪三十二年（1906 年），奉天高等审判厅办理的刘庆元、庆成、李春融呈请备银赎罪案中，涉及徒刑，奉天高等审判厅把这些案件的审理情况咨呈提法使。③ 光绪三十四年（1908 年），奉天高等审判厅审理刘长山用枪致伤秦广才身死案④，咨呈提法使解勘。此外，犯人在监狱病故，亦由审判厅上报提法使。⑤

中国传统的法制理念认为刑事案件皆为大案，民事案件皆为小案，传统上称为"细故"。所以，长期以来在中国的司法实践中对判处徒、流以上的刑事案件都格外重视，在这种观念下人命案件当然是更为重要的，所以对于徒、流、死刑等案件长期以来都非常谨慎。清末法制改革之前，中国一直是行政兼理司法，很多审理案件的官员并没受过专门的法学教育，不具备基本的法学素养，为了避免有冤案、错案发生，就在制度设计上设计了死刑复核程序，即秋审，也就是说全国各地判处的死刑案件一律最终汇集刑部（在法制改革之前全国最高的审判机构），在每年的秋天由法部、大理寺、都察院（也称为"三法司"）会审。司法改革之后，刑部改为法部，各省按察使改为提法使，但是，这一传统的法制理念并没有从此消除，而是惯性般地保留了下来。死罪案件仍然要经由提法使最终报到法部复核，这一制度设计背后反映的是清末司法改革进程中，在移植西方法的同时，又有对传统法制理念的继承和保留。

---

① 《高等审判厅片行检察厅刘明先杀死王勋一家八命一案酌拟待质抄录咨呈请查核由》，王家俭、姜可钦、童益临、崔家骏编辑，朱延龄、汪仁宾、锡箴校勘，汪守珍、许世英、汪世杰鉴定：《奉天司法纪实》，陪京印书馆，1909，第二册，第 145 ~ 146 页。

② 杭州地方审判厅案《捏称无夫自行骗嫁》，汪庆祺编《各省审判厅判牍——王朝末日的新式审判》，北京大学出版社，2007，第 74 ~ 75 页。

③ 《高等审判厅片行检察厅徒犯刘庆元呈请备银赎罪文》，王家俭、姜可钦、童益临、崔家骏编辑，朱延龄、汪仁宾、锡箴校勘，汪守珍、许世英、汪世杰鉴定：《奉天是司法纪实》，陪京印书馆，1909，第二册，第 26 页。《高等审判厅咨呈提法使徒犯庆成李春融呈请备赎罪文》，王家俭、姜可钦、童益临、崔家骏编辑，朱延龄、汪仁宾、锡箴校勘，汪守珍、许世英、汪世杰鉴定：《奉天司法纪实》，陪京印书馆，1909，第二册，第 128 ~ 129 页。

④ 《高等审判厅咨呈提法使复讯刘长山供仍如前请解勘文》，王家俭、姜可钦、童益临、崔家骏编辑，朱延龄、汪仁宾、锡箴校勘，汪守珍、许世英、汪世杰鉴定：《奉天司法纪实》，陪京印书馆，1909，第二册，第 136 ~ 137 页。

⑤ 《高等审判厅咨呈提法使蒙犯乌拉图在监病故文》，王家俭、姜可钦、童益临、崔家骏编辑，朱延龄、汪仁宾、锡箴校勘，汪守珍、许世英、汪世杰鉴定：《奉天司法纪实》，陪京印书馆，1909，第二册，第 133 ~ 134 页。

招解勘转是中国古代司法复核程序的一部分，主要是针对刑事案件，尤其是针对死刑案件而设计的，即为了避免基层司法机构在审理案件中出现错误而采取的一种弥补措施。法制改革之前，各省由按察使管理，在清末司法改革之后，提法使继承了这项职能，成为招解勘转的主要管理机构。光绪三十二年（1906 年），奉天省制定的《提法使衙门官制职掌员缺品位单》① 和光绪三十三年（1907 年）颁布的《宪政馆核订各省提法使官制清单》② 中都作了相应规定。广大的未设审判厅地方的存在为继续保留招解、勘转制度提供了合理性依据。

如南宁县民庄小炳戳毙胞兄庄世常一案，反映了该案由南宁县招解到昆明府，再由昆明府招解到提法使，最后由提法使招解到总督衙门。该案表明，提法使保留了按察使管理招解勘转事宜的职能。③

在没有开办审判厅和检察厅之偏远府、州、县，依然沿袭过去的做法，继续把命盗等刑事案件招解、勘转至提法使而不是有关的检察厅，客观上给检察厅的正常运行带来了困难，也引起了新办检察厅的不满，因为检察厅已经在法律上被界定为刑事案件的公诉人和刑罚的执行者，而其对很多命盗案件竟然毫不知悉，客观上违反了新的规定。所以，一些检察厅便开始对这种做法感到不满并提出质疑，陕西高等检察厅咨呈陕西提法使札各府州转饬所属遇有命盗案件报明该厅以便检察事件，反映了当时各省检察厅的这种心态。当然，这也是任何一个改革过程中必然经历的阶段，清末的司法改革出现这种过渡性特征也在情理之中。需要强调指出的是，一方面按察使虽已改成提法使，改革的目的便是为了改变过去的职能，赋予其新的职能，但由于旧的、长期形成的习惯观念和审判厅、检察厅在府、州、县一级没有全面设立等客观原因，导致府、州、县依然把其作为按察使职能的延续者，而忽略了新建的审判厅和检察厅。这种情况的出现同时也是由于没有专门的规定出台，当时改革派的整体观念是检察厅和州县不是一个系统，检察厅是司法系统，州县是行政系统，所以他们之间不能建立直接的业务关系，相反，改革的目标就是司法系统和行政系统各

---

① 《酌拟奉省提法使衙门及各级审判厅检察厅官制职掌员缺折》，《退耕堂政书》卷十，第 562 ~ 566 页。
② 《宪政馆核订各省提法使官制清单》，《申报》宣统元年十月廿四日，1909 年 12 月 6 日，（103），562。
③ 《云南高等检察厅声明南宁县民庄小炳戳毙胞兄庄世常一案移高等审判厅起诉文》，汪庆祺编《各省审判厅判牍——王朝末日的新式审判》，北京大学出版社，2007，第 254 ~ 255 页。

自运行，然而实际的情况是中国不能一下子把各级司法机构完全建立起来。移植的观念和中国的现实之间发生了严重的冲突，而这种冲突当时在理论上没有得到解决，所以就出现了无论是理念还是现实都矛盾的境地，这也给提法使的出场提供了一种制度真空。提法使成了协调这些机构之间矛盾与冲突的最佳角色，在它们之间沟通，使得府、州、县这些相对来说代表旧式的行政兼理司法的机构和新设的审判厅、检察厅建立起一种连接，使得案件在新旧机构并存的政治生态下能够得到顺利审结和处理。

宣统二年（1910 年），吉林提法使为了解决各级审判厅设立之后出现的新问题，即各级审判厅不能同时设立，审判厅不得不在一定时期内与行政机关同时作为管理司法审判事务的机构并存的矛盾，就在这一情形下招解、勘转事宜应该如何处理的问题呈请东三省总督解释。时任东三省总督锡良于宣统二年（1910 年）十一月初三日上奏，用"解释法令，议论纷歧"八个字概括了当时全国各地方的招解、勘转事务中存在的实际情形，并表达了要求解释吉林提法使提出的问题的意见。宪政编查馆回复说："至馆臣核定法院编制法原奏，及议复法部死罪施行办法原奏，并核覆吉林提法使呈请解释原文所定应照新章，或暂循旧例之处，均声明各该地方已未设立审判厅为标准。一届直省高等审判厅成立之后，从前院司勘审事宜，划归该厅管理，办法本属一贯，规定似无不符，既非另生条文，遂未声请更正。现在直省招解事务，业经馆臣会同法部，于上年十二月二十四日具奏，酌拟变通办法，以道、府、直隶厅州复审为止。并经声明各省督抚，于该管行政事宜，繁重倍于往日，若再令疲劳于案牍，则一省最高行政，势必至旷废于无形。至提法使特设专官，尤应以司法、行政事务为急。解勘之例，原属审判范围，自以责成审判各官为适法"。① 并且锡良再次重申法部在宣统元年奏准通行的"直省高等审判厅成立后，原来归臬司或发审局审理的案件，都应归高等审判厅管辖"。②

宣统二年（1910 年），在奉天刘长山用枪致伤秦广才身死一案中，刘长山被招解到巡抚衙门，死者秦广才的亲属得到钱财后要求私和，不肯画供发回覆审。高等审判厅提审后，认为与原来的供词没有差异，应该解回覆审，咨呈提

---

① 《宪政编查馆大臣奕劻等复奏查核锡良所奏解释法令纷歧并窒碍情形折》，故宫博物院明清档案部编《清末筹备立宪档案史料》，中华书局，1979，第 898 页。

② 《宪政编查馆大臣奕劻等复奏查核锡良所奏解释法令纷歧并窒碍情形折》，故宫博物院明清档案部编《清末筹备立宪档案史料》，中华书局，1979，第 899 页。

法使办理解勘。①

　　招解过程中也会发生一些特殊的事件，如跨省招解，或者招解人犯身份特殊等都会给招解带来一定的问题，这些问题的解决也需要提法使居间协调。如光绪三十三年（1907 年）十二月，案犯恩光从直隶被押解到奉天，而恩光本人身份特殊，是清廷宗室，在途中脱逃令人顶替。在此之前该犯已有两次潜逃的经历，且在前两次招解途中以其宗室身份沿途骚扰。由于传统的招解存在诸多弊端，改变传统的招解方式已经被提上日程，况且已经有了火车这种新的交通工具，为招解方式的改良提供了条件。这时奉天高等审判厅咨呈提法使，请其咨行直隶督院招解恩光的方式改为火车招解，并请提法使对以后所有的招解东三省的宗室、觉罗之办法进行改良。②

　　清末以降，招解勘转制度历经数百年，已经趋于成熟，但弊端也更加暴露。如不服各州县审理的案件，在上诉的同时还要把人犯解勘至高等审判厅，这种体制直接导致两项不良后果，一是那么多人来回解勘，会有一个很大的开支，增加了麻烦，也增加了行政成本；二是这么多人都解到高等厅，怎么能够容纳得下？所以，伴随着清末的法制改革，解勘的改革也被提出来。最初的解勘改革是由奉天高等审判厅提出，征求了奉天提法使的意见。在这个过程中提法使的支持促进了解勘改革的进程。

　　光绪三十四年（1908 年），奉天高等审判厅解审贼犯丁宾库招解翻控一案时就开始提出解审制度改革，请示提法使鉴核施行："拟请嗣后遇有不服地方各厅判决上诉之案，仍由司将人犯发回原厅接收；其外属招解送交本厅覆审案件，仍照旧章，由司发交各该县收管；至由本厅起诉之案，即请发回以便片行高等检察厅执行。似此酌量办理，庶杆格可免而权限亦清矣。是否有当，理合咨呈鉴核施行"。③

　　由于招解、勘转制度存有很大的负面作用，同时也确实不太合理，所以一

_____

① 《高等审判厅咨呈提法使复讯刘长山供仍如前请解勘文》，王家俭、姜可钦、童益临、崔家骏编辑，朱延龄、汪仁宾、锡箴校勘，汪守珍、许世英、汪世杰鉴定：《奉天司法纪实》，陪京印书馆，1909，第二册，第 136～137 页。
② 《高等审判厅咨呈提法使请咨行直隶督院饬将恩光改由火车解奉文》，王家俭、姜可钦、童益临、崔家骏编辑，朱延龄、汪仁宾、锡箴校勘，汪守珍、许世英、汪世杰鉴定：《奉天司法纪实》，陪京印书馆，1909，第二册，第 124～125 页。
③ 《高等审判厅咨呈提法使解审发回人犯仍交原审衙门收管文》，王家俭、姜可钦、童益临、崔家骏编辑，朱延龄、汪仁宾、锡箴校勘，汪守珍、许世英、汪世杰鉴定：《奉天司法纪实》，陪京印书馆，1909，第二册，第 126～127 页。

度被提出废除并变通办法，在这一过程中提法使起到了总揽全局、协调各方的作用。

宣统元年（1909 年）六月，奉天高等审判检察厅首先提出了这一观点，为此，奉天提法使召集了包括奉天高等和承德、抚顺、营口、新民各地方审判检察厅在内的一个联席会议，达成了废除招解、勘转制度的一致意见。奉天高等审判检察厅认为："京师自设立高等以下各级审判厅而会审之制即废，则外省设立审判厅之处自应废招解之制，内外方可一律。断未有同一审判厅而办法彼此歧异也，若爱此饩羊，不忍遽去，则院司皆有审驳之权，而司法独立之说无效，各厅之外又添出无数审级，而四级三审之制无效。凡招解之处皆可称冤，而按级上诉之制无效；凡有审勘权者皆可提起覆审改驳原判，而检察厅起诉监审之制无效。是何异欲用峻补之剂而杂以消导之药，欲用攻坚之策而授以残弱之兵也。盖法贵因时以变通，事必循名而核实，行政司法混合时代招解万不可废，分立时代招解万不可存，否则，不惟多此赘瘤，而且有绝大之窒碍。新旧两法势不两容，大局所趋，无可推挽"。并请求提法使转呈督抚宪咨法部奏请"嗣后外省设立审判厅之处，援京师审判厅废会审之例，一律将招解停止，凡死罪人犯统由各审判厅于判决后咨呈提法使核勘转呈督抚分别奏咨候复，由检察厅执行。其军流徒人犯旧应招解者则仍照奉天向来办法，统由各该厅于判决后咨呈提法使核覆，分别转呈督抚咨部，均无庸解犯覆审以省烦赘，至每年秋审人犯亦统由提法使办理招册转呈复勘，亦毋庸解犯。其未设审判厅之处仍照旧章办理"。并提出在清廷正式同意之前的奏咨期间的过渡办法"拟请嗣后于招解未废之前将各地方厅及各州县招解翻供之案概送高等厅审讯，若覆审于事实法律均无异及事实不差而仅更改法律者，均应免招解。如原审于事实法律均未确而平反原判者再由高等招解，若翻供仍送高等覆审，覆审仍照前判，而犯人仍复狡展翻异，则请以解至第二次为止……其各州县未经招解之案由提法使提送高等审讯者，仍招解，若翻供之二次而仍照原判，亦得援审判厅招解之例，至秋审解勘，暂与各州县同一办理，以规划一"。① 提法使把高等审判检察厅的呈文转呈督抚照会奉天高等审判检察厅。后来对这件事处理的具体过程尚未发现相关史料，但从其他案件可以看出，招解勘转之制并没有因此

---

① 《高等审判检察厅请废招解并变通办法咨呈提法使转详文》，王家俭、姜可钦、童益临、崔家骏编辑，朱延龄、汪仁宾、锡箴校勘，汪守珍、许世英、汪世杰鉴定：《奉天司法纪实》，陪京印书馆，1909，第二册，第 196~202 页。

废除。因为直至清廷灭亡一直可以看到招解勘转的案件在发生，也就是说招解勘转制度一直在运行。从此可以看出有的提法使对招解、勘转这样的不合理制度的废除是积极主动的，也想在改变清廷不合理的司法制度方面有所作为，但事实证明提法使的力量是微不足道的。

第二节　提法使介入审判厅司法审判

通过对清末司法改革中颁布的各种文本资料进行考察，会清晰地发现，非但没有任何授权提法使对审判厅审理案件进行参与的条文，而且，提法使制度设计的本质内涵恰恰是排斥干预案件。光绪三十二年（1906 年），东三省总督徐世昌在东三省试办提法使与各级审判厅，为了使之有序高效运行，在全国率先制定提法使官制与各级审判厅官制，在其奏折中表述了对提法使的作用及其与审判厅之关系的理解："诚以提法使管理一省司法上之行政，而审判之事专归之各级审判厅，以提法使监督之，以期达于司法监督之地位"。① 宪政编查馆于光绪三十三年（1907 年）考核法部奏定的提法使官制时指出："自厘定官制，改按察使为提法使，并另设高等审判以下各厅，专理词讼，是提法使一官名为提刑所改建，实乃法曹之分司，其制虽为各国所无，而谋集权中央之旨则一也"。② 非常明确地说明了新官制实行后词讼由审判厅专理，提法使是审判厅的管理机构。提法使是法曹的分司，即法部的分支机构，设立提法使是为了谋求加强中央集权。加强中央集权这一目的的合理性与否在此暂且不论，留作后文分析，但其中所表达的不再参与词讼的观点已经非常清晰了。除此之外，宪政馆对提法使在处理民事和刑事案件中的作用与按察使的区别也作了较为到位的分析，"至刑事、民事等项大致以备编辑诉讼统计为主，与旧日臬司之必应逐案勘转者不同"③，进一步清晰的表达了提法使在诉讼案件中的确切定位。其法理基础和法理渊源就是源自西方的司法独立。对此东三省总督徐世昌向清廷具奏时曾有清晰的表达："提法使别为一署，应另拟官制以为司法独立之

---

① 《酌拟奉省提法使衙门及各级审判厅检察厅官制职掌员缺折》，《退耕堂政书》卷十，第 558 ~ 559 页。

② 《宪政馆考核提法使官制》，《申报》宣统元年十月廿三日，1909 年 12 月 5 日，（103），546 ~ 547。

③ 《宪政馆考核提法使官制》，《申报》宣统元年十月廿三日，1909 年 12 月 5 日，（103），546 ~ 547。

基础"。① 在同一个奏折中徐氏又说此次特设提法使专官就是为了"期于独立"。②《考察司法制度报告书》是这样描述司法独立的:"盖司法独立之精义,在以法律保障人民"。③ 司法独立本身包含了三层意义,但司法独立最核心的一层又是审判独立。所以,清末司法改革中为了最终实现审判独立这一根本目标采取了设立审判厅的制度设计,从而把审判从行政中独立出来。至于提法使的出笼从某种意义上来说既是历史的必然,却又在很大程度上是一种历史的偶然。提法使这一机构在西方国家无论英美法系还是大陆法系国家均不曾有。清廷改革是效法的大陆法系的国家,最主要的是日本和德国。这两个国家皆无此机构。清廷也本也无意建立。但其前身按察使是改革之前清廷在地方位高权重的一个机构,其肇始于明代,最初是作为中央派出的省级行政大员而出现的,其在中央的隶属部门——刑部,更是长期掌握整个国家的最高司法权,地位更为尊贵,机构更为庞杂。无论刑部还是按察使在改革之前的大清帝国中都占有非常重要的地位,涉及人员众多,关系盘根错节。若是骤然废除,势必引起清廷震荡,政局不稳。所以,也可以说,清廷改刑部为法部,改按察使为提法使暗含了不得已而为之的成分,是清廷为了减少改革的阻力妥协的一个结果。《考察司法制度报告书》也认为法部的设立绝非有干涉审判的意涵,"惟是法部职掌任官进退,悉依法律,即民、刑、监狱各设司局,亦不过于法令上谋求统一,除非有干涉审判、轻重罪囚之权。"④ 提法使是法部在各省的下行机关,其制度设计的初衷是和法部相一致的,没有干涉审判的意图。清廷改革的重心是最终实现审判独立,其他的一切皆是为其服务的。提法使官制的制度设计在一定程度上体现了这一制度设计理念,把其定性和定位为一个司法行政机构,主管司法行政和司法监督,就是试图把其从司法审判中剥离出来,其进行管理的本质也在于服务,为实现审判独立扫清障碍,在清廷颁布的有关章程和当时的一些奏折中也有这方面的意思表露。因之,提法使被排斥在审判之外自然也在情理之中,同时,这也是清廷制度设计的一部分和内在出发点。

① 《酌拟奉省提法使衙门及各级审判厅检察厅官制职掌员缺折》,《退耕堂政书》卷十,第557~558页。
② 《酌拟奉省提法使衙门及各级审判厅检察厅官制职掌员缺折》,《退耕堂政书》卷十,第558~559页。
③ 《考察司法制度报告书》,汪庆祺编《各省审判厅判牍——王朝末日的新式审判》,北京大学出版社,2007,第463页。
④ 《考察司法制度报告书》,汪庆祺编《各省审判厅判牍——王朝末日的新式审判》,北京大学出版社,2007,第463页。

　　但是，制度设计终归是一种理想。历史的发展是一种合力的结果。所以，历史的发展往往跟制度的设计者开一些不大不小的玩笑。制度设计的理想终究要通过其运行获得实现。我们也可以根据其运行情况和当时的历史背景作一些深层次的思考，为什么制度设计是那样的而其实际运行却是这样的？制度设计的合理成分在哪儿？缺陷又在哪儿？之所以造成这样是制度设计的问题还是历史情境的问题？等等。在思考这些问题之前，我们首先要弄清楚的基本问题是当时的运行情况究竟是怎样的？或者换句话说，在清末司法改革时期，提法使在各级审判厅审理案件过程中的历史表现究竟是什么样的？

　　通过阅读史料我们可以得出这样的结论，提法使绝没有孤立于审判厅的审案之外，而是在审判厅审理案件的过程中有着广泛的参与，而参与的程度和方式又因人因事而异。之所以会出现这样的情况，除了当时历史情境比较复杂之外，其文本中出现的措辞模糊也为提法使的权力扩张提供了可以解释和辩驳的空间。如光绪三十三年（1907 年）颁布的《宪政馆核订各省提法使官制清单》第一条规定提法使"管理全省司法之行政事务"，并"监督各级审判厅、检察厅及监狱"。[①] 至于怎样监督则语焉不详、弹性较大，在解释上可以出现比较大的出入。目前我们要解决的是提法使究竟是否参与审判厅审理案件。

　　通过对史料的爬梳，我们大致可以把提法使参与审判厅审理案件的情况分为两种类型，即被动性参与和主动性参与。被动性参与指提法使参与案件是在审判厅、检察厅等机关自发的请求提法使参与到案件中来，这种情况大多是程序性的，即按照有关规章走一些程序，如呈报提法使请其备案等，但也有时候是审判机关遇到了解决不了的问题，请求提法使帮助解决。主动性参与是提法使在没有得到任何机关的请求的情况下，自行参与到案件中来，如提审案件，或介入调查，甚至直接札饬或批示处理意见等。

　　实现司法独立是清末司法改革最重要的任务，行政权对司法权的干预是实现司法独立的最大障碍，因此排除行政对司法的干预是司法独立的内在要求，也是实现司法独立的基本路径。但是事实证明这是一件极其难以做到的事情。在这一改革的过程中尽管发生了很多争论，但最终结果依然是行政并没有完全退出历史的舞台，而是继续发挥作用，在某些时候甚至这种作用还很巨大。

　　行政权在各省的主要代表是督抚，本着司法独立的精神清除督抚对地方司

---

① 《宪政馆核订各省提法使官制清单》，《申报》宣统元年十月廿四日，1909 年 12 月 6 日，（103），562。

法权的干预自然是这场改革无可推卸的责任。对此，清廷也做出了种种努力，决策中枢为此不断地讨论、辩论，直至最后形成决议。甚至有人提出要废除督抚。但是排除督抚对地方司法干预的难度超出了清廷决策者的想象。晚清的中国依然是一个交通和通讯非常落后的国家，这套系统依然停留在西方中世纪的水平，远远地没有步入近代。鸦片战争爆发后，这种落后状态的弊病得到了极大的暴露。具体表现在应对西方列强侵略时反应迟钝。当列强突然进攻时不能马上获得信息，获得信息后上报清廷，再由清廷发出命令调动军队时，列强已经取得了先机，或者已经占领了战略目标。在交通和通讯不能改变的情况下只好改变指挥权。各省督抚的权力就是在这种西方列强入侵的大背景下扩大的。为了应对西方的侵略，对列强的进攻做出及时的反应，清廷被迫授予各省督抚临时应对之权。后来加上国内不断发生的起义和叛乱，为了镇压起义，督抚的权力被不断地扩大，太平天国起义更是对督抚权力的扩大发生了极为重要的作用。在太平天国被镇压之后，各省督抚已经掌握了军权、财权、人事权、司法权等非常重要的权力，已成尾大不掉之势。所以在清廷发出这种动议之后，督抚为了保存自身利益纷纷据理力争，对清廷发出的命令也并不理睬。加之清廷进行改革需要大量的财力作为支撑，而实际上清廷改革仓促，准备严重不足，无力给司法改革提供巨大的财政支持。清廷对收回各省督抚的财权无能为力，到最后司法改革的各项费用都是由各省自己筹集，只有经过督抚才能划拨。由于督抚控制着财权，所以各省的司法机构也难免会出现"吃人嘴短，拿人手短"的心理障碍和有奶便是娘的心理情结，出现对督抚妥协甚至唯命是从的现象。这是督抚难以退出司法舞台的主要原因。

除此之外，另一种客观存在的事实，也在很大程度上影响着督抚对司法的参与。即从表面看来清廷的改革声势浩大，而实际上对社会的影响很小。假如以人群来类分，这场改革的影响力也仅限于知识阶层之内，而积极响应者又只是知识阶层中部分知识精英。在当时的中国，能够受教育的人口是很少的。那些没有受过任何教育的人对清廷的改革一无所知，他们对此是漠不关心的。正如马克思所说：农民都是马铃薯，他们只知道村子以内的事情，邻村的事已经对他们无关紧要了。鲁迅笔下的阿Q所代表的形象也是如此，好像革命已经轰轰烈烈了，但偏远的、下层的人们对此却丝毫不知，说的都是同样的道理。正是基于这种原因，尽管清廷在国境内已经设立了很多审判厅，但很多人甚至是多数人有了官司并不找新设的机构，依然去找传统上处理司法案件的行政部门，这在他们心理上已经定格下来，在短期内很难改变，所以，督抚在这种情况下似乎找到了一种干预司法事务的顺理成章的理由，有了合法性和正当性的依据。督抚们这时已经不在霸道地对案件完全掌控，无论什么案件都由自己审理，而是相应的批饬本省的提法使来处理上诉到督抚衙门的案件。这时，提法使在各省督抚的授命之下，开始介入案件的审理。

如营口地方审判厅办理的《侵蚀巨款倒闭案》，是由督抚批示提法使照会营口地方审判厅办理的案件。此案中在逃的案犯叶雨田、莫敏庄也由营口地方审判厅呈提法使严行缉拿。① 此案是营口地方审判厅审理的案件，但营口地方审判厅并不是该案首先上诉的机关。该案的第一个受理机构是"前海关道"，然后诉到商会，然后由商会移请海防厅介入，接着上控到督抚衙门，督抚批提法使照会营口地方审判厅审理。案件的事实经过是这样的一个过程，所以，在这种情况下提法使在督抚的授命下介入案件，构成了提法使参与案件审理的一种方式。

安徽高等审判厅办理之《职官奸占革员之妻》案中，李毓英上控到安徽巡抚，然后由安徽巡抚饬藩、臬两司札安庆府饬查。而且提法使在本案中还进行了更为深入的参与，即派员到湖南把人犯提回安徽，并将犯人和卷宗交到检察厅，再经检察厅到审判厅这一系列程序。②

江宁地方审判厅办理的《妇女诱拐妇女图卖未成》案是当事人首先上诉到巡警局，巡警局又详报督抚，再由督抚札提法使，最后提法使饬江宁地方审判厅办理。③

新民地方审判厅办理的《诬告反坐》案中，原告首先上诉至百家长，百家长又上报巡警二区，巡警调查取证后报检察厅，再由检察厅移送到新民地方审判厅。新民地方审判厅经多次庭审后于四月初六日判决。后来有关当事人找到新的证据后不服，于九月廿八日到总督衙门呈控，总督批饬提法使办理，最后由提法使转饬新民地方审判厅办理结案。④

---

① 营口地方审判厅案《侵蚀巨款倒闭案》，汪庆祺编《各省审判厅判牍——王朝末日的新式审判》，北京大学出版社，2007，第137～139页。

② 安徽高等审判厅案《职官奸占革员之妻》，《各省审判厅判牍——王朝末日的新式审判》，北京大学出版社，2007，第206～207页。

③ 江宁地方审判厅案《妇女诱拐妇女图卖未成》，汪庆祺编《各省审判厅判牍——王朝末日的新式审判》，北京大学出版社，2007，第210～211页。

④ 新民地方审判厅案《诬告反坐》，汪庆祺编《各省审判厅判牍——王朝末日的新式审判》，北京大学出版社，2007，第178～181页。

　　在宗室谦受扰害地方案中，督抚批饬提法使办理是由于署锦县知县胡由荣的请求。有清一代，宗室犯罪有专门的法律对其制裁，知县无权办理。本来已经是发遣人犯的谦受在被发遣途中路经锦县，依然恶习不改，扰害地方。锦县知县欲对其制裁却没有权力，于是申报督抚，请求将拿获的人犯解往省城处理，并提出请求督抚将人犯札发提法使审讯。奉天督抚在其请求下做出批饬，由提法使处理，提法使一面发交模范监狱暂行管束，一面照会高等检察厅，由其提出公诉，由高等审判厅审理。①

　　在候选县丞刘汝霖禀控署承德县令唐宗源滥刑偏断案中，候选县丞刘汝霖并不到新成立的审判机关呈控，而是到行政机构督抚衙门禀控，这种情况下，督抚把此案批交提法使办理，奉天提法使照会奉天高等审判厅，高等审判厅咨奉天府催唐宗源呈递亲供。② 唐宗源以未改设审判厅地方的行政官有司法之权力，无呈递亲供之责任为由进行抵制，认为行政官审理案件是实施国权，行政官不应隶属于司法独立之下，奉天高等审判厅陈明了唐宗源种种应该呈递的理由，对唐氏的立论进行驳斥，并咨呈提法使请求解释，唐宗源是否应该出具亲供？③

　　左朋苓仇杀贾葆仁一家八命案中，奉天高等审判厅判决后，冬贾氏不服，请求上诉。大理院咨奉天督抚，原卷发回，奉天督抚札提法使办理。④ 大理院认为按照奏定章程"凡各直省高等审判厅办理民刑已判未服案件，人民即许有上诉之权"，大理院也有审理之责，"若案情已极确凿，办法已极允当"，以臆度空言率行上诉，"则健讼拖累之弊亦不可不防其渐"，提法使遵照督抚札饬，照会高等审判厅，认为冬贾氏的上诉不便再受理，仍照原判执行⑤，请其

---

① 《高等检察厅片送宗室谦受扰害地方一案文》，王家俭、姜可钦、童益临、崔家骏编辑，朱延龄、汪仁宾、锡箴校勘，汪守珍、许世英、汪世杰鉴定：《奉天司法纪实》，陪京印书馆，1909，第二册，第 192～193 页。

② 《高等审判厅咨奉天府请催唐令宗源呈递亲供文》，王家俭、姜可钦、童益临、崔家骏编辑，朱延龄、汪仁宾、锡箴校勘，汪守珍、许世英、汪世杰鉴定：《奉天司法纪实》，陪京印书馆，2009，第二册，第 118 页。

③ 《高等审判厅咨呈提法使唐令宗源应否出具亲供文》，王家俭、姜可钦、童益临、崔家骏编辑，朱延龄、汪仁宾、锡箴校勘，汪守珍、许世英、汪世杰鉴定：《奉天司法纪实》，陪京印书馆，1909，第二册，第 118～121 页。

④ 《高等审判厅片行检察厅左朋苓仇杀贾葆仁一家八命一案大理院发回提讯文》，王家俭、姜可钦、童益临、崔家骏编辑，朱延龄、汪仁宾、锡箴校勘，汪守珍、许世英、汪世杰鉴定：《奉天司法纪实》，陪京印书馆，1909，第二册，第 135 页。

⑤ 《提法使照会转准大理院咨覆冬贾氏上诉一案应仍照原判拟结听候执行文》，王家俭、姜可钦、童益临、崔家骏编辑，朱延龄、汪仁宾、锡箴校勘，汪守珍、许世英、汪世杰鉴定：《奉天司法纪实》，陪京印书馆，1909，第二册，第 149～150 页。

传冬贾氏取具输服供词结案。①

在丹赞尼玛聚众抢夺案中，奉天督抚首先把该案具奏清廷中央，奉到朱批后，札饬提法使，提法使照会高等审判厅办理。②

在孙绍全殴死继母葛氏案中，孙赵氏认为奉天高等审判厅刑讯逼供致其夫孙绍全死亡，上诉至督抚衙门。于是督抚受理后批示提法使严审详办，并提出让提法使查明事情的真实情形，"据呈孙绍全送省后由高等审判厅提审，已因刑讯毙命等情，殊甚差异，究竟是何实情？仰提法使速即查明"。最后，高等审判检察厅把该案的办理详细情形上报提法使。③

在陈贻龄上诉案中，法部对上诉程序作了解释："奉天省民人如有不服高等审判厅判决上告于大理院之案，应由该省高等检察厅检齐卷宗备文径送京师总检察厅，仍录报提法使备案"，把此解释咨奉天督抚，督抚札提法使，提法使照会高等审判检察厅。法部提出的诉讼程序在该案中得到了执行。④

督抚札饬提法使办理的案件有时也会出现被审判厅抵制的情况。如宣统元年（1909 年）四月的张焕三等上控案。清末法制改革之后，对于判决之后的案件之上诉，是有期限规定的。当时规定的是自判决之日起，十日之内可以上控，十日之后即为确定。而该案中张焕三上控时已经是案子判决一年之后，显然是超出了上诉期限。张氏为了避免审判厅不予受理，改为到总督衙门呈控，东三省总督对此作了批示，"此项地面其中因何纠葛仰提法使转饬高等审判厅复集两造秉公讯断具报"，奉天高等审判厅认为："案经确定之后遵照法部奏章，实万无复行集讯之理。如因系督宪转交案件即可破坏审判章程，势必至判决之案皆归无效，刁狡之徒得以健讼，审判厅将何以取信？诉讼人将何所适从？"咨呈提法使要求销案。宣统元年（1909 年）五

---

① 《提法使照会转准大理院咨覆冬贾氏上告一案未便受理请传冬贾氏取具输服供词文》，王家俭、姜可钦、童益临、崔家骏编辑，朱延龄、汪仁宾、锡箴校勘，汪守珍、许世英、汪世杰鉴定：《奉天司法纪实》，陪京印书馆，1909，第二册，第 147 ~ 149 页。

② 《高等审判厅片行检察厅丹赞尼玛聚众抢夺一案奉到朱批请查照执行文》，王家俭、姜可钦、童益临、崔家骏编辑，朱延龄、汪仁宾、锡箴校勘，汪守珍、许世英、汪世杰鉴定：《奉天司法纪实》，陪京印书馆，1909，第二册，第 150 ~ 151 页。

③ 《高等审判检察厅咨呈提法使详复孙绍全殴死继母葛氏一案讯办情形文》，王家俭、姜可钦、童益临、崔家骏编辑，朱延龄、汪仁宾、锡箴校勘，汪守珍、许世英、汪世杰鉴定：《奉天司法纪实》，陪京印书馆，1909，第二册，第 171 ~ 177 页。

④ 《高等检察厅咨呈总检察厅陈贻龄上诉文》，王家俭、姜可钦、童益临、崔家骏编辑，朱延龄、汪仁宾、锡箴校勘，汪守珍、许世英、汪世杰鉴定：《奉天司法纪实》，陪京印书馆，1909，第二册，第 119 ~ 120 页。

月，东三省总督接到奉天提法使的转详后批示销案，提法使照会高等审判厅允准销案。①

奉天高等审判厅为了维护四级三审制提出三审之后即为终审，到督抚衙门呈控的一概驳斥，奉天巡抚明确表态反对这样做，认为此类案件未便一律驳斥不理，具体如何划清权限，略予变通，奉天巡抚令提法使制定详细标准。具体案件体现在章松青案中。章松青案也是一起因地争讼案件，起于光绪二十三年其父章庆余把自家的土地卖给族人章庆川。十二年之后，章松青提出赎回，章庆川不同意。章松青遂到承德第三初级审判厅起诉，后来又上诉至承德地方审判厅和奉天高等审判厅。奉天高等审判厅判决后章松青仍然不服，上诉至督抚衙门，督抚做出批示，札饬奉天提法使复讯。提法使把督抚的意见照会奉天高等审判厅，高等审判厅认为："本厅判决此案实属公允，该民人章松青所请复讯之处应毋庸议。窃惟审判厅受理案件，除初级起诉系单独制外，地方、高等均系合议制，每案必须问官三人方能开庭，有检察厅之监督，人民之旁听，报馆之记载，是非虚实易于周知，设有违误。无论原被告不能输服而检察官亦得纠正之，迥非如州县官之一人独裁可以偏私武断。又况判断之日必须将判词当庭朗诵，使诉讼人得以明白其罪之有无，理之曲直，尤非旧日问官之守秘密主义，不使人知之者可同日而语。至其应行上诉案件，须遵照部定期限不诉则为确定，若案经三审则为终审，均无可控诉之处。盖四级三审所以谋人民之便利，专问官之责成，而期法权之统一，立法用意实极完善。若奉行者稍事迁就，任令刁健之徒砌词呈递概予收受，则此风一开，伊于胡底？不但审判厅判决之案为无效，即诉讼人亦即将有不堪扰累之时。矧停止刑讯审判厅早已实力遵行，人民程度不齐，问官尤多困难，似此任意呈控，漫无限制，部章失其信用，人民无所适从，而后已殊非朝廷慎重司法、预备立宪之深心。本厅实未便担负责任，应请呈明嗣后遇有此等呈词一概驳斥，以符定章而维法权，除批示该民人遵照外，理合咨呈转详销案并请申明定章实为公便"。

宣统元年（1909 年）五月，奉天督抚再次做出批示，章松青案准如所请销案，但对高等审判厅厅丞提出的到督抚衙门孔笋的案件一律驳斥表示反对，

---

① 《高等审判厅咨呈提法使覆详张焕三等上控一案碍难覆讯文》，王家俭、姜可钦、童益临、崔家骏编辑，朱延龄、汪仁宾、锡箴校勘，汪守珍、许世英、汪世杰鉴定：《奉天司法纪实》，陪京印书馆，1909，第二册，第 253～255 页。

令提法使制定出划清权限的详细办法。①

章松青案反映了督抚对权势的依恋和司法机构的弱势，提法使似乎只能做一个传声筒和替督抚办事的机构，受到多方掣肘，很少发出自己的声音，难有大的作为。

高永芳等控英贤案中，奉天提法使奉督抚札饬，咨奉天巡警道将该案卷宗移承德地方审判厅，以便于其收集证据，为审理做准备，在提法使的协调下，卷宗得到及时移交。②

除了作为上级官厅的督抚批饬提法使办理一些案件之外，提法使还会接到一些平级的机构移交案件。一是由于司法改革在初期的影响力很小，普通民众对正在进行的司法改革比较淡漠，不能做出积极的回应，在他们心里依然认为司法程序和过去一样，所有政府官厅都有司法权，都可以进行相应的审理和判决，所以依然有人根据案件的具体类型分别上诉至各种行政机构，无论是府厅州县还是各司道均有之，亦有一些对新的司法机构不太清楚，上诉至巡警局的亦有；二是行政机构的官员们自己会不时发现本系统内部的一些问题需要通过司法的办法解决。尽管行政官员们的司法素养水平的高低依然值得探讨，但他们毕竟与普通民众还是不同，从总体上来说还是知道自己已经不再具备审理案件的职能，但他们既不是当事人也不是司法机关，体制原因决定了这些机构不能直接与审判厅或检察厅等司法机关交涉，提法使身兼司法与行政的双重性质提供了他们之间交涉的基础与平台，所以提法使在办理作为上级官厅的督抚交办的案件外，还会办理平级的机构移交的案件。光绪三十四年（1908 年），奉天劝业道咨交提法使之朱万全等匿银捏劫一案被提法使通过照会的程序与方式交给奉天高等审判厅审理。③ 后来按照程序得到处理。④

---

① 《高等审判厅咨呈提法使覆详章松青一案不能复讯并申明审判章程文》，王家俭、姜可钦、童益临、崔家骏编辑，朱延龄、汪仁宾、锡箴校勘，汪守珍、许世英、汪世杰鉴定：《奉天司法纪实》，陪京印书馆，1909，第二册，第 255～259 页。

② 《巡警道咨承德地方审判厅送高永芳等控英贤卷宗文》，王家俭、姜可钦、童益临、崔家骏编辑，朱延龄、汪仁宾、锡箴校勘，汪守珍、许世英、汪世杰鉴定：《奉天司法纪实》，陪京印书馆，1909，第二册，第 264 页。

③ 《高等审判厅片行检察厅请派员密查朱万恒寄顿银钱处所文》，王家俭、姜可钦、童益临、崔家骏编辑，朱延龄、汪仁宾、锡箴校勘，汪守珍、许世英、汪世杰鉴定：《奉天司法纪实》，陪京印书馆，1909，第二册，第 134 页。

④ 《高等检察厅片行高等审判厅将传到之朱万青归案讯办文》，王家俭、姜可钦、童益临、崔家骏编辑，朱延龄、汪仁宾、锡箴校勘，汪守珍、许世英、汪世杰鉴定：《奉天司法纪实》，陪京印书馆，1909，第二册，186～187 页。

在张玉文控王猛治逼良为娼一案中，该案是原告张玉文在提法使衙门控诉，在提法使衙门外等候期间正好巧遇被告王猛治，遂扭报岗警，转送到巡警总局，巡警总局又按照程序咨提法使，提法使照会高等审判厅办理。①

在周庠关说词讼案中，周庠在总督署为一号书吏，以此身份狐假虎威，到奉天府第四初级审判厅关说词讼，被拒绝。第四初级审判厅呈请高等审判厅呈明督抚查拿周庠，认真根究。奉天督抚札东三省行营中军办理，行营中军咨奉天提法使办理，提法使把周庠备文咨送高等检察厅查照验收，交审判厅究办。②

有些案件是都察院交提法使办理③，还有的是劝业道咨送提法使，尤其是设计商业活动的民事案件。④

有的案件因为涉案人员身份特殊，审判机关在执法时遇到困难，这时会出现审判机关请提法使帮助，或咨呈提法使转请督抚协助办理。如在李环呈控苏成冒领地价案中，因涉案人员有都京正蓝旗满洲世袭佐领兼男爵续忠，奉天高等审判厅多次限令原告李环请续忠本人到审判厅质对，皆未果。于是奉天高等审判厅咨呈提法使转请督抚咨行都京正蓝旗都统饬令续忠到奉天质对。⑤

有的案件审判厅的判决结果需要督抚的配合，审判厅会咨呈提法使转请督抚办理。如益州界官文玉因用人不当遭到牵连，奉天高等审判厅认为对其贬官并负责逃跑之员的欠债有些不近情理，认为应该让文玉先行回任，所剩欠款从

---

① 《高等检察厅准提法使照会转行地方检察厅张玉文控王猛治逼良为娼一案请转行讯办文》，王家俭、姜可钦、童益临、崔家骏编辑，朱延龄、汪仁宾、锡箴校勘，汪守珍、许世英、汪世杰鉴定：《奉天司法纪实》，陪京印书馆，1909，第二册，第187～189页。

② 《高等检察厅片送督署号房周德即周庠关说词讼一案文》，王家俭、姜可钦、童益临、崔家骏编辑，朱延龄、汪仁宾、锡箴校勘，汪守珍、许世英、汪世杰鉴定：《奉天司法纪实》，陪京印书馆，1909，第二册，第190～192页。

③ 《高等检察厅片送督署号房周德即周庠关说词讼一案文》，王家俭、姜可钦、童益临、崔家骏编辑，朱延龄、汪仁宾、锡箴校勘，汪守珍、许世英、汪世杰鉴定：《奉天司法纪实》，陪京印书馆，1909，第二册，第11页。

④ 《高等检察厅片送督署号房周德即周庠关说词讼一案文》，王家俭、姜可钦、童益临、崔家骏编辑，朱延龄、汪仁宾、锡箴校勘，汪守珍、许世英、汪世杰鉴定：《奉天司法纪实》，陪京印书馆，1909，第二册，第22页。

⑤ 《高等审判厅咨呈提法使转请督抚咨行都京正蓝旗都统饬令续忠来奉候质文》，王家俭、姜可钦、童益临、崔家骏编辑，朱延龄、汪仁宾、锡箴校勘，汪守珍、许世英、汪世杰鉴定：《奉天司法纪实》，陪京印书馆，1909，第二册，第123～124页。

年俸项下扣抵，但文玉是行政官，审判厅并没有任用权，于是咨呈提法使转请督抚饬令文玉先行回任。①

在舒大本京控呈缴包款未袭庄缺一案中，该案是由总管内务府咨送提法使，提法使照会奉天高等检察厅，高等检察厅咨呈总检察厅。②

中国幅员辽阔，在清代的行政区划是二十二个省份。从社会性质上看，清代社会是一种封建的、自给自足的农耕社会，不是一个人口流动性很强的社会，这种特征直至清朝灭亡没有得到根本的改变。但是正如任何事物都是相对的一样，清代的人口流动也是如此。严格说来，只能称为是一种弱流动性，而绝非完全的不流动。各省之间还是会发生诸多联系，加之中国人口基数很大，当时已经约有四亿人口，这种流动的人口渗透到各种行业之中，当时发生的案件涉及跨省人口或案件本身跨省的也就在所难免。然而，从清末法制改革开始直到清廷的灭亡，对跨省案件的处理却被忽略了。遍查当时颁布的各种章程、法律、法规、法令、条文，并没有相关的规定。而各省的司法机关的权限却仅限在本省以内，这就给执法造成了一定的困难，尤其是案犯逃匿到外省涉及跨省追捕的案件，本省的审判厅、检察厅就没有与之相应的权力。这个时候提法使往往成为被审判机构求助的对象，这时提法使的协调与斡旋也往往对于推进案件的继续解决发挥较大的作用。

在上文提到的营口地方审判厅办理的《侵蚀巨款倒闭案》中，提法使既是一个督抚交办案件的受理者，又是营口地方审判厅与督抚直接的协调者，涉案人员叶雨田、莫敏庄逃亡省外，需要缉拿归案方能办理，于是营口地方审判厅便呈请提法使转呈督抚移咨各省，严行缉拿。③

安徽高等审判厅办理之《职官奸占革员之妻》案中，提法使亦奉督抚之命办理，同时又在跨省案件中发挥作用。在该案中，提法使直接派员到湖南把

① 《高等审判厅咨呈提法使转请督抚饬令文玉先行回任文》，王家俭、姜可钦、童益临、崔家骏编辑，朱延龄、汪仁宾、锡箴校勘，汪守珍、许世英、汪世杰鉴定：《奉天司法纪实》，陪京印书馆，1909，第二册，第241～243页。

② 《高等检察厅咨呈总检察厅舒大本京控呈缴包款未袭庄缺一案原告舒大本请求控诉文》，王家俭、姜可钦、童益临、崔家骏编辑，朱延龄、汪仁宾、锡箴校勘，汪守珍、许世英、汪世杰鉴定：《奉天司法纪实》，陪京印书馆，1909，第二册，第243～244页。《高等检察厅片行高等审判厅奉督抚札准大理院咨覆舒大本京控呈缴包款未袭庄缺文附原札》，王家俭、姜可钦、童益临、崔家骏编辑，朱延龄、汪仁宾、锡箴校勘，汪守珍、许世英、汪世杰鉴定：《奉天司法纪实》，第二册，第244页。

③ 营口地方审判厅案《侵蚀巨款倒闭案》，汪庆祺编《各省审判厅判牍——王朝末日的新式审判》，北京大学出版社，2007，第137～139页。

人犯提回安徽，并把人犯和卷宗移交检察厅。[1]

司法没有绝对的公正，程序也没有绝对的完美，所以在案件的审理过程中发生一些纰漏和错误也不可避免，当然，错误率的高低和审判体制及审判人员的素质都存在一定的关系。由于错案的发生并不以人的意志为转移，各个国家在各个时代都制定了自己的错案救济制度。清代沿袭的死刑复核程序从某种意义上来说是一种预防错案的体制，他和错案救济的不同在于死刑复核是一种事前监督，而错案救济则是事后监督，是一种亡羊补牢的方式。在司法改革之后，提法使承担着这种错案救济的功能。提法使官制第六十三条规定："各级审判厅所定刑事案件判决确定后，如查有引律错误或事实上极端错误者，得呈由提法使核定，行令该管检察厅分别提起非常上告或再审"。[2] 提法使对审判厅引律错误或案件事实调查错误时，有权行令该管检察厅提起非常上告或再审就是一种错案救济的方式。下面一则案例对提法使这种职权的理解或许会有些帮助，我们亦可从该案中考察提法使在那个时代对这个权限的适用情况。

案例十：偶然会聚赌博　奉天高等审判厅案

缘刘何氏、何邱氏、韩金占、金连生、何连成分隶新民府满洲厢蓝、厢白各旗。金连生、韩金占、何连成均充该府属西达子营预备巡警，彼此素识。宣统二年十月二十八日，邱氏先至何氏家串亲，金连生、韩金占亦前往闲坐，何氏声称看牌赌耍，每牌输赢铜元一枚，不抽头钱，并取出旧存纸牌一副，邱氏等允从，一共四人斗赌。何氏之夫刘广生在另屋教读，并不知情，何氏等输赢未分，适值新民府张守亲莅该屯点验，预备巡警何连成奉令往找十家长刘士文会同商办，行至何氏家寻觅，见何氏等在炕赌牌，当向查询。金连生答称不知，何连成疑系有意戏弄，遂上前将纸牌拂至地下，并向金连生扑殴，金连生回抵，均未成伤。韩金占拦劝，何连成

---

① 安徽高等审判厅案《职官奸占革员之妻》，《各省审判厅判牍——王朝末日的新式审判》，北京大学出版社，2007，第206～207页。

② 《清法部奏定提法使办事划一章程》，汪庆祺编《各省审判厅判牍——王朝末日的新式审判》，北京大学出版社，2007，第345～350页。亦见《法部编定提法使办事划一章程》，《大公报》，宣统三年四月初五日，1911年5月3日，第二张，（15），15；宣统三年四月初六日，1911年5月4日，第二张，（15），21；宣统三年四月初七日，1911年5月5日，第二张，（15），27；宣统三年四月初八日，1911年5月6日，第二张，（15），31。亦见《申报》宣统三年四月初六日，1911年5月4日，（112），61；宣统三年四月初七日，1911年5月5日，（112），77。

疑系帮助，扭住韩金占发辫向外拉走，称赴巡警局评理。韩金占畏惧，恳请释放，何连成不允，韩金占情急用口咬伤何连成左手背，何连成松手，出门路遇刘士文，当向告知前情，同至巡警分驻所报明，转送新民地方检察厅起诉。经审判厅集讯明确，并经检察厅验明，何连成伤已平复，将刘何氏判以偶然会聚开场窝赌例，拟徒一年。韩金占、金连生、何邱氏均依赌博之人例，各处十等罚。何连成依手足殴人不成伤律，拟处二等罚。于十一月二十一日判决。册报提法使，以何氏仅系起意赌博，与例载开场窝赌情形迥异，该审判厅遽依偶然会聚开场窝赌例，拟徒一年，未免情轻法重，札饬该检察厅提起非常上告，转行到厅。查开场窝赌之例，系指专设赌局纠人赌博藉以渔利而言。因有关风化，虽系偶然会聚，亦拟徒一年。此案何邱氏与金连生、韩金占先后至刘何氏家串亲闲谈，商允赌博，系不期而遇，并非刘何氏纠往同赌，亦无抽头重情，核与开场窝赌之例亦不符，刘何氏应改依赌博之人处十等罚例，拟处十等罚。余如该厅原判完结。此判（刑）。①

在案例十中，提法使即是程序的一级，审判结束后册报提法使。同时又有提法使主观能动性的发挥。在新民地方审判厅审理结束之后册报提法使，提法使认为其"将刘何氏判以偶然会聚开场窝赌例，拟徒一年"是不准确的。"何氏仅系起意赌博，与例载开场窝赌情形迥异，该审判厅遽依偶然会聚开场窝赌例，拟徒一年，未免情轻法重"，于是札饬新民地方检察厅提起非常上告，后来由奉天高等审判厅判决："查开场窝赌之例，系指专设赌局纠人赌博藉以渔利而言。因有关风化，虽系偶然会聚，亦拟徒一年。此案何邱氏与金连生、韩金占先后至刘何氏家串亲闲谈，商允赌博，系不期而遇，并非刘何氏纠往同赌，亦无抽头重情，核与开场窝赌之例意不符，刘何氏应改依赌博之人处十等罚例，拟处十等罚"。使得这一错误得以纠正。

到了清末，由于中国在列强入侵引起的对外战争中屡战屡败，清帝国已从原有的朝贡体系过渡到了条约体系。根据有关条约的规定，列强国家在中国境内享有治外法权，它们以条约的方式占据了很多租界，列强纷纷在各自的租界内部建立自己的一套司法系统。列强还被允许在中国传教、办学校、医院、修

---

① 汪庆祺编《各省审判厅判牍——王朝末日的新式审判》，北京大学出版社，2007，第222～223页。

铁路、开挖矿藏、办理各种商务等，华洋之间的联系日多，不可避免地会发生一些纠纷。而在当时那个特殊的时代，列强在华拥有领事裁判权等治外法权，甚至设有它们自己的司法机关。有些还涉及国家之间的权限与利益问题。在国家有独立主权的状态下，这种案件只是一个司法问题，但在清末那种特殊的时代，列强居于强势话语，清廷式微，列强在中国境内肆虐，干预各项事务，导致本来简单的问题复杂化，涉外的诉讼就不再是单纯的司法问题，同时也是一种外交问题，甚至政治问题。所以，尽管各地审判厅和检察厅逐渐设立，且清廷自认为是按照西方法理和西方的方式进行办案，经过改革后的司法机关已经和过去的行政兼理司法有所不同，无论审判方式还是量刑及执行都在向西方靠拢，但在事实上依然有诸多的问题是单靠审判厅和检察厅解决不了的。自从西方列强进入中国之后交涉案件在中国就开始出现，只不过谁居于强势的问题，在清廷战败之后，话语权移归西方列强，从清廷角度来看，问题也变得复杂起来，清末司法改革开始之时，交涉案件早已不再新鲜，所以，作为一个老问题，清廷对其如何处理还是作了考虑的。在光绪三十三年（1907 年）法部制定的《京师高等以下各级审判厅试办章程》中之第二十五条对此已有规定。后来的《法部奏筹办外省省城商埠各级审判厅补订章程办法折》即《京师高等以下各级审判厅试办章程》的补订八条中之第三条，为了做到在全国各直省也适用，在原章程基础上作了一些修改，变为："原章第二十五条遇有交涉案件由厅申部，行文外交官知照外国公署，外省各审判厅遇有此等案件，其只需知照驻在该省之外国领事者可由该厅申请督抚或移知关道，就近直接知照，其应与外国公使馆交涉之件仍申部办理"。① 该条规定的直省的交涉案件共有两种，一是一般交涉案件，由审判厅申督抚或移知关道，就近直接知照驻在该省之外国领事；二是与外国公使馆交涉之案件，仍然申报法部办理。都没有规定提法使参与处理案件，皆由相关审判厅直接办理，而历史的真实却并非如此，与章程文本的规定并不一致。清廷审判厅遇到此种事情时也显得底气不足，唯恐事情办得稍有错讹，增加问题的复杂性，同时也由于自己身负责任而受株连，表现出一种惶恐和焦虑，一种头绪纷乱、无所适从的状况，所以遇到此种情况往往求助于提法使，由其出面负责协调，有时候还需要交涉使司的共同努力。这时更需要提法使出面与交涉司协调。因为交涉使司是行政部门，所

---

① 《法部奏筹办外省省城商埠各级审判厅补订章程办法折》，《申报》宣统元年七月廿五日，1909 年 9 月 9 日，（102），115～116。

以，从某种意义上说，这种做法又重新回到了司法与行政混合的老路。

　　案例十三：抚顺地方审判检察厅咨请转行调查千金寨日本路矿地段交涉文

　　为咨呈事。查厅属有日本通路铁路暨千金寨煤矿，该国商民栉比而居，并于千金寨设立警务署。本厅自上年经开庭，此项交涉，无案可稽，究竟该路矿居址地段是否向公家租买，经国家许可立有条文，其主治权应在我在人？如其主权在人，则应照租界办法，若主权在我，则其设立警署，在我断难承认，尤不能听其逮捕人犯，干涉治权。从前该国警署常有逮送案犯交警局转我之事，本厅开庭以来，此端尚未开始，亟应慎之于先，免致噬脐无及。以后如遇该国警署捕送案犯，应如何对待？应将该路矿地段交涉原因，主权在我、在人，调查明确，俾有遵循而免贻误。理合咨呈鉴核转请提法使咨行交涉司查覆办理，实为公便。须至咨呈者。①

　　在案例十三中，诸多事项已经超出了审判、检察机构的权限范围，如通路铁路和千金寨煤矿的所有权问题，已经不仅仅是一个司法问题，而是一个涉及国与国之间管辖权的外交问题和政治问题。作为司法机构的审判、检察厅不可能凭一己之力在司法范围内解决，而不得不通过其他机构的介入，从根本上理清一切权限与归属，司法机关才能发挥其应有的作用。提法使在这种案件中发挥了较大的作用，利用自身的特殊身份周旋于司法机关与行政机关之间，提法使的这种作用对于涉外的交涉案件的解决是发挥了较大的积极作用的。

　　除了租界问题之外，民教冲突是这一时期又一突出的交涉案件。民教冲突基本上伴随了整个晚清时期。西方列强最初入侵中国的方式是传教，西方国家称为"十字军东征"。传教士传入的西方观念与中国的传统观念发生了冲突，清廷也认为触及了自身利益，所以从传教士进入中国的第一天起就伴随着冲突。后来在列强入侵的过程中清王朝节节败退，不得不与西方列强签订一系列丧权辱国的条约，随着条约的增多，列强在中国的传教权也越来越大，同时越来越多的中国人开始被纳入西方宗教的体系之下，到了清末表现得更为突出。不管实质上信仰与否，至少在形式上越来越多的人成为西方宗教的信徒。由于

_____

　　① 汪庆祺编《各省审判厅判牍——王朝末日的新式审判》，北京大学出版社，2007，第271页。

有西方传教士的庇护，中国教徒也开始仰仗西方列强的势力欺压非教民众。这就使得民教冲突的案件越来越多，不仅有非教民众与西方传教士的冲突，更多的是中国信徒与中国非教民众之间的冲突。如何处理这些问题，对在这个特殊时期新生的审判厅、检察厅等司法机构来说是一种严峻的挑战。这类问题也绝不再仅仅是司法问题，而且同时又是民族问题、宗教问题、外交问题、政治问题，说到底已经演变和升级到国与国之间的利益问题。中国幅员辽阔，大多数这类案件自然也都发生在地方各省。提法使成为发生在各省的这类案件的关键环节，决不能缺席或缺位。甚至有些案件极为复杂，仅仅通过交涉司的力量已经难以达到，提法使需要与交涉司之外的各省督抚、法部、外务部、宪政馆等机构进行交涉和协调，甚至必要时也会出现提法使直接与外国领事馆交涉的现象。其作用可见一斑。

为了彻底搞清民教案件如何处理，署湖北提法使梅先义与试署湖北交涉使施炳燮联名咨湖光总督，问民教案件在什么情况下归司法衙门审判，什么情况下归行政衙门审判。"湖北省城及商埠各级审判厅业于上年成立，现已开庭。惟民教讼案情形极为复杂，其中且有关于外交，不能杜外人之干预，应付稍有未宜，不免别滋交涉，则办理之法不可不详为分析。本署司共同商酌，嗣后遇有平民与教民互讼案件，孰归司法衙门审判，孰归行政衙门办理，总以有无牵涉（交）【教】案为界限。"湖广总督与有关部门召开会议，制订了处理民教案件的章程四条，然后分别咨法部和外务部征求意见。法部接到湖广总督的咨呈后，以大量篇幅论证了在已经设立审判厅的地方所有民教案件皆归审判厅审理，"查司法即经独立，除华洋互控案件，以现时条约尚未修改，暂仍照旧办理外，其余无论何项诉讼案件，均应归各厅审判范围。上年宪政编查馆奏定《法院编制法》折内，既声明京外设厅地方，无审判权衙门不得受理诉讼案件，旋复钦奉特旨，予审判衙门以独立司法之权，尤属审判各员宜无（仰不）【不仰】体朝廷图巩固法权之至意。当此司法独立造端伊始，遇有民教讼案，正宜融合民教，隐相矫正，若复划归行政衙门，不特自决藩篱，抑且先受人以口实。查同治二年《中荷条约》第四款内载：'中国习教人民犯中国律令之事，仍由地方官照例惩办。'又光绪二十九年《中美续议通商行船条约》第十四款及光绪三年《中葡新定商约》第十七款，均载'入教与未入教之华人均系中国子民，应一律遵守中（国）律例，如有犯法，不得因身已入教，送免追究'各等语。细绎历年条约所载，既曰由地方官照例惩办，则现在凡已设厅地方，其审判权业由地方官专归司法官，则此项案件确然应司法官办理无疑。又曰：应一律遵守中国律例，则现在执行中国律例者为司法官，则其应归司法衙门办理，更属毫无疑义。揆诸现制，征诸条约，似有不必分别办理之处，若徒虑应付未宜，致恐别外交涉，因而置制条约于不顾，既有碍司法之进行，且恐贻外人以口实，是该督咨请各节似难照准，既据分咨前来，相应咨呈归部查照，酌核见覆以便会覆该督。可也"。①

外务部于当月十四日接到法部咨文，与法部观点一致，外务部认为："本部查民教互控与华洋互控情形不同，前拟华洋互控案件暂归行政官管理，原因有条约规定，不得不变通办理，至教民与平民均系中国子民，所有民教互控案件但与条约无背，自不必先为区别，致分畛域。来咨所称各节与本部意见相同，维纯因教务起衅，致有外人干预，自应仍照华洋互讼办法，暂归行政衙门办理。总之行政衙门划分权限但以华洋为准，不以民教而殊，可不必另订章程，显分界限"。②

尽管最后的结果是法部和外务部否定了署湖北提法使梅先义、试署湖北交涉使施炳燮及湖广总督的观点，但是从根本上来说这个并不重要，重要的是毕竟在湖北提法使的主动参与下使得问题有了一个清晰的解决，使审理权限的归属问题不再模糊，这为民教案件的有效审理与解决奠定了基础。

湖北提法使、交涉使、湖广总督及法部、外务部之间的这场交涉，后来有些审判厅在培养本厅法官素养方面的案例和教材之用。"报载鄂督电问外部，民教诉讼归何衙门管理？部复华洋诉讼归行政衙门，民教诉讼仍归审判厅。以华洋诉讼为国际交涉，民教诉讼乃个人交涉也。华洋诉讼一面为中国人，一面自为外国人。民教诉讼两面均为中国人，倘一面有外国人出而干涉不依，现行之审级办理又将如何？"③

刘振案涉及教民，首先进省赴提法使上诉，提法使派员到该县会审，刘振仍系混供不能定谳，并请提省审办，提法使将犯证卷宗转送到厅。④ 高等审判厅正在复讯间，不久奉到照会，交涉司准驻奉法副领事贝照提出的吴教士来省

---

① 《前清法部为民教诉讼办案事谘商外务部文》，汪庆祺编《各省审判厅判牍——王朝末日的新式审判》，北京大学出版社，2007，第274页。
② 《前清外务部为民教诉讼办法咨覆法部文》，汪庆祺编《各省审判厅判牍——王朝末日的新式审判》，北京大学出版社，2007，第275页。
③ 《修习目录一》，汪庆祺编《各省审判厅判牍——王朝末日的新式审判》，北京大学出版社，2007，第428页。
④ 汪庆祺编《各省审判厅判牍——王朝末日的新式审判》，北京大学出版社，2007，第30页。

听审，奉天提法使与高等审判厅以两造均系华民，事关中国内政，外人不得干预，况教士以传教劝善为务，尤不得丝毫干预地方公私事件①，严词驳斥了教士听审的提法。

清末司法改革事起仓促，诸多条件皆不成熟，办事程序或语焉不详，各机构之间程序与关系模糊，加之人事任用难以符合要求，又有传统理念、认识差异等构成的不成文法与成文法的冲突，出现了省内司法机关在很多案件中请示提法使的现象，但请示提法使的具体情况又根据每个案例而不尽相同。浙江高等检察厅的两则批词或许反映了当时的一些情况。一则是在对鲁安生失足落水致死案调查取证后并不直接移交审判厅审理或向有关审判厅提起公诉，而是咨呈提法使核饬讯办。第二则是关于未设审判厅地区作为行政机关的府厅州县与高等检察厅、提法使之间的衔接与转承问题。

> 浙江高等检察厅批词一："此案已据会稽县牒报，鲁安生因行窃拘捕被追失足落河溺死等情到厅。业批拘传倪长有、黄金龙暨尸亲人证到案研讯确情，录供详报在卷。兹据状各情，候咨呈提法使核饬讯办可也"。②
>
> 浙江高等检察厅批词二："查部章，非经府厅州县讯结之案，本厅不能提审。所称该县延搁等情是否属实，仰候呈请提法使核办可也"。③

下级机关请示办理的第二类案件是涉官案件，在前文的提法使与司法解释一节中已经探讨了在很多涉及职官的案件中，对于如何处理不太清楚，下级审判机关会请示提法使做出司法解释。除此之外，在涉及职官的案件中还有另外一种处理情况，就是下级审判机关提出审判方案或判决结果，请示提法使批示。宣统三年云南地方审判厅办理的守备谭高霖招摇撞骗案就是如此，我们来看云南地方审判厅的呈文：

> 为呈详请事。窃本厅于宣统三年三月初四日访闻流寓省地之湖南人谭

---

① 汪庆祺编《各省审判厅判牍——王朝末日的新式审判》，北京大学出版社，2007，第31页。
② 《又批会稽鲁沈氏呈词文》，汪庆祺编《各省审判厅判牍——王朝末日的新式审判》，北京大学出版社，2007，第29~30页。
③ 《又批嵊县刘郭氏呈词》，汪庆祺编《各省审判厅判牍——王朝末日的新式审判》，北京大学出版社，2007，第30页。

姓，藉审判厅之名，在外撞骗招摇情事，当经密查去后，随据警察、承发吏带同被骗僧人普清到厅，讯据供称，该僧具控田户等抗租不纳一案，上年十二月内有素识武职谭高霖，即甫廷也，向说审判厅开办，伊有同乡法官熟识，可以托情胜诉，议与酬银五十两，谢伊米五斗。本年二月十四日曾交过谭高霖花银三十两，其米已陆续交讫，及见判词，知是撞骗，向其追还银米，反被殴打，正欲报案，即蒙访查等供。当传一干隔讯，据证人田玉明等供出，谭高霖得诈骗银米情形历历如绘。惟谭高霖供词闪烁，特符狡展，亟应先行斥革，以便讯办。据供系湖南湘潭县人，前随湖南官军剿办广南府游匪案内出力，蒙保把总，又于克复临安、石屏等府州案内，蒙保守备等语，并准同级检察厅提起公诉前来。除将该守备看管外，理合具文呈请宪台，俯赐查核并祈鉴，核将守备先行恭革以凭，提同人证激讯惩办，批示饬遵。除呈详提法宪外，为此呈详，伏乞照呈详施行。须至呈详者。①

　　死罪行刑方式是各级检察厅请示提法使的又一类案件。各级审判厅、检察厅设立之后，所有判死刑案件都应由审判厅、检察厅咨呈提法使，然后再由提法使报法部，一是为了备案，二是由法部作最后的死刑复核。另外，刑罚改革也是司法改革的重要内容，新的章程规定审判厅是案件的判决者，检察厅是刑事案件的执行者，而具体如何用刑，却没有制定出统一的办法，而正值刑律改良，量刑改革，这种现状给检察厅的执法带来了诸多困惑，也造成了执法的困难。作为刑事案件执行者的检察厅是采用改革派所倡导的西方的秘密行刑主义行刑方式，还是采用传统的办法？如果采用当时流行的西方的主义和方式，却没有理论上的合法依据，如果依然采用传统的办法，又会受到国人尤其是改革派的责难。而新任的检察官们之中有诸多曾受过西方式法学教育的法学精英，他们深受西方法学和西方法理的影响，所以检察厅试图采用西方的方式。但在究竟应该采用何种行刑方式的问题上，检察厅却只有建议权，最终能否进行行刑方式的改革，在各省辖区之内，提法使起着非常关键的作用。云南高等检察厅与云南提法使之间就这一问题的互动，反映了中国刑罚改革历史运动过程的一点痕迹。

① 《云南地方审判厅拟请将守备谭高霖先行参革归案审判详呈督宪提法宪文》，汪庆祺编《各省审判厅判牍——王朝末日的新式审判》，北京大学出版社，2007，第256页。

云南高等检察厅拟请死罪人犯在狱内用刑咨呈提法使文

为咨呈事。窃查宪政编查馆复议法部酌拟死罪施行办法折，开京外高等地方审判各厅所定死罪案件，系立决人犯，法部具奏，奉旨后札行各该检察厅遵依奉行等语。是死罪执行改由检察厅办理，新章已有明文。滇省各级审判厅业经成立，所判死罪案件已有数起，先后遵章咨呈贵司报部在案。此项死罪人犯，不日部复到滇，自应遵照新章，由各检察厅分别执行。惟滇省行刑之地，向在教场，系取刑人于市与众共之主义，而东西学者均谓此种主义，现在刑律改良，斩、枭均改为绞，则执行主义似亦宜示变通。查京师由法部建造行刑场，附于模范监狱之侧，以符秘密之意，滇省似应仿照办理。嗣后行刑之法，即在省城模范监狱照例处决，则手续较为便利，而与新理亦甚吻合，是否有当，理合咨呈贵司酌核，详定施行。须至咨呈者。[①]

有些案件情况特殊，按照有关程序办理极不方便，有关司法机关试图变通办理。如云南高等审判厅对永昌府解勘的保山县人犯董刚谋杀胞弟董三蛮案存在质疑，按照程序应该由高等审判厅提审有关当事人。但是保山县距离高等审判厅的所在地云南昆明有一千二百里之遥，在当时交通极为落后的情况下非常困难，所以云南高等审判厅提出让永昌府提审，而云南高等审判厅与永昌府是司法与行政两种不同性质的机关，只有通过提法使这一处于司法和行政之间双重性质的机关发布命令，饬永昌府提审。

为移请咨呈饬府提审事，案准贵厅片送，准提法使照开，准迤西道电复饬。据永昌府厘员林宝珖勘查禀称，当经改装驰（迤）向团保邻佑细访，均称董刚与胞弟董三蛮平日不和，时常偷窃，三蛮劝戒，屡次口角，积而成怨。至供董孔氏谋毒三蛮一层，委员查询，当日团保徐垒声称并未报过，复访族邻董发林等所称相同。至死者咽喉指痕，或因三蛮被落之时用力滚挣，以致董刚手有移动，故痕十二点之多，是谋为董刚一人起意下手，尚觉可信。再董刚住屋，勘明系坐西向东草房三间，中系堂屋，询悉，北一间董刚所住，南一间系董三蛮所住等情转移到厅。核与移查各节

---

① 《云南高等检察厅拟请厅判死罪人犯在狱内用刑咨呈提法使文》，汪庆祺编《各省审判厅判牍——王朝末日的新式审判》，北京大学出版社，2007，第254页。

尚欠明确，如果死者咽喉指痕，实系被搕时滚挣所致，何以原招未经声（叔）【述】？董孔氏谋毒董三蛮一层，虽经询明团保、族邻，并未报过有案，究竟有无其事，未据查实。案关服制，未便据该委员或因尚觉疑似等词，率尔定谳。且参观该犯前后供词，及尸妻董孔氏各供，尤滋疑窦。据该犯原供，伊骑压三蛮身上，用手把颈项搕住，又用右手在肾囊上用力捏了一下，是该犯以一手搕项颈，一手捏肾囊，并未搕过咽喉，则咽喉一伤非该犯下手可知，既有指痕十二点之多，难保无在场加功之人，此可疑者一。又据董孔氏原供，三月初一日伊赴田工作，回家困倦，进屋睡熟，到半夜时候，听得伊夫在对门房内呻唤，赶去查看，见董刚骑压伊夫身上。该犯原供，因三蛮身称系伊下毒，候他病好要报仇的话，伊忿激，乘董孔氏在对门房中睡熟，就便骑压三蛮身上。核与该委员查复，董刚住屋三间，中系堂屋，北一间董刚所住，南一间董三蛮所住等语。是董三蛮殒命之夜，董孔氏系在董刚房内就宿，该氏与其夫毒发身麻毫无警觉，而乃安息于夫兄之房，其中恐不免尚有别情，此可疑者又一。又讯据该犯供称，董孔氏平人为人甚好，伊获案收禁，董孔氏曾往探望，是该氏于其杀夫之仇早已置之度外。而册载该氏原供，见董刚骑压伊夫身上，当求喊叫，董刚拔刀吓戳，畏惧不敢声张。初二日早饭后，想到城控，不料就唤到案等语。何以该氏又不无恤夫之情？究（原竟）【竟原】册供词是否确供，抑系被人教唆，巧辞卸避，此可疑者又一。又讯据该犯供称，宣统元年四月初间，董孔氏曾用草乌毒害三蛮，伊与村人田玉往南岳庙看戏，转回闻知，觅药医解，当即报明团首徐俊，将董孔氏拷问，据供，与田玉有奸，意欲谋害另嫁。是该犯于平日与董三蛮之生死，尚属关怀，何以此次仅疑其偷碗漏风，辄心狠手毒如此？且董孔氏既有因与田玉有奸，谋毒本夫情事，该犯向与田玉同处嬉游，当时有无田玉在场，不能断然无惑，此可疑者又一。查谋杀重案，以图财因奸居其多数，此案即种种可疑，是非详细研鞫不足以成信谳。惟保山距省千二百里之遥，传提人证，恐滋拖累，相应移请贵厅查照咨呈提法使，将该犯董刚发由永昌府，就近传集一干，悉心审讯，务得实情，另行拟办，实为公便。须至移者。①

---

① 《云南高等审判厅移高等检察厅将永昌府解勘保山县人犯董刚谋杀胞弟董【三】蛮身死一案咨呈提法使发府提审文》，汪庆祺编《各省审判厅判牍——王朝末日的新式审判》，北京大学出版社，2007，第253～254页。

清末提法使研究

不仅审判检察厅对提法使有提审案件之请示，也有不提审之请示。在宪政改革的整个时期，督抚权限较大的现实始终没有得到改变，在清廷正式承认或不得已默许下，督抚的身影依然出现在司法案件中，仍然是一种平常的现象。普通民众到督抚衙门上控或越控，督抚亦时常欣然受理，或亲自审理或批示有关审理，在有的批示中甚至提出处理意见。亦有很多上控到督抚衙门的案件，是下级机关已经审判过的案件，有关当事人对判决不服上诉至督抚衙门，督抚批示有关司法机关提审，是其经常采取的方式之一。有关司法机关会根据对案件的掌握和自己的理解做出应该提审或不应提审的解释，而这种解释是否成立并能够落实下来，有关司法机关往往并不私自做主，而是请示提法使。光绪三十三年的奉天高等审判检察厅咨呈奉天提法使请免提讯张财案中可为例证。①

在候选县丞刘汝霖禀控署承德县令唐宗源滥刑偏断案中，奉天高等审判厅认为署承德县令唐宗源虽为现任职官亦必须出具亲供，在遇到唐宗源的抵制后，奉天高等审判厅亦是采取请示奉天提法使的方式来处理。②

光绪三十四年（1908年），奉天高等审判厅通过张瞳控徐麟书一案，观察出奉天旗丁茶役征收办法有问题，咨呈提法使转呈督抚改良旗人丁差征收办法。③

清末司法改革中，虽然保留了传统的遣、流、徒等刑罚方式，但是行刑方式进行了改革，允许判处这三种刑罚的人拿钱赎罪是其重要内容之一，拿不起钱的罪犯也可以根据情况被判处到习艺所习艺来代替。新政策的出台得到了积极的回应，很多犯人要求拿钱赎罪，然而规制新建，量刑难定，对于应否改判与如何改判又成为一个审判机关需要请示提法使的问题。从当时的很多案例中反映了这一现象，如在富青阿等押解遣犯毓山中途脱逃案中的涉案人员刘庆元、庆成、李春融呈请备银赎罪，奉天高等审判厅是咨呈奉天提

——————————

① 《高等审判检察厅咨呈提法使张财翻控不实请免提讯文》，王家俭、姜可钦、童益临、崔家骏编辑，朱延龄、汪仁宾、锡箴校勘，汪守珍、许世英、汪世杰鉴定：《奉天司法纪实》，陪京印书馆，1909，第二册，第115~118页。

② 《高等审判厅咨呈提法使唐令宗源应否出具亲供文》，王家俭、姜可钦、童益临、崔家骏编辑，朱延龄、汪仁宾、锡箴校勘，汪守珍、许世英、汪世杰鉴定：《奉天司法纪实》，陪京印书馆，1909，第二册，第118~121页。

③ 《高等审判厅咨呈提法使转请饬旗整顿征收丁差办法文》，王家俭、姜可钦、童益临、崔家骏编辑，朱延龄、汪仁宾、锡箴校勘，汪守珍、许世英、汪世杰鉴定：《奉天司法纪实》，陪京印书馆，1909，第二册，第122~123页。

法使经过批示的。①

审判和检察机关对于卷宗的来回转送有时会请求提法使的参与。如左朋苓案中，冬贾氏到提法使呈诉，要求复审，经过高等审判厅的案件覆审，经过总检察厅递送大理院，而此案复杂，卷宗存留在奉天高等审判厅、前发审局、驿巡道、兴京厅等衙门，而作为行政机构的驿巡道和兴京厅是不直接和审判机构公务往来的，所以，奉天高等审判厅咨呈奉天提法使，请其将驿巡道和兴京厅的卷宗检发到高等审判厅，高等审判厅移交高等检察厅，再由其向总检察厅汇送。②

在前文《提法使与司法解释》章节中已经论述了有些涉及职官的案件司法机关不知如何处理，往往请求提法使做司法解释。在实际的涉官案件中除了审判机关请求提法使做司法解释之外，有些时候也会自己采取相应的行动或者是判决，但官员们往往会对审判机关的举措进行种种阻挠，这时请示提法使并请其帮助解决是审判机关通常所采取的方式之一。光绪三十四年的奉天高等审判厅咨呈提法使札饬奉化县另补知县崇廉交出家丁关佐卿等便是明证。

在该案中奉化县知县崇廉的家丁关佐卿、李义堂，私下找总役董德派韩得胜、任得胜、詹富三人，随同其假冒官方名义查拿赌博，涉赌人员因关佐卿等没有签票表示不服，双方发生冲突，并升级为互殴。涉案人员赵锐上诉至提法使，提法使照会高等审判厅审理。高等审判厅认为关佐卿、李义堂等人究竟有无差票？是否私自擅拿？必须关佐卿、李义堂质讯才能定谳，于是给这二人发去传票。崇廉的家丁却以已经将二人辞散为由拒绝前往，奉天高等审判厅认为空言不能作为证据，请崇廉派遣其他家丁将辞散缘由到审判厅

---

① 《高等审判厅片行检察厅徒犯刘庆元呈请备银赎罪文》，王家俭、姜可钦、童益临、崔家骏编辑，朱延龄、汪仁宾、锡箴校勘，汪守珍、许世英、汪世杰鉴定：《奉天是司法纪实》，陪京印书馆，1909，第二册，第26页。《高等审判厅咨呈提法使徒犯庆成李春融呈请备银赎罪文》，王家俭、姜可钦、童益临、崔家骏编辑，朱延龄、汪仁宾、锡箴校勘，汪守珍、许世英、汪世杰鉴定：《奉天司法纪实》，陪京印书馆，1909，第二册，第128~129页。

② 《高等审判厅咨呈提法使请将左朋苓案内道厅各卷发回以便汇送文》，王家俭、姜可钦、童益临、崔家骏编辑，朱延龄、汪仁宾、锡箴校勘，汪守珍、许世英、汪世杰鉴定：《奉天司法纪实》，陪京印书馆，1909，第二册，第127~128页。《高等审判厅片送检察厅左朋苓案卷五宗转送上诉文》，王家俭、姜可钦、童益临、崔家骏编辑，朱延龄、汪仁宾、锡箴校勘，汪守珍、许世英、汪世杰鉴定：《奉天司法纪实》，陪京印书馆，1909，第二册，第130~131页。

报告。经过多次饬传,崇廉皆不理,使该案无法进展下去,于是高等审判厅咨呈提法使,请其札饬崇廉将家丁关佐卿等交案质讯,即便辞散为真实情况,令其派遣其他家丁到高等审判厅将辞散缘由详细述明,以便取供存案,使案子有个了解。①

光绪三十二年(1906年),奉天制定的《提法使衙门官制职掌员缺品位单》第五条第三款规定:刑民科"掌办理秋审事件并恩赦条款,查办减等留养事宜"。② 光绪三十三年(1907年)的《宪政馆核订各省提法使官制清单》第四条第五款规定:提法使刑民科"掌办理秋审、恩赦、减等及留养事宜"。③ 提法使官制第五十八条规定:"凡秋审、恩赦、减等及留养事宜,均遵现行法令办理,分别报部核办"。④

光绪三十四年(1908年),法部具奏请旨恩赦,拟定了斩绞人犯分别准免、不准免,并酌缓减等各条款和查办军流以下人犯章程,并分别具折上奏,实行恩赦的命令依然是经过督抚札饬到达提法使,然后由提法使照会高等审判厅,由高等审判厅制定具体的实行方式和名单。奉天高等审判厅根据本省的实际情况提出了处理意见与方案,"查审判厅判决各案有内结外结之分,内结案件自应候部查覆,唯案内有援免情轻各犯,若待部复执行窃恐徒邀援免之名,未沐皇仁之实,殊非哀矜庶狱之道,本厅现将已经判决斩绞军流徒及酌办并待质人犯,不论内结外结,一体查核原案情结分别准免不准免,并酌缓减等其准予援免各犯声明即时保释与候部覆后再行保释两项以示体恤而昭慎重"⑤,并

---

① 《高等审判厅咨呈提法使请札饬崇廉将家丁关佐卿交案质讯文》,王家俭、姜可钦、童益临、崔家骏编辑,朱延龄、汪仁宾、锡箴校勘,汪守珍、许世英、汪世杰鉴定:《奉天司法纪实》,陪京印书馆,1909,第二册,第132~133页。

② 《酌拟奉省提法使衙门及各级审判厅检察厅官制职掌员缺折》,《退耕堂政书》卷十,第562~566页。

③ 《宪政馆核订各省提法使官制清单》,《申报》宣统元年十月廿四日,1909年12月6日,(103),562。

④ 《清法部奏定提法使办事划一章程》,《各省审判厅判牍》,第345~350页。亦见《法部编定提法使办事划一章程》,《大公报》宣统三年四月初五日,1911年5月3日,第二张,(15),15;宣统三年四月初六日,1911年5月4日,第二张,(15),21;宣统三年四月初七日,1911年5月5日,第二张,(15),27;宣统三年四月初八日,1911年5月6日,第二张,(15),31。亦见《申报》宣统三年四月初六日,1911年5月4日,(112),61;宣统三年四月初七日,1911年5月5日,(112),77。

⑤ 《高等审判厅咨呈提法使恭逢恩诏查办死罪以下人犯分别办理文附清单》,王家俭、姜可钦、童益临、崔家骏编辑,朱延龄、汪仁宾、锡箴校勘,汪守珍、许世英、汪世杰鉴定:《奉天司法纪实》,陪京印书馆,1909,第二册,第151~169页。

制定了名单①，然后请示提法使核覆。提法使进行了非常详细的核覆，首先引

---

① 一起辽源州巡警和占五疑贼轰伤李甸荣身死一案。和占五拟绞监候，查该犯系疑贼用枪致
毙人命，照故杀拟绞，不准援免，惟情有可原，应酌入缓决；杨景春拟杖八十，查该犯系
威力制缚人，拟杖，应准援免即行保释。一起兴仁县宗室海恒春疑贼轰伤朱青成身死一案。
海恒春拟绞监候，查该犯系疑贼用枪致毙人命，照故杀拟绞，不准援免，情有可原，应酌
入缓决。一起盖平县民人孙子扬图财谋杀王自宽身死一案。孙子扬拟绞立决，查该犯系图
财害命，罪干绞决，毋庸查办。一起义州旗人商恩庆因疯误杀祖母金氏身死一案。查该犯
系因疯误杀祖母，罪干斩决，毋庸查办。一起蒙犯丹赞尼玛等聚众抢夺一案。依得而华里
克图拟监禁15年，勒苏隆扎布拟监禁10年，宁保拟监禁10年，乌拉根套虎拟监禁5年，
套他虎拟监禁5年，夜拉户诺个敦拟监禁5年，夕拉尼拟监禁5年，多尔吉拟监禁5年，扣肯
拟监禁5年，敖木丕拟监禁5年，旺济勒拟监禁5年，图布伸济而格勒拟监禁5年，哈拉诺
海拟监禁5年。查该蒙犯依得而华里克图系勾结俄人骚扰蒙旗，勒苏隆扎布系冀袭爵聚众
捏控家奴宁保听从伊主勾结俄人骚扰蒙旗，乌拉根套虎套他虎、夜拉户诺个敦，夕拉尼，
多尔吉、扣肯、敖木丕，旺济勒均系知情同谋，俱酌予监禁，核其情节较重，应均不准援
免，图布伸济而格勒，哈拉诺海均系中途顶替酌予监禁，情节尚轻，应准援免，后再有犯
加一等治罪，即递交醴泉镇设治委员严加管束。一起前兵司委官富青阿押解遣犯毓山中途
脱逃一案。富青阿拟杖一百徒三年，刘玉麟拟杖九十徒两年半，唐广易拟杖九十徒两年半，
查该犯等均系押解遣犯脱逃，照雇替例，分别减等徒应准援免，后再有犯加一等治罪，即
行保释。一起镇安县民人任万春殴伤李景元身死一案。任万春拟绞监候，查该犯系斗殴拟
绞，应准援免，后再有犯加一等治罪，俟部复时再行保释并追缴埋葬银二十两给付尸亲具领
以资营葬。一起兴京厅客民张泳海疑贼轰伤巡丁李庆身死一案。张泳海拟绞监候，查该犯系
疑贼用枪致毙人命照故杀拟绞，不准援免，惟情有可原，应酌入缓决。一起兴京厅客民左朋
苓谋杀贾葆仁一家七命一案。左朋苓拟斩立决，查该犯系杀一家非死罪三人以上，罪干恭请
王命。恭逢光绪三十年正月十五日恩诏不准援免，此次仍毋庸查办。贾振山拟杖六十徒一年。
查该犯系比照期亲尊长被杀卑幼私和减等拟徒，事在光绪三十年正月十五日恩诏以前，应准
援免，当即保释，此次仍应准援免，后再有犯加一等治罪。一起承德县旗人丁宾库窃贼逾贯
一案。丁宾库拟绞监候，查该犯系窃贼逾贯拟绞，惟未至五百两，拟酌入缓决，应减发极边
安置，俟部复时再行办理。一起绥中县中所领催关希举押解蒙犯图布伸济而格勒等中途顶替
一案。赵永拟杖九十徒两年半，查该犯系疏脱蒙犯拟徒，应准援免后再有犯即行保释。一起
承德县满洲里镶蓝旗人赵恩广殴伤伊妻韩氏身死一案。赵恩广拟绞监候，差该犯系夫殴妻致
死拟绞，并酌入缓决，应准援免，俟部复再行保释。一起兴京厅客民徐振福图财谋杀李洪山
身死一案。徐振福拟绞立决，查该犯系图财害命罪干绞决，毋庸查办。一起绥中县差役刘玉
清押解斩犯金德恒中途被劫一案。刘玉清拟杖一百流三千里，查该犯系解审斩决重犯脱逃照
雇替例减等拟流应准援免　即行保释。一起宽甸县民妇宋高氏因奸谋杀亲夫宋茗得身死一案。
宋高氏拟斩立决，查该犯妇系因奸同谋杀死亲夫罪干斩决毋庸查办。宋茗禄拟杖一百徒三年
改杖六十，查该犯罪止杖责，应准援免即行保释。一起通化县客民孙显欲行扣昏孙显，拟监
禁两年，查该犯系乡约藉端敛钱，健讼不休意图拖累，酌予监禁应准援免后再递回原籍严加
管束毋任滋事。一起开原系旗人庆余九轰伤奸夫那邦忠身死一案。庆余九拟绞监候，查该犯
系火器擅杀奸夫拟绞并酌入缓决应准援免，俟部复再行保释。一起开原县旗妇小吴何氏因奸
致奸夫威逼本夫吴希有自尽一案。小吴何氏拟杖一百流三千里，查该奸妇系比照奸夫自杀其
夫奸妇不知情量减拟流应准援免，即行保释。一起兴仁县旗人冬佩才因奸谋杀本夫赵小六身
死，奸妇赵李氏不知谋情一案。冬佩才拟绞立决，查该犯系奸夫起意杀死本夫 （转下页注）

用了法部原奏："己未入秋审斩绞常犯核其情罪分别应准、不应准并酌入缓决准予减等各罪犯，缮具清单按照省份远近分次具奏，至各省现已具奏到部尚未议复及嗣后续奏到部各案均于议复时随案分别办理"，然后对高等审判厅制定的方案与名单提出了具体的意见，"是斩绞重犯，无论已未入秋审以及未奉部复各案均应听候法部查办，其已经发配之案统归配所查办，历次恭逢恩诏均经遵照办理在案此次恭逢恩诏所有单开之辽源州和占五、兴仁县宗室

（接上页注①）罪干绞决，恭逢光绪三十年正月十五日恩诏，不准援免，此次仍毋庸查办。赵李氏拟杖一百流三千里，查该犯妇系比照奸夫自杀其夫，奸妇不知情量减拟流，恭逢光绪三十年正月十五日恩诏，应准援免，此次仍准予援免，即行保释。一起锦西厅民人刘长山轰伤秦广才身死一案。刘长山拟绞监候，查该犯系火器杀人，照故杀拟绞，不准援免。一起辽阳州民人赵国珍轰伤王得山身死一案。赵国珍你绞监候，查该犯系火器擅杀罪人拟绞，并酌入缓决，应准援免，俟部复再行保释。王振东拟杖一百徒三年，查该犯系照棍徒扰害，量减拟徒，应准援免 发交地方官严加管束，毋任滋事。一起铁岭县巡丁李玉轰伤徐怀身死一案。李玉拟绞监候，查该犯系火器杀人照故杀拟绞，此次仍不准援免。李正中拟杖一百徒三年，查该犯系照诬良为盗捉拿拷打减等拟徒，此次仍应准予援免，即行保释。徐慎拟杖一百徒三年，查该犯系照诬告人流罪反坐减等拟徒，此次仍应准予援免，即行保释。一起直隶遵化州旗人瑞祥和卖受寄子女刘富姐等已成一案。瑞祥拟杖一百徒三年，查该犯系和卖受寄子女拟徒，应准援免，即行保释。一起新民府办事官吴文焕事后受财一案，吴文焕拟杖一百流三千里改发军台效力赎罪，查该官犯现已发配，应由法部陆军部另行查办。一起间阳驿旗兵兰久荣等押解军犯宗室恩光中途脱逃一案。关久荣拟杖八徒二年，侯永藩、宋光荣、寇文保拟杖八十徒二年，查该犯等具系疏脱军犯拟徒，均准援免，即行保释。一起承德县民人杨吉春行使伪造银圆一案。杨吉春拟杖一百徒三年，先行待质五年，俟限满逸犯有无弋获再行发交习艺所按限习艺，查该犯系知情行使私铸银圆拟徒，应准援免，惟所避罪名较重，仍应待质五年，俟限满时逸犯有无弋获再行保释。一起通化县客民刘明先仇杀王勋一家八命一案，刘明先拟待质二年，因案情重大酌加八年，查该犯系杀一家非死罪三人以上之案被获，因无确证照未定罪名予待质所避罪名太重，应不准援免，仍俟限满时逸犯有无弋获再行分别办理。一起宽甸县民人安福田扎伤表弟黄永奎身死一案。安福田拟绞监候，查该犯系外姻尊长殴死缌嘛卑幼拟绞并酌入缓决，应准援免，并追缴埋葬银二十两给付尸亲，俟部复再行保释。一起承德县客民杨占鳌诱拐幼童樊世存已成一案。杨占鳌拟绞监候，查该犯系诱拐幼童拟绞业已给亲完聚酌入缓决，应减发极边安置，俟部复时再行。一起承德县旗人也双河殴伤併妻白氏致令自尽一案。也双河拟杖六十徒一年，查该犯系照夫殴妻折伤以上减等拟徒应准援免，即行保释。一起承德县客民王洪盛向吴双祺吓诈得赃一案。查该犯系诬良为窃吓诈得贼拟军应准援免，即行保释。一起承德县旗人关德宽殴伤赵李氏一案。关德宽拟杖一百徒三年，查该犯系折人肢体拟徒，应准援免，即行保释。一起广宁县旗人汤国兴因谋杀父姜未成误伤伊父汤得善身死一案。汤国兴拟斩立决，查该犯系。一起承德县防勇陈永福即行保释。一起昌图府朱万恒不准援免。一起广宁县韩耀廷毋庸查办。一起富顺县关明海交县严加管束。《高等审判厅咨呈提法使恭逢恩诏查办死罪以下人犯分别办理文附清单》，王家俭、姜可钦、童益临、崔家骏编辑，朱延龄、汪仁宾、锡箴校勘，汪守珍、许世英、汪世杰鉴定：《奉天司法纪实》，陪京印书馆，1909，第二册，第151～169页。

海恒春、盖平县孙子扬、义州商恩庆、兴京厅张永海、镇安县任万春、承德县丁宾库、赵恩广、兴京厅徐振福、宽甸县宋高氏、通化县孙显、开原县庆余九、小吴何氏、兴仁县冬佩才、锦西厅刘长山、辽阳州赵国珍、铁岭县李玉、闾阳驿关久荣、宽甸县安福田、承德县杨占鳌、也双河等二十一案或汇入秋审或未奉部复，均应由法部查办，新民府吴文焕一案业已发配应由配所查办，蒙犯丹赞尼玛等并解役关希举兵司委员富青阿二案业已奉准部复，由司汇案查办。兴京厅左朋苓、广宁县汤国兴、承德县陈永福三案尚未奏咨，由司随案分别办理，其归外结之通化县刘明先、昌图府朱万恒二名应如所拟不准援免，承德县杨吉春一名所避罪名较重，不准援免，应俟待质限满再行保释，至绥中县差役刘玉清、直隶遵化州旗人瑞祥、富顺县关明海、承德县王洪盛、关德宽五名应准援免释放，相应照复贵厅查照办理，至单开之广宁县韩耀廷查系彰武县之案，前因解院翻供发回另审，应俟审定再行随案分别办理"。①

光绪三十二年（1906 年）奉天省拟定的《提法使衙门官制职掌员缺品位单》第五条规定：刑事科"掌办理秋审事件并恩赦条款，查办减等留养事宜"。② 光绪三十三年（1907 年）的《宪政馆核订各省提法使官制清单》第四条第五款规定了刑民科"掌办理秋审、恩赦、减等及留养事宜"。③ 1909 年的《提法使官制》第五十八条正式把其上升为法律，规定"凡秋审、恩赦、减等及留养事宜，均遵现行法令办理，分别报部核办"。④

留养即存留养亲制度。上述有关规定赋予了提法使管理存留养亲事务。从有关资料看来，提法使基本上有序地处理了这类案件。

---

① 《提法使照复高等审判厅恭逢恩诏查办死罪以下人犯分别核覆文》，王家俭、姜可钦、童益临、崔家骏编辑，朱延龄、汪仁宾、锡箴校勘，汪守珍、许世英、汪世杰鉴定：《奉天司法纪实》，陪京印书馆，1909，第二册，第 169 ~ 171 页。

② 《酌拟奉省提法使衙门及各级审判厅检察厅官制职掌员缺折》，《退耕堂政书》卷十，第 562 ~ 566 页

③ 《宪政馆核订各省提法使官制清单》，《申报》宣统元年十月廿四日，1909 年 12 月 6 日，（103），562。

④ 《清法部奏定提法使办事划一章程》，《各省审判厅判牍》第 345 ~ 350 页。亦见《法部编定提法使办事划一章程》，《大公报》宣统三年四月初五日，1911 年 5 月 3 日，第二张，（15），15；宣统三年四月初六日，1911 年 5 月 4 日，第二张，（15），21；宣统三年四月初七日，1911 年 5 月 5 日，第二张，（15），27；宣统三年四月初八日，1911 年 5 月 6 日，第二张，（15），31。亦见《申报》宣统三年四月初六日，1911 年 5 月 4 日，（112），61；宣统三年四月初七日，1911 年 5 月 5 日，（112），77。

第三节　提法使直接审理案件——以熊成基案为例

虽然清末司法改革的目的是实现司法独立，案件的审理由新设的审判厅专理，但是，实际上却不能完全做到，有很多案件依然是提法使亲自审理，如刘长山用枪致伤秦广才身死案，奉天提法使亲自提审。① 商恩庆因疯轰伤祖母金氏身死一案，亦由提法使提讯②等。更由于清末法制改革的宣传和动员做得不到位，改革仅仅在很小的范围内被人知悉，很多人对法制改革并不了解，他们依然像过去一样，把提法使看作是过去的按察使，认为他们依然掌理审理案件的职能，依然有很多人把案件直接上诉至提法使，这就加剧和强化了提法使直接审理案件的职能。如奉天的赵锐案。③

清末以降，内忧外患，民族危机日益严重，尽管清廷试图通过改革挽救危局，但是，很多人已经对清廷失去了信心。革命派因之勃兴，且对清廷的存在产生了极大的威胁。清廷为了打击革命派，重建和恢复统治地位，对革命派进行了大力镇压。在这种特殊的背景下，提法使的职能演进开始半途而废，为了强有力地镇压革命党，又重新回到直接审理案件的老路上来。熊成基案便是有力的证明。

从 1894 年孙中山在檀香山建立中国第一个资产阶级革命组织开始，直至清廷灭亡，各种起义和民变从没有平息过，到清廷临近灭亡的最后两三年更是风起云涌、此起彼伏，使本来就处于风雨飘摇之中的清王朝更加岌岌可危。从清廷的角度来看，尽管其境遇已经很糟糕，但其毕竟还是一个在全国范围内统治的政权，还依然掌控着相当的力量。清廷对革命和民变采取了两种回应方式，一是实行宪政改革，二是镇压。那么国家政治形势的变化对司法改革有无

---

① 《高等审判厅片行检察厅刘长山业经审明发回请查照》，王家俭、姜可钦、童益临、崔家骏编辑，朱延龄、汪仁宾、锡箴校勘，汪守珍、许世英、汪世杰鉴定：《奉天司法纪实》，陪京印书馆，1909，第二册，第 146 页。

② 《高等检察厅咨呈京师总检察厅商恩庆因疯轰伤祖母金氏身死一案文》，王家俭、姜可钦、童益临、崔家骏编辑，朱延龄、汪仁宾、锡箴校勘，汪守珍、许世英、汪世杰鉴定：《奉天司法纪实》，陪京印书馆，1909，第二册，第 184 页。《提法使照会大理院咨回商恩庆招解翻供一案系关调查事实应伤厅复讯拟办文》，王家俭、姜可钦、童益临、崔家骏编辑，朱延龄、汪仁宾、锡箴校勘，汪守珍、许世英、汪世杰鉴定：《奉天司法纪实》，陪京印书馆，1909，第二册，第 184～186 页。

③ 王家俭、姜可钦、童益临、崔家骏编辑，朱延龄、汪仁宾、锡箴校勘，汪守珍、许世英、汪世杰鉴定：《奉天司法纪实》，陪京印书馆，1909，第二册，第 77 页。

影响呢？若有则产生了怎样的影响？在这场大变局中作为主持一省司法行政事务的提法使又做了些什么，并产生了怎样的影响？透过提法使在这场变局中的作为又能够说明什么？这些方面给我们带来了新的迷雾和疑云，同时也给我们找到了研究的方向。笔者将通过对有关史料的梳理来重现这段波澜壮阔而又疑雾重重的历史，并试图通过整合相关资料和信息资源拨开雾霭，找到上述所提出问题的答案。

熊成基，江苏扬州府甘泉县人，寄籍安徽芜湖，毕业于安徽武备学堂及南洋炮兵学堂，任安徽炮营队官。光绪三十四年十月二十五日（1908 年 11 月 18 日），清廷在安徽太湖举行秋操，派荫昌、端方为阅兵大臣。熊成基愤于徐锡麟之遇害，谋杀端方未果，遂于 19 日率众一千余人发难，进攻安庆，被清军击退，北走桐城、合肥（后赴日本）。① 再后来熊又回到中国。宣统二年十二月二十日（1910 年 1 月 30 日），熊成基谋在哈尔滨刺杀贝勒载洵，事泄被捕。②

熊成基发动的安庆兵变和刺杀载洵案既不是革命运动的开始，也不是革命的结束，只是当时众多革命运动中的一个事件，只是整个革命运动的一部分。然而，熊成基案却代表了那个时代的基本特征，具有典型意义。通过考察提法使在熊成基案中的所作所为，有助于我们了解提法使在镇压革命运动的过程中究竟发挥了什么作用。加之这一案件遗留下来的资料较为详实，所以，我们试图通过对熊成基案的考察达致管中窥豹、以小见大的效果。熊成基被拿获的地点是在吉林省，整个的审理过程和最后处决都是在吉林境内，所以，我们以吉林为考察的中心省份。

我们先来看一下提法使在该案中的活动，然后再作分析。

宣统元年十二月二十日（1909 年 1 月 30 日）③，熊成基在哈尔滨宾如栈被巡防中路马队第一营营官已革游击刘燮松、长春府警务长已革分省试用知府陈友璋抓获，然后解交长春西路兵备道颜世清派员转解到省。自此之后吉林提法使便开始了活动。首先是在吉林督抚督同下，亲自在提法使署审讯。然后是与

---

① 吴铁峰：《清末大事编年》，湖南大学出版社，1996，第 215 页。

② 吴铁峰：《清末大事编年》，湖南大学出版社，1996，第 228 页。

③ 有关资料对熊成基被抓的时间说法不一。一种是宣统二年十二月二十日（1910 年 1 月 30 日），见吴铁峰：《清末大事编年》，湖南大学出版社，1996，第 228 页。另一种是宣统元年十二月二十日（1909 年 1 月 30 日），见中国人民政治协商会议江苏省扬州市委员会文史资料研究委员会：《扬州史志资料》第六辑，《纪念辛亥革命烈士熊成基诞辰一百周年专辑》，第 220～222 页。

各机关函电交驰。宣统元年（1909 年）十二月二十八日，吉林提法使接到军机处电，指示其对于该案的处理意见，"陈昭常电奏悉。逆犯熊成基即经拿获，着朱家宝迅速派员来吉，验明正身，即行就地正法。孙铭一犯，著民政部步军统领，毋任漏网。此次获匪出力各员，著俟将该犯验明正法后，再行请旨。钦此。恭录行知到司"。① 接着又督同试署金事傅善庆，一再亲提熊成基，严加审讯。还会同派委安庆府知府豫咸、马队营官李玉椿，对熊成基验明正身。并于宣统二年（1910 年）正月十八日，遵旨将熊成基就地正法。最后一步是将熊成基审讯和就地正法的过程及理由备文详请督抚查核、分别奏咨。② 需要交代的是，在熊成基被正法之前四天，即宣统二年（1910 年）正月十四日，吉林行省总督锡良和吉林巡抚陈昭常联名给吉林提法使下了两道札文，一个转发了安徽巡抚朱家宝为安徽已派员前来会验之事，转达了安徽巡抚朱家宝要求吉林提法使配合所派之员办理的意见③，另一个是再次转发了军机处的电文，并命令提法使"札到该司立即钦遵，一俟安徽省派员来吉，迅速会同监提该逆犯熊成基，验明正身办理。"④ 此外熊成基案中还涉及藏冠三，吉林提法使亦亲自审讯藏氏并确认其为熊成基余党。⑤

上文是吉林提法使在熊成基被抓获之后司法方面的活动。除此之外，留存资料表明，吉林提法使在此案中还有一些其他的活动。如对立功人员的奖赏，那么在对立功人员的奖赏中，吉林提法使又有哪些表现呢？就在熊成基被就地正法的第二十天，长春警务长陈友璋为巡官萧万春捕获熊成基收到赏银一事给吉林提法使上了一个呈文，又八天后吉林提法使吴焘作了批示，批示的内容耐

① 《吉林提法使为详请奏咨事》，中国人民政治协商会议江苏省扬州市委员会文史资料研究委员会：《扬州史志资料》第六辑，《纪念辛亥革命烈士熊成基诞辰一百周年专辑》，第 220 ~ 222 页。
② 《吉林提法使为详请奏咨事》，中国人民政治协商会议江苏省扬州市委员会文史资料研究委员会：《扬州史志资料》第六辑，《纪念辛亥革命烈士熊成基诞辰一百周年专辑》，第 220 ~ 222 页。
③ 《吉林行省总督锡良吉林巡抚陈昭常为安徽已派员前来会验事给吉林提法使札文》，中国人民政治协商会议江苏省扬州市委员会文史资料研究委员会：《扬州史志资料》第六辑，《纪念辛亥革命烈士熊成基诞辰一百周年专辑》，第 210 ~ 211 页。
④ 《吉林行省总督锡良吉林巡抚陈昭常为照录电奏稿事给吉林提法使札文》，中国人民政治协商会议江苏省扬州市委员会文史资料研究委员会：《扬州史志资料》第六辑，《纪念辛亥革命烈士熊成基诞辰一百周年专辑》，第 220 ~ 222 页。
⑤ 《吉林提法使为详请奏咨事》，中国人民政治协商会议江苏省扬州市委员会文史资料研究委员会：《扬州史志资料》第六辑，《纪念辛亥革命烈士熊成基诞辰一百周年专辑》，第 220 ~ 222 页。

人寻味，从吉林提法使吴焘与长春警务长陈有璋的互动中或可又给我们提供一个侧面或视角来考量提法使的作用。为此，我们把原文提供在下文中，为了尽量的真实客观起见，引文保持了原文的原貌。

> 长春警务长陈友璋为巡官萧万春捕获熊成基收到赏银事致吉林提法使呈文
>
> （宣统二年二月初七日）
>
> 长春警务长兼筹办商埠警务事宜·花翎三品衔·前分省补用知府陈友璋为呈报事。案奉西路道宪面谕，顷奉吉林行省公署发交，会全号会来，分给职局马巡队巡官萧万春，拿获熊成基赏号，计宽平银九百八十两整。等因。当即饬支应处书记王光裕，前往该号如数兑讫。并督同总务课长汪族、行政课长房廷璋、支应员陶嘉讯等，当面发交该巡官萧万春敬谨具领。除取具钤领存案并通报列宪，理合具文呈报宪台查核备案施行。须至呈者。
>
> 右呈 钦命吉林提法使提法使吴。
>
> 《吉林提法使为长春警务长陈友璋呈文批示》
>
> （宣统二年二月十三日）
>
> 如呈备案，仰候两院宪批示。缴。
>
> 提法使吴【焘】阅。
>
> 佥事傅【善庆】（划阅）。
>
> 注：1. 此件原注二月初九日文到，十三日送签。
>
> 　　2. 原有眉批"原件过堂在内口悉。[①]

这些资料又说明了什么呢？我们暂且留下这个问题，最后再进行分析，最有说服力的解释也许来自水到渠成，仅凭有限的资料便作出判断似有主观臆断和妄加评论之嫌。

宣统二年（1910 年）二月二十一日，吉林总督锡良和吉林巡抚陈昭常对上文提出的对拿获熊成基出力人员奖赏做出了回应，仍以二人联名的方式上

---

① 《吉林提法使为长春警务长陈友璋呈文批示》，中国人民政治协商会议江苏省扬州市委员会文史资料研究委员会：《扬州史志资料》第六辑，《纪念辛亥革命烈士熊成基诞辰一百周年专辑》，第 220~223 页。

奏，奏折如下：

    ……至于此案干连各犯，均已由臣分饬逮案，发交提法使严切审讯。如果情真罪当，自应尽法惩治，以昭□戒。设因疑似牵连，则亦不敢妄事株求，致多拖累，统俟讯明，分别省释，以广皇仁。除将该犯详细供招录送军机处备案，并将请奖各员详细履历与咨奖武职各员衔名分别咨部外，所有拿获叛逆首犯，遵旨验明就地正法，并将在事出力各员择优请奖各缘由，理合会同东三省总督锡，恭折具呈，伏乞皇上圣鉴，训示。谨奏。

    注：原件有"禁止转载"眉批。①

法部在五天之后，即宣统二年（1910 年）二月二十六日给予了回复。宣统二年三月初三日，吉林总督锡良与吉林巡抚陈昭常联名札吉林提法使，转发清廷的回复。

吉林行省总督锡、巡抚陈为札饬事：

    照得本大臣、部院于宣统二年（1910 年）二十一日，会奏为安庆兵变逆首熊成基在吉拿获，遵旨验明就地正法，并将在事出力文武各员择优请奖一折。兹于二月二十六日贵回原折，奉到朱批：著照所请，该部知道。钦此钦遵。除分咨外，合亟抄折札饬。札到该司即便遵照。此札。计粘抄折。②

关于另外两名涉案人员藏冠三和徐尚德，吉林提法使吴焘在宣统二年（1910 年）二月初七日的《吉林提法使致吉林督抚详拿熊成基讯供正法案册奏咨》中已经说明另文详办。③ 后来果如所详，督员提犯，逐加研讯，经督员一

---

① 《锡良、陈昭常奏折》，中国人民政治协商会议江苏省扬州市委员会文史资料研究委员会：《扬州史志资料》第六辑，《纪念辛亥革命烈士熊成基诞辰一百周年专辑》，第 225～229 页。

② 《吉林行省总督锡良吉林巡抚陈昭常给吉林提法使抄示关于奖叙拿获熊成基出力人员的札文》，中国人民政治协商会议江苏省扬州市委员会文史资料研究委员会：《扬州史志资料》第六辑，《纪念辛亥革命烈士熊成基诞辰一百周年专辑》，第 225～229 页。

③ 《吉林提法使致吉林督抚详拿熊成基讯供正法案册奏咨》，中国人民政治协商会议江苏省扬州市委员会文史资料研究委员会：《扬州史志资料》第六辑，《纪念辛亥革命烈士熊成基诞辰一百周年专辑》，第 220～222 页。

再研讯，判处"藏冠三发交省狱监禁三年，随时访查劣迹；如果限满查无实据，再行详明释放"。① 另一涉案人员徐尚德宣统二年（1910 年）二月就已开始给吉林提法使上禀文，要求保释。② "徐尚德讯非熊逆同党，此外亦无不法情事，前经西路道电蒙宪台饬司释放在案，应毋庸议，无干省释"。吉林督抚在批语中表达了对提法使判决的赞同。③

从上文我们可以看出，从头至尾没有看到审判厅和检察厅的身影，而主持审判活动的却是吉林提法使，而且审理案件可以一再审讯，同时和包括与司法没有任何关联的军机处以及各省督抚函电交驰，非请示即接受命令，甚至审理案件各省督抚和提法使同时出现在审判现场，共同审理，审判的地点也不再是审判厅，而是换成了提法使署。同时安徽巡抚也参与进来，安徽省派到吉林协同吉林提法使办案的也非司法人员。对于长春警务长陈友璋为巡官萧万春捕获熊成基收到赏银之事上的呈文更是作了"仰候两院宪批示"的奇怪而又耐人寻味的批语。

从熊成基案中我们可以看出提法使作为新设司法机构的尴尬境地，一方面亲自审理案件，超越了自身权力和职务范围，同时也剥夺了专门作为审判机构的审判厅的权力，另一方面又委身于督抚，变成了各省督抚办事机构，并且还要听命于清廷的中枢机构，严重违背了司法独立的精神，又重新回到了司法隶属于行政，重新成为行政的分支。此外，审理案件可以一再研讯，在实质上已经抛弃了四级三审制。判决藏冠三定罪的理由是"惟探知熊逆真名，理应即时报告，乃迟延数月之久，始嘱藏冠三具禀出首，难保非意存观望。且访闻该犯平日广交匪类，虽无实迹可查，而人言藉藉，事非无因"，说明并不重视证据，有主观揣度之嫌。从程序上来说，审判的内在含义在于先审后判，而提法使在对案件审理之前，军机处和督抚已经给案子的最后结果作了定论，并且以饬文命令的方式强制提法使执行。从这个意义上来说，提法使这场既侵越权力又违反程序的审判同时又变成了一个过场。从总体上看来，在清廷面对排山倒

① 《吉林提法使致吉林督抚详报藏冠三、徐尚德供词的禀文》，中国人民政治协商会议江苏省扬州市委员会文史资料研究委员会：《扬州史志资料》第六辑，《纪念辛亥革命烈士熊成基诞辰一百周年专辑》，第229～232页。
② 《徐尚德要求释保禀》，中国人民政治协商会议江苏省扬州市委员会文史资料研究委员会：《扬州史志资料》第六辑，《纪念辛亥革命烈士熊成基诞辰一百周年专辑》，第224页。
③ 《吉林提法使致吉林督抚详报藏冠三、徐尚德供词的禀文》，中国人民政治协商会议江苏省扬州市委员会文史资料研究委员会：《扬州史志资料》第六辑，《纪念辛亥革命烈士熊成基诞辰一百周年专辑》，第229～232页。

海、此起彼伏的起义、暴乱、民变之时，已经顾不上司法，完全不再以司法方式解决了。清廷面对这样的案件是把其作为一种危及清廷统治的政治事件来处理的。清廷在试图通过司法改革的努力改变统治的过程中抛弃了司法，在努力通过宪政改革的方式挽救清廷的过程中抛弃了宪政，不能不说是一种历史的悲剧。

然而，对细枝末节处也保留了些许司法改革的影子。如对涉案人员藏冠三和徐尚德的判决，虽然是由提法使进行的，但并没有因为其涉嫌与革命党有关而株连致死，而是藏氏判处监禁三年，随时访查，如果限满查无实据便释放，徐氏更是判处释放。应该说其中多多少少还是反映了一些法制改革的影子。当时也有媒体对此给予了较高评价，"此案吉省官宪具用文明办法，故始终并未株连一人云"。①

任何一场改革成功的关键都在于有一个相对安定的环境，有一个强有力掌控政治局面的政府，而这些条件清廷都不具备。在大的政治动荡的局势面前，提法使的力量是微弱的，面对政治动荡的形势，提法使不可能孤立于整个政治局面之外去主持以实现审判独立为目标的司法改革。提法使抛弃司法，在很大程度上重新转变成督抚的一个办事机构并不在于提法使本身，而在于那个动荡的时代。由于原来的诸多章程对提法使人为地加以诸多限制，让其在很多事情上都要详请督抚批示，加之提法使从改革之初直到最后始终都没有财政权，清廷只是制定改革的条文而不能给予充足的财政支持，巧妇难为无米之炊的困境下也难免会演出有奶便是娘的闹剧。在行政与财政的双重压缩下提法使更是举步维艰。这段历史也充分说明，法制问题不是仅靠司法部门能够解决的，而是一个涉及多方因素极为复杂的系统问题，法制改革的成效最终取决于政治的安定程度、中央政权对局势的掌控程度以及各方的协调程度。

对于在清末司法改革中，各省提法使对审判厅审理案件的继续参与而不是彻底从中摆脱出来，行使其自由裁量的权力，署江苏提法使赵品衍的说法或许代表了当时整个提法使群体的政体观念，也构成了各省提法使当时的行为特色与依据："各省设提法使一员，管理该省司法上之行政事务，监督各审判厅并调度检察事务，即云监督各审判厅，则高等审判厅自属于提法使随时监视其行为、督察其勤惰，所有各厅审理案件自应各自径报提法使核办，并备详两院查考，应外结者似可即由司批结，应内结者仍详请分别奏咨，第向例罪在军流以

---

① 《大公报》宣统二年二月十七日，1910 年 3 月 27 日，第二张，（11）349。

上均由该管道府州层递审转或解司而止或解院提勘，间亦有仅解本管上司审核转详，毋庸解司者例章甚繁，虽转展递解、殊多周折，需费亦属不赀，诚以州县由州县一人审讯而定，难保无鍜缔成狱之事，故必有上官层递审转，以昭慎重"。① 赵氏虽没有把上文论述的提法使参与审判的各种表现尽囊其中，但其精神实质已可概见。

奉天提法使吴钫在奉天高等审判检察厅和承德地方两厅落成典礼的训词中也表达了自身参与审理案件的状况："自审判成立两年以来，本司与各厅长官兢业自失，受理民刑诉讼若干，判决刑事若干、民事若干"。②

高等审判厅厅丞许世英亦曾表达过对提法使干预审判的不满与担忧："乃各厅自成立迄今，往往因各种机关未备以致权限不清，如督抚宪之交案，法司之提审，有防检察起诉之权；案经确定以后，诉讼人先不遵章按级上诉，而沿习惯赴院赴司呈控，又防判词信用之权；招解未废，三审而外旁添两审，与新章大相抵牾。奏咨案件由院核转往返籍时执行延缓，亦失直接之道。其它琐细混淆之处，虽罄南山之竹不能尽书。种种困难院司未尝不极力维持，我辈未尝不请求改革，只因全局所关，不能因我奉天而特定章则，故法院编制法未行，民刑诉讼未定，法官任用考试、惩戒各章程未颁布，遂使新旧杂糅，互相牵掣，明是实非，殊深隐憾"。③

第四节　不完全授权下的掌权者——提法使与司法解释

一　时势使然——司法解释的过渡性特征

在论证清末的提法使与司法解释的关系之前，有必要对"司法解释"的概念作一下交代。尽管司法解释的现象已经存在很多年，直到今天还一直在适用，而且有学者认为中国的法制是一个几乎全靠司法解释的国家，如果没有司

---

① 《署苏臬皋赵廉访呈督抚宪筹办审判厅条议》，《申报》宣统元年五月廿九日，1909 年 7 月 16 日，（101），235。
② 《高等审判检察厅暨承德地方两厅新署落成时提法使训词》，王家俭、姜可钦、童益临、崔家骏编辑，朱延龄、汪仁宾、锡箴校勘，汪守珍、许世英、汪世杰鉴定：《奉天司法纪实》，陪京印书馆，1909，第二册，第 343～345 页。
③ 《高等审判检察厅暨承德地方两厅新署落成时许厅丞演说》，王家俭、姜可钦、童益临、崔家骏编辑，朱延龄、汪仁宾、锡箴校勘，汪守珍、许世英、汪世杰鉴定：《奉天司法纪实》，陪京印书馆，1909，第二册，第 246～351 页。

法解释，中国的审判将无法进行。但遍查目前的研究现状却惊奇地发现，对于什么是"司法解释"却没有一个清晰完备的定论。只有《辞海》中有一条似乎并不能让人满意的解释。《辞海》是这样解释的，司法解释是"法律解释的一种。属正式解释。司法机关对具体法律、法规的具体应用问题所做的说明。对某一案件在适用法律上所作的解释，只对该案件有效，没有普遍约束力。最高法院所作的解释对下级法院通常具有约束力。违背宪法与法律的司法解释无效"。① 这个解释是针对当下中国司法解释的状况所下的定义，对于其渊源和来龙去脉我们从这个词条上很难搞清楚。为了帮助我们更为清晰地理解司法解释，我们有必要对"百度""百科"对其作的"注"作一下说明。这个"注"解释了在司法工作中，"具体应用法律"的问题所包括的范围："1. 对法律规定不够具体明确而使理解和执行有困难的问题进行解释。2. 由于情况的变化，对某类案件的处理依据因有不同理解而需做出解释。3. 为统一案件的标准而就某一类具体案件说明应如何理解和执行某些法律规定。4. 对各司法机关之间应如何依据法律规定的精神相互配合审理案件进行解释"。②

在大陆法系的国家中，由于实行的是成文法，或叫作制定法，即通过把一些情况允许、不允许等做出规定，违法了如何惩罚等问题通过制定文本的办法列举出来，这种办法本身的缺陷在于不可能把所有的情况全部清晰详尽地列举出来。同时，成文法不可能每时每刻都在更新，决定了制定法具有滞后性的特征。在具体的司法实践中会不断出现新的情况和问题，使既有的成文法解决不了。大陆法系的国家为了弥补这一缺陷采取司法解释的办法解决。而司法解释的机构要经过法定的授权。

在清末制定的正式文本中规定的承担司法解释职能的是大理院，"查大理院为全国最高裁判之所，除特别裁判以第一审为终审者仍为事实解决外，其余上诉皆为法律上之解释。"③ 清廷于宣统二年（1910 年）颁布的《法院编制法》第三十五条规定："大理院卿有统一解释法令必应处置之权"。④ 第四十四条规定："大理分院各庭审理上告案件如解释法令之意见与本厅或他厅成案有异应呈请大理院开总会审判之，其分院各该推事应送意见书于大理院"。⑤ 光

---

① 《辞海》，1999，第 300 页。
② http：//baike. baidu. com/view/115710. htm。
③ 汪庆祺编《各省审判厅判牍——王朝末日的审判》，北京大学出版社，2007，第 272～273 页。
④ 《大公报》宣统二年正月十五日，1910 年 2 月 24 日，第二张，（11），201。
⑤ 《大公报》宣统二年正月十七日，1910 年 2 月 26 日，第二张，（11），209。

绪三十三年（1907年），法部奏定、宪政编查馆考核的《宪政馆核订各省提法使官制清单》第四条第一项和第十条分别规定了提法使的司法解释权："第四条、刑民科职掌如左：一掌草拟现行各项法律疑义之解释、请示事宜……第十条、提法使于现行各项法律，遇有各级审判检察厅有疑义不能决定者，得详拟解释，申请大理院核示"。① 此外，清法部制定的《提法使官制》第四十八条和第四十九条分别对提法使的司法解释权作了规定："第四十八条、于刑律、民律、商律、诉讼律等其他关于司法之各项法律，遇各厅有疑义不能决者，由该科详拟解释，呈由提法使详请大理院核示。第四十九条、登记及其他非讼事件等一切关于司法行政之命令，遇有疑义须待解释者，由提法使详请法部核示"。② 这两条既规定了提法使有司法解释之权，又反映出其司法解释权是有限度的，其解释必须详请大理院和法部核示，而不能作为最终解释。笔者把这种授权方式称为"不完全授权"。同时，这两条规定虽然没有以程序的字眼出现，但在事实上已经规定了提法使在作司法解释时应当履行的程序。这两条规定也为提法使的司法解释行为提供了法源依据。从法理上来说大理院是司法解释的最高权威，同时又赋予提法使有司法解释之权，而这两条规定却造成了一种形式上的二元解释和二元审核的结构。那么实际运行的状况又是怎样的呢？

在实际运行的过程中往往有很多案件事发突然，同时，基层的审判厅和检察厅也没有直接和大理院对话的权力，所以，各省提法使成为各省事实上的司法解释者。正是因为这种制度设计使其既不断的扮演这种角色，同时又不能使其解释成为最终解释，提法使一直处于这样一种尴尬境地。而且，事实运行的状况更为复杂，在清末案件真实的司法解释中，参与其中的往往不仅提法使和大理院两家，法部、宪政编查馆和各省督抚都经常涉足其间，高等审判厅也会不时越俎代庖，自己作解释，形成了一种典型的司法独立形式下法出多门的局面。这种司法解释的职能，注定了只能是过渡时期法制不健全的情况下的权宜

---

① 《宪政馆核订各省提法使官制清单》，《申报》宣统元年十月廿四日，1909 年 12 月 6 日，（103），562。

② 《清法部奏定提法使办事划一章程》，汪庆祺编《各省审判厅判牍——王朝末日的新式审判》，北京大学出版社，2007，第 345~350 页。亦见《法部编定提法使办事划一章程》，《大公报》宣统三年四月初五日，1911 年 5 月 3 日，第二张，（15），15；宣统三年四月初六日，1911 年 5 月 4 日，第二张，（15），21；宣统三年四月初七日，1911 年 5 月 5 日，第二张，（15），27；宣统三年四月初八日，1911 年 5 月 6 日，第二张，（15），31。亦见《申报》宣统三年四月初六日，1911 年 5 月 4 日，（112），61；宣统三年四月初七日，1911 年 5 月 5 日，（112），77。

之计。当然，从某种意义上来说，这种不完全授权也是合理的。如果提法使得到了司法解释的完全授权，各省提法使的官员办事风格不一，观念各异，会破坏司法的全国统一性，同时，法出多门也会使司法的运行更加混乱和无所适从。笔者将通过一些案例来说明提法使在司法解释中的具体地位和作用。

任何一场改革都不可能一蹴而就，必然有其自身的过渡期，尽管每场改革的过渡期由于各种原因长短不同。清末司法改革，从观念到体制全部是新的，从西方移植而来的舶来品到中国之后难免一时水土不服，中国人自身也难以适应，尤其是长期兼理司法的行政官厅，更是一时难以适应。中国国土广大，幅员辽阔，清廷财政困窘，各省条件各异，不可能在同一时间内上至大理院、下至初级审判各厅全部建立起来，最初设立审判厅的地方除了省城和商埠以外毕竟有限，很多地方依然是行政兼理司法，确切地说是州县兼理司法。这些州县官大都是由旧式科举出身，从没受过专门的法学教育，几乎没什么法学素养。在改革之前的时代审理案件基本是靠幕友来进行。司法改革之后，突如其来的新鲜东西令他们很是困惑，更是一时难以搞清，所以会出现诸多问题不知如何取舍。在改制前的程序里，按察使是其上级司法机构。按察使制取消以后，原有的按察使制度设计依然还存在较大影响，尤其是在没有设立审判厅，依然由行政兼理司法的州县。按照过去的做法，出现问题之后，他们往往咨询按察使。按察使改为提法使之后，他们依然对其有很大程度的认同，仍然是其求助的目标。如镇海县令请求提法使解释"民事项下价在二百两以上，刑事项下罪在监禁罚金以上及命盗案"的管辖权。①

二 解释与请求解释之间——提法使司法解释类析

综观各省有关司法解释的案例，提法使在各省的司法解释功能大体表现为两种类型，一是提法使直接做出解释，并且是最后解释，生成法律效力；二是提法使对下级司法机关申请解释的案例也不知如何处理，并不能最后拍板，而

---

① 时值宁波镇海县尚未设立初级审判厅，新出台的有关法律规定"民事诉讼物价不满二百两者，刑事诉讼罪该罚金刑下及监禁一年以下或拘留者"归初级审判厅审理，"价满二百，罪逾罚金及监禁拘留等项"归地方审判厅审理。但镇海县并没有设立初级审判厅，是镇海县令兼理司法，对于"民事项下价在二百两以上，刑事项下罪在监禁罚金以上及命盗案是否归宁波地方审判厅办理"搞不清楚，并请求在初级审判厅设立之前仍然归镇海县管辖，请求提法使解释。《县令未谙审判权限之为难》，《大公报》宣统三年正月廿七日，1911 年 2 月 25 日，（110），794。

是继续呈请上级司法机构进行解释。在提法使直接解释的案件中又有解释具体的案情处理的和解释法律条文的两种情况。同时，在各省的司法实践中也有一些案例并没有经过提法使做出解释，而是由其他机构解释的现象。如高等审判厅有时也会被下级司法机关请求对某案例做出司法解释，高等审判厅也会做出这种行为。笔者将分类进行说明。

南昌地方审判厅和贵阳地方审判厅的两则案例能够说明，提法使有时直接对案例做出解释。①

---

① 案例一：职官妻妾（至）【指】使家丁殴毙侍女　南昌地方审判厅案缘鲍李氏系候选知州鲍恩波之妾，未有子女。于宣统元年与嫡子大吉、小二、家丁刘华江及隶身服役使女金凤随鲍恩波来江西，寓居棕帽巷。刘华江与金凤素无嫌隙。金凤年十一岁，性质愚拙，好吃懒惰，鲍李氏屡次责打。本年正月初三日，鲍恩波曾因金凤过犯，薄施训责，均未成伤。初四日，金凤腹泻，遗粪于裤，被鲍李氏看见，拾起木柴一根，殴伤金凤右腿、右额角，金凤跳脚咆哮，鲍李氏气忿，喝令刘华江责打，刘华江接过木柴，连殴伤金凤右手腕、右乳，金凤站立不稳，侧跌倒地，在石磉上磕伤偏左连左太阳左耳根，即经刘华江将金凤扶起，讵料金凤伤重，延至初七日下午身死。鲍李氏害怕，即雇粗工胡寿贵买棺装殓，送往德胜门外沙窝地方掩埋。后被巡警查悉，报由巡警道拘提刘华江，解送南昌地方检察厅，提起公诉到厅，复由检察厅督同检验吏周耀彩，传同地保熊耀发、土工胡仁发、陈素青等带往沙窝地方起出尸身，如法相验。验得金凤尸身右额角、右乳、及偏左连左太阳、左耳根有致命伤三处，右腿、右手腕有不致命伤两处，委系身前受伤身死，填具尸格，移送前来。经本厅选提刘华江研讯，始犹狡供，迨传到鲍恩波、鲍李氏三面环质，始各供认前情不讳，核与尸格内所填伤痕相符，应即判决。（援据法律及理由：）查律载：以威力制缚人及于私家拷打监禁因而致死者绞监候。以威力主使人殴打而致死伤者，并以主使之人为首，下手之人为从论，减一等。又例载：家长未生子女之妾殴死隶身服役之使女者，流三千里。又名例载：共犯罪而首从各别者，各依本律首从论。又载：凡妇女犯该徒流以上，除犯奸及例内载明应收所习艺者，一律按限工作，不准论赎外，其寻常各案准其赎罪。又载：凡三流及极边或烟瘴地方安置者，核其所犯罪名，如系常赦所得原，无论流常，均毋庸发配，即在本籍或犯事地方收所习艺工作。又律载：家长殴雇工人非折伤勿论各等语。此案鲍李氏因使女金凤腹泻，遗粪于裤，辄用木柴殴伤致命之处，犹复主使家丁刘华江重殴多伤并致磕伤，受伤身死，其平日之虐待金凤，威遣仆役，已可概见，合应按律问拟。查鲍李氏系威力主使之人，本应照主使为首拟绞律，拟以绞监候。惟金凤系鲍李氏隶身服役之使女，究与凡人不同，按名例载，共犯罪而首从各别者，各依本律首从论，则鲍李氏虽为主使之首犯，自有问罪之本条，鲍李氏合依家长未生子女之妾殴死隶身服役之使女者流三千里律，流三千里，照例准赎。刘华江系鲍恩波之家丁，辄敢下手殴伤金凤致命，应同凡斗论抵。惟刘华江分系家丁，对于主母之使何敢逞凶妄殴，是则刘华江之殴打金凤实系鲍李氏之威力主使，不敢不从，虽行殴人之事而无殴人之心，若照凡斗论抵，未免情轻法重。刘华江合依威力主使下手之人为从论减一等律，于绞罪上减一等，流三千里，核其所犯罪名，系常赦得原，毋庸发配，即在犯事地方收所习艺，工作十年，限满释放。鲍恩波于初三日训责金凤，未曾成伤，按律勿论。惟于其妾鲍李氏主使家丁刘华江殴伤使女金凤越三日身死，何至漫无觉察，案经巡警查悉，拘提刘华江讯问，仍不出首呈实，实属有心容隐，查亲属相为容隐律注：家长不得为雇工人隐，义当治其罪也等语。鲍恩波于鲍李氏（转下页注）

这两则案例案情并不类似，判决也各自不同，且分别出自不同的省份。但是这两个案例却有两点共同之处，一是都涉及职官，二是都呈请了提法使核办。第一则是南昌地方审判厅审理的案件。该案中其他部分和本书需要讨论的问题没有太大的关联，我们姑且不问。值得注意的是在南昌地方审判厅的判词中有"惟鲍恩波供系职官，未便议拟处分，候呈提法宪酌核办理"一句。该案的发生时间和判决时间史料中都没有交代，其具体时间我们也无从知晓，但根据这句话进行判断，案件的发生和判决无疑是在有关文官惩戒的章程颁布之前。清末宪政改革时期，文官惩戒的章程是由吏部负责制定的，但吏部计划开始制定该项章程的时间是宣统四年①，这就是

（接上页注①）主使家丁刘华江殴伤使女金凤身死，刘华江系属雇工，义当治罪而相为容隐，实属不合。惟鲍恩波供系职官，未便议拟处分，候呈提法宪酌核办理。鲍恩波之子大吉、小二讯不知情，亦未在场殴，应免致议。凶柴供弃免起。尸棺饬埋。此判。汪庆祺编《各省审判厅判牍——王朝末日的新式审判》，北京大学出版社，2007，第123~124页。案例二：诬轻为重及不应为贵阳地方审判厅案缘龚余氏即窦余氏，籍隶贵筑县，其女窦二妹早年凭妹字与刘吉芝，书有红庚为据，嗣许咨议局议员丁注为妻，得受财礼银二十两，尚未成婚，致被告发。经第二初级审判厅讯明，分别处罚，并追财礼银入官。于宣统三年二月初二日判决，移交检察厅执行。龚余氏随注保人向培清、左兴发具限认缴在案。讵龚余氏屡限不缴，本年三月十六日，检察官饬巡警金元杰往催，并告知午后因事须赴友人张正本家，如龚余氏仍不缴银，即将其就近唤至张正本处，以凭饬追。逾时该巡警即将龚余氏带至张宅，适李检察官以先在彼，即向其免追，勒限本月内措缴，当令退出。乃龚余氏延至四月中旬，又抗不呈缴。李检察官即饬将原保向培清等传案押追，龚余氏不服，遂称李检察官将其传至张宅，有意说取伊女二妹为妾，该氏不允，遂勒追财礼等情，赴地方检察厅呈控起诉到厅。并据李检察官呈递亲供前来，随集一干，片准检察厅派员莅讯，讯悉前情。并据巡警金元杰、民人张正本供称，三月十六日，李检察官向龚余氏勒缴银两是实，并无勒逼要娶其女为妾情事。质之龚余氏，亦称李检察官并未向该氏说要娶伊女为妾情事，实系一时情急妄控。反复诘问，矢口不移，核与李检察官呈递亲供相符，应即判决。（援据法律某条及理由：）查先行律载：州县官娶为事人女为妻妾，处十等罚。又，诬轻为重未论决，十等罚以下减一等。又，不应为而为，事理轻者，处四等罚各等语。此案龚余氏因李检察官勒追财礼银两，屡限未缴，提保押追，辄藉以传至张宅，捏砌有意要娶伊女为妾等词上诉，实属诬轻为重。惟法官惩戒章程尚未颁布，该氏如所控得实，李检察官自应比照州县官娶为事人女为妻妾，处十等罚，未成婚，量减一等，拟处九等罚。今审明系属虚控，自应按律拟办。龚余氏合依诬轻为重未论决，十等罚以下减一等律，于李检察官被诬应得九等罚罪上减一等，拟处八等罚。据供无力完缴，照例收所罚工四十日，限满释放。原得丁注财礼银两，仍照追入官。初级检察官李质追缴龚余氏财礼银两，本系应办之事，虽讯无说娶其女窦二妹为妾情事，惟不应将诉讼人传至私宅，应照不应为轻律，拟处四等罚。但现在法官惩戒章程尚未颁布，应由地方检察厅呈请（高等检察厅咨）司核办。巡警金元杰承检察官命令办，应与讯无不合之张正本均免置议。此判。汪庆祺编《各省审判厅判牍——王朝末日的新式审判》，北京大学出版社，2007，第214~216页。

① 《法部奏豫拟宣统二年应行筹备事宜折》附《法官惩戒章程等应俟会商妥协分别具奏片》，《大公报》宣统二年正月十七日，1910年2月26日，第二张，(11)，209。

说从清末司法改革开始直到清朝灭亡一直都没有出台有关官员惩戒的章程。尽管清末宪政的本意是要打破专制，这也是立宪的本质所在，但是毕竟是在专制的体制下进行的改革，专制政体下的很多东西不可能在瞬间打破，相反很多东西成为一种惯性延续下来。官员的特权也是如此。官员在专制体制下是一个有特权的群体，这种特权尤其是在发生司法案件时更能展现和凸显，中国自古就有"刑不上大夫"的传统，关于官员亦有"文官道府以上，武官副将以上要先禀参，获得谕旨后方可审理"。由于体制的原因，品秩在大夫以下的官员也有自身各自不同的特权。尽管这种规定是行政公然的干预司法，是和司法独立严重背离的。但是在当时的中国，这却是一种历史的真实。清末司法改革开始之后，新的从西方移植的法制观念和法制实践与中国旧有的法制传统发生了冲突和碰撞，加之没有相关规定出台，使得很多基层的司法机关无所适从。《法院编制法》中规定了大理院是清朝唯一的司法解释机构，但另外的一些法律、法规却规定各省地方、初级的审判厅和检察厅没有直接和大理院对话和交涉的权力。同时，《法院编制法》本身也颁布较晚，该法颁布的时间是宣统元年（1909年）十二月，而清末司法改革正式开始的时间是光绪三十二年（1906年），《法院编制法》颁布的时候已经是司法改革开始三年之后了。所有这些原因最终导致各省审判厅和检察厅在司法实践的过程中遇到案件涉及官员的问题没有判决的依据，这时候作为一省最高司法行政机构的提法使就成为各级审判厅天然的咨询机关。提法使在这种背景下肩负起了司法解释的职能。

职官问题成为清末司法改革之后司法实践中一个较为难以处理的问题，南昌地方审判厅为了弄清这一问题，为以后的判决实践找一个合法的依据，专门呈请江西提法使对此做出解释。①

---

① 案例三：南昌地方审判厅呈提法使历引司法各条略为诠解仰恩酌核批示祗遵文为请示只遵事。窃以定律颁行，贵贱同资遵守。司法独立，官民咸受范围。伏查《法院编制法》各种规定，宏纲细目几于赅括无疑，惟于审判、检察对于职官有犯应如何办法，未经列有专条。职等视事省垣，为人类最集之地，其间官吏与平民之交涉，或未便因地使之。故零择审判官署致破坏普通管辖章程，然只言案件之隶属，职官宜照普通规定，而未言审判之方法。职官亦照普通办理，命意不同，自难强为比附。此宪政编查馆原咨之未便引用也。又按《奉天改定各厅办事规则》第20条云："人民因私诉与官吏兴讼，或人民间诉讼，与该官吏有关系而被牵涉者，无论阶级尊卑，现任、非现任，均照普通诉讼办理。但判决时官吏有应得之处分者，须分呈提法使转呈督宪惩办。"其措词似较明晰，然于传问、拘问、搜查证据、强制执行诸手续是否与平民一律，尚难悬揣。且该章程虽经法部立案，未经由部禀准通行，即未可据为典要，此奉天之司法章程未便引用也。今欲据普通办法，则与旧律之不许擅勾之条文不符，若墨守旧章，又与新章传拘之办法有碍。当兹法律更新，（转下页注）

"案例三"反映了南昌地方审判厅对案件中涉及官员的诸多问题不知如何处理，"此后职官如遇关于刑事之案，是否先行禀参，然后归案审办，抑可先行传讯，其有恃势抗传者，可否径发传票？抗传不到者，可否即下缺席裁判？判决确定后，可否强制执行？其职官为证人、关系人者，可否照章传讯？抑或分别就讯，就讯而推托，传讯而不到庭又不申明者，可否照例处以罚金，勒令作证？"等诸多问题成为南昌地方审判厅的一个心结。南昌地方审判厅的疑问并不仅仅反映和代表南昌地方审判厅，这种疑问在当时具有普遍性和典型性。江西提法使就是在这种情况下开始走上司法解释之路的。从对江西提法使对司法解释过程的考察，我们对全国各省提法使对司法解释的角色扮演也基本可以做出一个大致的判断。

"案例二"除了涉及的是检察官之外，总体案情大致和"案例一"趋同，该案是贵阳地方审判厅审理的案件，在该案中于本文相关的细节是贵阳地方审判厅虽然对初级检察官李质不应将诉讼人传至私宅的违法行为作了判决，"应照不应为轻律，拟处四等罚"。但是因为法官惩戒章程还没有颁布，贵阳地方审判厅在判词里特别加了对李质的判决由地方检察厅呈请高等检察厅咨提法使核办的内容。清末司法改革中，检察官的惩戒是规划在法官惩戒的体制之下

（接上页注①）易滋疑义，若不明定标准，必致以官民交讼之案，阻碍司法之进行。职等新旧合参，研商再四，此后职官如遇关于刑事之案，是否先行禀参，然后归案审办，抑可先行传讯，其有恃势抗传者，可否径发传票？抗传不到者，可否即下缺席裁判？判决确定后，可否强制执行？其职官为证人、关系人者，可否照章传讯？抑或分别就讯，就讯而推托，传讯而不到庭又不申明者，可否照例处以罚金，勒令作证？凡此数端，迄无定法，先事不详细妥筹，临时必（焦）【进】退失据，如茫无把握，遇事依违，不特失审判之名称，抑恐滋民人之疑谤。而且法律之效力因之生一部之制限，影响所及，关系甚巨，用敢历引各条，略为诠释，并述种种窒碍情形，仰恳酌核批示，俾昭法守而便遵循。为此呈请宪台，俯赐查核。伏乞照验施行。须至呈者。照录提法使宪批呈悉。凡关于职官刑民诉讼传讯原、被证人应用何手续，此隶于诉讼法部分内之事。诉讼章程现尚未奉宪政调查馆核定通行，惟《各级审判厅试办章程》第52条既指明：职官为原告，审判时必须本人到庭者，仍可传令到庭，在被告与证人皆可传讯，自无疑义。《日本刑事诉讼法》百三十条对证人用就地讯问之法，专指皇族并各大臣及帝国议会之议员在开会时间而言，试办章程第70条所谓有特别身份之人，殆即根据此条，证人除规定限制之外，原不拘人格，则其余者为证人自不适用于就讯之例。但中国官制较繁，文武职官大小不一，究竟何者可用传讯，何者可用就讯，自宜明示准绳，斯易施行而杜障碍。至抗传不到，就讯不言，与夫事发时搜查证据，判决后强制执行，除有特别身份者或应零订方法，若应照普通传讯者，能否悉照普通搜查执行办法办理，该厅即虑解释有误，诉讼法又未颁行，姑候详咨馆部核示，再行转饬遵办。仰即知照。此缴。《南昌地方审判厅呈提法使历引司法各条略为诠解仰恳酌核批示祇遵文》，汪庆祺编《各省审判厅判牍——王朝末日的新式审判》，北京大学出版社，2007，第263～264页。

的，是和法官惩戒同一个制度设计，同样的程序设想，但是由于法官惩戒章程迟迟不能出台，这种设计只能成为一种设想，对检察官违法甚至犯罪的惩戒没有执法的依据，这种情况下，各省的审判厅、检察厅在处理这类案件时出于各种方面的考量往往请示提法使该如何办理，或者是已经作了处理，还要请提法使核办，这种现象成为清末司法实践中一道特殊的风景。

这三个案例都是提法使直接解释或核定具体案情处理的。但也有所不同，"案例一"和"案例二"是提法使对具体案件的直接处理方案的解释，"案例三"是提法使对法律条文的解释。

提法使除了上文所说的直接进行解释的情况之外，还有一些情况提法使也解决不了，不知该如何办理，或者某些条文不知作何理解，这时候提法使只好咨询更高的机关，这些机关包括中央的法部、大理院和宪政编查馆，也有各省的督抚，还有的是由各省督抚再转呈法部或宪政馆。这时各省提法使在司法解释活动的过程中发挥的是一种承上启下的转承与协调的作用，是各省审判厅、检察厅与法部、大理院、宪政编查馆、各省督抚之间的枢纽和沟通的桥梁。法部、提法使、省内各级审判厅之间应该维持一种什么样的关系是清廷决策中枢一直在讨论的问题，后来确定提法使是省内各级审判厅的代表，直接和法部对接，俾免辗转牵制。① 上文的"案例三"江西提法使不仅自己对南昌地方审判厅咨询的具体情况作了自己的解释，而且也出现了自己解释不清的现象，对于自己解释不清的地方，江西提法使也采取了咨呈宪政馆和法部的办法。"至抗传不到，就讯不言，与夫事发时搜查证据，判决后强制执行，除有特别身份者或应零订方法，若应照普通传讯者，能否悉照普通搜查执行办法办理，该厅即虑解释有误，诉讼法又未颁行，姑候详咨馆部核示，再行转饬遵办"。②

提法使有时也会自己发现问题，在没有下级司法机构咨询的情况下自己主动请更上级的机关做出司法解释。奉天提法使吴钫咨询检察官的监督审判权和民事案件中涉及刑事案件的处理办法便是一例。

吴钫在自己的司法实践中发现有两个问题是有关条文规定不清楚的。（一）检察官的监督审判的权力应否取消："查部颁《审判厅章程》内，检察

① 《京师近事》，《申报》宣统二年三月十二日，1910年4月21日，(105)，819。
② 《南昌地方审判厅呈提法使历引司法各条略为诠解仰恳酌核批示祗遵文》，汪庆祺编《各省审判厅判牍——王朝末日的新式审判》，北京大学出版社，2007，第263~264页。

官各项职权有编制法中未及列举者，馆奏既有其余照行一语，似不应概在作废之列，其监督审判一项，应否取消，或但将监督改为检察之处，馆奏并未指明。"①（二）以民事案件的名义到民事审判庭的案件，却又涉及刑事问题，这样的案件究竟应该如何处理："至民事到厅案件，如讯明犯有罪行，审判厅诿为民事，竟由民庭判结，不付刑庭科罪，应如何由检察厅纠正，及有无别项机关可以纠正之处，亦未定有明文"。②吴钫把这些疑问咨询东三省总督徐世昌，徐氏也无以作答，便又继续咨询宪政编查馆和法部。后来由宪政馆和法部联合对这一问题给徐氏作了一个回复。回复如下：

> 前清宪政编查馆法部会同咨覆东督解释审判厅章程文
>
> 为咨覆事。前准咨开东三省总督咨据奉天提法使呈。查部颁《审判厅章程》内，检察官各项职权有编制法中未及列举者，馆奏既有其余照行一语，似不应概在作废之列，其监督审判一项，应否取消，或但将监督改为检察之处，馆奏并未指明。至民事到厅案件，如讯明犯有罪行，审判厅诿为民事，竟由民庭判结，不付刑庭科罪，应如何由检察厅纠正，及有无别项机关可以纠正之处，亦未定有明文，分咨请核前来，相应咨呈查核会复等因到馆。查检察官职权既已定之于《法院编制法》，自应以本法为准，其职权之如何行使暨行使职权之方法与夫权限之范围，应按诉讼律及其它法令办理者，亦不得与本法相背驰。本馆原奏所称"其余仍应照行"等语，系指《法院编制法》所未定之事项而言，已定、未定之别，应以各该事项为限，不以条文用语为限。检察官之职权一项，本法业有明文分别规定，除《试办章程》所定事项应入诉讼律及属于执行方法范围内者现行照行外，其纯粹属于职权规定者，均应照本法办理。来咨所称原章"监督审判"四字应否取消一节，查《法院编制法》并无检察官可以监督审判官明文，至纠正公判一层，查审判果有违误，只能以上诉为纠正之途，并非当时得干涉其审判，或更改其判决以为纠正也。盖检察官既有法定提起公诉、实行公诉之职权，凡起诉、上诉均应独立行其职务，审判官既不能随意干涉其上诉，则检察官之不能随意干涉审判官不待言。原章第

① 《前清宪政编查馆法部会同咨覆东督解释审判厅章程文》，汪庆祺编《各省审判厅判牍——王朝末日的新式审判》，北京大学出版社，2007，第277页。
② 《前清宪政编查馆法部会同咨覆东督解释审判厅章程文》，汪庆祺编《各省审判厅判牍——王朝末日的新式审判》，北京大学出版社，2007，第277页。

97条第6款监督审判等语，核与本法不得干涉审判之规定未免抵触，应如来咨取消。又原章所称莅庭监督一节，查检察官既有于预审或公判均须莅庭之文，则检察官莅庭时，对于该案件应以照章陈述意见为当然之职务，惟陈述与监督截然不同，审判官不听检察官之监督则可，审判官不听检察官之陈述则不可。所有原章110条应更正为预审或公判时，均须检察官莅庭陈述意见，其原条文监督并得纠正公判之违误等字样，即行查照奏案作废。又第111条内"监督"二字，亦应如来咨，一律取消以免纷如。来咨又称，民事案件若讯系刑事范围，审判官不付刑庭，应分别请求莅庭提起公诉一节，查民事诉讼应行适用民律，尚未厘定颁行，自应照现行法令办法，惟查本馆前次会奏呈进《现行刑律》黄册定本一折内，开上年进呈核议《现行刑律》黄册之时附片声明，现行律户役内承继、分产、婚姻、田宅、钱债各条应属民事者，无再科刑，仰蒙俞允，通行在案。此本为折衷新旧，系指纯粹之属于民事者言之，若婚姻内之抢夺、奸占及背与礼教、违律嫁娶，田宅内之咨卖、强占，钱债内之费用受寄，虽隶于户役，揆诸新律，俱属刑事范围之内。凡此类均应照《现行刑律》科罚，不得诿为民事案件，致涉轻纵等语。是不科罪刑者，应以纯粹民事案件为限，其遵照原奏应属刑事范围者，自应概由刑科审判。若民事案件讯出案情确系刑事范围，而审判官作为民事了结者，检察官如果查明该案确有犯罪实据，无论系在判决前后，均应提起诉讼，自提起公诉之日起，该案民科审判即行即止，毋庸向民科请求莅庭，以清界限，其附带之民事，亦应查照初级暨《地方审判厅管辖案件暂行章程》第10条规定办理。相应咨覆贵部查照，希即径覆该督并通行京外司法衙门，一体遵照可也。[①]

经过这样的一些程序之后，问题得到了解决。

湖北提法使详请解释已设审判厅的地方缉捕事项应如何办理之事与上文所说奉天提法使吴钫的咨询事件所发生的程序大致是相同的。只是湖北提法使详请上级部门的解释是由湖北高等检察厅的咨询引起的。湖北高等检察厅请湖北提法使解释已设审判厅的地方缉捕事项如何办理。"查向例，各州县遇有命盗案犯，届限无获，查取各该管官职名按限开参，历经办理在案。现武、汉、

---

① 《前清宪政编查馆法部会同咨覆东督解释审判厅章程文》，汪庆祺编《各省审判厅判牍——王朝末日的新式审判》，北京大学出版社，2007，第277~278页。

沙、宜四处各级厅业于宣统二年十二月开庭成立，嗣后凡在设厅区域内之命盗案犯，不能依限缉获，是否由上级长官援例查起职名开参，应开何官职名，有无别项办法，现尚未奉规定明文，无所遵循"。湖北提法使也不知如何解释，于是便咨请湖广总督解释，湖广总督又咨请宪政编查馆要求解释。

宪政编查馆解释道："但承缉命盗重案，事关司法警察，仍属行政范围，府厅州县官应负缉捕之责，逐案仍需详报督抚，所有承缉处分，无论已、未设审判厅地方，均照旧由督抚办理，其未设审判厅地方，各官承审处分则由法司报由法部核办。"① "查已设审判厅地方所以分州县之权者，仅承审一端，并非承缉之责而亦不属于州县也。缉捕为关系司法之行政事宜，与纯粹司法事务不同，州县地方责重，巡警既归其管理，所有命盗重案及一切刑事人犯，自应由该地方官负承缉之责。在《文官惩戒章程》未颁行以前，凡已设审判厅地方州县，例得承缉处分，其查取职名开参各办法，应仍由督抚遵照向例办理。该检察厅既非州县上级长官所有，援例开参等事，该厅自毋庸干预。"②

宪政馆对湖广总督作的解释后来产生了范例的意义，很多省份都据此参照，依此解释来办理，如安徽。

在湖北高等检察厅提出请湖北提法使解释已设审判厅的地方缉捕事项如何处理案之后，安徽高等审检厅提出要求确定州县职守，并制定了通章呈提法使。在这个事件中提法使也没有直接做出解释，而是转详安徽巡抚朱家宝，请求朱氏作解释。朱氏认为宪政馆对湖广总督的解释对安徽同样也是适用的，并指出文字资料可见于当年 5 月 26 日的《治官报》③，朱氏接着说："即经明定章程，在皖省事同一律，亟应照办，即仰该司查录往复原电，并摘录在《处分则例》内载缉捕参限通行各属一体遵照，至该厅另订通章之处，似已毋庸再议，并由该司照会知照"④，巡抚朱家宝并命令提法使"除照会外，合亟附详并宪政编查馆与鄂督来往电文暨摘录在《处分则例》内缉捕参限详续编，

① 《又咨覆湖广总督解释审判厅章程文》，汪庆祺编《各省审判厅判牍——王朝末日的新式审判》，北京大学出版社，2007，第 278 页。
② 《又咨覆湖广总督所有已设审判厅各处缉捕事项仍应责成州县办理文》，汪庆祺编《各省审判厅判牍——王朝末日的新式审判》，北京大学出版社，2007，第 278～279 页。
③ 可能是《政治官报》，疑校订错误，作者注。
④ 《安徽提法使通饬各属奉抚批司详准高等审检厅咨呈维持司法以保治安请定州县职守通章一案应查照档电并处分则例遵办文》，汪庆祺编《各省审判厅判牍——王朝末日的新式审判》，北京大学出版社，2007，第 281 页。

通饬札到该县、州、府立即并转饬各所属遵照办理。"① 安徽提法使把巡抚朱家宝的意见通饬各属。

清末司法改革时期的司法解释运行是非常混乱的，除了提法使大量参与司法解释之外，同时也存在着很多并不经过提法使进行司法解释的现象，如《各省审判厅判牍》载奉天高等审判厅审理的"结伙六人执持洋枪抢夺拒伤事主"案，在地方检察厅不知案件如何处理的情况下，并不咨呈提法使请求解释，而是呈经高等检察厅转送解释。② 《又咨覆四川总督解释审判厅章程文》中所记载的案件中有司法解释的情节，但也没有提法使出现。③ 在奉天还出现了高等审判厅直接进行司法解释的情况。④ 从头至尾皆未经过提法使，也没经由督抚上达法部和大理院或宪政编查馆。这些情况反映了清末司法改革时期的司法解释具有两个基本特征。一则可以反映当时司法解释的混乱，二则也反映了司法解释对象的不同。提法使解释的案件往往是对具体案例，事实清楚，证据确凿，但没有明文规定如何处理。而高等审判厅做出的司法解释是对具体条文自身的含糊而为之。到了民国初年，遇到需要司法解释的案件已经变成了各级审判厅开会议公决的方式解决，提法使更是失去了这一职能。⑤

第五节　规范并协调审判管辖

审判管辖指的是一个国家政权内各个审判机关的职能分工。总体来说分为级别管辖和区域管辖，后来又衍生出专门管辖。同时，由于制度设计本身的缺陷，加上案情的复杂，文本列举的管辖规定不能包容所有情况，为了解决这一问题又出现了指定管辖。指定管辖本来是临时性的、随机性的措施，是为了一

---

① 《安徽提法使通饬各属奉抚宪批司详准高等审检厅咨呈维持司法以保治安请定州县职守通章一案应查照馆电并处分则例遵办文》，汪庆祺编《各省审判厅判牍——王朝末日的新式审判》，北京大学出版社，2007，第281页。

② 汪庆祺编《各省审判厅判牍——王朝末日的新式审判》，北京大学出版社，2007，第147～149页。

③ 汪庆祺编《各省审判厅判牍——王朝末日的新式审判》，北京大学出版社，2007，第280页。

④ 《高等审判厅照会地方初级各厅解释审判章程第九十二条文》，王家俭、姜可钦、童益临、崔家骏编辑，朱延龄、汪仁宾、锡箴校勘，汪守珍、许世英、汪世杰鉴定：《奉天司法纪实》，陪京印书馆，1909，第二册，第215～219页。

⑤ 《上海各级审判厅办事规则》，汪庆祺编《各省审判厅判牍——王朝末日的新式审判》，北京大学出版社，2007，第357页。

时应急而采取的临时措施，但是由于体制的缺陷带来的制度设计难以从根本上弥补，后来逐渐衍化为一种经常性的行为，并在实质上已经形成了一种不成文的隐性制度。指定管辖是因为制度设计的缺陷而生，却又在不经意间给司法实践和法理解释造成了新的困境和问题。审判管辖从最早出现审判事务和审判机关在实质上已经开始存在了，只不过各个时期、各个国家的具体情况有所差别。在清末司法改革中，审判管辖也不例外，而且在这一时期，审判管辖如何划分，划分的是否清晰与合理，直接影响着司法改革的成效。在审判管辖上有一个清晰明确的界定，是任何一个国家和政权取得理想的审判效果，并最终实现公平、正义的前提条件。清末的中国亦然。在清末司法改革之初就有一些人士认识到了这个问题的严重性，如东三省总督徐世昌在光绪三十四年（1908年）十二月二十八日的奏折中就已经指出，"盖造端不慎，则难期次第推行，管辖不明，则必致事权凌乱"。① 在清末司法改革的整个历史进程中，对于审判机关审判管辖问题的管理从某种意义上来说也是一种政出多门，在中央和地方都有其相应的机关，在中央法部、大理院、宪政编查馆皆参与其中，地方主要是提法使。法部、大理院和宪政编查馆之间的权限不清决定了这三个部门之间在审判管辖问题上难以达成一致意见，并且这一问题成为部门之间互相争夺权限的焦点之一。中央决策部门的冲突最终必定在司法实践的过程中表现出来，这是历史发展的必然，在地域广大的各省则尤为突出。这种矛盾与冲突需要一个机构来居间协调、理清症结、划清权限、消除矛盾，才能够使各省审判的运行归于正常，使正常的审判秩序得以维持。由于机缘际遇，这个任务历史地落到了提法使的肩上。提法使这一较为特殊的机构被以法定条文的方式赋予了协调审判管辖的职能，同时这也是历史发展的客观需要。那么作为一省最高司法行政机关和管理机构的提法使在审判管辖问题上表现如何，能否承担起这一历史和时代的重任呢？我们将通过对史料的梳理对这个问题给以回答。对这个问题的理清与回答能够给我们提供又一个观察清末司法改革和宪政改革的视角，也有助于进一步推进人们对清末司法改革和宪政改革的理解，同时对今天审判管辖的划分与管理也会起到一定的借鉴与启示作用。

按照常理，应该首先交代中央在审判管辖问题上讨论、争论与最终出台的

---

① 《钦差大臣东三省总督徐奉天巡抚唐奏奉天各级审判厅开办情形折》，王家俭、姜可钦、童益临、崔家骏编辑，朱延龄、汪仁宾、锡箴校勘，汪守珍、许世英、汪世杰鉴定：《奉天司法纪实》，陪京印书馆，1909，第二册。

措施，然后叙述地方的执行情况与实践情形，这样在逻辑上较为清晰，也有利于把问题说清楚和便于读者的理解。然而，清末司法改革的情况特殊，于是本书在叙述的次序上不得不做些变更，以保持历史发展的时间顺序和历史事实的原貌，同时这样做也更加符合清末司法改革的历史逻辑。

清末司法改革的进程并不是所有的事情全部由清廷制定统一的政策和法令诏告天下，而是采取了"东三省试点→中央在对东三省总结经验的基础上把其政策和法令上升为全国性的法律→通告全国施行"的路径进行和逐步展开的。东三省的做法在很大程度上对全国起到了示范作用，并影响了全国司法改革的进程。关于审判管辖的讨论和司法实践，东三省是最早的地区，所以，本书首先对东三省的审判管辖的历史进程作一描述和言说。

光绪三十三年（1907 年）的《宪政馆核订各省提法使官制清单》第四条第二款规定刑民科职掌："各级审判厅之设立废止，及管辖区域更改事宜"。①1909 年颁布的《提法使官制》第五十条规定刑民科职掌："各厅之设置，除遵照筹备年限酌量设立外，如因情势改易或其他未便事宜，应须废止或添设，及其管辖区域之宜变更者，即详细体察，妥为改定"。② 把提法使管理审判厅的管辖区域的职能正式合法化。不过在以法律的形式正式赋予管理审判管辖之前，东三省的提法使已经在做这项工作。而且清廷正是基于东三省的试点取得了成效才把提法使这一职能上升为全国性的法律。

光绪三十三年（1907 年）五月二十七日，清廷颁布上谕，各省按察使改为提法使，分设审判厅，著由东三省先行试办。自此之后东三省的提法使开始紧锣密鼓地筹建各级审判厅，同时也开始对新设审判厅的审判管辖做制度上的设计和安排。当然，严格说来，审判管辖的最终盖棺论定并不是由提法使一家完成的，而是一个相对较为复杂的过程，也正是这一过程反映了提法使在审判管辖中究竟发挥了怎样的作用。在东三省中司法改革较为积极、成效也较为显著的又以奉天为最，同时奉天开创性的改革安排对其他省份确实也发挥了示范

① 《宪政馆核订各省提法使官制清单》，《申报》宣统元年十月廿四日，1909 年 12 月 6 日，（103），562。
② 《清法部奏定提法使办事划一章程》，《各省审判厅判牍》，第 345～350 页。亦见《法部编定提法使办事划一章程》，《大公报》宣统三年四月初五日，1911 年 5 月 3 日，第二张，（15），15；宣统三年四月初六日，1911 年 5 月 4 日，第二张，（15），21；宣统三年四月初七日，1911 年 5 月 5 日，第二张，（15），27；宣统三年四月初八日，1911 年 5 月 6 日，第二张，（15），31。亦见《申报》宣统三年四月初六日，1911 年 5 月 4 日，（112），61；宣统三年四月初七日，1911 年 5 月 5 日，（112），77。

作用，在某种意义上来说成为其他省份后来的改革安排与程序设计的路径依赖，成为纷纷效法的风向标。所以，奉天是具有典型意义的一个省份，奉天对审判管辖的设计及最后的法制化进程，大体上反映了当时整个社会的历史面相，作为一个模型，基本接近历史的真实。中国地域广阔、省份众多，给我们全面展示当时各省提法使对审判管辖的制度设计，到具体运行，再到最后的运行成效，带来了非常大的困难与严峻的挑战，给我们的行文在总体把握上造成了压力。同时，对这种路径相类的改革过程进行全方位的考察，在某种意义上来说是一种不太有意义的重复性劳动。历史研究最重要的意义在于解释，对全国各个省份一个不漏地进行考察在本质上对这一历史进程的解释不会带来新的突破和提升。基于以上原因，笔者试图通过对奉天省审判管辖的制度设计与法制化的客观历史运动过程进行考察，揭示奉天提法使在这一历史过程中的作用，并以此透视整个国家在清末的审判管辖体制。

需要特别指出的是，奉天省的各级审判厅的管辖权限是由奉天提法使逐条妥拟的，然后上呈奉天巡抚和东三省东督，再由奉天巡抚和东三省总督联名复饬承宣、咨议两厅核议。当时奉天提法使是吴钫，该人在法学方面较有研究，比较有思想，且是司法改革的积极推动派。从这一过程可以看出奉天提法使是审判管辖制度的设计者，但要经过督抚的拍板和承宣、咨议两厅的核议才能通过。这种程序安排给本来应该单纯在司法系统内部进行的改革染上了行政色彩。

奉天提法使对审判管辖的制度设计，总体上分为审级管辖和区域管辖两部分内容，这也是历来在审判管辖问题上必然涉及的两个方面。为了清晰地反映提法使在这一问题上制度设计的内容，我们把有关内容在这里照录：

"至于各厅管辖权限，高等掌审理全省上诉案件，惟各属尚未遍设审判厅人民上控者，向无已结、未结之限制，若不划分界限，则阶级错乱，临时必至纷歧。今拟已设审判厅之处自应照章定级，未设审判厅之处，则凡上控各案已经该地方官讯结及应提审者概归高等审理，未经讯结及不应提审者，由提法使分别批令该地方官秉公讯断。奉天府所属共十二州县，距离过远，管辖难周，今拟地方审判厅只审理承德、兴仁两首县地面民刑诉讼之不属初级者，一以为将来府不辖县之规划，一以为人民赴诉之便利，初级六厅各按本区域内受理该厅应管之事。自各厅成立之日起，凡属承兴两县管辖之处，除行营发审系属特别裁判暂仍其旧，其余民事刑事案件悉归审判厅管理，现奉天府承德、兴仁两县即不收其诉讼，其未结旧案在两县呈诉者归地方分期接收，在奉天府上控系两县界内者亦归地方接收，不属两县者，概归高等接收。遇有招解勘转等件系审判厅之案即有各该厅径行解司解院，不必由上级审判厅撰解，系各州县之案，仍照旧例办理。盖造端不慎，则难期次第推行，管辖不明，则必致事权凌乱"。①

奉天提法使设计这一方案的时间是在光绪三十三年（1907年）五月至光绪三十四年（1908年）十二月之间，具体日期尚有待进一步考证。这个设计大体上解决了奉天省各级审判厅的权限不清的问题，尽管不能说这种设计是完美的，至少它对审级较为明确的规定和各个审判厅管辖区域相对清晰的说明，给各级审判厅的运行提供了一个依据，使其更加具有可操作性，也为审判管辖的完善指明了方向。

保存下来的有关资料中亦在一定程度上反映了奉天审判管辖的运行情况。承德地方审判厅办理杀人犯柳景林的经过，能够反映提法使在这一框架下制定的审判管辖体制的运行情况。

奉天提法使不仅制定和设计具体的审判管辖方案，而且在具体案件中也参与其中，对具体案件的审判管辖直接介入。在柳景林案中便是如此。当然，这种情况的出现也和当事人自身的因素有关。当事人并不直接向审判厅呈控，而是上诉于提法使，提法使的处理办法是照会承德地方检察厅，由检察厅自己衡量究竟应以什么罪名向审判厅提起公诉，值得一提的是当时检察厅的运行体制与今天并不完全相同，如果是今天，检察院只能向同级人民法院提起公诉，即州、市人民检察院（相当于清末的地方检察厅）只能向州、市中级人民法院提起公诉，而绝不能把案件移交下级法院（相当于清末的初级审判厅）。然而，清末不是这样。在该案中，区域管辖是没有争议的，其中的重点是审级管辖。承德地方检察厅接到提法使的照会后，根据有关审级管辖的规定迅速做出处理："查人命案件应归地方审判厅审办，希将尸父柳景林送交地方审判厅研讯确情，填格录供拟办。查各级审判厅试办章程第六条内载，各级审判厅管辖之民刑案件依法院编制法草案第二、第三、第四三章办理。但初级审判厅管辖之刑事以杖罪为限。是以罪名之重轻为管辖之标准。本厅向办人命等案，如有情罪未明须经预审者，比即送交地方审判厅先行预审，倘已查明并无别情，罪

① 《钦差大臣东三省总督徐奉天巡抚唐奏奉天各级审判厅开办情形折》，王家俭、姜可钦、童益临、崔家骏编辑，朱延龄、汪仁宾、锡箴校勘，汪守珍、许世英、汪世杰鉴定：《奉天司法纪实》，陪京印书馆，1909，第二册。

应拟杖者，即交该管初级审理。此案柳景林因其次子柳春城不务正业，复敢酗酒辱骂，遂用绳将伊勒死，与律载子孙违犯教令而父母非理殴杀者杖一百罪名相符，当时查访属实，此外又无别项情节。本厅以柳景林罪名已据该厅将柳景林援引子孙违犯教令而父母非理殴杀者杖一百律拟杖一百判决在案"。① 并且承德地方检察厅对此案处理后，又把其办理情况咨呈提法使。

该案大体反映了奉天提法使设计的审判管辖方案得到了相对有效的执行，对审判厅的正常运行乃至其办案效率的提高具有一定的积极意义。

其他省份审判管辖方案的出台也大都如此，如直隶各级审判厅的管辖区域由直隶提法使齐耀琳根据直隶情况作了设计和安排。然后经过直隶总督的批准咨呈法部。②

宣统元年（1909 年）三月，江苏提法使左孝同提出了自己的筹设审判厅方案和对江苏审判管辖的看法。由于当时江苏不能在每个行政区域都设置相应的审判厅，所以，对当时的审判管辖中有关州县管辖的设计，左氏提出："苏城各路巡警分局兼办初级审判厅事宜，以巡官兼充推事审理民事、刑事轻微事件，并于局内另设检察官与之对立，随时纠正审判各事，又另设地方审判厅，派委推事长等官监督初级审判厅，其余命盗等项案件仍归州县审理，其高等审判厅则暂缓设立。"③ 呈请督抚奏咨立案。

从该方案中我们不难看出左孝同的基本理念与法制素养。看过之后我们不禁会问：巡警分局兼办初级审判厅的法理依据与学理资源在哪儿？这样运行的正当性何在？轻微的界定标准又是什么？命盗案件在当时和传统的观念中是被认为是重案的，命盗案件仍归州县审理，反映了左孝同对审判厅作用的轻视。在《塔景亭案牍》中也有资料反映州县官对新式审判厅的不屑，这可能是由于新式审判厅创办伊始，有诸多不成熟和稚嫩之处，或者仍沿袭旧的一套审理办法，甚至于也会出现贪污腐败的行为。从根本上来说，是因为左孝同的观念受到了当时整个社会的观念结构的影响和制约，或许这种力量发挥了决定性的

---

① 《承德地方检察厅咨呈提法使办理柳春城被伊父柳景林勒死一案情形文》，王家俭、姜可钦、童益临、崔家骏编辑，朱延龄、汪仁宾、锡箴校勘，汪守珍、许世英、汪世杰鉴定：《奉天司法纪实》，陪京印书馆，1909，第二册，第 208～209 页。
② 《示知司法所管区域》，《大公报》宣统三年七月廿二日，1911 年 9 月 14 日，第三张，（16），83。《直隶总督陈夔龙奏列陈第六届筹备宪政情形折》，《大公报》宣统三年八月十七日，1911 年 10 月 8 日，（16），208。
③ 《苏省筹设审判厅志文》，《申报》宣统元年三月十二日，1909 年 5 月 1 日，（100），3。

作用。这种观念又最终影响了左氏对审判厅设置问题的重视程度和其在审判厅与州县之间的审判管辖划分上的权衡。应该说左氏所受的教育结构和生活环境，对其法制观念的形成产生了重大影响，并最终影响了他对司法制度的理解与设计。

宣统元年（1909 年）五月，署江苏提法使赵滨彦在探讨高等审判厅的权限时实质上也同时探讨了审判管辖问题。赵氏认为：

> 查原定官制法部节略内开，拟裁判为四等，于京师置大理院为全国最高之裁判所，每省置高等审判厅，每县置地方审判厅，视县之大小分置乡谳局改为初级审判厅，通行遵照各在案。是裁判虽分为四等，而在外省则以高等审判厅为合议制终审衙门，自可统辖各地方审判厅与初级审判厅。盖初级审判厅为第一审、单独审衙门，以一人开庭，如有不服初级审判之刑事、民事案件准赴地方审判厅控诉，须照会议制以六人开庭，虽此庭名为第二审核议审判衙门，然在外省由初级审判厅起诉者，实以此厅为终审。但续订官制清单声明，各省设提法使一员，管理该省司法上之行政事务，监督各审判厅并调度检察事务。即云监督各审判厅，则高等审判厅自属于提法使随时监视其行为、督察其勤惰，所有各厅审理案件自应各自径报提法使核办，并备详两院查考，应外结者似可即由司批结，应内结者仍详请分别奏咨。第向例罪在军流以上均由该管道府州层递审转或解司而止或解院提勘，间亦有仅解本管上司审核转详，毋庸解司者例章甚繁，虽转展递解、殊多周折，需费亦属不赀，诚以州县由州县一人审讯而定，难保无锻缫成狱之事，故必有上官层递审转，以昭慎重。今刑事、民事之轻微而琐细者，由初级审判厅讯理判结，其案情较重者应由地方审判厅审理，以三人开庭，并有检察厅以监察纠正之，似可无虞屈抑。迨经审判已定，原被既无异词，似应即径详提法使核办，倘有不服自必赴诉高等审判厅再行审讯，于事理并无妨碍。惟现时江苏官制未改，警察亦未办齐，各州县不能不仍兼司法行政之权，所有先筹设省城商埠各级审判厅，拟以成立之日起，除细微事件应由初级审判厅讯断办理，按月册报查核外，其重大案件罪在徒流以上并命盗案件有干大辟者如在县署呈控有案者仍由县审办，各新案在地方审判厅呈告即由该厅审办，各厅设有警兵可以提传人证，倘暂时未能熟悉，准移会该管县官协同提传办理，不得违延。其高等审判厅专俟有不服上告者审理之，仍俟官制

改定，府州厅各处审判厅一律建设，再统归审判厅办理。以上各节是否如斯，应否咨请部示，听候宪裁。①

　　仔细思之，该条议存在着一些表述含糊的问题，而这种含糊的表述直接造成两种后果，一是审级难以划分，二是审判权对检察权的侵越。具体表现在赵氏认为"今刑事、民事之轻微而琐细者，由初级审判厅讯理判结，其案情较重者应由地方审判厅审理"，那么什么样的案件是"轻微琐细者"？什么样的案件又是案情较重者？这些问题没有一个具体的标准和严格的规定，操作起来造成了一定的困难。如果审判厅自己认为某案件是轻微的，或者某案件是案情较重的，在实质上已经侵夺了检察厅的公诉权，而"其重大案件罪在徒流以上，并命盗案件有干大辟者如在县署呈控有案者仍由县审办"的说法更是一种典型的未审先判。审判二字的内在含义在于"审"在"判"先，而这种行为和做法在审之前已经把其定性为"轻微琐细者"、"案情较重者"、"重大案件罪在徒流以上，并命盗案件有干大辟者"，按照程序来说，除了自诉的民事案件之外，对于所有的刑事案件只能是由检察机关根据对案件的调查取证，根据具体情况向审判机关提起公诉，然后审判厅根据检察厅公诉的罪名进行审理，最后做出判决，经过这样的一个过程才是符合西方法制理念设计的程序。而赵氏的理解显然违背了清廷试图效法与模仿的西方法理，在程序正义的设计上出了问题。但是从整个历史进程发展的规律来看，这是任何事物在前进的过程中必须经历的一个阶段。影响历史发展进程有两大因素，一是认识，二是利益。这是任何一个制度设计者都不可避免的。当然审判管辖的问题也是如此，人的认识不可能一下子提高到应有的高度，必然会有一个过程，人们在各种利益中竞逐也在所难免。不过总体来说，赵氏能提出这样的观点在当时那种背景下还是难能可贵的。

　　同月，两江总督对赵氏的条议做出批示："至各级审判厅之权限……事属创办，必须遵照颁章、参稽习惯为筹划厘定，遇有窒碍疑难之处仍应择举重要分条罗列，咨商大部以求切实之解决，应由该司详细定拟呈由抚部院与本部堂会核饬办"。② 两江总督对审判管辖权限的划分问题提出，除了要遵照清廷颁

---

① 《署苏臬司赵廉访呈督抚宪筹办审判厅条议》，《申报》宣统元年五月廿九日，1909 年 7 月 16 日，（101），235。

② 《苏省筹设审判厅办法》，《申报》宣统元年五月廿六日，1909 年 7 月 13 日，（101），184。

布的章程以外，还要参稽习惯为筹划厘定，这已经在某种意义上来说打破了清廷作为中央政权在实现国家治理上的神圣性与权威性，使本来就规定不太严密、不完备、不完善的章程更加软化和弹性化。尽管作了"遇有窒碍疑难之处仍应择举重要分条罗列，咨商大部以求切实之解决"的规定，但是这种张力在清廷式微、督抚坐大的政治局势下显得尤为脆弱。两江总督这种态度的直接后果就是给关涉审判管辖的各个机关，包括州县在内的行政机关借机争权夺利的借口，使本来为了解决权限不清的制度重新衍变和异化为争权夺利的舞台，其结果是非但不能使各审判机构正常运行，且恰恰违背了制度设计的初衷。由提法使对窒碍疑难之处详细定拟呈由督抚会核饬办的方式，也难以使问题最终解决，其作为行政衙门对此事的参与，甚至是掌控，已经远远超出了自身的权限范围，反而使审判管辖、权限划分的运行成效更加扑朔迷离。

浙江提法使在浙江各级审判厅成立之前，便已对浙江各级审判厅的管辖问题作了制度设计，"各厅管辖区域业已照章划定，高等审判厅以全省辖境为其管辖区域，城府地方审判厅即以该府辖境为其管辖区，城县初级审判厅即以该县辖境为其管辖区域，凡设审判厅地方俟各厅开庭后，各该地方官既不能再行受理词讼，均经详奉抚宪批准，现在杭州府、宁波府、温州府各设地方审判厅一厅，仁和、钱塘两县，鄞县、永嘉县各设初级审判厅一厅，该县所属地方旧有各案，除由该县起诉未经判结，仍应由该县判结外，其从新发生之各项案件，不论刑事民事均应分别向该初级审判厅或地方审判厅起诉。惟初级审判厅与地方审判厅所管辖之案件不同，其何项案件应向初级审判厅起诉，何项案件应由地方审判厅起诉自应逐一开列，俾众周知……杭州府属、宁波府属、温州府属未设审判厅州县之上控案件，照章如原被告一人有不服该县之判断时，即可向杭州府、宁波府、温州府地方审判厅上诉。至向来受理上诉案件之知府衙门，因该府已设地方审判厅，对于上控案件即不得再行受理。抚院及本司因高等审判厅成立，亦不再受理词讼。仰各该县各色人等一体知悉，俟审判厅开庭后凡从新发生之案件不论刑事、民事均应遵照后列各条向初级审判厅或地方审判厅分别起诉。其未设初级审判厅州县之上控案件即应照章（原文如此，笔者认为应有一"向"字）该地方审判厅上诉，不得再向其它衙门呈控。各宜遵照"①。宣统二年（1910 年）十一月浙江提法使李传元晓谕各属，并公之

---

① 《各审判厅起诉范围之宣告》，《申报》宣统二年十一月廿九日，1910 年 12 月 30 日，(109)，950。

于众。

浙江审判厅设立之后，浙江提法使李传元提出各级审判厅成立之后，地方官不得受理词讼，明确把行政机构从审判中剔除出去。并详浙江巡抚曾韫，曾氏批云："省城商埠各级审判厅成立以后，凡在各级审判厅管辖区内，所有未办结民刑词讼案件，自应仍责成原问刑衙门迅速讯办结报，以清界限，拱埠理事府及巡防局审理案件均归该商埠初级审判厅审理，前据该司请裁理事府详内业经批准在案。至高等审判厅成立后按照法部奏定高等以下各级审判厅筹办事宜第四项，管辖内有依法递控到省之案，向归臬司或发审局审理者，俱应向省城高等审判厅赴诉。由该厅按照前条区别，应以本厅为第二审者，判决之后许其照章向大理院上诉；应以本厅终审者，判决时并宣告该案无上诉于大理院之权等语。是该厅第二审各案上诉阶级应属于大理院，该厅终审案件大理院且不能上诉，部院衙门自难再准上诉之理"。①

曾氏的批示再次强调了审判厅与行政机关的权限划分与审级管辖两个方面的问题，并令提法使向全省晓谕，通饬各属一体示遵。

总体来说，各省审判管辖的制度设计大都是由提法使独立完成的，但也有部分省份出现了督抚干预的行为，这种情况以偏远省份较为突出，而且这些省份按察使多未改设为提法使。如宣统元年（1909 年）四月初八日，山西按察使在其署内设立审判厅筹办处，划分审判厅的管辖区域亦被赋予为其职能之一。然而，在按察使制定方案之前，山西巡抚宝棻已经提出了自己的划分意见，"吾国旧有区域多沿习惯，地庶人多者漱牍如山，地狭人稀者，讼庭若水，繁简失宜，既有畸轻畸重之弊，新厅区域自当详查户口之疏密，赴诉之便利，分划得宜以期劳逸相均、各尽厥职"。② 这虽然只是一个原则性的意见，但其作为品秩与权限皆在按察使之上的一个机构，无疑会对按察使的设计产生压力和影响，使之必然在其框架内游弋，在一定程度上会限制按察使的自主设计与自由裁量。

后来清廷又颁布了《拟定各省城商埠各级审判厅筹办事宜》，其中对审判管辖作了较为详细的规定："各省城高等审判厅管辖全省诉讼，各府厅州县地方审判厅管辖全境诉讼"，当各乡镇初级审判厅，各府厅州县地方审判厅未遍

---

① 《提法使详定开办审判厅后办法》，《申报》宣统二年十月二十五日，1910 年 11 月 26 日，（109），406。

② 《晋抚宝棻奏报筹设审判厅折》，《申报》宣统元年六月初一日，1909 年 7 月 17 日，（101），243。

设之时，拟定诉讼管辖之权限如下：

省城商埠初级审判厅之辖境不必但以城垣、商场为限，应酌量形势、户口，如附近之地实为该审判厅力所能到，且势宜兼及者，即划定为该厅管辖之界。凡界内诉讼事件（原被告有一为界内人或皆非界内人，而出事在界内者皆是），地方官不得受理。有投告错误或发现犯罪之时，当指令自赴该厅或移送该检察厅起诉，其界外词讼案件仍暂归府厅州县官照常收受审理。

地方审判厅辖境内之乡镇，其词讼虽暂归府厅州县官受理，有不服时，仍可依照试办章程就该地方审判厅上诉。该检察厅于收受诉状时，应按试办章程第六条各级审判厅管辖案件之区别，查其应以本厅为第二审者，照章归本厅审判。应以高等审判厅为第二审者，民事令自赴该厅起诉，刑事移交高等检察厅办理。未设审判厅之府厅州县依法递控到省之案，向归臬司或发审局审理者，俱应向省城高等审判厅起诉。由该厅按照前条区别，应以本厅为第二审者，判决之后许其照章向大理院上诉；应以本厅为终审者，判决时并宣告该案无上诉于大理院之权，惟此项案件系专指依法递控，曾经该地方官判断有案，且未逾上诉期限者而言。如并未在该地方官署呈控之案一概不予受理，并不许向督抚及各司道衙门越诉，仍饬回该府厅州县听候判断。非照新章上诉于大理院之京控案件，由京师发回原省审讯者，由该省高等审判厅照前条区别第二审终审判决后，呈明督抚及按察使或提法使分别奏咨结案。①

该《事宜》对区域管辖和审级管辖都较为详尽，在审判厅审判管辖的权限明晰的道路上又前进了一步。

宣统二年（1910 年），清廷分别颁布了《司法区域分划暂行章程》② 和《初级暨地方审判厅管辖案件暂行章程》③，在吸收和借鉴东三省审判管辖的制度设计与实践的基础上加以完善，并上升为全国性的法律，自此中国开始有了在全国范围可以遵循的司法管辖区划，对全国范围内的审判厅的有序运行进一步提供了条件，标志着中国在司法审判管辖上一个新时代的开始，是审判管辖

---

① 《拟定各省城商埠各级审判厅筹办事宜》，第 14～16 页，《奉天司法纪实》。
② 《司法区域分划暂行章程》，《大公报》宣统二年二月初五日，1910 年 3 月 15 日，第二张，(11)，289。又见《宪政馆拟司法区域分划暂行章程》，《申报》宣统二年正月廿四日，1910 年 3 月 5 日，(105)，77。
③ 《初级暨地方审判厅管辖案件暂行章程》，《大公报》宣统二年二月初六日，1910 年 3 月 16 日，第二张，(11)，295。又见《又拟初级暨地方审判厅管辖案件暂行章程》，《申报》宣统二年正月廿四日，1910 年 3 月 5 日，(105)，77。

从无序走向有序的一个分水岭。

按常理来说，这两个章程出台之后，全国有了一个统一的、规范的司法区域划分标准，全国无论各省按照执行就行了。然而，清末情况特殊，各地情形不一，为了适应司法实践的需要，各省提法使又以这两个章程为基础和基本依据，根据本省的具体实际情况进行了各自的二次划分。

广东便是一例。在《司法区域划分暂行章程》出台之后，广东提法使俞钟颖为广东各级审判厅的管辖区域作了二次划分。但提法使在作本省的司法管辖划分的设计时，也要依法部和宪政编查馆颁布的有关章程为指导原则，以此作为划分标准。广东提法使对审判管辖的安排大致是以行政区域为界的，"至分划区域之法，系暂照行政区域参考新旧舆图，分别面积疆界，逐项厘定，将来如须分析合并，亦随时呈请咨部核办"。① 其参考行政区域划分的标准来设计和规定审判厅的司法管辖区域，当时虽是权宜之计，却对后来产生了深远的影响，不合理的地方很多。由于司法管辖总在行政管辖范围之内，所以，司法机关一直不能摆脱行政机关的制约，在事实上阻碍了司法独立和审判独立的发展。虽然当时俞钟颖提法使也说："将来如须分析合并，亦随时呈请咨部核办。"② 但事情的发展往往是一旦一种情况确定之后，在某种意义上便产生了判例意义，这种榜样的力量和示范效应是非常巨大的，要重新改变到另一种状态往往要费很大的气力和周折。所以，这种划分标准依然延续，这种情况依然没有改变，直到今天司法区域划分的问题依然是一个值得讨论的话题。总体说来，提法使具有各省司法改革的设计者、执行者、协调者、解释者的多重角色。

同时清廷立法机构为了解决在进一步的司法实践中突然出现新问题的应急之需，在《司法区域分划暂行章程》第九条中特别规定："有本章程内各级审判厅未定区域者，顺天府所属由该府核明，外省由提法使酌拟呈请督抚核明，分别咨送法部奏定之"。③ 赋予了提法使对所在各省出现较为繁难，而

---

① 《粤督张据东提法使呈分别广东各级审判厅管辖区域缘由咨部查照文》，汪庆祺编《各省审判厅判牍——王朝末日的新式审判》，北京大学出版社，2007，第266页。

② 《粤督张据东提法使呈分别广东各级审判厅管辖区域缘由咨部查照文》，汪庆祺编《各省审判厅判牍——王朝末日的新式审判》，北京大学出版社，2007，第266页。

③ 《司法区域分划暂行章程》，《大公报》宣统二年二月初五日，1910年3月15日，第二张，(11)，289。又见《宪政馆拟司法区域分划暂行章程》，《申报》宣统二年正月廿四日，1910年3月5日，(105)，77。

在既定的章程与条文中找不到答案的审判管辖问题时，进行协调和解决的职能。

尽管清廷在审判管辖问题上已经颇费思忖，但是运行的效果却依然不能尽如人意。以浙江为例，除了清廷统一颁布施行的《司法区域分划暂行章程》和《初级暨地方审判厅管辖案件暂行章程》之外，浙江提法使在该省的各级审判厅设立之前，已经开始研究探讨浙江的司法管辖问题。在审判厅设立之后依然对此事关注和继续规划，并与浙江巡抚商讨，制订了相对较为清晰的划分方案，但是，依然有些机关对此表示理解不清。如镇海县令孙文诒就向提法使发问："查镇邑初级审判厅尚未成立，所有民事诉讼物价不满二百两者，刑事诉讼罪该罚金刑下，及监禁一年以下，或拘留者，自应照前则管理，其价满二百，罪逾罚金及监禁拘留等项应否饬令归宁波地方审判厅起诉？"当然理解不清或许是一种故意做出的状态，感情激昂、慷慨陈词背后抑或是对将要失去的权力的竭力追逐，只不过是用暗度陈仓的办法追寻自身的利益诉求也未可知。孙文诒说："知县身膺民社，责有攸关，民刑各案断不敢稍存推诿，第不膺管理，而管理审判章程定有罚则，安能当此重咎，与其贻误于后，孰若申请于先，所有民事项下价在二百两以上，刑事项下罪在监禁罚金以上及命盗案是否归宁波地方审判厅办理，仰初级审判未立之前仍归县中管辖，应请明晰批示，以昭慎重"。①

但是不管我们对此作何理解，如何推断。在历史事实中孙氏的心理又究竟作何思想，有一点终归是不争的事实，那就是孙文诒毕竟提出了疑问，而这种疑问反映了当时清廷对审判管辖的权限划分在地方的执行情况，同时也反映了提法使在处理这类事件中所发挥的作用。

而且，在具体的司法实践中与这两项章程的规定有所出入并不新鲜。出现审判管辖争议之后的处理方案并不一定全部由提法使来制定，历史的事实是，问题的解决方案到最后往往又回到中央枢府的决策部门，法部、宪政编查馆、大理院都会参与其中，后来甚至会议政务处也参与进来。② 实行与否却由各省督抚来决定。法律上和理论上的决策被异化为执行者。

在《司法区域分划暂行章程》颁布之后不久便开始出现对其某些规定表

---

① 《县令未谙审判权限之为难》，《大公报》宣统三年正月廿七日，1911 年 2 月 25 日，(110)，794。

② 《申报》宣统元年六月十六日，1909 年 8 月 1 日，(101)，465。

示不解而提出的质疑之声。如其第四条规定的"直省府、直隶州地方审判厅，以各该府、直隶州辖境为其管辖区域"。① 从字面看来这条规定是非常清晰的，但是如果对清代的府、直隶州的行政区划有所了解就会明白当时的人为什么提出质疑，并感同身受了。清代的府和直隶州实际上的管辖区域都是包含两部分，一是直辖区域，二是所属州县，那么该条文规定的府和直隶州的辖境究竟是单纯指的是直辖区域，还是同时包括所属州县呢？这是一个必须澄清的问题。宣统三年（1911 年）三月二十九日，宪政编查馆大臣奕劻等对此作了解释，"该条规定的府、直隶州辖境字样，是指府之有直接辖境和直隶州的直接辖境而言的，其直接辖境之外之所属州县，应照该章程第五条酌设分厅，并非一地方审判厅而辖及该府州所属州县全境"。② 并通过上奏清廷的方式赋予其法律效力。

这种疑问不仅涉及区域管辖，同时也有级别管辖的有关问题。宣统二年（1910 年）山东巡抚袁树勋等提出"若州县城治仅设初级审判厅，即将其权限扩至以十年以下监禁为限，命盗案件亦不能管理"③，并上奏变通府厅州县地方审判厅办法试图予以纠正。宪政编查馆在宣统二年五月给以回复："命盗案件为民间所常有，若皆令赴郡城控审，贫穷的小民没有这种力量，证人等也受拖累无穷，殊非恤民之道。所以，宪政馆在宣统二年（1910 年）奏进《司法区域分划暂行章程》，特将各府厅州县附设及共设地方审判厅办法，分别详悉规定，既因地制宜，又能节省财力。省城和各府直隶州有同城州县的，应照章共设一地方审判厅，或一分厅，对于词讼较少的州县，照章可以和临近州县共设一分厅……至共设一地方审判厅或分厅之各府、直隶州、厅、州、县地方，应如何分别酌设初级审判厅一所以上，由该省提法使遵照本章程第九条酌拟，呈请督抚核明，分别咨送臣部核办"④。问题的解决设计方案又重新回到了提法使那里。

浙江仁和县令也对权限划分表示困惑，禀请浙江提法使与浙江巡抚划清行

---

① 《宪政编查馆大臣奕劻等奏地方审判厅管辖区域范围间有疑义分别规定片》，故宫博物院明清档案部编《清末筹备立宪档案史料》，中华书局，1979，第 903 页。

② 《宪政编查馆大臣奕劻等奏地方审判厅管辖区域范围间有疑义分别规定片》，故宫博物院明清档案部编《清末筹备立宪档案史料》，中华书局，1979，第 903 页。

③ 《宪政编查馆大臣奕劻等奏地方审判厅管辖区域范围间有疑义分别规定片》，故宫博物院明清档案部编《清末筹备立宪档案史料》，中华书局，1979，第 903 页。

④ 《宪政编查馆大臣奕劻等奏地方审判厅管辖区域范围间有疑义分别规定片》，故宫博物院明清档案部编《清末筹备立宪档案史料》，中华书局，1979，第 903～904 页。

政、司法权限。①

审判管辖问题涉及很多具体的方面，并被以司法管辖问题提出来，如华洋涉讼问题、死刑复核问题、招解勘转问题、官员犯法问题等。表现形式所在多有，各级各类的人员也分别提出了各种不同的解决方案，大有百家争鸣之势。

宣统三年（1911年）三月二十九日，宪政编查馆大臣奕劻等对官员犯法的审判管辖的处理方案提出了自己的看法。奕劻等认为，官吏违法，例准人民向该管上司衙门呈控。现在追求司法独立，无论部院行政衙门，还是各省的院、司、道、府各行政衙门，按照法院编制法，不准受理民刑案件，如果官吏违法案件也不准受理，就没办法扩大人民救济权力的途径。奕劻等建议，对于职官有犯应按现行刑律治罪的，如果当地已有审判厅，由该管检察厅随时提起公诉，由该管审判厅审理，如果当地还没设审判厅，暂归该省高等审判厅审理。其余管理违法，如果是因公，按照律例应该革职、降调、罚俸或其他处分的，系行政官吏由该管上司随时察觉之案，即有该管上司各按律例办理，如有人民呈控之案，应由该管上司查明照例办理。……其官吏违法之案，如系经该管上司查觉，或由人民控告，而查核案情，仍应按刑律断罪，不在寻常参罚处分之列者，自应送交该管检察厅起诉，以清权限。如系法官，即有该省提法使查明报由法部复核，暂照现行处分则例，分别奏明请旨办理，一俟行政审判院法、文官法官惩戒各章程颁行后，届时一律钦遵办理。②

宣统三年（1911年）六月，黑龙江设立各级审判厅之后，司法大臣认为华人与外国人的诉讼管辖出现了诸多权限不清的问题，于是在宣统三年（1911年）六月咨吉林巡抚周树模，"江省各级审判厅刻已成立，惟访闻遇有华人与外人诉讼案件，其办法每多混淆，殊非慎重之道。嗣后如外人控告华人仍归审判厅管理，如华人控告外人应赴交涉司诉讼，以清权限"。周氏接到咨文后饬黑龙江提法使与交涉司一体遵照。③

《司法区域分划暂行章程》第九条对提法使的授权，在具体的司法实践中

___

① 《杭州府地方审判厅为转饬仁和县遇本厅移缉案件实力缉捕事详请抚法宪文》，汪庆祺编《各省审判厅判牍——王朝末日的新式审判》，北京大学出版社，2007，第269~270页。
② 《宪政编查馆大臣奕劻等奏官吏犯法应视情事不同分由审判厅或行政衙门受理以清行政司法权限片》，故宫博物院明清档案部编《清末筹备立宪档案史料》，中华书局，1979，第905~906页。
③ 《划清裁判权》，《大公报》宣统三年六月初六日，1911年7月1日，第三张，(15)，369。

既有被越权的现象，也有被滥用的行为。有关史料反映了当时这一状况，我们先来看下面这则云南高等审判厅的批词。

> 据状及底册均悉，该生办理种植蚕桑各事，所有经手账目果系从实开支毫无弊窦。何以官经数任，事历多年，忽被谢绍先等控告，定远县即将该生押令赔偿，其中显系别有情节。仰候咨呈提法使饬由该管府就近提讯完结。①

这则批词明显地反映了司法改革之初，司法管辖的区域划分并不明晰，具有较大的随意性。各级审判厅往往根据具体情况临时变通司法管辖的区域，而各级审判厅获得司法管辖的法律依据便是提法使的授权，提法使这种权力正是来源于《司法区域分划暂行章程》第九条。这则批词反映了当时在办理案件中存在着把临时补救性、应急性的措施常态化的、具有随意性特征的思想倾向。

同时需要指出的是，清末司法改革中的审判管辖问题从一开始就存在着一种隐结，直至清朝灭亡这一问题也没有得到很好的解决，且这种隐藏的危机不断地以冲突的方式凸显出来，有关媒体也对此作了关注和报道。如宣统三年五月二十八日（1911年6月24日）的《申报》之《时评》报道"今各省审判厅往往因权限问题大起冲突"②，并最终引起司法大臣试图重订新章的回应。

---

① 《批文生夏锡春上诉谢绍先因公受害等情一案》，汪庆祺编《各省审判厅判牍——王朝末日的新式审判》，北京大学出版社，2007，第27页。
② 《时评》，《申报》宣统三年五月廿八日，1911年6月24日，(112)，933。

第五章　提法使的运行实效及影响

第一节　津贴与司法经费

任何一个行政机关得以正常运行，都必须有必要的经费作支撑，对于整个国家运行来说，经费不仅是保障其正常运行的基本条件，而且是直接决定其生死存亡的血液。任何一场改革都必须要付出一定的成本。作为一项非营利性的国家公共事业的清末法制改革，对成本的需求更是具有非同寻常的意义。能否有足够的经费供给，直接影响着改革能否继续下去，并在某种意义上对改革的最终成败产生重大影响。司法经费对司法改革的成败具有的作用当然亦是如此。在改革之初，考政大臣们据其对西方各国的观感，在其回国后的报告书中已经发表了自己的理解："各国司法经费，皆由法部预算，经议会认可后，即径由国库发给。其司法上收入之款，则皆存之国库。但收支两不相涉，无论是否可资补助，司法经费要必取之于度支。此项经费以司法官之俸给居多，数至法庭建筑费，尤必宽筹。如比利时，小国也，而布鲁塞尔之法院建筑费乃四十兆佛郎。意大利，贫国也，而罗马之法院建筑费乃十五兆力拉。盖国家不惜巨款经营司法，所以系人民之信仰，耸外人之视听，于国家法权，殊多裨益耳。我国审判制度采用德制为多，考其真而慎其始，则非独国内治安是赖。而国际上之联合，亦不难修正条约于将来矣。"[①] 清帝国的财政究竟怎样？能否满足改革的需要，并维持和继续推进改革的进程？提法使自身的经费情况怎样？在当时背景下，提法使与筹集经费之间发生了怎样的关联？最终又对改革的进程

---

① 《考察司法制度报告书》，汪庆祺编《各省审判厅判牍——王朝末日的新式审判》，北京大学出版社，2007，第466页。

产生了怎样的影响呢？笔者试图对其做出回答。

有的学者认为，清末的新政费用还是极为可观的。在那一时期的预算案中，增加了一些具体细化的征税项目，如兴办教育加征捐税、行政经费增税、警察经费、学堂捐。以河南为例，宣统三年的预算案中新政费用已达 200 余万。①

但是，从总体上来说，清末新政的推行还是超出了中国当时的国力，也有一些人士看出了这一问题，如御史陈善同指出：

> 自治也，调查户口也，巡警也，审判厅也，教育也，实业也，何一非亟当筹备者？而按之于势，不能无缓急，即见之于新政，不能无先后。就各事言之，立国以民为本，民有所养，而后国本不摇，是最急者莫如实业。实业即兴，必不可不为之轨物以范之，为之保障以卫之，而教育、自治、调查户口、巡警、审判以次兴焉。②

光绪三十三年（1907 年）八月十一日，时任暂署黑龙江巡抚的程德全在其给清廷上的奏片中阐述了当时中国财政的艰难，揭露了官员们在筹集经费过程中的铺张浪费和营私舞弊行为，表达了其对因之而造成的新政前途的担忧：

> 近日各省举行新政，需款浩繁，虽竭罗掘之能，仍患度支之窘。…中国民心涣散，蔑公徇私，而徒借口新政，过事铺张，甚乃竭比户之脂膏，供同僚之食蚀，舍本逐末，可为慨然。③

御史赵炳麟估计，当时的各省预算巡警费小省 200 余万，大省 300 余万；司法费每省百万两以上。并认为推行新政，"应从预算逐年经费下手"。④

《孙子兵法》曰：知己知彼，百战不殆。此句道出了首先了解自己的重要性。新政改革也是如此，如果对自己的国家财政状况不能自知，盲目推行下去

---

① 周育民：《晚清财政与社会变迁》，上海人民出版社，2000，第 398～399 页。
② 陈善同：《陈侍御奏议》卷一。转引自周育民《晚清财政与社会变迁》，上海人民出版社，2000，第 399 页。
③ 《暂署黑龙江巡抚程德全奏举行新政需款浩繁请饬各省严禁虚耗片》，故宫博物院明清档案部编《清末筹备立宪档案史料》，中华书局，1979，第 1015 页。
④ 陈善同：《陈侍御奏议》卷一。转引自周育民《晚清财政与社会变迁》，上海人民出版社，2000，第 399 页。

就会成为无源之水、无本之木。

宣统二年（1910 年）四月，清廷接受了赵炳麟的建议，向各省督抚调查截至宣统八年（1916）止各地筹备立宪所需费用。根据各省督抚奏报，情况如下表：

表 5-1　九省筹备宪政预算经费

单位：万两

省　份	年　限	内　容	预算经费
直　隶	1910~1916	自治、教育、司法、警察	4411
河　南	1910~1916	自治、教育、司法、警察	1814
广　西	1910~1916	自治、教育、司法、警察、清理财政、调查户口	1073
江　西	1910~1916	民政、教育、司法、军政、实业	4421
福　建	1910~1916	自治、教育、司法、警察、实业	5663
广　东	1910~1905	教育、司法、调查、警察、实业	11715.5
黑龙江	1910~1914	自治、教育、司法、警察	598
湖　南	1910~1914	自治、教育、司法、警察	4807.9
湖　北	1910~1916	自治、教育、司法、警察	7364
合　　　计			41867.4

资料来源：1. 直隶总督陈夔龙宣统二年七月二十日奏。2. 河南巡抚宝棻宣统二年八月十六日奏。3. 护理广西巡抚魏景桐宣统二年八月初六日奏。4. 江西巡抚冯汝骙宣统二年八月十二日奏。5. 闽浙总督松寿宣统二年八月初二日奏。6. 两广总督袁树勋宣统二年八月初五日奏。7. 黑龙江巡抚周树模宣统二年八月五日奏。8. 湖南巡抚杨文鼎宣统二年十月初八日奏。9. 湖广总督端方宣统二年九月十三日奏。*

* 转引自周育民《晚清财政与社会变迁》，上海人民出版社，2000，第 400 页。

全国的经费情况如此，提法使自身的经费情况怎样呢？清法部对提法使和各级审判厅都制定了非常详细的经费标准，审判厅的情况在此不再列举，提法使的经费设计下表中可以反映：

清法部编定直省提法使署及审判各厅经费细数表说明

　　一、遵照奏定划一经费简章，提法使署及各厅经费细数分为八表，另以各表所定厅员俸薪总为一表，以其后，计为表凡九；

　　二、各项细数均以银圆开列其总数，仍折合库平银，按照币制则例一元五角合库平一两，惟各省习惯不同，用两、用元，各从其便；

　　三、司署及各厅员署即将俸薪赞为规定，即不断于公用项下另行开支。夫马饭食，其丁役人等，亦一律不再给伙食，以资撙节；

四、翻译官一项，均应兼附近初级厅差，毋庸兼支薪水；

五、录事、检验吏有实缺、候补、学习各种资格，故以平均薪数开列。承发吏按章分一、二、三等，津贴较优。今为撙节起见，暂从减支；

六、吏警、丁役所定名额，准各省变通设置。如有必须加增时，只许在公用项下酌拨济用，仍当撙节开支。

表 5-2　直省提法使衙门经费

需款　种　人数　银数　人数		每员月支（元）	月计总额（元）	年计总额（元）
总务科	科　　长　　1	180	180	3160
	一等科员　　1	120	120	1440
	二等科员　　4	80	320	3840
	书 记 员　　5	34	170	2040
刑民科	科　　长　　1	180	180	3160
	一等科员　　1	120	120	1440
	二等科员　　4	80	320	3840
	书 记 员　　6	34	204	2448
典狱科	科　　长　　1	180	180	2160
	一等科员　　1	120	120	1440
	二等科员　　2	80	160	1920
	书 记 员　　4	34	136	1632
各科书记生	15	16	240	2880
役食各项丁役	15	6	90	1080
办公费	纸笔及杂项各费		400	4800
	临时各费		60	720
总计	61		银币3000元折合库平2000两	银币36000元折合库平24000两
连闰合计				银币39000元折合库平26000两

注：引自《各省审判厅判牍》，第431~432页。表格最后一字原文为"元"，笔者认为应为"两"字。

法部编定各省提法使署、审检厅经费和人员的表格，虽然这些表格上的数据只能是初步估算，并不能与实际情况完全吻合，但我们依然可以据此大略推测出清末设置提法使以及保证其运作所需要的最低要求的经费和人员数额，并由此基本知悉提法使的大概情形，结合清末财政和法学教育的总体情形，似可对清末社会制约提法使顺利筹设和运行的经费和人才因素有一更为具体清晰的认识。①

通过表5-1显示的讯息，可知当时九个省的预算费用为41867.4万两，那么据此推论，全国的新政预算也仅仅有8万万两而已，这种内在的紧张在当时已经有人认识到了，全国"一切新政举行，综计其数，宁无需八万万耶?"② 竭力主张预备立宪的端方也私下对人说，以中国国土面积之大，只办理警察一项已经需要五万万两。而当时全国的岁入，办一警察尚复不够，其他可想而知。③ 新政改革经费在全国存在的巨大缺口，给清廷的改革向前推进造成了巨大挑战和压力。以法部为代表的中央枢府对此也极为重视，奏定了《直省提法使署及各级审判厅划一经费办法》通行各省。④ 并不断致电各省提法使，咨询各该省追加司法经费问题，以便通盘筹划、妥为核计。⑤ 度支部也对司法经费的预算及支出走向，表现了极大的关切。⑥ 对有关奏销进行严格审批。⑦ 民间亦对此多有议论。⑧ 在这种困难境况下，作为领导一省法制改革的提法使究竟如何应对成为在一省之内法制改革的关键环节，也成为本研究的关注重心之一。那么在这种困境下，提法使究竟是如何做的? 是临危不惧、险路逢生，艰难困苦、玉汝于成呢? 还是终难逃脱"巧妇难为无米之炊"的历史定论呢?

---

① 根据汪庆祺编《各省审判厅判牍——王朝末日的新式审判》，北京大学出版社，2007，第13页改写。

② 《己酉大政纪》宣统元年三月二十日，第21册卷10，撮言。转引自周育民《晚清财政与社会变迁》，上海人民出版社，2000，第400页。

③ 何刚德：《客座偶谈》卷1，第三页。转引自周育民《晚清财政与社会变迁》，上海人民出版社，2000，第400页。

④ 《法部咨度支部并通行各省审判厅费应照预算奏案开支文》，《大公报》宣统三年六月廿九日，1911年7月24日，第三张，(15)，507；《湖南巡抚杨文鼎奏提法使署改设属官分科治事折》，《申报》宣统三年闰六月初六日，1911年7月31日，(113)，507。

⑤ 《法部通电各省之内容》，《大公报》宣统三年三月初八日，1911年4月6日，第二张，(14)，525。

⑥ 《度支部电示审判经费拨用办法》，《申报》，(109)，22。

⑦ 《度支部会奏议复东督奏请销磅余银两碍难照销请饬分案详细开单送部折》，《申报》，(101)，689。

⑧ 《论官制问题与财政问题之冲突》(梦幻)，《大公报》，(15)，281；《论官制与官俸未来之冲突》，《大公报》，(15)，605、611。

一 积极筹措资金，整合各种资源

提法使掌控着全省司法人员的进退，掌控着经费使用之权。[①] 面对这样的局势，各省提法使采取了一系列的措施积极应对，总体来看，提法使对经费的筹措与整合共采取了以下七种措施。

第一，严把节流关。自古以来，经费困难的解决，无外乎"开源"和"节流"两种路径。而从史料中可以看出，提法使首先是在"节流"上做文章。提法使掌控着全省司法机关开支的报销之权，为其实现节流措施提供了前提条件。各省的提法使都在其施政过程中向其辖境内的司法机关传达了撙节的精神，并在其领导下，各省的司法机关从衙署的筹设到具体的的运行所需的日常开支，都严格遵守了这一精神和原则。诸多审判厅和检察厅的衙署租借旧的行政机构的衙署，甚至租借民房，稍加修葺。把节俭的幅度最大化，除了伙食津贴和冬天的煤火杂费实在不能减少之外，"但取能避风雨，其所有应用器具但取质料稍坚"。[②] 湖南提法使在筹建自己的衙署时也仅仅是在署内西偏隙地兴修公所，并将督审局及原住刑幕写生各房酌量修造，整理核实，省库平银七千七百五十六两六钱五分。[③]

第二，寻求开源之路，起用活支用项款目，多方筹集。为了获得能够满足法制改革需要的款项，各省提法使采取了一些开源措施，如实施春夏两季征收的办法。同时，审判厅开办之后，出现了一些新问题，这些问题在预算经费时被忽略了。如远道调查、检验、搜查、拘捕、传唤车马等费，及看守所犯人工食、侦查、案证及应行购置物件并动用的款，均未在预备清单之内，自然没有预算，这些新支出款项的出现加剧了本来就已经非常紧张的经费。解决这些预算外经费的问题摆在各省提法使面前，设置提法使最早的奉天省最早制定了办法，采取措施解决。在奉天设置各级审

---

① 《提法使呈请督抚将高等厅丞检察长支给全数津贴文附批》，王家俭、姜可钦、童益临、崔家骏编辑，朱延龄、汪仁宾、锡箴校勘，汪守珍、许世英、汪世杰鉴定：《奉天司法纪实》，陪京印书馆，1909，第二册，第89~90页。

② 《高等审判检察厅报销本厅开办经费及地方初级各厅借用垫办款项并复核初级各厅报销折册咨呈提法使转详文附批》，王家俭、姜可钦、童益临、崔家骏编辑，朱延龄、汪仁宾、锡箴校勘，汪守珍、许世英、汪世杰鉴定：《奉天司法纪实》，陪京印书馆，1909，第二册，第98~101页。

③ 《湖南巡抚杨文鼎奏提法使署改设属官分科治事折》，《申报》宣统三年闰六月初六日，1911年7月31日，(113)，507。

判厅和提法使的当月，即光绪三十三年（1907年）十二月，经过提法使与督抚的协调，对这些支出以归为特别用款的办法解决。具体程序是，各级审判厅检察厅自行酌量拟议，送由提法使复核转呈，再由督抚核夺，最后施行。① 光绪三十四年（1908年）正月初一以后，各省提法使在有关机构的建议下采用了新章，即活支的办法予以解决，就是把没有列入预算内的所有支出项目，全部归入活支，实用实报。② 为了解决法制改革财政困难问题，黑龙江还将旧有裁判处薪公抵用，及提该处公费、讼费、罚金，并寻求民政司设法筹拨不足之款。③ 江西则由藩司和九江两道共同筹议解决。④

　　开源的第二条道路是实行诉讼收费制度改革。试图采用明文规定的方式改变过去没有统一的收费标准，既增加了司法经费收入，又试图据此根除和杜绝过去陋规横行的现象。各省相继制定了讼费由提法使监管的法律、法规，如"各级审判厅所收之讼费，除汇报提法使外，按月由厅榜示"。⑤ "诉讼状纸由提法使核定格式，无论何人关于诉讼事件，在各审判厅具呈者一律遵用"、"诉讼状纸由提法使指定官设印刷局所印刷，分交各检察厅发行，其未设检察厅之处由提法使指定发行"、"凡未经提法使允准而擅行仿造状纸及私售者，计其纸数得科以一两以上二十两以下之罚金"、"每月发行各项状纸若干，由各该发行官署呈报，以八成解提法使为纸张等项费用"。⑥

　　第三，收入统一管理，按时汇报。把全省各级审判厅、检察厅的状纸、

① 《提法使呈督抚核定各厅额支经费数目文附清折并批》，王家俭、姜可钦、童益临、崔家骏编辑，朱延龄、汪仁宾、锡箴校勘，汪守珍、许世英、汪世杰鉴定：《奉天司法纪实》，陪京印书馆，1909，第二册，第80~87页。

② 《高等审判检察厅咨呈提法使报春夏两季征收及活支用项款目文》，王家俭、姜可钦、童益临、崔家骏编辑，朱延龄、汪仁宾、锡箴校勘，汪守珍、许世英、汪世杰鉴定：《奉天司法纪实》，陪京印书馆，1909，第二册，第96~97页。

③ 《黑龙江巡抚周树模奏江省筹备宪政第二年期成绩折》，《申报》宣统元年九月廿五日，1909年11月7日，（103），101。

④ 《赣藩臬遵饬筹设省城浔埠两处各级审判检察厅拟定办法呈督抚文》，《申报》宣统元年六月初八日，1909年7月24日，（101），357。

⑤ 《直隶省各级审判厅办事规则》，汪庆祺编《各省审判厅判牍——王朝末日的新式审判》，北京大学出版社，2007，第374页。

⑥ 《奉天各级审判厅章程附章》，王家俭、姜可钦、童益临、崔家骏编辑，朱延龄、汪仁宾、锡箴校勘，汪守珍、许世英、汪世杰鉴定：《奉天司法纪实》，陪京印书馆，1909。

讼费、罚金等款统一管理①，并把承发吏递送传票和文书所收的被称为"票费"的规费充公，由本省高等审判检察厅按时汇报。② 各省并出台了相应的章程如吉林省规定："凡各项罚金、讼费、状纸费、承发吏规费及充公各款统作为各处收支经费，按季将所收及动用各款由典簿核明，列册呈报提法使、存案并按月列表悬示"。③ 宣统元年（1909 年），法部上奏清廷，筹定全国统一的状纸通行格式，同时提出各省诉讼状纸的发行及获得的讼费收入，由各省提法使统一管理，并专门制定了章程二十条作为可以操作的依据。④

第四，核减津贴，并定用款数目。核减津贴办法的最终出笼肇端于各省提法使和督抚"裁汰冗员，剔除浮费并定额支数目限期呈报"政策的出台。⑤ 该项政策出台之后，各省审判厅纷纷认为自身非但没有闲杂冗员，甚至还存在人手不够的问题，裁员的办法难以推行。如奉天高等审判厅对此争辩道："现时本厅共设民事一庭、刑事一庭，刑庭推事兼庭长一员，推事二员，民庭推事兼庭长一员，推事一员、委员一员，凡由各地方厅上诉并督抚宪转交提法使提送之民刑案件均归审理，逐日增多，实已应接不暇，此两庭人员之万难再减也。典簿一员承厅丞之命令管理全厅司法上之行政事务，凡文牍、会计、庶务等事

---

① 《高等审判检察厅咨呈提法使将征收各款列入统计表汇报文》，王家俭、姜可钦、童益临、崔家骏编辑，朱延龄、汪仁宾、锡箴校勘，汪守珍、许世英、汪世杰鉴定：《奉天司法纪实》，陪京印书馆，1909，第二册，第 97～98 页。

② 《高等审判检察厅咨呈提法使将征收各款列入统计表汇报文》，王家俭、姜可钦、童益临、崔家骏编辑，朱延龄、汪仁宾、锡箴校勘，汪守珍、许世英、汪世杰鉴定：《奉天司法纪实》，陪京印书馆，1909，第二册，第 97～98 页。《提法使照会高等审判检察厅票费银一钱改收当十铜元十五枚并将讼费等项按季汇报文》，王家俭、姜可钦、童益临、崔家骏编辑，朱延龄、汪仁宾、锡箴校勘，汪守珍、许世英、汪世杰鉴定：《奉天司法纪实》，陪京印书馆，1909，第二册，第 88 页。开始时按月汇报，后来为了减少繁琐，改为按季汇报。

③ 吉林省档案馆——吉林官书印刷局印，《吉林各级审判检察厅办事规则》，第 1～13 页，《吉林行省各级审判检察厅试办章程》，赵润山主编《长春市志·检察志》，第 205～210。

④ 《法部奏筹定状纸通行格式章程折并单》，《大清宣统新法令》，上海商务印书馆，岁次乙酉孟秋，第 12 册，第 30～33 页。

⑤ 《新民地方审判检察厅咨呈高等厅转奉院札筹议裁并冗员剔除浮费文》，王家俭、姜可钦、童益临、崔家骏编辑，朱延龄、汪仁宾、锡箴校勘，汪守珍、许世英、汪世杰鉴定：《奉天司法纪实》，陪京印书馆，1909，第二册第 113～114 页。《营口地方审判检察厅咨呈高等厅转奉院札筹议裁并冗员剔除浮费文》，王家俭、姜可钦、童益临、崔家骏编辑，朱延龄、汪仁宾、锡箴校勘，汪守珍、许世英、汪世杰鉴定：《奉天司法纪实》，陪京印书馆，1909，第二册，第 111～113 页。

均系典簿专责，无可旁贷，主簿录事各二员，分配民刑两庭，掌录供叙案，并缮写保存文卷等事，职务即繁，关系綦重，又统计处委员一员，自上年十月间奉饬办理各级审判检察厅统计事宜，拟定表式、调取案牍，头绪纷如，实非仓促所能就理，又专办登记事宜委员一员，编译登记法令书籍并拟筹登记讲习所办法及章程规则等件，尤为专门学科未易率尔从事，此典簿以次各员，有一人得一人智力，实无可归并者也。伏读宪札语意重在裁汰无用之冗员，而不徒在核减少数之经费，于政体极为精善。本厅固应勉称斯旨、力为其难。惟本厅人员再四考查，实皆各有所事，迥非备员充数，且时有不敷调遣之虞，欲期功效之渐彰，自未便故从简陋"。

　　人员无法精减，开支还是要减，于是奉天高等审判厅与奉天提法使商榷，采用核减津贴的办法，实现撙节的目的，并制定了具体的办法和减少数字。"本厅再四思维，既无可裁之员，而当此财政困难之时，不得不力求撙节以为壤流之助，现拟仍从核减薪津入手，厅丞前经向提法使切实商明。本厅呈丞月支公费银六百两津贴银四百两，按照各司道一律停支津贴，本属普通办法，但各司道于津贴之外本有公费、养廉两项，厅丞尚未奏定养廉，若将津贴银两全数裁去，实不足以赡养身家，拟请自五月初一日起，每月减去津贴银二百两；又实缺推事兼庭长一员，每月津贴银一百两，亦拟减去银五十两；其推事、典簿以次各员原定公费津贴为数本不甚多，拟即一律仍旧。此公费津贴数目之可略为变通者也。"① 此外还核减办公用费。裁去庭长、推事、典簿、书记、承发吏、号房、茶房等人员的笔墨油烛费。派往各厅的实习人员不给公费。检察长的津贴银每月减去二百两。同时规定："试署期内除公费全领外，其津贴一项各按额定数目发给一半，俟补实后再行全额"。②

　　以奉天为例我们对实施核减津贴办法后，从节省银两数字中看其成效。

---

① 《高等审判厅呈复督抚核减津贴并定用款数目文附批》，王家俭、姜可钦、童益临、崔家骏编辑，朱延龄、汪仁宾、锡箴校勘，汪守珍、许世英、汪世杰鉴定：《奉天司法纪实》，陪京印书馆，1909，第二册，第104～111页。

② 《提法使呈请督抚将高等厅丞检察长支给全数津贴文附批》，王家俭、姜可钦、童益临、崔家骏编辑，朱延龄、汪仁宾、锡箴校勘，汪守珍、许世英、汪世杰鉴定：《奉天司法纪实》，陪京印书馆，1909，第二册，第89～90页。《提法使照会高等审判检察厅呈拟各厅裁员减薪办法奉督宪批准文附清折》，王家俭、姜可钦、童益临、崔家骏编辑，朱延龄、汪仁宾、锡箴校勘，汪守珍、许世英、汪世杰鉴定：《奉天司法纪实》，陪京印书馆，1909，第二册，第92～96页。

表 5－3 奉天省司法机关减员减薪办法

单位：两

额支款项	每月额支	每月拟减银两数	岁省银
高等审判厅厅丞公津		200	2400
已补实缺庭长推事一员公津	250	50	600
高等检察厅检察长公津		200	2400
检察官二员拟裁去一员公津	150		1800
承德地方审判厅推事长公津	600	100	1200
已补实缺庭长推事三员公津	250	50	1800
承德第一初级审判检察厅每月厅中公用额支经费	150	50	600
第二第三初级审判厅推事二员公津	130	30	720
第二初级审判检察厅每月厅中公用额支经费	100	30	720
第三初级审判检察厅每月厅中公用额支经费	100	30	
承德地方检察厅检察长公津	500	100	1200
抚顺地方审判厅推事长公津	400	100	1200
庭长推事一员每月公津	200	50	600
抚顺地方检察厅检察长每月公津	300	60	720
检察官一员	125	裁去归检察长兼办	1500
审判检察两厅厅中公用额支经费	300	150	1800
抚顺初级推事一员公津	130	30	360
两厅厅中公用额支经费	100	50	600
承德审判厅看守所拟归并模范监狱署代办，裁所官一员、医官一员，书记一名，所丁四名			1300
各厅司法巡警共84名，伙夫7名，每年约需饷银6900余两，冬夏服装约需银2600余两，现一并裁去，改用庭丁及押送监丁46名，岁约需工食服装银4000余两			5000
合　计			270020

注：资料来源于《提法使照会高等审判检察厅呈拟各厅裁员减薪办法奉督宪批准文附清折》，《奉天司法纪实》，第二册，第92～96页。据其整理而得。

湖南提法使署改设属官分科治事过程中，从自身做起，一二等科员每月各减十元，匀作额外科员津贴。①

对津贴的减给，不仅在司法机构正式的办公人员内施行，后来逐步扩展到作为预备人才的法政学堂学生。如直隶提法使署内法政分校丙班，原来有十名学生每月发给官费津贴九两，其余均为二两，后来减少为原来的三分之一，即

① 《湖南巡抚杨文鼎奏提法使署改设属官分科治事折》，《申报》宣统三年闰六月初六日，1911年7月31日，(113)，507。

给九两者减为三两，给二两者减为洋一元。①

有关媒体也对此给予了关注和报道，如宣统元年（1909 年）四月十五日的《申报》报道："奉天提法使署向按奏定章程分设四科，每科应设佥事一名，旋由吴提法使补二名，可因锡清帅注意裁员减薪，故又将该司刑事科魏佥事倬拟再行裁去。吴提法使现又拟将地方审判厅程推事长继元减去津贴，其庭长推事三员，每员每月各减去五十两，检察厅廖检察长世经减去一百两，统计两厅每岁可省经费银四千二百两。承德第一审判、检察两厅自开办后月支额定经费银一百五十两，刻闻提法吴司使拟将两厅经费减去五十两，每岁所省亦有六百两"。②

第五，加强额支监管。各级审判检察厅的每月额支，作为常年经费是非常重要的一笔，在经费紧张的情况下，能不能在节约的前提下，把好钢用在刀刃上，是关乎法制改革整体效果的一个关键环节。每一笔钱的支领必须有所依据，具有合法性与必要性。对其加强监管成为当时势在必行的一个任务。而怎样监管，即由谁监管和监管程序的问题非常重要，也是当时相关各方不断讨论的一个问题。监管的成效如何直接影响着经费的合理利用和效果最大化，关乎整个改革的成败。

最早提出经费监管问题的是奉天提法使。光绪三十三年（1907 年）十二月，奉天提法使提出，各级审判厅、检察厅的按月额支，由督抚制定专门的章程予以规范。光绪三十三年（1907 年）十二月初三日的督抚批复中，提法使又被重新委任查酌妥定，并规定了由督抚核夺的程序。提法使最后决定，具体每月额支，由各级审判厅、检察厅自行拟议，而自身进行复核，即作为一个监管机构。除了远道调查、检验、搜查、拘捕、传唤车马等费和员司伙食、笔墨、油烛、煤火及厅内一应公用杂费，及看守所犯人工食等项的特别用款之外，司书生、承发吏、庭丁、杂役的添用，人员添用必须经过提法使的首肯。尤其是对于公用额支加强监管，高等两厅比照提法使，对地方和初级两厅的额支，报销时严格根据具体情况进行审批。③

---

① 《法政分校减给津贴》，《大公报》宣统三年四月廿六日，1911 年 5 月 24 日，第三张，（15），141。

② 《锡督汰员薪纪闻》，《申报》宣统元年四月十五日，1909 年 6 月 2 日，（100），452~453。

③ 《提法使呈督抚核定各厅额支经费数目文附清折并批》，王家俭、姜可钦、童益临、崔家骏编辑，朱延龄、汪仁宾、锡箴校勘，汪守珍、许世英、汪世杰鉴定：《奉天司法纪实》，陪京印书馆，1909，第二册，第 80~87 页。

随后，吉林提法使也在其制定的《吉林行省各级审判检察厅试办章程》中之《吉林各省审判检察厅办事规则》中正式把这一措施法制化。其第十一章杂项之137、138两条作了明确规定："第137条、各厅开支杂费，均须实报实销。审判厅由主簿内专派一员司其出纳，每月汇报典簿稽核，每季由典簿列册呈报提法使查核。检察厅及初级审判厅派书记一人，司会计，按季册报提法使。第138条、各厅如有应修工程等项或购办公器具，需额外巨款者，随时呈请提法使核办"。①

第六，归并机构，裁减人员，整合资源。单纯采用不减人，减津贴的的办法，最初在奉天还可以勉强推行，但是，财政的艰难使这种措施向其他省份推行的时候，遭遇了诸多的起伏与曲折，不得不在此基础上做出新的变通，重新回到归并机构、精简人员的老方案，成为身陷困境的各省提法使不得不做出的新选择。如宣统元年（1909年）六月，江西藩臬两司共同筹设省城浔埠两处各级审判检察厅，厅丞以首县暂兼，初级推事附法政学堂。德化县兼初级审判。省城初级审判厅二所，设两县署附近或以典史衙门改作，推事各一员，以南昌县，新建两首县兼充，不支薪水，照章不设录事。②宣统元年（1909年）九月，黑龙江提法使遵黑龙江巡抚周树模札饬，参照奉天、吉林两省审判厅章程酌量缩减，拟定黑龙江各级审判、检察厅试办章程。③宣统二年（1910年）四月，浙江提法使李传元奉浙抚转行准法部咨饬核定审判厅厅数员数，把初级审判厅的设置，由原来计划的八所，改为五所，裁减了三所。地方审判厅由原来的计划设推事十人改为四人。④宣统三年（1911年），在资政院的预算中，司法经费表中明确说明，天津初级审判厅只能设立两处，其余全部裁撤。提法使据此把其辖境内之河北、小乐王庙初级审判厅，归并到南马路审判厅，继续保留了杨柳、青城、水沽初级厅。⑤宣统三年（1911年）六月，湖南提法使在改设属官、分科治事的过程中，把提法使属和长沙府属附设之清讼处、统计处、审判筹备处，归并到新设之总务、刑民两科办理。裁撤照磨和所有书役，

① 吉林省档案馆——吉林官书印刷局印，《吉林各级审判检察厅办事规则》，第1～13页；《吉林行省各级审判检察厅试办章程》，赵润山主编《长春市志·检察志》，第205～210。
② 《赣藩臬遵饬筹设省城浔埠两处各级审判检察厅拟定办法呈督抚文》，《申报》宣统元年六月初八日，1909年7月24日，（101），357。
③ 《黑龙江巡抚周树模奏江省筹备宪政第二年期成绩折》，《申报》宣统元年九月廿五日，1909年11月7日，（103），101。
④ 《核定审判厅厅数员数》，《申报》宣统二年四月十九日，1910年5月27日，（106），422。
⑤ 《归并审判厅》，《大公报》宣统三年三月初四日，1911年4月2日，（14），500。

并制订了省城模范监狱建成后裁撤司狱的计划，刑幕、修金、鉴印、收发、各委员薪水、书吏纸工、饭食、清讼、统计审判筹办等处经费均于分科之日一律停支。① 后来不仅在审判厅、提法使等司法机构内部归并和精减，与之相关的法政学堂也在各省提法使的力主下走上了归并和精减之路。如宣统元年（1909年）三月，湖北提法使杨文鼎筹设养成审判所，监督管理各员均采用兼职管理的办法，不再另外开支，以节糜费。考验稽查事宜均归臬司经理，管理等事归法政学堂监督邵章兼任。② 直隶提法使齐耀琳与直隶藩司凌福鹏协商后，把直隶法政、法律两学堂并归北洋法政学堂。③

二　提法使和司法人员的津贴

在经费紧张的情况下，各省提法使并没有无原则的实施裁员减薪政策，而是同时力求保障司法人员的切身利益，给予他们人性的关怀。

光绪三十三年（1907年）十二月，奉天提法使照会高等审判检察厅，奉督抚明定各厅官员公费津贴数目，除津贴系按半数支给外，其公费即按照全数，从开办之日起按月向度支司支领。并制定了清折。具体公费津贴情况见下表。

表5-4　奉天各级审判检察厅人员公费津贴

单位：两

人员	公费	津贴
从四品高等审判厅厅丞一员	600	400
正六品庭长二员	150	100
正六品推事四员	100	50
正七品典簿一员	80	30
正八品典簿二员	40	20
从九品录事二员	40	
书记生十名	一等14、二等12、三等10	

---

① 《湖南巡抚杨文鼎奏提法使署改设属官分科治事折》，《申报》宣统三年闰六月初六日，1911年7月31日，（113），507。

② 《鄂督奏设养成审判所之计划》，《申报》宣统元年三月初四日，1909年4月23日，（99），769~770。

③ 《归并学堂之计划》，《大公报》宣统二年八月二十三日，1910年9月26日，第二张，（13），130。

续表

人员	公费	津贴
巡守巡警十二名	公费照警章发给	
承发吏四名	不定	与书记同
庭丁六名	6	
从五品地方推事长一员	400	200
从六品庭长四员	150	100
从六品推事八员	100	50
从七品典簿一员	80	30
从八品主簿二员	40	20
正九品所官一员	60	40
从九品录事一员	40	
书记生二十名	一等14、二等12、三等10	
巡守巡警二十名	照警章发给	
承发吏十名	不定	与书记同
庭丁八名	6	
正七品初级审判厅推事六员	90	40
书记生二十四名	等14、二等12、三等10	
巡守巡警二十四名	照警章发给	
承发吏十二名	不定	与书记同
庭丁十二名	6	
从四品高等检察厅检察长一员	500	300
正六品检察官二员	100	50
从九品录事一员	40	
书记生六名	等14、二等12、三等10	
司法巡警十六名	照警章发给	
从五品地方检察长一员	300	200
从六品检察官二员	100	50
从九品录事一员	40	
书记生六名	一等14 二等12 三等10	
司法巡警三十名	照警章发给	
医师一名		
检验吏男四名，女二名	10	
正七品初级检察厅检察官六员	80	30
书记生十二名	一等14、二等12、三等10	
检验吏男十二、女六名	10	

注：资料来源于《提法使照会高等审判检察厅奉督抚明定各厅官员公费津贴数目文附清折》，王家俭、姜可钦、童益临、崔家骏编辑，朱延龄、汪仁宾、锡箴校勘，汪守珍、许世英、汪世杰鉴定：《奉天司法纪实》，陪京印书馆，1909，第二册，第75~80页。据其整理而得。

　　光绪三十四年（1908 年）九月，奉天提法使主动呈请督抚，将已经补为实缺的署高等审判厅厅丞许世英和署高等检察厅厅长汪守珍的津贴全部支给，作为对其认真工作，做出贡献的一种肯定与奖励，"奖劳绩而励贤能"。①

　　光绪三十四年（1908 年）十月至十二月之间，奉天提法使又呈请督抚，将各厅新补人员，如奉天省高等审判厅推事谢桐森、署奉天府地方审判厅推事孙长青、署地方审判厅推事长萧文华等 19 人支给全数津贴。②

　　提法使对裁撤人员也采取了体恤的办法，如被裁之员自消差之日始，仍酌给一月薪水。③

　　对死亡的司法人员也发给一个月津贴，以示体恤。如在奉天提法使的批准下，发给奉天府第四初级检察厅检察官陆肇堂之家属一个月的津贴。④

　　在保证撙节的前提下维护全省司法人员的权益，对财政和个人都有所关照，能够提高他们的工作积极性。这种做法秉承了清代一直奉行的儒家奉为圭臬的关爱、体恤的道德观，同时也维护了被裁之员的权益，对未被裁之员工作积极性的提高也具有政治导向作用。全力维护全省各级审判检察厅人员的薪津，以保障其工作积极性。效率与公平的问题是个老问题，对效率与公平的正确处理会影响到人心浮动与稳定。虽然是在司法界范围内的举措，然而这种举措的背后是一种政治策略。任何一种政治举措都会产生一定的社会效益，社会效益的广泛性涉及每个人群，当然也会涉及司法群体内部。司法人员也同样首先是人，生存是他们的基本需要，如果没有基本的生存保障，就不会把全部精力贯注于他们负责的事务，这就是高薪养廉的积极意义。绝对不能简单地以道德的标准来评判和要求司法人员，而不给他们物质待遇。排除了物质利益的道德说教和精神动员是不正常的，可能会在短时间内奏

---

① 《提法使呈请督抚将高等厅丞检察长支给全数津贴文附批》，王家俭、姜可钦、童益临、崔家骏编辑，朱延龄、汪仁宾、锡箴校勘，汪守珍、许世英、汪世杰鉴定：《奉天司法纪实》，陪京印书馆，1909，第二册，第 89～90 页。

② 《提法使呈请督抚请将各厅新补人员并萧推事长给全数津贴文附批》，王家俭、姜可钦、童益临、崔家骏编辑，朱延龄、汪仁宾、锡箴校勘，汪守珍、许世英、汪世杰鉴定：《奉天司法纪实》，陪京印书馆，1909，第二册，第 90～92 页。

③ 《提法使照会高等审判检察厅呈拟各厅裁员减薪办法奉督宪批准文附清折》，王家俭、姜可钦、童益临、崔家骏编辑，朱延龄、汪仁宾、锡箴校勘，汪守珍、许世英、汪世杰鉴定：《奉天司法纪实》，陪京印书馆，1909，第二册，第 92～96 页。

④ 《奉天府第四初级审判检察厅咨呈提法使请将十月份津贴发给已故检察官家属具领文》，王家俭、姜可钦、童益临、崔家骏编辑，朱延龄、汪仁宾、锡箴校勘，汪守珍、许世英、汪世杰鉴定：《奉天司法纪实》，陪京印书馆，1909，第二册，第 324 页。

效，但绝不会长久。所以改革者更应该考量的问题是改革时机的是否成熟，而绝不是盲目的、不切实际的行政命令和道德动员。这种情况下，奉天提法使坚持考虑全省司法人员的切身利益，是关注民生的一部分，考虑他们的物质要求是符合自然规律和人的本质需要的，是对人性的一种体认。改革的成败需要天时、地利与人和，如果忽视了司法人员的切身利益，他们将不会正常工作，产生更加不利的影响，所以，提法使的这一做法是科学、合理的，也是值得肯定的。

尽管各省提法使采取了诸多措施，也依然难满足改革对经费的庞大需求，各省纷纷表示财政困难。如浙江布政使颜钟骥认为浙江财政实在困难，且出现了大量拨解未清的款项："本年拨解未清者，计银两万余两，洋十四万元，虽系认筹而将来以何款抵拨尚无把握，又饬筹向无底款者，计银八十二万七千余两，洋一百零二万八千余元，皆准各衙门移知，系本年必须系如司法经费内开臬司公费银九千六百两，分科经费银一万一千五百三十六两，审判研究所经费洋六千七百九十二元，建筑省城商埠各级审判厅洋十七万元，建筑模范审判厅开办费洋九万元，模范审判庭开办费三千九百元，常年经费二万五千三百四十元，省城商埠各级审判厅开办费二万一千元，常年费洋五万二百元，检验传习所开办费洋一千元，常年费洋一万一千五百三十八元，模范监狱看守教练所开办费洋二千元，常年费洋一万二千五百八十六元，罪犯习艺所建筑费洋三千元等款，皆苦乏点金之术，又难为无米之炊等语，现增抚准详已饬李臬司何者应先何者可缓，悉心筹划，酌量核减，拟议详办。然来日方长真有难乎为继之慨"。①黑龙江提法使制定的宣统三年（1911年）司法经费预算也被度支部驳回。②东三省总督徐世昌奏请销磅余银也未被批准。③而且度支部认为宣统三年（1911年）时，清廷的财政已到了危迫的状态。④直隶还出现了提法使署内之法官养成所，因为学生交不上学费而停课的现象。⑤法部和度支部对各省审

① 《浙省财政之困难》，《大公报》宣统二年四月初三日，1910年5月11日，（12），57。
② 《司法经费被驳》，《大公报》宣统二年十月初四日，1910年11月5日，第二张，（13），348。
③ 《度支部会奏议复东督奏请销磅余银两碍难照销请饬分案详细开单送部折》，《申报》，（101），689。
④ 《度支部奏遵章试办宣统三年预算并历陈财政危迫情形折》，《大公报》，（13），350。
⑤ 《法官养成所停课》，《大公报》宣统三年十月十二日，1911年12月2日，第二张，（16），479。

判厅的经费也不断干预。① 各省督抚对司法经费的筹集和支出不断干预，在某种程度上帮助了提法使的施政，使其效率更高，但是过多的干预则削弱了提法使的权限与职能。② 诉讼费用的征收虽然由提法使主持，收入经费亦由其管理，但由于改革仓促，又处于改革之初，诸多方面都不成熟，关于收取讼费的标准也很不完善，使得各级审判厅在处理案件收取费用时，依然很难操作。遇到具体问题很多时候并不能自己决断，而是受到来自各省督抚、法部和宪政编查馆的多方掣肘。如江西提法使向江西各级审判厅下发各项司法章程，但并没有专门的收取讼费的规章，"于讼费一节多系规定征收之数目，未经规定征收之权限与方法"③，而讼费改革已经开始，南昌地方审判厅因为判决上诉案件收取讼费的权限和到期限不缴讼费如何处理而无所适从，不知收费的具体权限是什么，即在什么情况下可以收？在什么情况下不可以收？以及收取讼费的具体程序与方法是什么？这些都无从知晓。所以，只好呈提法使进行咨询，提了一系列问题。江西提法使对此也无力做出具体的解释，更没有为其制定出详细的施行方案，而是只能仰法部鼻息，观法部的行动而为。法部也只能酌拟章程，必须由宪政编查馆核议。总体来说，提法使受制于法部和宪政编查馆的掣肘很多，程序也太复杂。④ 法部不但不能给经费困难的各省提法使拨给资金以支持改革，反而打着防止被不肖官吏侵蚀舞弊的名义，要求各省的罚金一半解往法部。⑤ 使经费已经非常困难的提法使雪上加霜。提法使制定的经费预算要经过督抚的复核，进一步增加了提法使施政的艰难，如宣统二年（1910 年）吉林提法使吴焘制定的提法使官制和相应的经费预算被督抚驳回。⑥ 财政经费的困难致使提法使主持的各省法制改革很难广泛深入地顺利开展。在全国法制

① 《法部咨度支部并通行各省审判厅费应照预算奏案开支文》，《大公报》宣统三年六月廿九日，1911 年 7 月 24 日，第三张，（15），507。《度支部电示审判经费拨用办法》，《申报》，（109），22。
② 《东督与吉抚电商节费办法》、《锡督裁薪汰员续闻》，《申报》，（100），512。《吉抚请拨巨款被驳》，《申报》，（100），515。
③ 汪庆祺编《各省审判厅判牍——王朝末日的新式审判》，北京大学出版社，2007，第 262 页。
④ 《南昌地方审判厅为判决上诉案件应收讼费权限及不遵限呈缴应如何方法征收呈提法使文》，汪庆祺编《各省审判厅判牍——王朝末日的新式审判》，北京大学出版社，2007，第 262 ~ 263 页。
⑤ 《申报》宣统元年九月十八日，1909 年 10 月 31 日，（102），913。
⑥ 《提法使官制不合部章被驳》，《申报》宣统二年三月初一日，1910 年 4 月 10 日，（105），646。

改革的喧嚣声中，却出现了行政兼理司法非常普遍的奇异现象，尽管宪政编查馆和法部不断电催，各省提法使依然举步维艰。① 外界对此评价也比较低，如某御史奏"奉省官制不善，官缺太多，靡费甚巨。徐世昌过事铺张，已用去两千万，毫无成效。徐尚自诩可为各省模范，今则尚需以各省为模范。民膏易尽，请饬将官制薪俸大加更改，悉照内地办法"。②

尽管如此，却绝不能说提法使采取的诸多的筹集资金、减少开支、整合资源的改革没有任何意义。不可否认，这些措施在一定程度上缓解了法制改革的财政危机，使得各省法制改革在提法使的主持下得到了一定程度的推进。清廷灭亡前夕，各省省城商埠等重要的行政区域和经济发达地区已经基本上普遍设立了各级审判厅、检察厅和监狱，大体上形成了一种立体的法制机关的网络，并且这些机构在清廷灭亡之前也已经开始按照新的法律、法规和从西方移植过来的模式处理大量的司法案件。这些机构的存在使案件审理的公正性大大前进了一步，给全体国民耳目一新的感觉，他们的出现也使中国的司法与国际进一步接轨，对于改进中国司法在西方国家中的形象具有非常积极的意义。如果没有提法使对经费不遗余力的筹集和最优化的整合，这些成绩也是不可能取得的。清廷最终灭亡造成的清末法制改革进程草草收场，归因于当时的国内国际形势，单凭提法使一己之力难以改变。同时，提法使在国家危机、财政困窘的情况下主持的改革，也给以后的继续改革提供了经验和启示。

第二节　权限争夺与责任推诿

自从世界上有了第一个奴隶制国家，主宰国家政治生活和命运的官员们就开始与权限争夺联系在一起，并随着时势的变迁、王朝的兴替成为永不褪色的、永恒的主题。在每一次重大的历史事件中皆表现得尤为突出，无论冠之以贬抑色彩的"阴谋"，还是名之曰褒扬基调的"改革"，无非是人们给客观的历史事件添加的具有人为色彩的，或许并不相称的外衣，揭开这些外衣之后，我们就会发现，这些故事背后都写着两个大字——"权力"。多少人为了这两

---

① 《吉省司法独立问题·饬设审判检察厅》，《申报》宣统元年二月二十四日，1909年3月15日，(99)，199。
② 《专电》，《申报》宣统元年三月十九日，1909年5月8日，(100)，100；《奏请饬改奉省官制》，《申报》1909年5月13日，(100)，170。

个字忍辱负重，多少人又为了这两个字铤而走险，演绎出一幕幕错综复杂、扑朔迷离的历史活剧，也编织了一个又一个人们永远也无法跳出的网。这些跌宕起伏、扣人心弦、动人心魄的故事发生之后，留给我们一个又一个的问题，也给我们留下了无限的思索。

清末法制改革亦不例外，尽管它是一场改革，从主观愿望上来说是趋新、趋利、趋好的，是为了打破旧的、不合时宜的体制和习俗而进行的变革。然而，任何一个转型期的政府总是既有新人，又有旧人，亦新亦旧、新旧交织，剪不断，理还乱，才是历史的真实面相。何况，即便是作为新人的改革派内部也难免会出现观点的差异，取径的不同，作为旧人的保守派也很难做到从头到尾都是铁板一块，不发生变化。这其中既有个人利益的冲突，又有政治理想的差异，共同构成了清末法制改革的复杂面相。然而，世界上即便最复杂的事务抑或是事件、现象，总是存在这样或那样的规律性，人们皆可以通过类分的方式把模糊的事务变得清晰。笔者试图通过对这一时期有关史料的爬梳、排比、比对、类分，找出清末法制改革中与提法使有关的权限争夺的机构、个人、事件等，从而探寻提法使在清末法制改革中得以施展或被阻碍的线索与症结，从百年史中找寻历史发展变迁的轨迹，并试图总结出这一客观历史运动过程给我们留下的启示。

划清权限对于清末宪政改革的意义，在改革之初已经有很多有识之士认识到其重要性，这些人员的构成包括了政府官员和民间两个方面。

一　官员对督抚权限的讨论

光绪三十二年（1908 年）八月二十一日，御史赵炳麟在对清廷的奏折中引用西方的话向清廷表达划分权限的重要，"西国政治家恒曰：立法不善，弊甚无法，故必明立法权之所属，有法不行，与无法等，故必定司法官之权限。"① 在清末官制改革的过程中，为了适应改革的需要，添设了一些新机构，裁撤了一些旧机构，改革仓促进行，各种准备不足，于是出现了新旧机构之间，旧机构与旧机构之间，甚至新机构与新机构之间，在权限方面的冲突、碰撞与摩擦。这种冲突不仅表现在中央机构之间，外省官制改革中的权限冲突也比较明显，有的还较为激烈。甚至有的官员认为，官制改革之后，

① 《御史赵炳麟奏立宪有大臣陵君郡县专横之弊并拟预备立宪六事折》，故宫博物院明清档案部编《清末筹备立宪档案史料》，中华书局，1979，第126页。

益形纷乱。① 针对此种情况，光绪三十三年（1907 年）七月十八日，銮仪卫候补经历王芷升建议清廷划清权限，以息争端，"近因京外各职官，或裁撤，或添设，细章未定，屡起争衅……警务与司法争权，筹款各局与税局争权，甚至诈者欺愚，强者凌弱，越礼犯分之为，绝无顾忌。不为划清权限，严定刑章，恐上伤政体，下坏风俗，其关系甚非浅鲜。职窃谓无论京外新旧各官，宜急为划清权限，各守职分，稍有侵越，即从严惩罚。……权限既定，允宜榜示中外，俾臣民咸知约束。盖立宪之道，虽以伸民气为先务，而不守职分，互相凌厉，即立宪亦难收效。无论古今中外，有法律内之自由，无法律外之自由。划分权限乃无非僻之干矣"。② 光绪三十三年（1907 年）九月，监生徐惠栋再次建议清廷规定权限。徐氏指出："立宪政体所善者，即在明定一国各部机关之编制及权限，严禁其相侵，使各部得以操纵如意，而事之成否，亦惟其一身任之，而不得旁贷。中国今日大患，莫甚于内外之权限缠绕而不划明，论其表面，似皆有其职权，究其实际，实各脱离其责任，枢臣暗于各省情势，有所措施，不得不责之疆吏，疆吏即须受制于枢臣，不得不遵照部章委曲求全，以为息事宁人之计。且更调太烦，迁转太骤，新者既已受任，而苦于地方情形之未谙，旧者为日无多，方踌躇交代之未遑，何暇经营庶务。责成既无所专，事权又无统属，百官有司，亦皆舍其职任出位是思，官守即失，事何由举，十余年来内政之纷更，外交之失败，军力之委靡，财政之繁苛，谓非权限不清为之咎哉。……内外臣工进退悉由圣裁，枢臣得通行懿旨于疆臣，而不能任意黜陟以便其私图，疆吏遇事可互商枢臣，亦无须复核攀援取容于权要。小官下吏，亦明定章程，不可越于权限之外，则上下之分益明，中外之血脉通，而无痿痹壅隔之弊矣"。③ 光绪三十三年（1907 年）十二月十五日，御史黄瑞麒在奏折中指出督抚的权限无法可依，使各省甚至每个省在不同的督抚任上分别显示出不同的特征，使全国不能政令统一，危害甚大。"当今最大之弊，最与法治国不相合者，莫如任人而不任法。当以部臣与疆臣比较观之，而知有法与无法之厉害，不可同日而语。各部事宜著之则例，无论堂司不能违例以断事，故部臣之诡法者不经

---

① 《两江总督端方代奏徐敬熙呈整饬行政立法司法机关折》，故宫博物院明清档案部编《清末筹备立宪档案史料》，中华书局，1979，第 261 页。

② 《銮仪卫候补经历王芷升条陈考察民情选练忠义军奖励工艺整顿学堂等项呈》，故宫博物院明清档案部编《清末筹备立宪档案史料》，中华书局，1979，第 226 页。

③ 《监生徐惠栋条陈振举纲维规定权限修明军政培养民生为立政大纲呈》，故宫博物院明清档案部编《清末筹备立宪档案史料》，中华书局，1979，第 296～297 页。

见，而各部尚书、侍郎，则旬日迭易，亦无不举之事。此有法之效也。各省则事权集于督抚，初无一定之法规，举凡用人、行政、理财、用兵，皆督抚以意为之，督抚而贤则一省之事举，督抚而不贤则奸弊百出，贻误无穷。且无论督抚贤不贤，其封圻之内，自为风气，一有升调，变更纷纭，实为各省之所同。此无法之失也。督抚无法可循，自逞私图而不觉。甚至各行其是，任意纷更，视属吏为私人，对邻封若异国，全国之大号令不能齐一，精神不能贯注，此弊之最大，当急去者也"。① 光绪三十四年（1908 年）五月二十四日，已经卸任的工部员外郎刘梣指出了划清督抚权限的重要性，同也指出划清督抚权限的艰难，"东三省现行官制，大致无降，将来推行各省，当无阻碍。惟按日本制度，彼之郡犹我之州县，彼之府县犹我之直省。日本府县知事统属于内务省，则我之各省督抚应统属于民政部，而今各省督抚，固于民政部尚书立于平等地位，势均力敌。倘抑其权位使相统属，则督抚之权太轻，地大事繁，恐难镇摄。若仍现今平等之制，则督抚之权太重，各治一方，省自为治，与联邦政体无异，恐难收中央集权之效。此行政机关最大之问题"。②

权限不清的问题伴随着清末司法改革的整个过程，直到清廷灭亡前夕的宣统三年（1911 年）四月初三日，还有人上奏折反映此类问题，"臣窃见近年以来，朝野上下皆以厉行新政为汲汲，然一令之颁，出国门而辄阻，一事之举，因费巨而不行，以致部臣、疆臣显分畛域，疆臣之所管辖，部臣不得而干涉之，部臣之所筹划，疆臣或从而抵抗之。政出多门，权无专属"。③ 为了解决权限不清的问题，清廷还曾经讨论并提议成立权限裁判所，但是由于其他原因被不断搁置，出现的权限争议问题暂时由内阁法制院处理，关于行政司法之间的权限争端由法部会同办理。④

二　关于提法使权限的争论

提法使作为清末司法改革中重要的机构之一，身为一省最高司法行政机

---

① 《御史黄瑞麒奏筹备立宪应筹全局分年确立办法折》，故宫博物院明清档案部编《清末筹备立宪档案史料》，中华书局，1979，第 316～317 页。

② 《前工部员外郎刘梣条陈预备立宪之事应实力举办呈》，故宫博物院明清档案部编《清末筹备立宪档案史料》，中华书局，1979，第 341 页。

③ 《军谘处第一厅厅长卢静远奏中央集权地方分权应因地制宜折》，故宫博物院明清档案部编《清末筹备立宪档案史料》，中华书局，1979，第 350 页。

④ 《权限裁判所议从缓设》，《大公报》宣统三年八月初九日，1911 年 9 月 30 日，第二张，(16)，167。

构，横跨司法、行政两界，身处中央与地方之间，既是一个权力机构，又是各方衔接的桥梁与枢纽，在清末司法改革的历史大剧中更是频频出演。综观史料，提法使在清末司法改革的权限争夺中共有三种表现方式，一是提法使自身与其他机构的冲突；二是提法使被作为争夺的对象；三是提法使对其他机构互相争夺权限的协调与整合。笔者将分别展开论述。

（一）提法使自身与其他机构的争夺

任何一个机构都有其自身的利益诉求，任何一个官员作为一个个人也都有其个人的利益诉求，因为官员首先是人，然后才是主政某一机构或某一方面的官员。而人尽管经过长时期的进化，社会性特征日益彰显，并成为与动物最主要的，也是本质的区别，但是人依然是有血有肉、有情感，动物性的一面是一直存在的，所以个人的利益诉求在所难免，官员自然也难以摆脱。再者，每一个官员作为个体，其自身具有的观念与政治理想各自不同。这些都会导致一个机构与其他机构之间的冲突，提法使作为机构之一，参与与其他机构的权限争夺自然也在情理之中。

提法使是一省最高的司法行政机构，按照有关章程规定，提法使不仅掌握着全省司法人员的人事任免权，而且还应该有独立的财政。然而，清末的中央政府已经没有财力支持全省的司法开支，包括提法使本身的开支在内，只好仰仗各省督抚拨给，究竟拨给还是不拨给，拨给多少都由督抚说了算，其中司法人员的薪水是较大的一块，提法使制定的薪水标准很多时候也会被督抚驳回。吉林提法使吴焘制定的吉林提法使薪水标准为"科长每员月支廉费三百金，首科加五十金，一等科员仍系二百金，二等三等依次递减"，吉林督抚认为按此标准每年要增加七千余金的开支，遂将此方案驳回。①

按照有关章程的规定，提法使既然为全省最高的司法行政长官，被赋予在全省范围内司法机构内部的人事、财政权力，审判厅、检察厅、监狱都在提法使的节制范围之内，都要服从提法使的管理。但是由于有些条文对他们各自权限规定得不太清晰，导致提法使与这些机构之间也发生一些争夺权限的冲突。

宣统元年（1909 年）三月，奉天模范监狱关押的嫌疑犯侯元亮、郑相周以李赞皋挟嫌牵控被羁已久为由，恳请模范监狱转呈提法使恩准开释。奉天

---

① 《提法使官制不部合章被驳》，《申报》宣统二年三月初一日，1910 年 4 月 10 日，（105），646。

提法使便照会奉天高等审判厅，令其从速讯结，分别拟办，而高等审判厅却对此持不同意见。高等审判厅认为侯元亮、郑相周是李赞皋京控聚众抢劫案内人犯，究竟是不是伙同作案的人，已经过多次审讯，但始终没能弄清楚；高等审判厅认为案情重大，应格外详慎，所以四次咨行辽阳州添传要证李乃珍质讯，以凭核办。但证人李乃珍始终没有出现，所以长时间没有提讯。高等审判厅又认为，侯郑二人请求开释自然是因为羁押已久，心情急切导致的，既然是审判独立，那么审判厅对于未判决的案件就有特殊的权力，除了诉讼人的呈请、检察厅的监督，其他人是不得干预的。而且模范监狱与高等审判厅有直接关系，侯元亮、郑相周既然属于未决人犯有情可诉，监狱官可以直接送到高等审判厅核办。并向提法使提出以后若再有监狱被看守的人犯递呈之事，直接送到各级审判厅，不再经由提法使，并饬知模范监狱署照办。①

这篇奉天高等审判厅咨呈奉天提法使的公文，从表面上看来是高等审判厅向提法使解释侯郑二人不能释放的原因，并请其向模范监狱署转达审判厅的意见。但是仔细读之，却感觉此文颇堪玩味、暗藏玄机，文章深处透露出的，也是向提法使表达的真实目的是请提法使以后对这类事件不要插手，让模范监狱署与各级审判厅直接联系。把提法使撇在一边，实质上就是与提法使争夺权限。

宣统三年（1911 年）六月，奉天提法使与奉天高等审判厅之间因为用人和俸给问题把这种争夺公开化，并上升为冲突。当时的《申报》登载了其冲突的原因，共两条："（一）用人。法部原定京外各级审判检察厅办事章程第二十三条，各厅员有补职、派署、加俸、退职等事，应由该厅长官出具切实考语，开单具文，经由该监督上官层递出考，申请法部或提法使核办，又第二十四条，总检察厅、高等审判检察各厅长官，于该厅书记官之进级，得按各该厅预算定额，照书记官俸进级章程，以法部或提法使之名义代行之，但事后仍应分报法部或提法使。此项公文日前已由司行文到厅，而提法使并不遵照章程，由各该厅长官层递加考呈请，辄以己意升调人员，高等两厅以为侵越权限。（二）俸给。法部奏定司法划一经费表，奉天吉黑等省生活程度较高，得照现

---

① 《高等审判厅咨呈提法使请转行模范监狱申明权限文》，王家俭、姜可钦、童益临、崔家骏编辑，朱延龄、汪仁宾、锡箴校勘，汪守珍、许世英、汪世杰鉴定：《奉天司法纪实》，陪京印书馆，1909，第二册，第 178～179 页。

定经费数目酌加五成，而提法使于司中经费悉遵法部规定统加五成，厅中仅将各厅长加足五成，至推检以下至书记官莫不随意减少，显分轩轾，高等两厅以为厚己而薄于人。"① 为了解决权限争夺，本来自身作为司法机关的提法使和奉天高等审判厅还电请法部，法部的回复接到后，奉天高等审判厅却秘而不宣。同时民政司在中间调和，也长时间不能得到解决，最后提法使吴钫以天时不正、感冒风寒为借口，禀请公署给假调养，并一面电营口审判厅黄检察长来省诊视，提法使署中一切公事由总务科长杜君暂行代理。②

提法使不仅与其他机构争夺权限，而且也出现了与其他机构互相推卸责任的现象。宣统二年十二月，浙江提法使李传元与钱塘县令高子勋因互相推卸责任便引发了一场争执。当时的《申报》对此事作了报道：

> 浙抚署会议厅日前因司法独立问题特开大会议，一时宪政筹备处科员及各衙门幕职科员均纷纷到会，钱塘高子勋大令以司法即以独立，州县从此不能打人，监狱责任州县不能负担。李廉访谓：现在模范监狱创办尚未落成，所有新旧罪犯均监狱州县狱中，若令检察厅派人前往反多窒碍，责任自应仍由州县暂行负担，提法使不能负此责任。高大令不谓然，以为大官可以不负责任，责任均归小官负担，殊欠公平，于是大起争执。议长曾中丞遂面斥高大令不应如此放肆。高大令经此申斥，负气益甚，遂面问曾中丞能否再容小官发表意见两语，曾中丞笑应之曰：假如因食肉而杀猪不能禁猪之不叫两声。高大令默然，闻者莫不匿笑。③

这件事反映了作为身份社会的中国在实行司法改革之后，很大程度上依然是官职的大小决定发言权的大小。

在那一时期藩臬两司互相推诿也并不鲜闻。宣统元年（1909 年），甘肃发生自然灾害，因为陕甘总督升允隐瞒不报，造成了很大的灾难。清廷追查责任时，藩臬两司互相推诿。对出现这种情况，清廷有人认为是因为藩臬两司没有

---

① 《呜呼司法之前途——冲突者冲突、推诿者推诿》，《申报》宣统三年六月十七日，1911 年 7 月 12 日，（113），187。
② 《呜呼司法之前途——冲突者冲突、推诿者推诿》，《申报》宣统三年六月十七日，1911 年 7 月 12 日，（113），187。
③ 《浙抚调侃属吏之妙语》，《申报》宣统二年十二月二十日，1910 年 1 月 20 日，（110），310。

专折奏事之权。在藩臬没有专折奏事权的情况下，如果各省督抚贤明，就不致贻误时机，如果督抚本人力图掩盖隐瞒，各司会因为不在自己的权限范围以内而互相推诿。清廷对此试图做出变通，各省如果再出现紧要事宜，准藩学臬三司专折入奏，或电请军机处代奏，以免阻隔而误要政。①

（二）提法使成为被争夺的对象

权力的重要表征之一体现在对其他机构的控制，提法使作为承上启下的枢纽，又掌控着全省的司法行政和司法监督的权力。中央机关和各省督抚自然都多有觊觎，力图通过对提法使的掌控来扩大自身在整个体制里面的话语权。清廷进行的法制改革有两个目的：一是实现司法独立，二是加强中央集权。这为中央提出提法使划归自身领导提供了法理依据。而各省督抚控驭地方各司道已有多年，已经习惯了在地方发号施令，况且，由于当时的特殊政治环境造成了各省督抚在与清廷中央的对话中并不显得相对弱势，反而感觉底气十足，所以，各省督抚也寸步不让，在提法使领导权的归属上发生冲突并展开争夺。当然，后来参与讨论的不止是在中央枢府与各省督抚之间，更多其他机构和官员也参加进来，纷纷发表自己的观点。清末的传媒业相对来说已较为发达，各家媒体竞相报道，甚至很多人发表文章，表达自己的观点和看法。使这种争夺在实质上最终超越了官方自身权限争夺的范围，也超越了权限的冲突和争夺本身。大量的民间人士参与讨论最终使这场权限争夺在不经意间变成了民间对这场法制改革的参与，变成了关于法理和法制建设的大讨论，成为一个表达普通民众自身的法制理想与制度设计的舞台。这种参与又反过来影响了各省督抚与中央枢府对提法使争夺的结果，甚至从深层次上说，也影响了整个清帝国对法制体制的设计，影响了整个清末司法改革的进程。

总体来说，这场讨论的主要内容包含了两个方面。一是提法使是否应直属中央；二是提法使与督抚的权限关系。这两个方面又都同时包含了两种相反的观点。讨论的人群亦同时来自官方和民间。

1. 提法使是否应直属中央

提法使直属中央观点的倡导者和支持者主要来自中央官员。民间观点不尽一致。

宣统元年（1909 年）闰二月，法部尚书戴鸿慈向枢府提出，"将各省提法

---

① 《政府议准三司专折奏事》，《申报》宣统元年七月初八日，1909 年 8 月 23 日，（101），802。

使与本部直接办事，不必间接督抚，致受行政官箝制"。①

宣统元年（1909 年）五月初七日，赴日考政大臣李家驹亦提出："司法事务，必须全国统一，当为直接官制。司法大臣所掌者，司法行政也，其各地方裁判所，则以独立之故，由司法大臣特设官吏行之，不委诸地方行政官焉"。②非常明确地表达了将要设立的审判机关由司法大臣特设官吏管理，把地方行政官员排除其外的思想。宣统元年（1909 年）六月，会议政务处咨行法部再次提出由法部和宪政馆复议会议政务处制定的理清司法权限和各省臬司直接法部之独立权限各草案。③ 宣统元年（1909 年）七月，清廷又因为陕甘总督升允对灾荒隐瞒不报，造成重大灾难，藩臬两司互相推诿，议准了藩学臬三司对紧要事宜专折入奏，或电请军机处代奏。④

宣统二年（1910 年）二月，清廷中央大员在政务处开会讨论改定外省官制，决计自督抚以下皆直接隶于该管各部，改革之后按察使专理刑事直隶于法部，凡是与本部门有关的奏折，皆直接达于所管之部，不再向本省督抚禀商，而督抚亦不得从中干预，以免阻挠纷歧之弊。⑤

宣统二年（1910 年）三月，又有中央大臣建议各省藩学臬三司及劝业、巡警两道并交涉使均改为由部管辖，直接与部办事以免阻隔。⑥ 同月，军机大臣吴蔚若再次力主司法之权总集法部以收统一之效，各省提法使、按察使及京师大理院均应直接隶于部署，至内务府之慎刑司、理藩部之理刑司所办事宜统宜划归法部，以免事权纷歧之虑。⑦ 不久以后，吴氏又密奏清廷，"各省督抚往往不顾大局，私心用事，每择缺分之肥瘠，以为调剂私人之地步，实与新政前途大有关碍"。⑧ 并得到摄政王载沣的支持。

宣统三年（1911 年）三月二十九日，奕劻在驳斥顺天府尹试图控制顺天司法权时指出："直省提法使之设，诚以我国疆域辽阔，事属改制，端绪纷

① 《申报》宣统元年闰二月十一日，1909 年 4 月 1 日，(99)，445。

② 《考察宪政大臣李家驹奏考察日本官制情形请速厘定内外官制折》，故宫博物院明清档案部编《清末筹备立宪档案史料》，中华书局，1979，第 530 页。

③ 《申报》宣统元年六月十六日，1909 年 8 月 1 日，(101)，465。

④ 《政府议准三司专折奏事》，《申报》宣统元年七月初八日，1909 年 8 月 23 日。(101)，802。

⑤ 《会议中央集权之办法》，《大公报》宣统二年二月一日，1910 年 3 月 11 日，(11)，258。

⑥ 《拟实行中央之集权》，《大公报》宣统二年三月初十日，1910 年 4 月 19 日，(11)，458。

⑦ 《统一司法之政见》，《大公报》宣统二年三月十二日，1910 年 4 月 21 日，(11)，470。

⑧ 《督院札行宪政编查馆咨覆山东巡抚稽查咨议局议员资格并议事范围遵照定章办理文》，《大公报》宣统二年四月十七日，1910 年 5 月 25 日，(12)，139。

繁，无论边腹省份，司法、行政之权，既非中央一部所能遥领，故目前办法，不能不以其司法监督权委任于该司，而仍令受成于臣部。至顺天府属州县仅二十有四，体制虽崇于外府，而辖境则小于省区，且近在京畿，一切司法行政事务，实臣部监督权所能及，是以未设提法专司，原以为省节财力，统一事权之计。"①

民间对此的观点不尽一致。反对者有之，支持者亦有之。反对者如宣统二年（1910 年）二月，清廷政务处会议形成的决议被《大公报》登载十二天之后，就有人写文章在该报上发表，对清廷的这一决策表示反对，甚至对这一政策的执行情况表示担忧，更有甚者，直接提出了裁撤督抚的思想与建议。

> 近闻政府会议改订外省官制，决计自督抚以下皆直接隶于各部，如……按察使直隶于法部……凡有何种奏折及何事商办，皆直接达于所管之部，不必向督抚禀商，而督抚亦不得从中干预，以免阻挠纷歧之弊……欲谋实际的中央集权，以挽回尾大不掉之势，则尤非裁撤督抚不可……故就区域而论，其不能不留此省之一阶级，亦势由特各省之行政官厅对于政府只当有分任之事权，而不得有独立之资格，故督抚虽为一省行政之最高级官厅，论其性质实不啻为地方与中央之承转机关……。乃以按诸今日之督抚其权力之所及已膨胀至不可思议。凡一省之财政、学务、军备、警察诸要端，无不归其掌握，政府虽有黜陟升降督抚之势，分究无真实过问之实权，而督抚乃严成一小政府，各自为政、各不相谋，无整齐划一之规，有彼界此疆之象。某督某抚而以开通著也，则入其境，形式焕然，举凡一切新政应有尽有，俨然具体而微；某督某抚以顽固称也，则入其境草昧依然，举凡一切新政或稍稍敷衍，或竟置之不理，而政府亦无知何。由是而一省之大小官吏惟知奉承本省督抚之意旨，而何者关国家之利害，何者系人民之祸福，胥不遑一顾凡若此几几乎？以个人之志相为全省政治良窳之关键，外人云中国二十一行省不啻二十一国。②

该文分析了清廷力图削弱督抚的心态，"政府之痛心切齿不愿分权于外也

---

① 《宪政编查馆大臣奕劻等奏核议顺天府奏陈各级审判制度及现行清讼办法折》，故宫博物院明清档案部编《清末筹备立宪档案史料》，中华书局，1979，第 892~893 页。
② 《论中央集权宜裁撤督抚》，《大公报》宣统二年二月十三日，1910 年 3 月 23 日，(11)，326。

亦已久矣，一章程也必俟内部之颁行而督抚不得擅订焉；一兴革也必俟内部之
准驳，而督抚不得遽行焉，猜忌防闲之情形已显然可见"。并分析了不撤销督
抚的内在原因，表达了对清廷这一决策背后目的的怀疑："终不敢撤销督抚之
实权者，非畏督抚也，一由于能力薄弱政府诸公之眼光之理想大都囿于京师一
隅，其于各省之风土人情较诸督抚亲历其地者益形隔膜，胸中既茫无把握，遂
时存控制不住之虞，转不如听其各自为治得相安于无事；一由于无责任心政府
之借重于督抚者，冀其为我分过耳，督抚之权即撤，则中央政府即为地方行政
之主体，万一措施失当酿成事变，则实有专归推诿之地，失而腾挪之术，穷积
其二大原因，政府虽不甚满意于督抚，而一切行政实权遂不得不慨授于督抚之
手，督抚乃转得持政府之短长以操纵全省之命脉，而臃肿□□之现象以成，今
日政府于改订官制之际毅然发此伟论，吾不知其为破釜沉舟之争权计乎？抑确
为拨距抉苏之改良计乎？未可知也"。最后论述了假如仅仅剥夺了督抚的权力
却依然留下督抚这一设置的隐患，以及这一隐患最终将导致清廷加强中央集权
的失败，"吾人第就事势论之，政府即有意于中央集权，则督抚必在沙汰之
列，设徒欲去其权而仍留其位，将来司道即直隶于各部不必禀商督抚，督抚亦
不得干预，则司道与督抚已绝无关系，尚需受督抚之节制否乎？设从此可不受
节制也，则督抚既无专司之事，又无统辖之权，留此坐镇雍容之腌赘又何为
者？设一面直接于各部，一面仍须受节制于督抚，是非惟不能减督抚之实权，
适足以便督抚之私图……异日各司道对于各部度亦不能大异乎。是该司道既以
督抚为该管上司，岂敢不为留余地而径输实情于内部者，故即不用正式之禀
商，终不免窥探意旨，以为对付内部之准备，而中央集权之结果只博得遵照部
章四字之报告，于督抚向有之真实权力，曾何有毫末之损哉，虽然吾国政局已
分张散漫，若此一旦而骤言集权谈何容易，窃恐筑室道谋，三年不成，并此司
道隶部云云亦徒成快意之空谈焉耳。况此根深蒂固之丰部欲一举而抉去之，岂
可德耶？岂可德耶？"①

　　民间还有人写文章嘲讽中央各部竞相在各省设置与中央对应的司道，并试
图掌控各省司道，争夺权限的行为。如宣统二年（1910 年）七月二十七日，
《大公报》的"闲评"中有人写道："自中央集权之说赞入政府之耳，各部长
官遂皆议以外省司道直隶内部为入手，盖一以收揽外省之实权，一以位置本部

---

① 《论中央集权宜裁撤督抚》，《大公报》宣统二年二月十四日，1910 年 3 月 24 日，（11），
332。

之闲曹，诚一举两得之妙法也。于是本有者则改其名，本无者则添其官，如……法部则请简提法使。"① 宣统二年（1910 年）八月初五日，《大公报》又有人撰文，题目为《论中央集权之非》。② 宣统二年（1910 年）十月，《大公报》还为法制改革的问题组织了一次征文活动，共有三个论题，其第三个论题就是"论中央政府以夺权为集权之误见"。③ 实际上题目本身已经带有一种批评清廷中央把集权搞成了夺权的行为。《大公报》在当时是一家影响较大的报纸，这种舆论导向作用对清廷把提法使直属中央的想法是不利的。

2. 提法使与督抚的权限关系

在这一问题上，各省督抚表现出力图掌控提法使，把提法使变成督抚属官，继续控制本省司法权。宣统二年（1910 年）五月，贵州巡抚庞鸿书本应告老还乡，但却以藩臬皆系新任，黔省情形尚未洞悉为借口，认为不得不勉与商榷，实质上是力图继续对权力的垄断。④ 宣统二年（1910 年）十一月十七日直隶总督陈夔龙上奏："中国疆域之广，交通不便，行省政策向任自为，必采府厅直隶中央制度，恐与情形尚多隔阂。"⑤ 陈氏不仅要求扩大督抚在地方的权力，还以划清中央和地方的权限为名，试图扩大督抚在中央的影响，并把其合法化。"然国家与地方权限不分，督抚自为风气，或与内阁政策互相歧出，倘内阁之信用不立，斯责任之名实不相符。窃以为宜将国家行政、地方行政速为划分，督抚虽为疆吏，但与中央政策亦应随时接洽，拟仿从前兼部议决之数。其实属于国家行政事务，由内阁分任督抚办理，督抚但得咨达阁部，仍由阁部具奏。其属于地方行政事务，则由督抚监督下级官厅执行"。宣统三年（1911 年）二月，两江总督张人骏针对东三省总督锡良提请裁去督抚的意见谈自己的看法，并致电各省督抚以扩大其影响，张氏的话可谓曲折隐晦，也颇值得玩味，张氏说，"鄙意仍以司法行政各务直接中央为是，特律师陪审各项机关，程度均未完备，户籍不清，愚民可侮，种种流弊，仍应设法严饬"，意思是说他本人还是主张司法行政事宜直接中央的，但各种条件还都不成熟，所以

---

① 《闲评一》，《大公报》宣统二年七月二十七日，1910 年 8 月 31 日，（12），670。
② 《论中央集权之非》，《大公报》宣统二年八月初五日，1910 年 9 月 8 日，（13），37。
③ 《大公报》宣统二年十月初七日，1910 年 11 月 8 日，（13），363。
④ 《庞抚自知恋栈迁延之贻误》，《申报》宣统二年五月十四日，1910 年 6 月 20 日，（106），817。
⑤ 《直隶总督陈夔龙奏请划分中央与地方行政权限并议各省分设留府裁县折六司》，故宫博物院明清档案部编《清末筹备立宪档案史料》，中华书局，1979。

督抚还得对各司道严饬，后面的话表达了其真实想法："督抚即属长官自有监察之责，分掌政务自应汇总于督抚，并受考成于部院，亦理之常，间接直接可无争执，至各司之举荐进退，督抚本有举劾之权，事出秉公，朝廷向以疆吏之言为重，似可仍存向章"。① 表露了其不愿放权的心态。

不仅各省督抚试图争夺掌控提法使的权力，顺天府尹也以顺天没有提法使之设为借口，力图掌控奉天各级审判厅。宣统三年（1911 年）三月二十九日，顺天府在奏陈第三届宪政事宜时提出，"京师高等审判厅既与各省同级，而监督之权，于各省则有提法使，于京师则直隶于法部，在审判递级上行，原无窒碍，而法部监督及于初级，不免繁琐。且今日之筹办，不能不责成地方行政长官，即各厅之行政，未尝不关涉地方行政权限。若以下级归府尹，则上级行政与下级行政不一贯，若并下级归法部，则各厅行政与地方行政必两妨。自非别有明文，凡法令之能通行各省者，转不便于顺天"。

民间在这一问题上也表现出了两种不同的态度。支持督抚控制提法使的有之，甚至有人提出裁撤提法使以增加督抚权限的观点。但反对者亦有之。宣统三年（1911 年）正月二十八日，有人在《大公报》撰文，题为《论外省官制与中央官制之关系》，该文认为："我国督抚本有节制全省，便宜行政之权，自大部为集权起见，于是举督抚固有之权削夺殆尽，而司道之归部请放者反可直接大部，以侵督抚之权"。② 宣统三年（1911 年）闰六月二十一日，又有一化名"梦幻"的人在《大公报》上发表了一篇文章，论述各司道仍应该隶属督抚的观点："各省之有督抚犹中央之有内阁也，督抚为各省行政总机关，犹内阁为中央行政总机关也。以内阁统辖全国，以督抚统辖全省，正不啻身之使臂，臂之使指也，臂虽听命于身，指实听命于臂，苟受病则指之运用亦不灵，而一身均为牵掣。我国旧制督抚虽受成于政府，而一省之司道以下则无不受成于督抚，未有直接于部臣者也，督抚与部臣本属同等之地位，故部臣可以掣督抚之肘，不能侵督抚之权，而一省之行政机关始归统一，全国之行政机关亦收划一整齐之效，而不病于纷杂。自中央集权之说起，部臣为扩张权限起见，凡各省所有行政权，无一不入部臣之手，督抚虽有统属之名，而无统属之实，至是而督抚权限之范围因之大缩。

---

① 《张督最近之政见》，《大公报》宣统三年二月初十日，1911 年 3 月 10 日，第三张，（14），365。

② 《论外省官制与中央官制之关系》，《大公报》宣统三年正月二十八日，1911 年 2 月 26 日，（14），289。

不知督抚即为一省之行政长官，则一省政治之得失，地方之安危，官吏之贤不肖应由督抚担其责任，督抚之责任既有专归，督抚之权限岂容剥削。今一省之行政大权、如……如司法……凡司道所分掌者而各部均得，而直辖之督抚但司承转，拱手而听之部臣，设有贻误将由部臣担任乎？抑仍归督抚担任乎？如部臣担任则我国版图辽阔，欲事事遥制恐有鞭长莫及之虞，如仍归督抚担任则权不我操必将藉词推诿，在部臣不过争一时之权，而各省已隐受无穷之害，故吾谓新外官制实行后，如必欲以各部分辖各司，则不如裁撤督抚，以免从中多一周折，如不可裁则应将内外权限划分，以督抚直接内阁，以各司直接督抚，部臣但任考核，不得干预其行政权，庶事权一而责任专，不致有复杂纠纷之弊，否则政出多门，名为集权实为攘权，甚非宪政前途之福也"。① 更有甚者，后来"梦幻"又提出裁撤司道以增加督抚权限的观点："专制国之政体所以内外相蒙、上下隔绝者，以官制之不能统一也。官制之不统一由于阶级太多，机构太杂，承转太繁，以致酿成此麻木不仁之病，而民情之壅蔽、吏治之废弛、权限之混淆、弊端之丛积，莫不因此而来，此专制国贫弱之一大原因也。今欲实行立宪，必自统一治权，欲统一治权，必自改良官制始然。所谓改良官者非徒增设若干官缺，改换旧日名称，谓弥足以隐忍耳目也。自中央集权之说起，各省自督抚以下，今日设一司，明日增一道以直接于中央各部，于是各部之权限日益扩张，督抚之权限日益缩小，而欲望治权之统一，乌可得乎？

今外省官制正在编订，虽有裁撤各道之说，而各司之有增无减，当在意料之中。盖各部为平权均势起见，得失厉害有所不计也，不知中国幅员辽阔，欲事事归中央直辖，力既有所不逮，势力更有所不能，则不得不寄其权于督抚，而以中央政府总其成。今若增设各司以分督抚之权，是一省之统治权业已牵掣而不灵，即一国之统治权必致纠纷而益乱，盖阶级多则情谊易隔，机关杂则责任不专，承转多则施行必误。故为改良官制计，莫如分设督抚幕职、裁撤司道，以府州县直接督抚，以督抚直接内阁。"② 并专门讨论了提法使应该裁撤的理由："以司法言，各省既有高等审判厅，上可以直接大理院，下可以直辖地方审判厅、初级审判厅，实为一省最高级司法机关。今改按察使为提法使，以加乎高等审判厅之上，使不得直接大理院，是不成为一省最高级机关矣。且

① 《论政府不宜轻视督抚》，《大公报》宣统三年闰六月廿一日，1911 年 8 月 15 日，(15)，635。
② 《论司道亟应裁撤之理由》，《大公报》宣统三年七月初四日，1911 年 8 月 27 日，(15)，707。

提法使为司法行政官，将不归督抚统属乎？则侵害行政之范围，仍归督抚统属乎？更破坏司法之独立，非但权限不清，易滋流弊，而揆之法理上、事实上，其中障碍更多，此提法使之应裁也。"①

反对督抚控制提法使的态度也很坚决。宣统三年（1911年）二月初十日，一名化名"无妄"的作者在《大公报》上发表了一篇题为《论督抚破坏司法独立》的政论文章，指出按察使改为提法使、审判厅设立之后，督抚依然掌控司法权，清廷所鼓吹的司法独立只是一种形式，而绝非精神。揭示了"握有全省法权之臬司虽明知督抚之侵官，祗以其拥有四字之护符，不得不瞑目若无见焉"。②"我国向无特设之规定，政权法权惟腕力是视，地方即为一省之最高级官厅，全省官吏马首是瞻，即分内事务亦不敢自作主张，而督抚则以言莫予违之，故居之不疑，爱之则生，恶之则死"。③ 宣统三年（1911年）四月二十三日，一名化名"亚侠"的作者在《大公报》上发表了一篇题为《论改订外省官制之困难》的文章，从对外省官制改革的论述中阐述了理清督抚与审判权关系的重要性，督抚与提法使的关系是督抚与审判权关系中的重要环节。"因各省应设之审判厅尚未完全，原被告之涉讼由初级至地方审判厅皆可控诉，若不服裁判时可在高等审判厅控诉。现在各省尚未遍设高等审判厅，此为审判缺点，然有提法使尚可补救，此缺至重大罪犯如谋杀、故杀等案，遇审判时必须慎重，保护权利，稍有疏忽，人命生死攸关。故凡此项重案，须经督抚与提法使会审后施行，然司法集权系在法部，各省督抚应无此权，是以审判制度与督抚之权限有密切关系，此须研究者一"。当然该文的论述指的是审判厅遍设之前提法使继续延续按察使的审判职能，这一做法在客观上看来也是合理的。但是作者认为，既然实行司法独立，督抚就不应该再插手有关案件，显然也是站在法部一边，认为提法使统属于法部是真正的司法独立，反对督抚对提法使的牵制。"政府之所以见为难者尚沾粘于督抚旧制，故而若欲从根本上解决，非将督抚旧制改弦更张之不可"。④

① 《论司道亟应裁撤之理由》，《大公报》宣统三年七月初五日，1911年8月28日，（15），713。
② 《论督抚破坏司法独立》，《大公报》宣统三年二月二十八日，1911年3月28日，（14），469。
③ 《论督抚破坏司法独立》，《大公报》宣统三年二月二十九日，1911年3月29日，（14），475。
④ 《论改订外省官制之困难》，《大公报》宣统三年四月廿三日，1911年5月21日，（15），119。

3. 表现在提法使对其他机构权限冲突的协调

正如人是具有多面性的一样，提法使作为一个机构，尤其是作为转型期的一个新设机构也是多面而复杂的，既有自身与其他机构争夺权限的一面，同时又有协调其他机构权限冲突的表现。

光绪三十四年（1908 年），承德地方检察厅认为巡警局在缉捕逸犯的问题上与自身的权限发生冲突，便咨呈提法使转呈督抚札饬巡警局遵照章程办事。承德地方检察厅共提出三点意见。一是逮捕人犯是巡警局的责任，但是自从承德地方检察厅开办一年来，该厅咨请巡警局缉拿的人犯大多都没拿获，使很多案件长时间得不到结案。二是抢劫案件检察厅有勘验的责任，无论案件中有没有涉及人命都应该由检察厅勘验。但是巡警局对没有人命的抢劫案件从来没有通知过检察厅，造成犯人抓获之后，却因为没有及时收集现场证据而导致以何罪公诉产生不便。请提法使札饬巡警局以后抢劫案件无论有没有涉及人命都要及时报知检察厅，以随时派人勘验。三是巡警局查获犯人的案件应该照章办理。各级检察厅对巡警局办事权限简章第一条规定，"凡现行犯由巡警局径行拘拿，经巡警局假预审后如察系违警由警局处罚，其罪在违警以上者分别送究"。巡警局拿获的犯人在假预审后，如果所犯罪行在违警以上，稍有实据，即可分别送交高等、地方、初级检察厅收受。但是对非违警和民事案件，即不能受理，更不应该刑讯。但是在实际上承德巡警局既有非违警案件不送检察厅的，也有在假预审时已经刑讯，然后再送到检察厅的。承德地方检察厅认为这样做，"即于定章不合，且亦非朝廷改良司法禁止刑讯之意"。[1]

虽然清廷进行司法改革的口号和目的之一是实行司法独立，而司法独立最重要的一点就是排斥行政对司法权的干预。但是，奉天自从光绪三十三年（1907 年）十二月初一日各级审判厅开办之后，一直没有一个章程来规定司法与行政的具体权限划分，这个问题一直到光绪三十四年（1908 年）五月也没有得到解决。奉天高等审判检察厅认为如果不划清司法与行政的权限就不可能实现真正的司法独立，并最终导致宪政难以推行，于是就在该月咨呈提法使转请示定各级审判检察厅对于行政权限之章程。高等审判检察厅认为："查立宪各国司法行政无不区分，而自组织迄于成立时期，尤皆以解决权限问题最为切

_____

[1] 《承德地方检察厅咨呈提法使转呈督抚宪札饬巡警局遵照章程认真缉捕逸犯文》，王家俭、姜可钦、童益临、崔家骏编辑，朱延龄、汪仁宾、锡箓校勘，汪守珍、许世英、汪世杰鉴定：《奉天司法纪实》，陪京印书馆，1909，第二册，第 202 ~ 205 页。

要。东省创办司法事宜,仿照京师设各级审判检察厅,与行政部分判然为二,此其责任何等重大,职务何等繁难。若始事之初不为划清权限,非惟种种窒碍无可措手,藉使勉强迁就苟安,目前名实既不相符,流弊何堪设想?则所谓预备立宪、扩张国权,将永无收效之一日,谁尸其咎能无惴然?此厘定权限详订章程实未便稍缓须臾、略有疏漏者也。本厅暨地方初级各厅自去腊朔开办以来,固亦组织多方,力求进步,而凡补助之机关、未尽完备各方面之对待不无参差,以致形式虽有可观,精神实为贯注。古今中外无论何种政体,断无从整顿一部分而与各部分诸多隔阂,犹能推行尽利、持之久远者。现时奉天各级审判检察厅对于行政各界均无确定之办事权限,故遇有彼此相关事件,其能依据法律范围持平商办固属妥善可行,如或接洽稍乖,因畛域而生意见,因意见而起冲突,因冲突而破坏,乃事非但于朝廷设官分职变法图强暨层宪率属治民切实整顿之深心大相刺谬,必至秩序混淆,措施降误,四分法行政交受其病而后已。本厅为保固法权、慎重职务起见,理合咨呈鉴核转详督抚宪示定各级审判检察厅对于行政各界办事权限暂行章程,并请将草案发下准予共同参酌,务求适当议决后,一面咨送法部大理院、宪政馆备案,一面即颁布施行,实为公便"。光绪三十四年(1908年)五月二十日,奉天高等审判检察厅接到了提法使的照会,转达了奉天督抚的批示,奉天督抚饬民政司、巡警道、奉天府、兵备处、营务处会同提法使和审判厅检察厅详细研究会拟草案,然后呈候发交谘议厅核议。①

然而,司法权与行政权的冲突并没有从此得到彻底解决。宣统元年(1909年)仍在发生,而且这次直接涉及督抚。这种案例不断地发生,提法使在这种案例中发挥了上下转呈的作用。奉天各级审判厅开厅之后,章松青呈诉章庆川霸地抗赎,后来奉天高等审判厅对此案作了审理和判决,但是章松青认为判决不公,又到奉天巡抚衙门上控,奉天巡抚批饬奉天高等审判厅复讯。宣统元年(1909年)四月二十日,奉天高等审判厅接到了奉天提法使的照会,转达了奉天巡抚的批饬,遭到了奉天高等审判厅的反对。奉天高等审判厅认为:"窃惟审判厅受理案件,除初级起诉系单独制外,地方、高等均系合议制,每案必须问官三人方能开庭,有检察厅之监督,人民之旁听,报馆之记载,是非虚实易于周知。设有违误,无论原被告不能输服而检察官亦得纠正之,迥非如

---

① 《高等审判检察厅咨呈提法使转请示定各级审判检察厅对于行政各界权限章程文附批》,王家俭、姜可钦、童益临、崔家骏编辑,朱延龄、汪仁宾、锡篑校勘,汪守珍、许世英、汪世杰鉴定:《奉天司法纪实》,陪京印书馆,1909,第二册,第319~320页。

州县官之一人独裁可以偏私武断。又况判断之日必须将判词当庭朗诵，使诉讼人得以明白其罪之有无，理之曲直，尤非旧日问官之守秘密主义，不使人知之者可同日而语。至其应行上诉案件，须遵照部定期限不诉则为确定，若案经三审则为终审，均无可控诉之处。盖四级三审所以谋人民之便利，专问官之责成，而期法权之统一，立法用意实极完善。若奉行者稍事迁就，任令刁健之徒砌词呈递概予收受，则此风一开，伊于胡底？不但审判厅判决之案为无效，即诉讼人亦即将有不堪扰累之时。矧停止刑讯，审判厅早已实力遵行，人民程度不齐，问官尤多困难，似此任意呈控，漫无限制，部章失其信用，人民无所适从。而后已殊非朝廷慎重司法、预备立宪之深心。本厅实未便担负责任，应请呈明，嗣后遇有此等呈词一概驳斥，以符定章而维法权"。[①] 宣统元年（1909年）五月二十七日，奉天高等审判厅再次接到提法使的照会，转达了奉天督抚的批示。奉天督抚并不同意高等审判厅提出的督抚不再受理案件的提议，认为督抚可以特别受诉，藉伸冤抑，并命令提法使详细规划司法权与行政权的划分，但是仍然必须呈复督抚核议。奉天督抚对自身权力的暧昧意见导致奉天省内司法权与行政权始终难以划清，并为以后类似事件的发生埋下了伏笔。宣统元年（1909年）五月二十三日，奉天巡抚牌示，每个月的二十四号放告，专门受理普通民众到官府判结不服、控诉无门的案件。高等审判厅认为，奉天巡抚放告一个多月之后，越诉的案件越来越多，讼累越来越深，老百姓也更加困苦。奉天高等审判厅认为，根据法部奏定章程，凡是设立审判厅的地方，所有诉讼案件全部由审判厅审理，实行四级三审制。实行审级制度的本意在于无论案件的轻重，都要按照审级的程序控诉，必须经过三审才能定案已经是为了防止有冤假错案的发生。但是三审之后也不能再翻控，是为了杜绝健讼的根源，用意周密，权限分明。而且"奉省各级审判检察厅自奉旨试办以来，恪遵奏定章程，并非自为风气，凡审判厅受理案件，除初级起诉系单独制外，地方高等均系合议制，除预审之案，每案必须问官三人方能开庭，有检察之监督、人民之旁听，报馆之记载，是非虚实易于周知，设有违误，无论原被告不能输服，而检察官亦得纠正之，迥非州县官之一人独裁可以偏私武断。又况判决之日必须将刊词当庭朗诵，使诉讼人得以明白其罪之有无，理之曲直，尤非旧日

---

① 《高等审判厅咨呈提法使覆详章松青一案不能复讯并申明审判章程文》，王家俭、姜可钦、童益临、崔家骏编辑，朱延龄、汪仁宾、锡箴校勘，汪守珍、许世英、汪世杰鉴定：《奉天司法纪实》，陪京印书馆，1909，第二册，第255~259页。

问官之秘密主义，不使人知之者可同日而语"。所以审判厅的判决是公正可信的。对于高等审判厅向上的审判阶级与审判程序，奉天高等审判厅说："本厅局全省最高审判之阶级，对于地方起诉案件如判决时稍有不服，推事与检察官即当庭晓谕饬赴检察厅，请求写状上诉于大理院，历经办理在案。是地方起诉案件不服本厅判决者，有大理院受理而平反之并非舍本厅而外别无控诉之门。惟初级起诉之案本厅则已为终审，判决后照章即为确定"。驳斥了奉天巡抚所说的"别无控诉之门"。不但高等审判厅对于终审案件格外详慎，而且初级判的民事案件都在二百两以下，刑事仅到杖罪为止，这些案件在审判厅设立前都是被视为细微案件，乡正里长都可以解决的案件。现在层递审理，经三级推求，多人研诘，各厅所用人员也基本上都是精通法学的人才，有的是从法部调来，有的曾经在留学归国人员，有的是本国法政学堂毕业人员，有的是原来的发审局留下的优秀人员，有的是没有习气而有经验的刑幕，厅丞也都尊重法权，敦崇廉节、和平听讼、敬慎决狱，与各厅员互相劝勉，所以审判的公正性是可以保证的。旧日丁役书差的需索行为也全部扫除，"计自开办迄今未及两载，各厅判结案件共有七千余起之多，而外人之来厅诉讼者亦复日见增益，虽不敢谓事事公平，人人悦服，而考诸事实，实少错误之处。近今数月之间，各省之前来调查者或函电交驰要求章则或派员亲至探访规模"。高等审判厅认为，奉天巡抚的放告滋长了奉天健讼之风，更给无理取闹之徒以可乘之机，"兹当司法分权之始，若竟任好讼者多方破坏，将无以树各省之先声，且转以贻外人之讥笑"。"今宪台以司法行政权委之于提法使，以审判权寄之于审判厅，厅员之能否称职则宪台督率提法使严加考察。厅员有不称职厅丞得据实闻于提法使，提法使据以闻于宪台；厅丞有不称职及知而不举，提法使亦据实以闻。如提法使隐忍不报，宪台得以闻于朝。本厅现时民刑庭推事五人，委员一人，虽不敢谓为品学兼优，而于道德、经验、法律三者均各有可信之处，宪台若不见信或传令谒见或派员确查以便知其为人，如此则司法行政两权不致混淆，而宪台总挈大纲亦可不劳而理矣"。

宣统元年（1909 年）六月十七日，奉天高等审判厅接到奉天提法使的照会，转达了奉天督抚的批示，批准了奉天高等审判厅提出的重申四月二十七日牌示与五月二十三日牌示，由巡抚收呈，委员参酌办理。①

---

① 《高等审判厅呈明督抚重申审判定章并现时各厅办法及困难情形文》，王家俭、姜可钦、童益临、崔家骏编辑，朱延龄、汪仁宾、锡箴校勘，汪守珍、许世英、汪世杰鉴定：《奉天司法纪实》，陪京印书馆，1909，第二册，第 334～341 页。

三　权限争夺的最终结果

提法使参与的这场权限争夺，始终处于一种非常混乱无序的状态之下，清廷中央与各省督抚自身都存在自相矛盾之处。如中央枢府一方面鼓吹司法独立，集权中央，包括提法使在内的各司直接各部，并削弱督抚，但同时又到处规定筹办各级审判厅法部与督抚同办。[①] 尽管从总体上来看有上述三种倾向，但是实际上从一开始各方内部都不统一，具体表现在中央也有不主张提法使直接法部的，各省督抚也有主张应该削弱督抚权力，甚至裁撤督抚的。如宣统元年（1909 年）闰二月，法部尚书戴红慈说，新律颁行后，各省提法使直接与法部办事，不必再间接经过督抚，以免受行政官箝制。马上有另外一枢臣反对，该枢臣认为司法独立必须各省提法使皆深娴新律方能有济，否则不如仍会商督抚为妥慎，提出此事到颁布新律时再行核议。[②] 宣统二年（1910 年）二月的清廷中央大佬在政务处召开的改定外省官制会议上，有人提出自督抚以下皆直接隶于该管各部，地方各司如果有事皆直接达于所管之部，不必向本省督抚禀商。但是对此事的看法诸大佬意见并不统一，仍然有不赞成之人，认为必须电商各疆臣后方能决议入奏。[③] 宣统二年（1910 年）二月开始讨论，宣统二年（1910 年）三月仍然没有达成一致意见。[④] 与中央情形相似，各省督抚也并不是铁板一块。宣统二年（1910 年）十二月，东三省总督锡良提请裁去督抚，各司道直接中央各部。锡良的这一意见却又遭到来自民间的反对，有人针对此事撰文曰："锡良谓裁去督抚可以省文牍之繁未尝无见，然去一督抚可谓少一大官矣，虽然彼司道者独非大官乎，无论交涉、民政、提法、提学、度支等司各自为政，而无一人总其成，固形纷乱。第以县官则兼职而省吏转分职，似亦无此政体，吾以为裁去督抚莫如裁去各司道，所有交涉、民政、提法、提学、度支、劝业等事，每一县分设多官（府厅州一律改县）而上接于督署，督署亦分科治事而上接于各部，今督署亦即分科治事矣，略为布置便臻完密。似此中间省无限之延宕，除无限之繁累，亦何取乎赘瘤之司道也。事权即统一，民

---

① 《宪政编查馆资政院会奏宪法大纲暨议院法选举法要领及逐年筹备事宜折》，故宫博物院明清档案部编《清末筹备立宪档案史料》，第 54 页，中华书局，1979。
② 《申报》宣统元年闰二月十一日，1909 年 4 月 1 日，(99)，445。
③ 《会议中央集权之办法》，《大公报》宣统二年二月一日，1910 年 3 月 11 日，(11)，258。
④ 《拟实行中央之集权》，《大公报》宣统二年三月初十日，1910 年 4 月 19 日，(11)，458。

气又可上通，且深有合于小官多之旨，改官制者其静参之"。①

显然，提法使或为实现法制理想，为实现司法独立而争，或为本部门利益甚至个人私欲而夺。自身作为一省的最高司法行政长官没有一个从容施政的政治环境，同时自身或主动或被动的卷入到利益与是非的旋涡之中，在这种背景下很难有效地开展工作。事实证明，提法使的施政尽管发挥了一定的作用，但是成效不太显著。我们从宣统三年（1911年）五月浙江宁波发生的行政官与司法官冲突事件可以观照这一观点。事件肇始于宣统三年（1911年）五月初六日，有三名游勇白天在城内抢劫，巡警当场拿获持刀伤人之犯方得胜解送检察厅，老百姓要求马上就地正法，群体性地到审判厅滋闹，并捣毁了审判厅的房屋。后来因为检察厅把人犯送到县衙门，致使群情激愤，纷纷到米铺抢米，并捣毁米店。府县协营无法把人群弹压散去，一时民心浮动。为了避免发生民变，在情急之下府县与协营照军律将方得胜就地正法。但是会营的这一做法造成了宁波地方审判厅的强烈不满，当时审判厅已经判方得胜绞立决，审判、检察两厅认为，行政官不知照该审判厅竟将方得胜正法，致审判厅判决无效，这种行为已经违法并侵犯了审判厅的权力，于是审判厅要求全体辞职。② 后来浙江巡抚曾韫亲自出面，方使问题得以解决。审判、检察两厅照常开庭。

直至宣统三年（1911年）五月廿八日，《申报》仍然在报道，外省审判、检察各厅迭因权限未清致起争论，并有全体辞职要挟之事。司法大臣绍昌因之饬各省提法使妥拟司法权限暂行章程，在不违犯《法院编制法》的基础上，规定"全省司法厅人员归提法使节制，各审判厅人员归各厅厅丞节制，各检察厅人员归本厅厅长及上级检察厅长节制，审判与检察各厅权限有不明之处，可详请提法使判定。至司法上临时行政事务，全归督抚与提法使酌核行之，审判厅不能违抗命令，而以司法独立等语藉口抵抗"。③

第三节　提法使对社会政治活动的参与

在真实的提法使运行的历史轨迹中，并不仅仅处理有关章程和法律、法规规定的事务，处理大量文本规定之外的，甚至与司法毫不相干的事务，构成了

---

① 《锡良请裁督抚之问题》，《大公报》宣统三年正月初九日，1911年2月7日，（14），175。
② 《行政官与司法官之冲突》，《大公报》宣统三年五月十七日，1911年6月13日，第三张，（15），261。
③ 《司法权限又定新章》，《申报》宣统三年五月廿八日，1911年6月24日，（112），933。

提法使行政和法制生态的重要组成部分。

宣统二年（1910年）二月，南满铁路建成通车三周年举行纪念庆典，奉天提法使吴钫与提学使卢氏、审判厅厅丞管凤龢、部郎胡宗瀛共同作为督抚的代表前往观礼。[①]

在各省会议厅设立之后，提法使又与其他各司一起集体成为行政议员，提法使在各司中排名第二，仅在民政司之后。[②] 清末乱世，盗贼四起，土匪横行，对清廷的统治造成了严峻的威胁与挑战。桑兵先生认为，晚清地方社会权力资源分配经历了大幅度的复杂变动，"盗匪势力过分膨胀，但又并不完全脱离地缘和宗族（至少是形式上的血缘）联系，破坏了原来官权与绅权互为协调补充的机制，社会控制乃至整个统治秩序陷入极度紊乱。连官场中人也意识到，如果不能根本变革，清廷便无法恢复对社会的有效控制"。[③] 提法使又承担起打击盗贼和剿匪的责任。[④] 不仅山西、广东如是，其他各省大都如此。如宣统元年（1909年），浙江提法使李传元严札杨夏两知府饬属严拿，以清乡痛："拿枭匪而后各地盗风稍为敛迹，近来仍复狂獗如前，甚至无日无之，且有一夜连抢数家，盗风日炽，居民受害无穷，各营县捕务不力，已可概见，实勘痛恨。仰嘉湖两府速札各该县严密防范，并将已报各凶犯一律拿获，悉心研讯，详复核办。如有捕务废弛，各州县随时详请参劾，切勿徇情，代人受过"。[⑤] 有清一代，广东械斗之风盛行，使本来已经不稳定的统治秩序更加混乱。清末时期，以督抚为代表的广东地方大员对此开始逐渐重视，两广总督张鸣岐为此还上奏清廷，改变处理械斗之法，"械斗匪乱为害甚巨，定例尚轻，照天津锅匪办理一律就地正法，并宽免地方官处分及伺产入官"。袁树勋接替其职位后，对此问题更加重视，提出停止勒缴花红，札饬广东提法使俞钟

---

① 《提法提学同赴大连观礼》，《大公报》宣统二年二月二十六日，1910年4月5日，第三张，（11），391。

② 《会议厅议员委定》，《大公报》宣统二年四月初七日，1910年5月15日。（12），81。

③ 桑兵：《盗匪与庚子勤王运动——南海西樵巨盗区新》，《中国社会历史评论》2004年第2辑。

④ 《山西巡抚丁宝铨奏文水县匪徒聚众滋事办理情形折》，《大公报》，（12），193、199。《法部通饬严办盗案》，《大公报》宣统二年廿八日，1910年6月5日，第二张，（12），205。《督院张附奏现任拿获盗匪如有啸聚抗拒情事请照军令惩办暂毋庸送审检各厅办理缘由片》，《两广官报》，第149～150页。《直隶对于乱民之卓论》，《申报》，（108），54。《详准抢劫盐栈匪首正法》，《申报》光绪三十四年十二月十九日，1909年1月10日，（98），121；《皖北惩办土匪之手续》，《申报》，（112），766。

⑤ 《浙臬严札防缉盗匪》，《申报》宣统元年二月二十六日，1909年3月17日，（99），232。

颖办理此事。① 提法使又变成了处理社会问题的机构。宣统元年（1909 年）七月，浙江巡抚曾韫札饬提法使李传元缴销杭州府的刑讯工具，李氏秘密查访，对滥用刑讯之官吏严厉参处。宣统二年（1910 年）五月，浙江咨议局饬提法使严查下属滥用刑讯之事。② 督抚进京接收垂询时，提法使又往往代理督抚之职。③ 清廷实行禁烟政策之后，提法使开始着手禁烟事务。④ 咨议局开会之时，提法使与布政使、提学使、巡警道及各行政官同时作为议员参政议政。⑤ 宣统三年（1911 年），东三省疫病流行，流言四起，提法使对此采取严格控制言论的措施，并对其认为之造谣之人严厉惩办。⑥ 宣统三年（1911 年），汉口车夫大闹英租界风潮发生之后，湖北提法使奉命会同布政司、巡警道、劝业道、江汉关道，共同调查滋事原因和伤亡情况。⑦ 武昌起义前后，各省提法使为镇压革命党起义做了大量工作，对抓捕的革命党人亲自审讯。⑧ 宣统三年（1911 年）四月，两广总督奏严定赏罚、分路清乡片，提法使与布政司及各清乡员弁和广东文武各官开始清乡事宜。⑨

由于政治形势的急剧变化，铲除革命党和各类土匪保持清王朝的继续存在成为一个最急需解决的问题，所以在这种背景下清廷赋予了提法使更多的司法之外的责任，在诸多方面都由提法使出面或会商提法使解决。当然，这种情势发展的结果是政治远远大于并超越了司法，提法使所承担的责任与设立此机构

---

① 《札司妥议斗案办法》，《大公报》宣统二年五月初五日，1910 年 6 月 11 日，第二张，（12），241。

② 《咨议局呈揭官吏刑讯之违章》，《大公报》宣统二年五月二十一日，1910 年 6 月 27 日，第三张，（12），335。

③ 《张中丞奉诏来京》，《大公报》宣统二年七月二十八日，1910 年 9 月 1 日，第二张，（13），3。

④ 《查获私吸之法官》，《大公报》宣统二年九月二十九日，1910 年 10 月 31 日，第二张，（13），319。

⑤ 《咨议局开会》，《大公报》1910 年 11 月 28 日，（13），482。《奉省咨议局议场纪事》（文中没有具体年月，根据在报纸中的位置推断，应为宣统元年十月）十一日上午十五钟互选资政院议员，奉天提法使吴钫也到场参观。《申报》宣统元年十月廿一日，1909 年 12 月 3 日，（103），517。

⑥ 《锡督禁止谣言告示》，《大公报》宣统三年正月十一日，1911 年 2 月 9 日，（14），188。

⑦ 《鄂督责成司道议结大闹租界案》，《大公报》宣统三年正月三十日，1911 年 2 月 28 日，第三张，（14），305。《汉口大闹租界风潮之余闻》，《大公报》宣统三年二月初五日，1911 年 3 月 5 日，第三张，（14），335。

⑧ 《粤督照请协查革党军火》，《申报》，（107），21。

⑨ 《督院张准陆军部咨本部议复粤督奏严定赏罚分路清乡一片奉旨依议缘由行东缉捕局遵照文附件一》，《两广官报》，第 151 ~ 152 页。

的初衷也渐行渐远。

　　提法使在当时实际扮演的角色是多元的，有很多并不和提法使官制规定的一致，和文本规定的职能和性质甚至大相径庭。比如有些时候，提法使参与调查案件和整顿吏治。光绪三十三年（1907 年），御史赵启霖奏大员徇私溺职，该年三月十三日，上谕命军机处寄送东三省总督徐世昌，让其对此事进行调查。为了对此案展开调查，徐世昌秘派署吉林提法使吴焘奏调直隶试用道谢鉴礼，按照所指各节，不动声色逐一详查，并派廉洁干练之人分别到各处认真调查，不仅调查出赵启霖的奏折中涉及的，还调查出诸多赵启霖奏折中没有涉及的。查出了吉林将军达桂和酒木税总理佐领丰年贪污酒税案。在正常情况下，吉林是按照直隶的征收办法，售酒一斤征收制钱 16 文。吉林将军达桂信用酒木税总理佐领丰年，抽加了三四分。此外还有招肯舞弊案、铸造钱币官厅侵蚀案、以长春府为代表的官场积弊案等案。但最后却没有审理，而是徐世昌采用司法改革之前遗留下来的老办法，即把处理意见上奏的办法作为此案的处理。徐世昌上奏的意见是，将佐领丰年即行革职，永不叙用，所吞款项由地方官追回；前署吉林道余浚、吉强军统领都司胡殿甲、候补道赵宗镕，均请革职，永不叙用；候补道柳大年拟请革职，发往军台效力；候选知府于沛霖拟请革职，经手公款由地方官追缴；候选知府李世斌、候补同知王鸿遇、佐领隆魁、候补通判杜玉衡、候选知州王赞恩、骁骑校桂全均请革职；署绥芬厅同知、候补通判赵多第、署五常厅同知候补同知谢汝梅均请以县丞归部铨选；同知衔王炳燹拟请革去虚衔、驱逐出境；已革凤凰厅同知刘本源拟请永不叙用。①

　　宣统三年（1911 年）五月，山东提法使为催征钱曹地丁，如何处理抗征问题特意致电度支部。② 民商律是清末法制改革中较为重要的一项立法，清末民法制定的开始，启动了中国民法法典化的进程。③ 清廷对此尤为重视，主持制度法律的修订法律馆认为："民事习惯视商事尤为复杂，非派员分省调查无以悉俗尚，而资考证"。并决定于宣统二年二月开始在全国范围内展开民事调查，为了使其更加具有可操作性，制定了《调查民事习惯章程十条》，各省提法使被奏派为咨议官协助调查，其中用了四条的篇幅规定了提法使在民事调查

① 《退耕堂政书》卷十，531～540 页。
② 《京师近事》，《申报》宣统三年五月初三日，1911 年 5 月 30 日，（112），511。
③ 李倩：《民国时期契约制度研究》，郭成伟《序》，北京大学出版社，2005。

活动中的责任与义务：

———本馆于光绪三十四年奏定调查章程声明调查员应于调查之件，如有力所不及者，得随时商请咨议官协助办理等语，各省提法使、按察使业经本馆奏派为咨议官，调查员应即与商同妥办；

———调查民事必得该省绅士襄办方得其详，调查员应与面加讨论，至应如何约集各处绅士会晤，临时与调查局或提法使、按察使酌量办理；

———会晤时将本馆问题发交研究，询以有无异义，有疑而质问者应即为之解释，并示以调查之方法，答复之期限，至该府厅州县绅士无人在省，又不易约集者，应商由调查局或臬司将问题发交该府厅州县地方官转饬绅士研究，按限答复；

———各处答复必须时日，调查员势难坐候，应拟定限期，商由调查局或提法使、按察使随时催收，汇齐咨送本馆。①

江苏提法使亲自查办海州饥民抢毁海丰、赣丰等面粉公司案②、严厉惩处流氓③、示禁买卖奴婢。④ 江西提法使缉拿并惩办洪江会匪。⑤ 浙江提法使处理宁波罢市风潮。⑥ 安徽提法使镇压兵变。⑦ 宣统二年，皖北饥荒，大量饥民为了逃荒涌入江苏，江苏提法使颁发六言韵示在境内张贴，阻挡饥民到苏：

照得各处流民，藉口逃荒来苏，痞棍混迹其间，动辄为害乡间，分帮执持护照，恃为诈案之符，带领男女老幼，横行村里街衢，居民不堪骚扰，每多陈词诉呼，历经通饬各属，加意扼要截堵。本年皖北告灾，就地均筹赈抚，深恐匪类奸民，仍敢托名南渡。现奉两院批示，饬令严行禁止，护照无论真假，一律由县扣除，并令文武稽查，节节设卡拦

---

① 《法律馆派员调查民事习惯》，《申报》宣统二年二月廿三日，1910 年 4 月 2 日，（105），517。

② 《海州饥民滋事之罪魁》，《申报》，（106），53。《苏臬前赴江北查办事件》，《申报》，宣统二年七月十一日，1910 年 8 月 15 日，（107），746。

③ 《左臬惩处流氓之严厉》，《申报》，（105），534。

④ 《苏臬示禁买卖奴婢》，《申报》，（107），846。

⑤ 《江西巡抚冯汝骙奏拿获洪江会匪分别惩办等折》，《申报》，（102），429。

⑥ 《宁波又有罢市大风潮出现》，《申报》，（112），547。

⑦ 《皖省兵变余闻》，《申报》光绪三十四年十二月十二日，1909 年 1 月 3 日，（98），31。

阻，随时分遣回籍，不得任令前驱。州县遣散不力，即应照章惩处，如有擅给护照，更当参照不恕，似此严加防范，免致四出纷驰。谕尔无知愚民，莫听奸徒唆使，务各安守故土，真灾自有恩施，结党成群不法，官司必定究拘。为此明白谕禁，毋违切切特示。①

提法使不仅作为一个主管司法改革的机构，提法使参与其他事务，出席其他场合，这种时候其是作为地方大员出席，完全是一种身份性的象征，为了彰显某事的重要而代表的一种官方符号，这种情况恰恰让其行政官员的性质得以彰显。提法使自身也并非有此种主动意愿，而其不断地出席这种场合，不可避免地与行政官员们之间建立一种私人关系。这种私人关系有时表现得特别密切，从而陷入一种社会关系学上的"齐美尔连带"中②，不可避免地会影响其司法实践上的超然和独立，甚至陷入一种两难困境。

提法使被定位为地方大员，在某种意义上来说是按察使特征的一种延续，历史惯性的推动。提法使改制前的按察使，作为地方大员的身份出现是常有之事，如明代的刘纤为云南按察使，因俗为治，宽其禁令，深受少数民族感念。③ 同时也是中国传统社会心态的一种反映，折射了专制体制下的官本位情结，也折射了当时中国社会依然是一种身份社会，距离法治社会本质要求和内在特征的契约社会还有一段距离。同时也反映了西方法律和体制移植到中国难免出现水土不服，及中国法制化进程的曲折与艰难。在江苏提法使移驻清江的争议中，江苏巡抚署会议厅议员杨廷栋的提议充分表达了这种心态，"江北、

---

① 《提法使谕禁饥民骚扰》，《申报》宣统二年十一月十三日，1910 年 12 月 14 日，（109），698。

② 在社会关系学上，如果一个人在两个分离的组件中间形成了一个连带的话，这个人就是一个切点（cut point），也就是我们俗称的桥（bridge，学理上桥是沟通的线，而不是节点）。且如果两个分离的大团体间彼此的信息交流，意见沟通，行动协调均需要"桥"的话，就说明这个"桥"的中介性极高。据博特的结构洞理论分析，中介性高的人就掌握了信息流以及商业机会，进而操控两群人，获得中介利益。详见罗家德《社会网分析讲义》，中国社会科学出版社，2005，第 156 页。社会关系学上的"齐美尔连带"指："一条桥却被两个网络中介的两个网络都认为是自己人，要求其代表该团体的利益，遵守该团体的规范，以致'桥'没有任何自由度，两面难讨好"。中国人常说的"猪八戒照镜子——两面不是人"，所说的陷于两难境地的猪八戒的学术名即"齐美尔连带"。详见罗家德《社会网分析讲义》，中国社会科学出版社，2005，第 161~162 页。转引自吴琦、肖丽红《制度缺陷与漕政危机——对清代"废漕督"呼声的深层分析》，《中国社会经济史研究》2006 年第 4 期。

③ 杨鸿年、欧阳鑫：《中国政制史》，安徽教育出版社，1989，第 341 页。

淮扬、徐海等处地方辽阔，民情强悍，必须有大员坐镇其间，方资治理。苏省已设有审判、检察各厅，似可将提法使衙门迁至清江，其清江原驻之淮扬道一缺即可裁撤，以节靡费"。① 江苏淮扬道、甘肃镇迪道、福建台湾道被授予提法使衔均出于对此种考量。②

第四节　运行实效

对于提法使的有关情况我们已经作了相应的论述和分析，走笔至此对其做一个整体的评价已经显得十分必要。那么究竟应该对其做出怎样的评价才是客观、公允的呢？从历史学求真的本质特征出发而论，尽管上文已经对其做了大量相关研究，若据此便匆忙盖棺定论似乎依然有些牵强，因为这样做的结果是直接忽略了一个环节。历史学走向科学的一个重要标志就是重视历史研究的步骤与环节，以史料为基础，以时间为顺序，抽丝剥茧，逐步展开，任何疏漏都是历史研究的大忌，因为疏漏的结果是造成研究结论的主观随意性。根据上文所述直接做出评价，则忽略了当时社会各界对其做出了怎样的评价。我们只有把当时社会中得到的评价搞清楚，才能弄清其在当时社会人们心目中的形象和人们对其的认可度。在此基础上得出的结论才更加接近于历史的真实。

另外一点值得注意的是，我们对提法使运行实效的考量，不能仅仅从当时社会对提法使本身的评价去考察和解读，还应该从当时对审判厅、检察厅、监狱等机构的评价中做出自己心中的衡量与裁决。世界是普遍联系的，提法使是本省审判厅、检察厅和监狱的主管机构，这些司法机构的运行成效直接反映了提法使的施政效果，如果把审判厅、检察厅、监狱与提法使割裂开来，单独对提法使进行考量就是犯了头疼医头、脚痛医脚的形而上学的错误。那么当时社会对他们的评价究竟是怎样的呢？

能够反映出当时社会对其评价的资料，除了一些奏折等档案资料外，主要的是报纸、杂志等资料。当时中国能够识文断字并有条件读报纸的确切人数，以及占当时整个社会人口的比例，教育史对此研究不足，没有确切的数字可以

---

① 《提法使移驻清江之建议》，《申报》宣统二年十一月十三日，1910 年 12 月 14 日，（109），698。
② 赵尔巽等：《清史稿》卷一百十六，《志九十一》，《职官三》（外官）。

援引和说明，只能从其他资料中得到一些描述性的说法。即当时能识文断字并有条件读书的基本上仅限于精英阶层，普通民众对此的反应是冷漠的，这同时说明了提法使运行在全社会辐射和影响的广度和深度都不够大的事实，这个结论本身同时也是对其做出的一个基本评价，尽管造成这种结果的根本原因不在于提法使自身，而是当时整个社会政治环境造成的。

社会精英对其做出的反映和评价是否客观、公允是摆在我们面前需要讨论的另外一个问题。从社会心理学的角度分析，知识积累与对事物判断的精准度及社会责任心是成正比的。社会精英的知识积累是相对丰富而完备的，所以从总体上来说，他们具备了相对来说较之普通民众更为冷静、理性的头脑，加之他们具有的社会责任心，我们有理由相信他们对当时社会的观察、判断和评价是相对客观、公允的。由于资料的限制笔者对提法使领导的司法机构的考察中以审判厅为中心。那么精英阶层又是怎样评价提法使和他领导下的审判厅的呢？

从遗留下来的资料来看，有正面积极的评价，但更多的是批评。

为了审判厅的审判公正，规定了在审判之时有检察官之监督，有证人环质，有报馆之记载，有局外之参观，耳目环周。① 各地的审判厅办事规则也相继做出了相应的规定②，但对于旁听人员、旁听案件、旁听时的作为与不作为均作了限制规定。宣统元年（1909 年），《大公报》便开始有对于审判厅的积极正面报道："客有自奉天来者，言该省审判厅成立在天津以后，一切内容甚为完美，首创遵照定章准令各界旁听，次则刑事重犯拘留各有单屋，独居静思、亦悔前非。较诸本埠之伙居一屋，不但易于串供，且更有碍为善云"。③奉天高等审判厅厅丞许世英也在高等审判检察厅暨承德地方两厅新署落成时的

---

① 《前清法部咨各省高等审判检察厅业已成立之处如遇有呈送上诉大理院案应由高等检察厅径送京师总检察厅核办文》，汪庆祺编《各省审判厅判牍——王朝末日的新式审判》，北京大学出版社，2007，第 273 页。

② 《上海各级审判厅办事规则》，汪庆祺编《各省审判厅判牍——王朝末日的新式审判》，北京大学出版社，2007，第 360 页。《直隶省各级审判厅办事规则》，汪庆祺编《各省审判厅判牍——王朝末日的新式审判》，北京大学出版社，2007，第 373 页。《贵州各级审判检察厅办事规则》，汪庆祺编《各省审判厅判牍——王朝末日的新式审判》，北京大学出版社，2007，第 407 页。《奉天各级审判检察厅办事规则》，王家俭、姜可钦、童益临、崔家骏编辑，朱延龄、汪仁宾、锡箴校勘，汪守珍、许世英、汪世杰鉴定：《奉天司法纪实》，陪京印书馆，1909，第一册，第一编。《奉天省各级审判检察厅改订办事规则》，第 60 条。王家俭、姜可钦、童益临、崔家骏编辑，朱延龄、汪仁宾、锡箴校勘，汪守珍、许世英、汪世杰鉴定：《奉天司法纪实》，陪京印书馆，1909，第一册。

③ 《新政可观》，《大公报》宣统元年十一月二十六日，1910 年 1 月 7 日。

演说中说："二载以来，综计各厅判决民刑案件已一万余起，虽不敢谓事事公平，而从前书差需索、官吏贪枉之弊，实已涤除"。①

与正面积极评价形成鲜明对比的是更多的、大量的批评。如宣统三年（1911 年）正月，《大公报》报道之"省城各级审判厅业已成立，凡有诉讼案件自应毋庸复核解勘，兹闻该厅虽已开办，所有诉讼案件仍由提法使署内科长（刑幕改充）办理复核解勘，如是则该厅纯与旧日发审局之性质无异。噫！司法独立之谓何此，笔志不禁为宪政前途难"。② 宣统元年（1909 年）七月，《申报》开始报道武昌筹办审判厅过程中的黑幕，"鄂省筹办审判人才缺乏，特在法政学堂内附设审判员养成所，招考候补官吏百二十名讲习司法独立。天气炎热，仅到四十余名，当由臬司杨廉访会同监督邵太史传催以免程度参差。至武昌地方、高等审判各厅，因审判专门人才未经毕业，暂行名曰审判见习所，高等所长即委武昌府知府双寿承充，高等检察见习所长以新选施南府桂荫承充，地方审判见习所长以江夏县王令士卫承充，并委书判何鲁、州判杨琦、知县汪元秉、肖继昌等二十六员为地方审判见习所推事。盖各员均系臬府两谳局承审、帮审，于审判皆所素习，再加研究即可派往各属创办审判厅云"。③ 指出审判员养成所所招生员因天气炎热便不到场，委任官员也均是臬府两谳局人员的事实。宣统二年（1910 年）七月，《申报》报道了新成立的审判厅也积压讼案的情况："法部各堂于本月二十日会议，以各省审判厅现仍有积压诉讼案件情事，若不早为整顿，于宪政前途大有窒碍。拟即通行各省提法使转饬各级审判厅嗣后凡遇有诉讼案件不得任意积压，应随时提讯定案以清讼累。倘自奉到部文之后仍有积压情事，一经本部调查司员报告，先将该提法使参处，决不宽假，以重司法而清庶狱"。④ 宣统三年（1911 年）八月，《大公报》以《汉口审判厅的黑幕》为题对其直接进行批评："汉口地方审判厅积案甚多，提法使马积生特委知县英瀚来汉清理。该委邀功心切，每审案件辄用刑讯，甚至有杖责一二百大板者。自被汉上各报揭载后，大受高等审察厅长乐骏声申

---

① 《高等审判检察厅暨承德地方两厅新署落成时许厅丞演说》，王家俭、姜可钦、童益临、崔家骏编辑，朱延龄、汪仁宾、锡箴校勘，汪守珍、许世英、汪世杰鉴定：《奉天司法纪实》，陪京印书馆，1909，第二册，第 246~351 页。

② 《省城审判厅之真相》，《大公报》宣统三年正月二十四日，1911 年 2 月 22 日，第三张，（14），269。

③ 《筹办审判厅之开幕》，《申报》宣统元年七月廿三日，1909 年 9 月 7 日，（102），92。

④ 《审判厅亦积压讼案耶》，《申报》宣统二年七月廿九日，1910 年 9 月 2 日，（108），18。

斥，该委另变方针，每讯一犯应杖三十者，一日连提讯三次，一次杖责三十，合共九十。并将刑事庭改为预审庭，不准人进庭旁听。近更用特别新法，每审积案提出十数人，共跪一处，派警察多人手持竹条，不准跪者低头曲背，令该犯连跪三昼夜，务得供招始行起来。如有低头曲背者则喝令巡警抽责，以故犯人跪久不能忍耐，遂至诬服者。啼哭之声惨不忍闻，其黑暗真达于极点矣"。① 揭露审判厅办案人员受贿的报道也不断传出②，提法使不仅参与案件，而且工作方法简单粗暴，不遵循法律规定和法定程序，动辄对当事人进行训斥等屡见报端。③ 提法使与审判厅之间也并不能在法律规定的权限与程序下维持一种平衡，而是不断地出现冲突。④《大公报》在宣统二年（1910 年）十月组织的讨论清末法制改革的征文中，有一个叫何树勋的作者写道："泰西之司法之制度古不如今，我国司法之制度今不如古……司法实能维新复旧其有四者之利益焉：一曰可以专司法之责成也。我国司法虽有其官而实无其职，是以府县之未判决也请命提法使，提法使之未判决也请命各上官，各上官之未判决也，仍委审于提法使，提法使之未判决也又委讯于府县，上下推诿，责成毫无殊属，不成事体。今即司法独立，法律、命令而又区分为二，则司法有违法律判断之权利。既有依法律判断之责任，一切因循敷衍之流弊自可一洗而空"。⑤ 甚至有人发出了要求裁撤提法使的呼吁："专制国之政体所以内外相蒙、上下隔绝者，以官制之不能统一也，官制之不统一由于阶级太多，机构太杂，承转太繁，以致酿成此麻木不仁之病，而民情之壅蔽、吏治之废弛、权限之混淆、弊端之丛积，莫不因此而来，此专制国贫弱之一大原因也。今欲实行立宪，必自统一治权，欲统一治权，必自改良官制始然，所谓改良官者非徒增设若干官缺，改换旧日名称，谓弥足以隐忍耳目也。自中央集权之说起，各省自督抚以下，今日设一司，明日增一道以直接于中央各部，于是各部之权限日益扩张，督抚之权限日益缩小，而欲望治权之统一，乌可得乎？今外省官制正在编订，虽有裁撤各道之说，而各司之有增无减，当在意料之中，盖各部为平权均势起

---

① 《汉口审判厅之黑幕》，《大公报》宣统三年八月廿四日，1911 年 10 月 15 日，（16），242。

② 《司法员得贿之真相》，《申报》宣统元年十一月十七日，1909 年 12 月 19 日，（103），970

③ 《赣臬训斥革员之妇》，《申报》宣统元年二月十四日，1909 年 3 月 5 日，（99），62。

④ 《呜呼司法之前途——冲突者冲突、推诿者推诿》，《申报》宣统三年六月十七日，1911 年 7 月 12 日，（113），187。

⑤ 《司法独立之精神在司法官有绝对服从法律之义务必有绝对不服从命令之权利说》，《大公报》宣统二年十二月十八日，1911 年 1 月 18 日，（14），103。

见，得失利害有所不计也，不知中国幅员辽阔，欲事事归中央直辖，力既有所不逮，势力更有所不能，则不得不寄其权于督抚，而以中央政府总其成。今若增设各司以分督抚之权，是一省之统治权业已牵掣而不灵，即一国之统治权必致纠纷而益乱，盖阶级多则情谊易隔，机关杂则责任不专，承转多则施行必误，故为改良官制计，莫如分设督抚幕职、裁撤司道，以府州县直接督抚，以督抚直接内阁，官制愈简单，治权愈统一，而后内外障壁一扫而空，请揭其应裁之理由分别言之"。① "以司法言，各省既有高等审判厅，上可以直接大理院，下可以直辖地方审判厅、初级审判厅，实为一省最高级司法机关。今改按察使为提法使，以加乎高等审判厅之上，使不得直接大理院，是不成为一省最高级机关矣。且提法使为司法行政官，将不归督抚统属乎？则侵害行政之范围，仍归督抚统属乎？更破坏司法之独立，非但权限不清，易滋流弊，而揆之法理上、事实上，其中障碍更多，此提法使之应裁也"。② 尽管论者所言并非全部正确，但其透露了提法使及其管理下的审判机构的运行不能令人满意是毫无疑问的。

对于新设审判厅和提法使等机构的运转不良，政府也有较为深入的认识，无论是在清廷中央，还是地方，这种认识都是非常清晰的。法部指出了各省在筹办审判厅的过程中存在的诸多问题："就奏咨有案省份而言，其悉心研究、竭力从事者尚多疑难带剖之端，而意图速成以趋简便者且不知有行政司法之别，似此分途易辙、莫定旨归"。③ 甚至法部针对审判厅运行中的弊端和司法人员的舞弊行为专门在全国范围内作了一次告诫，可谓是情真意切，"现在各省省城、商埠审、检各厅陆续成立，所有法官均系照章考试任用分发，以后叠经通咨报部在案。……乃者各省甫刚开庭，纷纷被人指摘，或以爱书未晓，腾之报章，或以私德多惭，形诸公牍，席未暖而上官特请罢免，案未结而外间播为笑谈，甚至同官时致交攻，议局电询纠举，种种事实缕指难胜……而征诸见闻，毁多于誉，轻朝廷而羞当世，实为该法官等耻之。"④ 并因之对司法前途

① 《论司道亟应裁撤之理由》，《大公报》宣统三年七月初四日，1911 年 8 月 27 日，(15)，707。
② 《论司道亟应裁撤之理由》，《大公报》宣统三年七月初五日，1911 年 8 月 28 日，(15)，713。
③ 《法部筹办外省省城商埠各级审判厅原奏清单》，第 2 页，王家俭、姜可钦、童益临、崔家骏编辑，朱延龄、汪仁宾、锡箴校勘，汪守珍、许世英、汪世杰鉴定：《奉天司法纪实》，陪京印书馆，1909。
④ 《前清法部通行告诫各省法官文》，汪庆祺编《各省审判厅判牍——王朝末日的新式审判》，北京大学出版社，2007，第 275 页。

表示了深深的担忧："且为司法前途危也，顾念朝廷以时事艰难，实行立宪、司法、行政划然分途，原其与民更始之意，实以司法独立为宪政之权舆。法官得人，对内则有保持公安，清理庶狱之时，对外则有改正条约，收回法权之望。该法官等学优则仕，职在平亭，当亦熟闻之而仰体之矣。乃一见任用而怨仇随之，致使人人有才者弗至，至者弗才之叹，名曰司法，先不守法，名曰独立，先不自立。旧学以之藉口，新学闻而灰心，长此滔滔，江流不转，则国家不惜重帑，增设法官，果何谓乎？前年钦奉特旨，予法官以独立之法之权，独立云者，谓独立行其职务，非谓免人干涉，可以为所欲为。该法官等正宜思任专责重，勉副期许，转瞬府、厅、州、县各厅将次成立，即可为引遵之资，亦足觇成绩之著。若始基不慎，一再蹉跌，则旧室已毁，新室未成，糜费扰民，岂堪设想？究其所极，岂止骈枝赘疣已也。抑又闻之，外国法官等就令勤慎自爱，犹恐找求全之毁，况以人民生命财产之重而竟轻心掉之，影响所及遍于全国，其又孰遵之而孰重之欤？"[1] 法部地方审判厅主簿沈曾荫指出这些机构的运行不良是由法官和提法使的任用体制造成的，指出了其深层次的原因，具有远见卓识："司法独立为实行宪政之机关，预备已及数年，成效果属安在？推原其故，乃法官用舍之失，宜司长责任之不专也。盖今之所用法官出于两途，一为旧日刑幕，一为法校毕业。新旧即多冲突，用法各有所偏，以致法权不能统一，流弊有甚于昔日者。且今之毕业法校诸员，多不谙内地民情及适用公文之式，而国家现行法律亦无惟一之规定，故新用法官多不蒙各省提法使委任，向隅即多，何足以资学者之鼓舞。惟有早为规定法典、维持法官、兼使学者于研究法律之中练习适用之道，然后国家得养造法官之成效，司法之前途可贺矣。至若提法使一职为各省司法长官，非得人不足以资依赖，非久任不足以专责成。今之提法使也，既无专科人才，去任又如传舍，今日任某道，明日擢监司，枕席未安又将升授他职矣。如此而欲望司法之统一，宪政之成立者岂可得哉？"[2] 御史也对某些地方官制改革中出现的问题进行批评，如有御史批评奉天："官制不善，官缺太多，糜费甚巨。徐世昌过事铺张，已用去两千万，毫无成效，徐尚自诩可为各省模范，今则尚需以各省为模范。民膏易尽，请饬将官制薪俸大加更改，悉照

---

[1] 《前清法部通行告诫各省法官文》，汪庆祺编《各省审判厅判牍——王朝末日的新式审判》，北京大学出版社，2007，第 275～276 页。

[2] 《法部地方审判厅主簿沈曾荫上内阁书》，《大公报》宣统三年十月十二日，1911 年 12 月 2 日，第二张，(16)，479。

内地办法"。① 奉天提法使吴钫高等审判检察厅暨承德地方两厅新署落成时的训词中亦承认:"辩护士不备、执达吏无人,刑讯不全停,仍留新厅之缺憾,其它类此者尚多"②。奉天高等审判厅厅丞许世英在奉天高等审判检察厅暨承德地方两厅新署落成时的演说中,对审判厅开办之后的成绩表示肯定的同时又指出:"查宪法大纲第十条:君上总揽司法权,委任审判厅遵钦定法律行之,不以诏令随时更改,注云:司法之权操诸君上,审判官本由君上委任代行司法,不以诏令随时更改者,案件关系至重,故必以已经钦定法律为准,免涉纷歧等语。盖司法之权极为尊严而不易侵越,乃各厅自成立迄今,往往因各种机关未备以致权限不清,如督抚宪之交案,法司之提审,有防检察起诉之权;案经确定以后,诉讼人先不遵章按级上诉,而沿习惯赴院赴司呈控,又防判词信用之权;招解未废,三审而外旁添两审,与新章大相抵牾。奏咨案件由院核转往返籍时执行延缓,亦失直接之道,其它琐细混淆之处,虽罄南山之竹不能尽书,种种困难院司未尝不极力维持……遂使新旧杂糅,互相牵掣,明是实非,殊深隐憾。……至审判方法之求其文明责任,我辈考中国旧法多事刑求,故无论用刑之适当与否,而问官大声疾呼、肆口谩骂,心气即为不平,听断因之失当,又况敲扑呼号、血肉溅飞,三木之下何求不得? 是民之不死于法而死于刑……"③ 军谘处第一厅厅长卢静远指出:"臣窥见近年以来,朝野上下皆以厉行新政为汲汲,然一令之颁,出国门而辄阻,一事之举,因费巨而不行。以致部臣、疆臣显分畛域,疆臣之所管辖,部臣不得而干涉之,部臣之所筹划,疆臣或从而抵抗之。政出多门,权无专属"。④

除此之外,宣统元年(1909 年)以后,各省督抚纷纷以各种理由上奏清廷,要求变通章程,恢复过去旧有的就地正法制度⑤,碍于各省督抚已经趋于

① 《专电》,《申报》宣统元年三月十九日,1909 年 5 月 8 日,(100),100;《奏请饬改奉省官制》,《申报》1909 年 5 月 13 日,(100),170。

② 《高等审判检察厅暨承德地方两厅新署落成时提法使训词》,王家俭、姜可钦、童益临、崔家骏编辑,朱延龄、汪仁宾、锡箴校勘,汪守珍、许世英、汪世杰鉴定:《奉天司法纪实》,陪京印书馆,1909,第二册,第 343 ~ 345 页。

③ 《高等审判检察厅暨承德地方两厅新署落成时厅丞演说》,王家俭、姜可钦、童益临、崔家骏编辑,朱延龄、汪仁宾、锡箴校勘,汪守珍、许世英、汪世杰鉴定:《奉天司法纪实》,陪京印书馆,1909,第二册,第 246 ~ 351 页。

④ 《军谘处第一厅厅长卢静远奏中央集权地方分权应因地制宜折》,故宫博物院明清档案部编《清末筹备立宪档案史料》,中华书局,1979,第 350 页。

⑤ 《法部奏遵议署理两广总督袁树勋奏广东盗风甚炽仍请照历年变通章程办理等折》,《大清宣统新法令》,上海商务印书馆,岁次乙酉孟秋,第 11 册,第 47 ~ 49 页。

强势，已成尾大不掉，加之当时国内国际形势确实比较复杂，清廷不得不同意各省督抚的要求，从此，就地正法制度死灰复燃。这种制度造成的直接后果就是行政官员重新职掌司法权，而且是司法权中最重要的死刑的判决和执行权，自此之后，督抚等地方大员可以根据自身的需要而定审判程序的有无。这在实际上显然违背了程序正义的法制精神，是对法制改革的一种巨大破坏，也是历史的一种倒退。

结语　提法使评析与历史启示

提法使作为一个设在省域范围之内，管理本省有关司法机构和司法事务的司法行政机构，在一个统一的中央集权的国家里运行，从理论上来讲就是秉承中央的精神，依据中央有关部门制定的章程在地方进行管理，其实质就是，中央为了解决国家地域太大，直接管理力所不逮而设置的一个代表中央管理地方的机构。具体到提法使就是一个代理中央管理各省司法事务和司法行政的机构，是中央意志在地方的一个执行者和实现者。中央有关部门制定的章程，及与之进行的文牍往来中，也无不展示了中央的这种愿望与诉求，各省提法使在很大程度上也确实承担了这样一种责任，扮演了这样一种角色。但是国际国内政治情境的复杂、行政机构的强势和司法体制的非完全独立性，造成的人事、财政等方面受制于人，决定了提法使自诞生之日起就注定了不可能完全承担起这种责任。在实际的运行中受到多方掣肘而左右为难，在独立的名义下受到多方牵制，随之而来的结果是在角色扮演中必定展示出多重面相。

我们考察任何一个机构必须把其放在当时的历史语境中，从当时的背景中对其进行观察和考量，让其回归历史的原生态，方能较为接近历史真实的判断，即钱穆所说的"历史判断"。社会是普遍联系的，任何机构和个人都不是孤立的存在。假如把当时的国家和社会看作一个舞台，那么作为演员的提法使绝不可能脱离当时的社会在真空中独自表演。提法使的产生是应国家和社会之需应运而生，但反过来无论其历史定位，还是其职能，都不得不受到当时历史情境的制约。

综合看来，清末提法使共面临三重困境。

第一，清末司法改革是预备立宪的一个重要组成部分，有学习西方，实行司法独立的意图；但清廷又力图通过司法改革加强中央集权，因此，司法独立和加强集权就成为这一改革过程中无法调和的内在矛盾。清末司法改革是清末宪政改革的一部分，决定了清末司法改革必须在宪政改革的框架内进行，而不可能脱离宪政改革独自进行，更不可能超越宪政改革。清末宪政改革在理论上并没有找到一个合理的方案，而是人为地在解释上造成了一种悖论——既要效法、学习西方，实行三权分立，又要加强中央集权。清廷认识到了按照传统的治国方案已矛盾四起、难以为继，认为实行西方的治国方案，即在三权分立的框架下实现国家机器的运行，能够实现国富兵强，解决内忧外患的危机。所以，清廷希望学习西方，有学习西方实行三权分立的愿望。但是，清廷式微，权力下沉，督抚坐大的事实，又使清廷深感苦闷和忧虑。因之，正在进行的宪政改革成为清廷的一线希望。他们试图通过努力，借机重树中央权威，尤其是加强皇权。所以，清末宪政改革是在保证皇权的前提下进行的改革，实行三权分立体制和加强中央集权是一对不可协调、无法解决的内在矛盾。

政治体制上的三权分立，在法治上具体表现为司法独立。因为法制改革是宪政改革的一部分，是在宪政改革的框架下进行的，所以，与宪政改革一样，清末法制改革同样具有学习西方、效法西方，在中国实现司法独立的愿望。并且为此做出了积极努力，按照西方的模式，在全国范围内建立了大量的审判厅、检察厅和监狱。把原来的理刑机构按察使改制为提法使，作为新设司法机构的管理机构和监督机构。

然而，基于清廷借改革之机加强中央集权的强烈诉求，又力图通过提法使掌控各省的审判厅、检察厅和监狱。达到一种提法使掌控各省司法机构，法部掌控各省提法使，皇帝掌控法部的政治－司法体制。这在实际上是试图回到一人政府、皇权专制的格局，是与西方司法独立、审判独立、法律至上的法制精神背道而驰的。

第二，省级司法改革还受制于外官制改革。经过督抚与清廷的博弈，省级政府虽增加了会议厅，设置了三司两道，但成为督抚属官，督抚权力没有很大变化。在这种情况下，提法使行使职权时，又会与督抚发生矛盾。

中国的历史走到清末，情况与清初发生了很大的变化。虽然从体制上看来依然是中央集权，但随着镇压国内各种叛乱和应对列强入侵的需要，清廷不得不逐步向督抚放权，在清末出现了一种权力下沉的现象和趋势。因之，各省督抚逐渐获得了人事、财政和司法等各方面的权力，实力和地位逐渐做大，基本已成尾大不掉之势。而清廷由于丧失了这些权力导致对地方的话语权逐渐减弱，来自中央的政令在地方越来越难以执行。加上列强对中国的入侵程度不断加深，它们试图更强有力的掌控清廷，其后果就是对清廷的干预力度越来越大，干预程度也越来越深，所以，清廷在事实上已经变成了一个弱势政府，或者用政治学的术语说叫"软政权化"或"政治疲软化"。

清末宪政改革的过程又是督抚与清廷博弈的过程。清廷虽然在中央强调集权，但是在地方却力图分权，希望西方的治国模式在各省能够得到推行。同时，各省权力的分散又有利于中央集权。但是，清廷在中央集权的做法使其在各省推行分权政策的理论缺乏说服力。各省督抚借机驳斥和抵制。同时，力量的对比对政治格局的走向具有更大的作用。在提法使设置之前的官制改革的博弈中，各省督抚已经多次通过自身的努力强势胜出。在客观上形成了一种局面和趋势，清廷在提法使问题上力挽狂澜、挽回败局已成为不可能。所以，提法使这一机构自诞生之日起，督抚就对其人事权具有很大的掌控力，至少也可以称之为影响力。

财政问题是清廷另一个解决不了的隐结。清廷试图变革，而后国富兵强，重新走向大国之路。然而，从改革伊始就财政拮据，以宪政编查馆为代表的中央部门只能制定实施方案和章程、律例、法令，但任何一项改革都不可能做无米之炊，无论改革的结局怎样，只要改革开始启动就需要雄厚的财政作为支撑，而清廷每每在财政问题上表现得底气不足，各省的改革基本上都是地方筹集，而提法使的运行经费更是基本上依赖各省督抚，各项预算基本上全部出自各省。尽管提法使们或有为国尽忠，甚至心存司法至上的情结和信仰，而在财政上的依赖不可避免的让他们逃不出有奶便是娘的古老游戏法则。司法独立、法律至上，在当时的中国，只能是一个美好的理想和美丽的幻影。提法使设置的本身就反映了清廷既想趋新，在中国实现司法独立，让中国像西方强国一样有序而高效地运转，同时又不想放权的复杂心理。而在地方，提法使更是各省督抚手中的一个木偶，所做各项大多须请示督抚的同意。尽管有些提法使试图挣扎，但基本无济于事。从本质上来讲，提法使又重新蜕变为各省督抚的一个办事机构，成为各省行政的婢女。

第三，提法使虽是新的官员，但其中很多人是旧的按察使，历史的惯性会使一种体制得到沉淀，并对后来新生的制度产生影响。所以，原有的按察使制度安排也会影响和制约新的提法使制，这种路径依赖现象表现为新与旧的矛盾。

在提法使改建之初，清廷的原初设想是所有的提法使新官新人。但是，改革仓促而急剧，司法人员匮乏。同时考虑到把按察使取消后，那么多官员难以安置。无奈采取了所有按察使直接变成为提法使的做法。这些人虽然在新的职位上履职，但从他们的教育经历和为官经历上来说依然是旧人。旧人、旧思想、旧的行为方式。他们不可避免地会把按察使任上的工作习惯和做法带到新的提法使任上来。甚至把提法使完全当作按察使，按照原来的制度安排进行操作。这种路径依赖构成的新旧矛盾成为提法使运行的又一困局。

从按察使到提法使的改设，既有新职能的增加，也有对旧制的保留。这种从旧到新，亦新亦旧的状况本身就包含了诸多矛盾，反映了那个特定的时代具有诸多不确定，也不知向何处去的复杂事实。整个国家都不知道向何处去，提法使又能怎样?!

此外，中国地域广阔，各省情况存在差异自然在所难免。中央部门制定的办法是理想主义的一刀切，在各省具体的实施过程中难免会与当地情况不符或与风俗习惯有异而难以继续，而作为一省司法事务和司法行政管理者的提法使亦不得不因之变革。

综上言之，整个社会是一个综合系统，改革是一个综合系统工程。法制改革只是这个系统工程的一部分。法制改革需要一系列的配套改革和跟进机制。单纯地靠司法部门内部的努力，无法完成法制改革的任务。司法独立首先是一个政治学的命题，是三权分立政治思想设计的一部分。三权分立制度设计的目的在于通过这种方式打破集权，实现立法、司法、行政的互相监督、互相制约、互不干涉、各司其职的良性运行。在这样的体制下立法、司法机关与行政机关是平等的，而不再受行政的随意指挥和牵制。司法机关在相对独立的政治生态下运行。同时，司法独立也是民主和自由精神的一种张扬和实现方式。提法使的设置是清廷试图通过对审判厅、检察厅和监狱的管理，帮助其实现西方式的正常运行，进而在中国实现司法独立的理想。同时，又试图通过提法使加强对它们的管理，让这些机构始终处于提法使的掌控之中，从而加强中央集权。其旨归在于不仅通过这种改革让清廷摆脱困境，走上强国之路，还要借机让清廷重掌大权。在实践过程展示出清廷既把审判厅、检察厅等新式司法机构作为中国实现司法独立的通道和路径依赖，又试图通过提法使强化对它们的管理，而不愿让其真正独立的矛盾心态。

清廷的宪政改革在理论上没有得到解决，在实践上自相矛盾。清末的法制改革必须在宪政改革的框架下进行，决定了提法使的根基不稳，没有依托，是一种无本之木，无源之水。因此决定了提法使在"司法独立"的名义下并不能独立行使职权。提法使人事安排的旧人化加剧了这种矛盾。

清廷既想实现司法独立，又想加强中央集权的意图和愿望，本身自相矛盾，与司法独立所代表的自由、民主精神也背道而驰。提法使是在这种背景和指导思想下生成的，其结果出现种瓜得豆、事与愿违，自然也在情理之中。

所以，清末设置的提法使呈现了一种多重面相，而这种多重面相反过来又反映了当时中国政治情境的复杂与艰难。

通过对有关史料的梳理，可以看出提法使在清末法制改革中所存在的样态有两种基本面相，一是积极主动地建言建策，并以自身特殊的政治身份，通过实际行动努力推进法制改良；二是由于督抚和法部等机构与提法使存在利益冲突，使改革异化为博弈。提法使在利益的旋涡中难以施展，无论是向上的建言，抑或自己的实际推行都未能达到预期的效果。提法使推动法制改革的挫折，折射了整个国家宪政改革的曲折与艰难。但是，这一行为和过程毕竟对中国的审级制度、审判程序改革和律师制度的引入、检察改革、监狱改良等方面实现了由宣传和鼓吹向实践的跨越，成为中国法制改革的风向标，同时也推动了中国传统的司法机构和司法体制向近代转型，促进了中国在法制建设上与国际接轨，是中国法制改革的先声，也给我们留下了一些值得思考的经验启示。

总体来看，启示有三个方面。

第一，从改革环境和时机选择来看，当时清廷已经式微，处于一种"软政权化"或者叫"政治疲软化"的状态，已经无力掌控整个政治局面，故改革要注意时机的选择。改革的最佳时机是中央政府有能力掌控全局的时候，不择时机、仓促启动改革程序具有很大的盲目性和冒险性，进而使改革陷入一种巨大的不确定性之中，胜算随之降低。

第二，从改革策略来看，提法使在推动审判改革的过程中过于急躁，试图一下子解决所有的问题，结果是四面楚歌、举步维艰，故改革应该讲究一定的策略。历史事实和研究表明，渐进式改革和闪电战相结合的"费边战略"是最有效的一种改革策略。①

第三，从经济学的视角来看，经济学中的风险规避同样适用于政治改革和法制改革。经济学认为任何一项活动都需要一定的成本，对政治改革和法制改革而言，成本体现在两个方面，一是行政成本，二是风险成本。行政成本应该降低，风险成本更应该规避。任何改革都有一定的社会认可度（或叫社会接

---

① 关于"费边战略"参见塞缪尔·P.亨廷顿著，王冠华、刘为等译，沈宗美校《变化社会中的政治秩序》，生活·读书·三联书店，1989，第316~332页。

受度）和社会承受度，风险规避的具体办法就是不要超越社会承受度的极限和临界点，一旦改革的速度与幅度超越了这个度，就会出现崩盘，政治上具体表现为革命的爆发和社会的动荡，辛亥革命的爆发即是明证。笔者认为改革承受度可以通过公式来计算和表达，即"改革承受度 =【改革成本 + 社会认可度（或叫社会接受度）】÷改革幅度"。

治大国如烹小鲜，改革者决不能盲目冒进，而是要逐步展开、稳中求进。不能简单直接套用西方理论和实践，而是首先要做好改革之前的准备。百年之前严复在探讨政治改革时说："制无美恶，期于适时；变无迟速，要在当可"①，也表达了反对激进变革的思想。

---

① 严复：《宪法大意》，转引自萧功秦《中国转型体制的类型学》，《二十一世纪》2006 年 8 月号。

参考文献

一 政书类文献典籍

赵尔巽等:《清史稿》,中华书局,1977。

刘锦藻编《清朝续文献通考》,商务印书馆,1936。

《清实录·宣统政纪》,中华书局,1987。

朱寿朋编,张静庐等校点《光绪朝东华录》,中华书局,1958。

中国第一历史档案馆编《光绪朝朱批奏折》,中华书局,1995(影印本)。

商务印书馆编译所辑《大清光绪新法令》,宣统元年商务印书馆排印。

《大清宣统新法令》,宣统二年,商务印书馆。

《大清法规大全》,政学社。

徐世昌著《退耕堂政书》,沈云龙主编《近代中国史料丛刊》,第23辑,文海出版社有限公司,1968。

佚名辑《清末职官表》,文海出版社有限公司,1979。

钱实甫编《清季重要职官年表》,中华书局,1979。

钱实甫编《清季新设职官年表》,中华书局,1961。

内阁印铸局编《宣统三年冬季职官表》,宣统三年印行。

直隶高等审判厅书记室编《司法纪实》,出版单位和出版年不详,笔者推断为光宣之际,中国国家图书馆藏。

王家俭等编辑,汪守珍等鉴定《奉天司法纪实》,陪京印书馆,1909。

(清)新疆审判厅筹办处编《新疆审判厅筹办处司法报告书》,出版单位和出版年不详,中国国家图书馆藏。

《陕西等处提法使奏折》,清宣统二年(1910),抄本1册(1函),中国社会科学院法学所图书馆藏。

《江苏司法汇报》，出版单位、出版年不详，中国国家图书馆藏。

《湖北提法使翰林院侍读马公行状》，出版单位出版年不详，中国国家图书馆藏。

中华民国史事纪要编辑委员会编《中华民国史事纪要》（初稿），民国纪元前三年卷，中华民国史料研究中心，1982。

二 档案

中国第一历史档案馆藏，录副奏折

三 地方志

赵润山主编《长春市志·检察志》，吉林人民出版社，1996。

吉林省地方志编纂委员会编纂《吉林省志》卷十二《司法公安志·检察》，吉林人民出版社，2003。

中国人民政治协商会议江苏省扬州市委员会文史资料研究委员会：《扬州史志资料·第六辑·纪念辛亥革命烈士熊成基诞辰一百周年专辑》，政协扬州文书资料委员会，1987。

四 报刊

《大公报》（天津），1906～1912。

《东方杂志》，1906～1912年各期。

《申报》，1906～1912。

《政治官报》，学部书局，1909。

《帝国日报》

广西抚部院署：《广西官报》，广西官书局，1909。

《湖北官报》

《吉林官报》

《陕西官报》

《四川官报》

《云南官报》

《云南政治官报》

两广官报编辑所辑《两广官报》，沈云龙主编《近代中国史料丛刊三编》，十辑，文海出版社有限公司，1990。

五　资料汇编

故宫博物院明清档案部编《清末筹备立宪档案史料》，中华书局，1979。

中国第二历史档案馆编《中华民国档案史料汇编》，江苏人民出版社，1981。

秦国经主编，中国第一历史档案馆藏《清代官员履历档案全编》，华东师范大学出版社，1997。

《河南全省司法统计表》，清宣统三年（1911 年），稿本，2 册，中国社会科学院法学所图书馆藏古籍。

《山西按察使第二次司法行政统计表》，清光绪三十四年（1908 年），稿本，2 册（1 函），中国社会科学院法学所图书馆藏。

汪庆祺编《各省审判厅判牍——王朝末日的新式审判》，北京大学出版社，2007。

许文濬：《塔景亭案牍——清末民初的县衙记录》，北京大学出版社，2007。

（清）宪政编查馆编《清末民初宪政史料辑刊》，北京图书馆出版社，2005。

六　文集、年谱

《严复集》，中华书局，1986。

骆惠敏编《清末民初政情内幕——乔厄·莫里循书信集：1895～1912》，知识出版社，1986。

张澍棠编《提法公年谱》，出版者、出版年不详，中国国家图书馆藏。

张澍棠撰《张提法公年谱》，海外中文图书、广文书局有限公司，1972。

吴铁峰：《清末大事编年》，湖南大学出版社，1996。

七　著作

郑秦：《清代司法审判制度研究》，湖南教育出版社，1988。

郑秦：《清代法律制度研究》，中国政法大学出版社，2000。

张德美：《晚清法律移植研究》，清华大学出版社，2003。

程燎原：《清末法政人的世界》，法律出版社，2003。

王亚南：《中国官僚政治研究》，中国社会科学出版社，1981。

刘子扬：《清代地方官制考》，紫禁城出版社，1988。

贾玉英：《中国古代监察制度发展史》，人民出版社，2004。

卞修全：《立宪思潮与清末法制改革》，中国社会科学出版社，2003。

李启成：《晚清各级审判厅研究》，北京大学出版社，2004。

苏云峰：《中国现代化的区域研究——湖北省》（专刊41），台北中研院近代史研究所专刊，1982。

张玉法：《中国现代化的区域研究——山东省》（专刊43），台北中研院近代史研究所，1982。

李国祁著《中国现代化的区域研究——闽浙台地区》（专刊44），台北中研院近代史研究所，1982。

张朋园著《中国现代化的区域研究——江苏省》（专刊48），台北中研院近代史研究所专刊，1983。

张从容：《部院之争：晚清司法改革的交叉路口》，北京大学出版社，2007。

吴吉远：《清代地方政府的司法职能研究》，中国社会科学出版社，1998。

吕思勉：《中国制度史》，上海世纪出版集团、上海教育出版社，2002。

杨鸿年、欧阳鑫：《中国政制史》，安徽教育出版社，1989。

王占魁：《权力的拆分与组合》，中国档案出版社，2005。

周育民：《晚清财政与社会变迁》，上海人民出版社，2000。

李倩：《民国时期契约制度研究》，北京大学出版社，2005。

《中国历代官制》编委会：《中国历代官制》，齐鲁书社，1993。

李进修：《中国近代政治制度史纲》，求实出版社，1988。

陈顾远：《中国法制史》，中国书店，1988。

罗家德：《社会网分析讲义》，中国社会科学出版社，2005。

那思陆：《清代中央司法审判制度》，北京大学出版社，2004。

那思陆：《清代州县衙门制度研究》，台湾文史哲出版社，1982。

王家检：《晚清地方行政现代化的探讨》，《中国近现代史论集》，第16编，台湾商务印书馆，1986；

〔荷〕冯客：《近代中国的犯罪、惩罚与监狱》，徐有威等译，潘兴明等校，凤凰出版传媒集团、江苏人民出版社，2008。See Frank Diskette, Crime, *punishment and the prison in modern China, 1895 – 1949* (New York：Columbia University Press)，2002.

〔瑞典〕冈纳·缪尔达尔:《世界贫困的挑战——世界反贫困大纲》,顾朝阳、张海红等译,北京经济学院出版社,1991。

八 博士学位论文

王素芬:《明暗之间:近代中国的狱制转型研究》,华东政法学院博士学位论文,2006。

付育:《清末政治改革的法律路径——沈家本法律改革思想研究》,吉林大学博士学位论文,2006。

邹剑峰:《宁波近代法制变迁研究》,华东政法学院博士学位论文,2007。

谢如程:《清末检察制度及其实践》,华东政法学院博士学位论文,2007。

高汉成:《签注视野下的大清刑律草案研究》,中国政法大学博士学位论文,2005。

王浩:《清末诉讼模式的演进》,中国政法大学博士学位论文,2005。

音正权:《刑法变迁中的法律家(1902~1935)》,中国政法大学博士学位论文,2001。

李春雷:《清末民初刑事诉讼制度变革研究》,中国政法大学博士学位论文,2003。

李俊:《晚清审判制度变革研究》,中国政法大学博士学位论文,2000。

张从容:《晚清司法改革的一个侧面:部院之争》,中国政法大学博士学位论文,2003。

九 硕士学位论文

冯惠敏:《中国近代的法律教育(1862~1937)》,河北大学硕士学位论文,2000。

费秋香:《论清末新政时期的地方官制改革(1901~1911)》,华中师范大学硕士学位论文,2001。

陈雷:《清代的监狱改良》,安徽大学硕士学位论文,2001。

徐黎明:《清末监狱改革研究》,山东师范大学硕士学位论文,2002。

刘静:《留日人员与清末法制改革》,河北大学硕士学位论文,2005。

王长芬:《"声噪一时"与"改而不良":清末监狱改良再考察——以京师及江浙为重点》,华东师范大学硕士学位论文,2006。

潘明:《清末省级行政机构改革研究(1906~1911)》,首都师范大学硕士学位论文，2007。

欧阳跃峰：《徐世昌与东北新政研究》，安徽师范大学硕士学位论文，2005。

李燕华：《清代秋审制度研究》，山东大学硕士学位论文，2008。

张红生：《我国古代死刑复核制度研究》，山东大学硕士学位论文，2007。

陈秀敏：《中国古代死刑慎用研究》，吉林大学硕士学位论文，2006。

吴昊：《存留养亲制度流变探析》，西南政法大学硕士学位论文，2005。

沙金：《存留养亲制度研究》，吉林大学硕士学位论文，2007。

夏静：《我国古代存留养亲制度研究》，南京师范大学硕士学位论文，2008。

王淑霞：《我国古代的存留养亲制度》，山东大学硕士学位论文，2008。

赵永利：《近代武汉律师群体研究》，华中师范大学硕士学位论文，2008。

十　期刊论文

张瑞泉、朱伟东：《清末民初陕西司法改革初探》，《唐都学刊》2003年第1期。

俞江：《清末奉天各级审判厅考论》，《华东政法学院学报》2006年第1期。

张敏：《盛京时报与清末东三省官制改革》，《徐州师范大学学报》（哲学社会科学版）2003年第2期。

王立民：《论清末审判方式的改革》，《法制与社会发展》1999年第4期。

春杨：《论清末中国司法体制转型及其历史启示》，《政法论丛》2005年第2期。

刘伟：《清末地方行政体制改革》，《江汉大学学报》（人文社会科学版）2002年第5期。

侯欣一：《清末法制改革中的日本影响——以直隶为中心的考察》，《法制与社会发展》2004年第5期。

赵晓华：《清末法制改革的人才准备》，《华南师范大学学报》（社会科学版）2004年第2期。

柳岳武、赵鉴军：《清末奉天新式审判制度的社会运作及评价》，《唐都学刊》2005年第3期。

赵云田：《清末新政时期东北边疆的政治改革》，《中国边疆史地研究》

2002 年第 3 期。

王先明：《袁世凯与晚清地方司法体制的转型》，《社会科学研究》2005 年第 3 期。

乌力吉陶格套：《近代蒙古司法审判制度的演变》，《中央民族大学学报》（哲学社会科学版）2004 年第 5 期。

李交法：《清末法制改革》，《郑州大学学报》（哲学社会科学版）2005 年 5 月。

王立民：《论清末审判方式的改革》，《法制与社会发展》1999 年第 4 期。

刘焕峰、郭丽娟：《清末审判厅设置考略》，《历史档案》2009 年第 2 期。

贾孔会：《清末刑法制度改革刍议》，《学术论坛》2003 年第 2 期。

陈浩：《百年回眸谁与功——记清末修律大臣沈家本与〈大清新刑律〉》，《书屋》2005 年第 2 期。

宋加兴：《从清末新刑律的制定看沈家本的法律思想》，《浙江学刊》1984 年 5 月。

杨智平、黄国耀：《论清末"新政"时期的刑法改革》，《哈尔滨学院学报》2006 年第 1 期。

费成康：《论清末的刑律改革》，《政治与法律》1983 年第 4 期。

吴昊：《存留养亲制度对我国刑罚制度建设之借鉴》，《法制与社会》2009 年 7 月（下）。

张纪寒：《存留养亲制探源》，《中南大学学报》（社会科学版）2003 年第 4 期。

刘希烈：《论存留养亲制度在中国封建社会存在的合理性》，《当代法学》2005 年第 3 期。

李艳君：《论清代的"存留养亲"制度》，《中北大学学报》（社会科学版）2006 年第 4 期。

吴建璠：《清代的犯罪存留养亲》，《法学研究》2001 年第 5 期。

附　　录

附录 1

附提法使衙门官制职掌员缺品位单

第一条　提法使掌全省司法上行政事务，监督本省各级审判厅及检察厅。

第二条　提法使总理全司事务，监督佥事以下各员，为一司之长。

第三条　提法使分设四科如下（原文为如左）：

一、总务科，二、刑事科，三、民事科，四、典狱科。

第四条　总务科职掌如下（原文为如左）：

一、掌关于考绩事项。凡本司与全省各级审判厅、检察厅、典狱官吏之履历，请补、升降、考试、司书生、调派检察官、司法警察等项皆隶之。

二、掌关于文牍事项。凡收发文件、编纂存储卷宗档册，各项统计表册、报告及办理不属民刑各项特别公文、函电、专件等项皆隶之，兼典守印信。

三、掌关于会计事项。凡本司出入经费、预算、决算稽核、各级审判厅经费、讼费、纳赎、收赎罚金、充公赃物财产、罪犯做工成绩、贩卖款项，各事皆隶之，兼管理本司杂项事件及本司公置财产、什物等项。

第五条　刑事科职掌如下（原文为如左）：

一、掌复核全省死罪各犯奏咨案件及死罪人犯招解、勘转事宜。

二、掌复核全省军流以下各犯内结外结案件，及军流人犯招解、勘转事宜。

三、掌办理秋审事件并恩赦条款，查办减等留养事宜。

第六条　民事科职掌如下（原文为如左）：

一、掌承断析产及婚姻等涉讼事件。

二、掌钱债、房屋、地亩、契约及索取赔偿等涉讼事件。

三、掌不动产、商业、船舶及其它各项登记事件。

第七条　典狱科职掌如下（原文为如左）：

一、掌全省监狱事件。凡考察监狱、改良及狱中赏罚制度、核算囚粮、报销、调查罪犯名册、稽查押犯月报及监犯病故报告等项皆隶之。

二、掌全省习艺所事件。凡考察工作良否及所中管理赏罚制度，稽核罪犯做工成绩，调查罪犯名册，稽查做工年限，释放及病故报告等项皆隶之。

第八条　总务科置佥事一员，承提法使之命综核总务科各项事件兼整理要务。

第九条　刑事科置佥事一员，承提法使之命综核刑事科各项事件。

第十条　民事科置佥事一员，承提法使之命综核民事科各项事件。

第十一条　典狱科置佥事一员，承提法使之命综核典狱科各项事件。

第十二条　各科设一等科员一员、二等科员一员、三等科员二员，承提法使之命，受各该科佥事之指挥，分理各该科事件，并设正副司书官四员，专司缮写紧要文件。承办庶务附置司书生30名，帮同司书官分缮文件。①

提法使职官表

提法使	正三品	特简
首科佥事	从四品	奏补
佥事	正五品	奏补
一等科员	从五品	奏补
二等科员	正六品	奏补
三等科员	正七品	奏补
正司书官	正八品	委用
副司书官	正九品	委用②

---

① 《酌拟奉省提法使衙门及各级审判厅检察厅官制职掌员缺折》，《退耕堂政书》卷十，第562~566页。

② 《酌拟奉省提法使衙门及各级审判厅检察厅官制职掌员缺折》，《退耕堂政书》卷十，第566~567页。

附录2

提法使司官制

第一章　总则

第一条　提法司主管事务，按照奏定提法使官制暨法院编制法规定司法行政事宜办理。

第二条　提法司署应设办公处，每日由提法使督同属官齐集办事。

第三条　提法司署遵章分设总务、刑民、典狱三科，俟各该省审判厅遍设后，得由提法使酌将刑民科析为刑事、民事两科。审判厅未遍设以前，提法使得将各科职掌量为变通，以甲科某项事件移归乙科承办。

第四条　各科初设科长一员外，科员、书记由提法使于法定员额内酌量事务繁简设置。

第五条　科长承提法使之命令，综理该科事务，并稽核该科各员之勤惰。

第六条　科员佐科长，承提法使之命令，分理本科事务。事务之分配由提法使核定指派。

第七条　科员于所承办事务，各负责任，但事件繁赜时得互相协助。

第八条　书记受各该科长、科员之指挥，缮校文字，并办理该科庶务。

第九条　各科科员、书记遇有某科事件繁剧，由提法使命令，随时派委兼办。

第十条　各科如需书记生时，得由该科科长禀准提法使临时雇用。

第十一条　各科到处办公时间，由提法使定之。

第十二条　各科皆备考勤簿，科长以下各员，每日须于各该科簿内填注出入时间，月朔由科长呈提法使核阅一次。

第十三条　办公处应派科员、书记各一员，轮班值宿。其轮次由提法使于每月朔定之。

第十四条　万寿圣节、先师圣诞及星期各放假一日，年末岁始假期，由提法使酌定之。

第十五条　休假日由提法使就各科轮派一员值班，遇有重要文件，即知照各该科主管员到署赶办。

第十六条　除例假外，因事请假者，临时由提法使批定。

第十七条 科长遇有事故，由一等科员代理，科员则由同科一人代理。

第十八条 各项文件到司，由收发处汇齐，呈提法使阅后，交总务科科长盖戳分科，各科接收后，应备簿册记其案由，分别缓急先后各办稿件。其紧要文件，收发处随到随呈，不候汇齐。

第十九条 凡事隶于各科者，归各科主办。其关系数科者，以关系最要之科会同各科商酌办。

第二十条 各科拟定文件，经科长复核后，呈由提法使核行。

第二十一条 各员遇繁难事件，应先拟议办法、说帖，呈提法使核定。如有疑义，并得请提法使集各科科长、科员议决。

第二十二条 各科设立手续簿，事无巨细，均摘由录入，每日呈提法使阅视。如已办，即刊"办"字戳，在各事由上印记并注明某员拟稿。其已办结行文者，另刊"结"字戳印记。

第二十三条 各科收文送稿暨签文检卷，应备各种簿册，由书记逐日分别摘由整理，交各该科科长、科员核阅。

第二十四条 各科办理事件，有应知照别科者，可用文片摘叙事由办法，送付该科备查。前项文片所用纸张、格式，各科商同一律，以便编定。

第二十五条 凡各处来文及提法使随时命令，应知照各科者，由总务科用传知簿附同原件，送各科查阅。前项传知簿各科阅遍，当日缴还总务科。

第二十六条 各员在办公时间，虽无事亦不得擅离。如有来宾，须在接应室款待者，亦不得久谈，致误要公。

第二章　总务科

第二十七条 总务科职掌，除照提法使官制第三条所列外，提法司印信、秘密函电及不属于刑民、典狱两科所掌一切杂项事宜均归管理。

第二十八条 提法司署及各级审判厅、检察厅、监狱各员之补署、升降、褒奖、处分等项事宜，应按照各项法令办理，并随时分别注册。

第二十九条 司法官吏考试事宜，由该科会同刑民、典狱两科办理。

第三十条 司法官吏之姓名、履历由该科分类列簿，有变更时随时编改，以备查考。

第三十一条 各科设收发处，派员专司。凡外来文件，摘由登载收文簿，按照第十八条之规定，交由科长分科。

第三十二条 各项文件由书记将事由、件数、送科日时，分别登载分科文簿，分送各科，即有各该科书记印记"收"字戳，即将事由、件数、到科日时登载到科文簿。

第三十三条　各科文件经书记缮校后，记于签文簿，送由该科盖印粘封，交收发处，登载发文簿，即行发送。

第三十四条　各科文件册籍均由总务科编纂党册，并分立编卷簿，注明"某科"字样，汇总存储。

第三十五条　各科文牍，反应归卷者，由该科书记每日检查一次，汇送总务科依类编存。

第三十六条　编纂簿应照各卷种类编列号数，并于号数之下摘取事由，各科随时抄存，以便调阅。

第三十七条　各科调取文件，军用文片为据，由总务科记入调卷簿。缴还时，应于调卷簿及各该科还卷簿内印记"收"字戳。

第三十八条　刑民、典狱两科以外之统计事宜，应按定限填写于颁行表式内，呈由提法使核定，分报督抚及法部。

第三十九条　各厅署及府、厅、州、县所掌事件，足备统计材料者，呈由提法使行文知照，按月报告。

第四十条编　编纂统计应行调查事件，其关涉各科者，随时片查；其与各厅署及府、厅、州、县关涉者，呈请提法使行文调查。

第四十一条　提法司及各厅署常年经费，应先制备预算，报过督抚及法部。该预算年度内所有用款，均以预算为准，即由提法使请领支发。

第四十二条　提法司及各厅署出入经费，由总务科按月列表，呈由提法使核阅。每一年度汇造决算，呈报督抚及法部核销。

第四十三条　各厅讼费、状纸费、罚金等款报告到司时，应与刑民科会核办理。

第四十四条　出入款目应需各种簿册，暂由总务科拟制格式，呈由提法使核定通行。俟法部奏定各项会计章程，再行分别遵用。

第四十五条　各厅署工程报销，应详细核定，呈请提法使造册详报。

第四十六条　提法司官有物，由总务科录入专册，每年定期检验一次。

第三章　刑民科

第四十七条　刑民科职掌事宜，按照提法使官制第四条办理。

第四十八条　于刑律、民律、商律、诉讼律等其他关于司法之各项法律，遇各厅有疑义不能决者，由该科详拟解释，呈由提法使详请大理院核示。

第四十九条　登记及其他非讼事件等一切关于司法行政之命令，遇有疑义须待解释者，呈由提法使详请法部核示。

第五十条　各厅之设置，除遵照筹备年限酌量设立外，如因情势改易或其他未便事宜，应须废止或添设，及其管辖区域之宜变更者，即详细体察，妥为改定。

第五十一条　各厅工程营缮，应先绘具图式，呈提法使审定，并送付总务科备查。

第五十二条　各厅开厅时刻及开厅日期，由该科拟呈提法使酌定，一律遵行。

第五十三条　各部院之通行通饬关于刑民事项，应转行各属者，由该科办理。应印刷颁发者，定稿判行后，送总务科印刷颁行。

第五十四条　编纂刑事、民事及注册等项事宜，得参照第三十八条至四十条办理。

第五十五条　各级检察厅检察事务，由该科随时稽核，并得呈由提法使发布命令，统一全省检察事宜。

第五十六条　凡部颁检察厅调度司法警察执照，由该科填核转发，仍知照总务科备查。

第五十七条　凡司法警察事务，有应由提法使与巡警道会同协商事件，先由本科酌拟办法，呈由提法使酌核商办。

第五十八条　凡秋审、恩赦、减等及留养事宜，均遵现行法令办理，分别报部核办。

第五十九条　高等、地方检察各厅呈报审判厅判决死罪案件到司，应即备缮全案供勘，申报法部分别核办。

第六十条　高等、地方检察各厅呈报审判厅判决遣流案件到司，应备缮全案供勘，分别按月汇报法部存案。

第六十一条　高等、地方检察各厅呈报审判厅判决徒罪案件到司，应摘叙简明案由，分别按季汇报法部存案。

第六十二条　各初级检察厅呈报审判厅判决刑事案件到司，分别于年终汇报法部存案。

第六十三条　各级审判厅所定刑事案件判决确定后，如查有引律错误或事实上极端错误者，得呈由提法使核定，行令该管检察厅分别提起非常上告或再审。

第六十四条　未设审判厅地方，一应专奏会奏死罪案件，应备缮全案供勘，详由各督抚奏交大理院复判，俟奉部复分别办理。

第六十五条　未设审判厅地方，所有遣流以下案件，例应咨部侯复者，应详由各督抚照例咨报大理院核定，俟奉部复，遵照施行。其例归外结之案，无论罪名轻重，一并分别汇报。

第六十六条　未设审判厅地方问拟徒流以上刑事案件，经复审无异，详请核办到司。倘有鸣冤翻异及案情实有可疑者，得呈由提法使核定，行令高等检察厅，分别提省，移送高等审判厅办理。

第六十七条　无论已未设立审判厅地方，每月现审案件均应详核，分别已、未判决，编查司法汇报，以验成绩，并为年终办理统计之用。

第四章　典狱科

第六十八条　典狱科职掌事宜，按照提法使官制第五条办理。

第六十九条　改良旧有及新设之监狱。当监狱法未颁布以前，由该科拟定暂行规则，呈由提法使核行。

第七十条　关于监狱工程，应先绘具图式，呈提法使核定，并送付总务科备查。

第七十一条　习艺所附设于监狱，或另设之，应分别拟定规则，并筹推广之法。

第七十二条　推广习艺所，有应与行政衙门协商者，由该科酌拟办法，呈由提法使酌核商办。

第七十三条　调查监狱、习艺所之管理方法、赏罚制度，有不合法者，呈请提法使饬令改良。

第七十四条　关于监狱、习艺所考绩事宜，该科随时送付总务科查核办理。

第七十五条　监狱、习艺所罪犯姓名、年岁、犯罪案由、作工年限，按月调查编制表册。如有释放或病故等事，应付送刑民科备查。

第七十六条　监狱、习艺所之工作成绩报告，有不确实或不合法者，得核明呈请提法使查办。

第七十七条　监狱、习艺所经费及工业成本，应会商总务科详确核定，呈提法使编入预算，并酌量筹给。

第七十八条　罪犯工作品贩卖所得之款项报告，应详为稽核。

第七十九条　各审判厅附设之看守所，及未设审判厅各属之候审待质等所，均由该科稽查。如押犯月报有不确实及其他情弊者，得呈提法使派员巡视。

第八十条 调查各属看押人犯，有延不讯结者，得知照刑民科呈请提法使扎催。

第八十一条 看守人等选用及服务章程未颁布前，由该科拟定暂行规则，呈由提法使核行。

第八十二条 编纂监狱统计，得参照第三十八条至四十条办理。

第八十三条 各部院之通行通饬关于狱务事宜者，得参照第五十三条分别办理。

第五章 附则

第八十四条 未设审判厅地方事宜，除本章程规定外，得参照按察使旧制，分隶各科。但奉文划归别衙门管理者不在此限。

第八十五条 本章程奏准颁布，自文到之日实行。各省提法使得于本章程范围内酌定办事细则，仍须报部查核。①

① 《清法部奏定提法司办事划一章程》，《各省审判厅判牍》，第345～350页。亦见《法部编定提法司办事划一章程》，《大公报》宣统三年四月初五日，1911年5月3日，第二张，(15)，15；宣统三年四月初六日，1911年5月4日，第二张，(15)，21；宣统三年四月初七日，1911年5月5日，第二张，(15)，27；宣统三年四月初八日，1911年5月6日，第二张，(15)，31。亦见《申报》宣统三年四月初六日，1911年5月4日，(112)，61；宣统三年四月初七日，1911年5月5日，(112)，77。

图书在版编目（CIP）数据

清末提法使研究/史新恒著. —北京：社会科学文献出版社，
2014.5
ISBN 978 - 7 - 5097 - 5879 - 3

Ⅰ.①清…　Ⅱ.①史…　Ⅲ.①官制 - 研究 - 中国 - 清后期
Ⅳ.①D691.42

中国版本图书馆 CIP 数据核字（2014）第 067154 号

清末提法使研究

著　　者 / 史新恒

出 版 人 / 谢寿光
出 版 者 / 社会科学文献出版社
地　　址 / 北京市西城区北三环中路甲 29 号院 3 号楼华龙大厦
邮政编码 / 100029

责任部门 / 社会政法分社（010）59367156　　　　　责任编辑 / 赵子光
电子信箱 / shekebu@ ssap. cn　　　　　　　　　　　责任校对 / 介慧萍
项目统筹 / 刘晓军　　　　　　　　　　　　　　　　责任印制 / 岳　阳
经　　销 / 社会科学文献出版社市场营销中心（010）59367081　59367089
读者服务 / 读者服务中心（010）59367028

印　　装 / 三河市尚艺印装有限公司
开　　本 / 787mm×1092mm　1/16　　　　　　　　　印　　张 / 19.5
版　　次 / 2014 年 5 月第 1 版　　　　　　　　　　 字　　数 / 348 千字
印　　次 / 2014 年 5 月第 1 次印刷
书　　号 / ISBN 978 - 7 - 5097 - 5879 - 3
定　　价 / 79.00 元